MANUEL

DU

PRATICIEN.

MANUEL

DU

PRATICIEN,

OU

TRAITÉ DE LA SCIENCE DU DROIT,

MISE A LA PORTÉE DE TOUT LE MONDE;

Où sont présentées les Instructions sur la manière de conduire toutes les Affaires tant civiles que judiciaires, commerciales et criminelles, qui peuvent se présenter dans le cours de la vie;

AVEC **LES FORMULES** DE TOUS LES ACTES;

SUIVI

D'un DICTIONNAIRE ADMINISTRATIF abrégé;

PAR M. D., AVOCAT A LA COUR ROYALE.

TROISIÈME ÉDITION,

Revue, corrigée et augmentée de nouvelles dispositions législatives, judiciaires et administratives qui résultent 1° de la modification des Codes d'instruction criminelle et pénal; 2° des lois organiques de la charte de 1830; 3° et des lois et ordonnances jusqu'à l'année 1833;

PAR L. RONDONNEAU,

ANCIEN PROPRIÉTAIRE DU DÉPÔT DES LOIS.

———◦◦◦———

PARIS,

A LA LIBRAIRIE ENCYCLOPÉDIQUE DE RORET,

RUE HAUTEFEUILLE, N° 10 BIS.

1833.

MANUEL

DU

PRATICIEN,

A L'USAGE DE LA VILLE ET DE LA CAMPAGNE.

PRÉLIMINAIRE.

Les hommes, vivant en société, soit à la ville, soit à la campagne, ayant des besoins sans cesse renaissans, des goûts multipliés, possédant des biens qui touchent l'un à l'autre, uni-sant leurs familles, se livrant les uns à l'agriculture, les autres au commerce, d'autres aux sciences, d'autres aux arts, donnant carrière à leur imagination, tentant les hasards, concevant des projets, formant des entreprises, ont des conventions à faire, des actes de toutes les sortes à passer.

Du defaut d'explication suffisante et de prévoyance nécessaire dans les conventions, ou du vice dans les actes, naissent des difficultés à résoudre et des contestations sérieuses à faire juger : sans parler de celles qui naissent de la marche et de l'influence du temps.

Ils ont tous intérêt d'avoir des instructions qui les éclairent sur leurs conventions, et de trouver un guide qui les conduise dans leurs contrats, et même dans leurs contestations.

Nous avons tâché de les leur procurer dans l'ouvrage que nous leur présentons.

I

Cet ouvrage, comme on le voit, va embrasser toutes les matières, au moins toutes les principales.

Nous nous appliquerons à être, dans chacune, le plus concis, et en même temps le plus clair qu'il nous sera possible.

Nous nous estimerons heureux si nous avons rendu à cet égard tous les services qu'il est dans notre intention de rendre.

L'ordre observé dans la législation sera celui que nous garderons dans cet ouvrage. Conséquemment il sera divisé en cinq Parties : la première traitera des matières civiles; la seconde, des matières judiciaires; la troisième, des matières commerciales; la quatrième, des matières criminelles, d'après le texte des Codes d'instruction criminelle et pénal, modifiés par la loi du 28 avril 1832; et la cinquième, des matières administratives, mises en harmonie avec la Charte constitutionnelle de 1830, et les lois organiques sur les élections, la garde nationale, l'organisation municipale, le recrutement, les engagemens et rengagemens, l'instruction primaire, etc. Cette dernière formera DICTIONNAIRE ADMINISTRATIF.

Ces Parties seront elles-mêmes divisées en Titres, Chapitres, Sections et Paragraphes, suivant que la nature de leurs objets nous paraîtra le réclamer, à l'exception de la Partie administrative que nous donnerons en forme de *Dictionnaire*, pour la facilité des recherches.

PREMIÈRE PARTIE.

DES MATIÈRES CIVILES.

~~~~~~

TITRE PREMIER.

DES PERSONNES.

———

CHAPITRE PREMIER.

Des Droits civils, et des Actes de l'État civil

SECTION PREMIÈRE. — *Des droits civils.*

TOUT Français jouit des droits civils.

On est privé de ces droits par la perte de la qualité de Français; qui arrive par la naturalisation acquise en pays étranger; par l'acceptation non autorisée par le Roi de fonctions publiques conférées par un gouvernement étranger, par tout établissement fait en pays étranger, sans esprit de retour; on en est aussi privé par suite de condamnations judiciaires.

Les condamnations à des peines dont l'effet est de priver celui qui est condamné de toute participation aux droits civils déterminés par l'article 25 du Code civil, emportant la mort civile. La condamnation à la mort naturelle l'emporte également.

Les biens acquis par le condamné depuis la mort civile encourue, et dont il se trouve en possession au jour de sa mort naturelle, appartiennent à l'État par droit de déshérence. Les autres ont été dévolus à ses héritiers par sa mort civile. Le Roi peut faire, au profit de la veuve, des enfans ou parens du condamné, les dispositions que l'humanité lui suggère. (*Code civil* art. 8, 17, 22, 23 *et* 33.)

SECTION II. — *Des Actes de l'État civil.*

Des actes appelés de l'*état civil*, rédigés dans les formes réglées par le Code civil, constatent les naissances, les mariages et les décès des Français.

Des formules de ces actes, déposées à toutes les mairies, mettent les officiers de l'état civil à même de les rédiger régulièrement, et ce serait inutilement que nous les donnerions ici.

Si les actes contenaient des erreurs, et qu'il fallût en demander la rectification, il y serait statué, sauf l'appel, par le tribunal compétent, et sur les conclusions du procureur du Roi. Les parties intéressées y seraient appelées s'il y avait lieu.

Le jugement de rectification ne peut, dans aucun temps, être opposé aux parties intéressées qui ne l'ont point requis, ou qui n'y ont pas été appelés.

Les jugemens de rectification sont inscrits sur les registres, par l'officier de l'état civil, aussitôt qu'ils lui ont été remis, et mention en est faite en marge de l'acte réformé. (*Code civil*, art. 99, 100, *et* 101.)

L'acte n'est plus délivré qu'avec les rectifications ordonnées, à peine de tous dommages-intérêts contre l'officier qui l'aurait délivré, porte l'art. 857 du Code de Procédure civile. (*Voyez* les art. 855 à 858 du Code de Procédure.)

Suivant un *Avis du Conseil d'État, du* 19 *mars* 1808, approuvé le 30, « Dans le cas où le nom d'un des futurs ne serait pas orthographié, dans son acte de naissance, comme celui de son père, et dans le cas où l'on aurait omis quelqu'un des prénoms de ses parens, le témoignage des pères et mères ou aïeuls, assistant au mariage et attestant l'identité, doit suffire pour procéder à la célébration du mariage. — Il en doit être de même dans le cas d'absence des pères et mères ou aïeuls, s'ils attestent l'identité dans leur consentement, donné en la forme légale.

« En cas de décès des pères et mères ou aïeuls, l'identité est valablement attestée, pour les mineurs, par le conseil de famille ou par le tuteur *ad hoc*, et pour les majeurs, par les quatre témoins de l'acte de mariage.

« Enfin, dans les cas où les omissions d'une lettre ou d'un prénom se trouvent dans l'acte de décès des pères, mères ou aïeuls, la déclaration à serment des personnes dont le consentement est nécessaire pour les mineurs, et celle des parties et des témoins pour les majeurs, doivent aussi être suffisantes, sans qu'il soit nécessaire, dans tous les cas, de toucher aux registres de l'état civil, qui ne peuvent jamais être rectifiés qu'en vertu d'un jugement.

« Les formalités susdites ne sont exigibles que lors de l'acte de célébration, et non pour les publications, qui doivent toujours être faites conformément aux notes remises par les parties aux officiers de l'état civil.

« En aucun cas, conformément à l'article 100 du Code civil, les déclarations faites par les parens ou témoins ne peuvent nuire aux parties qui ne les ont point requises et qui n'y ont point concouru. »

Une décision des ministres de la justice et des finances, du 6 brumaire an XI, porte que « ne sont point assujettis au paiement pour la rectification d'actes de l'état civil qui les concernent, les *individus* qui justifient de leur indigence par un certificat du maire de la commune de leur résidence. La rectification est requise en ce cas par le procureur du Roi, et les frais de toute espèce tombent à la charge du trésor public. »

Dans le cas où il n'y a d'autre partie que le demandeur en rectification, et où il croit avoir à se plaindre du jugement, il peut, dans les trois mois depuis la date de ce jugement, se pourvoir à la *Cour royale*, en présentant au président une requête pour la faire réformer. Sur cette requête, le président indique un jour auquel il est statué à l'audience. Ce jour là il y est fait rapport, comme en première instance, le ministère public y est entendu en ses conclusions, et la Cour prononce. (*Code de Procédure*, art. 858.)

FORMULE *de la Requête à présenter au Tribunal civil, pour obtenir la Rectification d'un Acte de l'état civil.*

A MM. les président et juges du Tribunal civil séant à...., département de....,

... Henri Darcourt, propriétaire, demeurant à..., vous expose qu'il est né le... mil huit cent...., du mariage de Jean Darcourt et de Célestine Gramont, son épouse, ainsi qu'il résulte de son acte de naissance en date du....et de l'acte de célébration de mariage de ses père et mère, en date du..., lequel Jean Darcourt, son père, était issu en légitime mariage de Paul-Henri Darcourt, cultivateur, et d'Adélaïde Boileau, aïeul et aïeule de l'exposant, ainsi qu'il est également constaté par l'acte de naissance dudit Paul-Henri Darcourt, comme le porte son acte de naissance; cependant il se trouve que, dans l'acte de célébration de son mariage avec ladite Adélaïde Boileau, ainsi que dans son acte de décès, en date du..., il est dénommé *Pierre-Henri Darcourt*, au lieu de *Paul-Henri*; erreur que l'exposant a le plus grand intérêt de faire réformer promptement, afin d'établir la vérité de sa descendance et de sa filiation : ce à quoi il ne peut parvenir qu'en vertu du jugement du tribunal; c'est pourquoi il a recours à vous.

Ce considéré, Messieurs, l'exposant requiert, qu'il vous plaise, vu les actes de naissance, de mariage et de décès ci-dessus énoncés et datés; vu aussi le contrat de mariage dudit Paul-Henri Darcourt, passé devant Me..., qui en a la minute, et son confrère, notaires à..., le..., le tout joint et annexé à la présente requête, dire que les noms de *Pierre-Henri Darcourt* seront réformés, et changés en ceux de *Paul-Henri Darcourt*; ordonner par votre jugement de rectification à intervenir, que ledit jugement sera inscrit sur les registres par les officiers de l'état civil, et que mention en sera faite tant en marge de l'acte de célébration de mariage qu'en marge de l'acte de décès dudit Paul-Henri Darcourt, lesquels deux actes ainsi réformés ne pourront à l'avenir être délivrés qu'avec les rectifications ordonnées; à faire lesquelles inscriptions et mentions seront tous dépositaires desdits registres contraints; quoi faisant déchargés; et vous ferez justice. Fait à.... le.... 1827.

(*La signature de l'avoué du requérant.*)

Le président du tribunal met au bas de ladite requête :

Soit communiquée au procureur du Roi. Fait à...., le...., 1827.

(*La signature du président.*)

Plus bas, le procureur du Roi écrit :

Vu les pièces énoncées en ladite requête, je requiers, avant faire droit, que les plus proches parens de l'exposant, au nombre de sept (1), ou, à leur défaut, des amis de la famille de l'exposant, soient appelés et entendus sur les faits contenus en ladite requête. Fait au parquet, à....., le 1827.

(*La signature du procureur du Roi.*)

Et plus bas encore, par le président :

Soit fait ainsi qu'il est requis; à...., le.... 1827.

(*La signature du président.*)

Les parens ayant été convoqués et entendus, et les faits énoncés en ladite requête ayant été trouvés justes et vérifiés, le tribunal, sur les conclusions du procureur du Roi, rend un jugement conforme à celles prises par la requête, et en vertu dudit jugement, notifié aux dépositaires des registres, on fait procéder aux rectifications ordonnées.

CHAPITRE II.

Du Domicile et des Absens.

SECTION PREMIÈRE. — Du Domicile.

Le domicile est au lieu où l'on a son principal établissement.

Le changement de domicile s'opère par le fait d'une habitation réelle dans un autre lieu, jointe à l'intention d'y fixer son principal établissement. (*Code civil, art. 102 et 103.*)

Le domicile politique est indépendant du domicile civil. Il s'acquiert différemment, et ne se transfère d'une commune à une autre qu'en vertu de déclarations formelles. (*Décret du 17 janvier 1806, art. 103 du Code civil; art. 36 de la Charte constitutionnelle; art. 1er, 3, 21, 62 et 69 de la loi du 19 avril 1831 sur les élections; art. 4, 11 et 42 de la loi du 21 mars 1831 sur l'organisation municipale, et art. 9, 17 et 18 de la loi du 22 mars 1831 sur la garde nationale.*)

---

(1) Ce nombre de sept est celui requis pour les actes de notoriété, par l'art. 71 du Code civil.

La femme mariée n'a point d'autre domicile que celui de son mari.

Le mineur non émancipé a son domicile chez ses père et mère ou tuteur.

Le majeur interdit a le sien chez son curateur.

Les serviteurs ont le même domicile que les personnes qu'ils servent, lorsqu'ils demeurent dans la même maison.

Le lieu où la succession s'ouvre est déterminé par le domicile de l'auteur de la succession. (*Art.* 108 à 110.)

Il faut être domicilié depuis six mois pour se marier dans la commune ou l'arrondissement où l'on habite; autrement le mariage doit être célébré dans la commune ou l'arrondissement où était le précédent domicile. (*Edit du mois de mars* 1697.) Si le domicile actuel n'est établi que par six mois de résidence, les publications de mariage sont faites à la municipalité du dernier domicile comme à celle du domicile actuel. (*Code civil, art.* 167.)

SECTION II. — *Des Absens.* (1)

L'absent n'est pas celui qui est seulement hors de son domicile; l'absent, *qui abest*, est celui qui manque, dont on ignore la résidence et même l'existence, qui peut être cru mort.

Lorsqu'une personne a cessé de paraître au lieu de son domicile ou de sa résidence, et que depuis quatre ans on n'en a point eu de nouvelles, elle est réputée absente, et les parties intéressées peuvent se pourvoir devant le Tribunal de première instance, afin que l'absence soit déclarée. (*Code civil, art.* 115.)

(1) Une ordonnance du Roi du 3 juillet 1816, insérée au Bulletin des Lois, n° 97, et une loi du 13 janvier 1817, insérée au Bulletin des Lois, n° 131, ont réglé les moyens de constater le sort des militaires et des employés aux armées, absens depuis le 21 avril 1792 jusqu'au traité de paix du 20 novembre 1815.

Lorsqu'il y a nécessité de pourvoir à l'administration de tout ou de partie des biens laissés par une personne présumée absente, il y est statué par le tribunal sur la demande des parties intéressées. (*Art.* 112, *ibid.*)

Pour qu'il y soit statué, il est présenté requête au président du tribunal. — Sur cette requête, à laquelle doivent être joints les pièces et documens (tendant à constater l'absence), le président commet un juge pour faire le rapport au jour indiqué; ce jour-là, après le rapport fait, et les conclusions du ministère public entendues, le jugement est prononcé. (*Art.* 859 *du Code de Procédure civile.*)

Ce jugement confie l'admininistration à la personne à qui il est demandé par les parties intéressées qu'elle soit confiée.

Il est procédé de même dans le cas où il s'agit de l'envoi en possession provisoire des biens de l'absent, lorsqu'il n'a pas laissé de procuration pour l'administration de ses biens, lequel envoi en possession est autorisé par l'art. 120 du Code civil (qu'on peut lire dans ce Code). (*Art.* 860 *du Code de Procédure civile.*)

FORMULE *d'une Requête à présenter pour faire constater et déclarer l'Absence d'un Parent.*

A MM les président et juges du Tribunal de première instance, séant à....

Pierre Renouard, demeurant à...., département de....., vous expose qu'il est frère germain de Louis Renouard, ci-devant domicilié à...., lequel, en l'année...., s'est embarqué sur le navire *la Camille*, capitaine D...., en destination pour la Guadeloupe.

On a appris que ce navire avait péri dans la traversée le...., à *telle* hauteur; que quelques passagers seulement avaient gagné terre sans qu'on ait jamais pu savoir quels ils étaient; en sorte que, depuis plus de quatre ans, l'exposant n'a pu obtenir aucune nouvelle de son frère, dont il est habile, le cas échéant, à se porter le seul et unique héritier, ainsi qu'il est constaté, 1° par l'acte de célébration de mariage des père et mère communs de l'exposant et de sondit frère, en date du...; 2° par l'intitulé de l'inventaire fait après le décès de leursdits père et mère, daté au commencement du... mil huit cent...; 3° par différentes lettres missives écrites à l'exposant par ledit Louis Renouard, son frère; 4°...., le tout joint à la présente requête.

Et comme ledit Louis Renouard a laissé en France tant des meubles et effets mobiliers que différens immeubles, dont surtout l'administration devient indispensable pour en éviter le dépérissement, l'exposant, vu l'absence dudit Louis Renouard, son frère, désire se faire envoyer en possession provisoire desdits biens, et pour cet effet faire constater et déclarer l'absence : pourquoi il recourt à votre autorité, et il conclut à ce qu'il vous plaise ordonner qu'enquête sera faite dans l'arrondissement du domicile dudit Louis Renouard, à....., sur le fait de ladite absence, pour, celle faite, rapportée et communiquée à M. le procureur du Roi, être par vous statué ce que de raison ; et vous ferez justice.

(*La signature de l'avoué de l'exposant.*)

Soient ladite requête et les pièces y jointes communiquées au procureur du Roi près le tribunal, à .., ce.... 1827.

(*La signature du président.*)

Je n'empêche que les conclusions de la partie soient adjugées. Fait au parquet, à....., ce... 1827. ...

(*La signature du procureur du Roi.*)

Sur la requête ci-dessus, le tribunal rend un jugement portant que :

Par-devant l'un des juges du Tribunal de première instance du département de...., séant à .., lequel sera commis à cet effet par le président dudit tribunal, auquel le présent jugement vaudra commission rogatoire, l. sera informé, et témoins seront entendus, en présence du procureur du Roi près ledit tribunal, et dans l'arrondissement du domicile qu'avait Louis Renouard, en la commune de...., rue,... , sur le fait de l'absence dudit Louis Renouard, l'époque à laquelle il a quitté son domicile, les motifs de cette absence, et les causes qui ont empêché qu'on ait pu avoir de ses nouvelles ; pour, ladite information faite et envoyée par le greffier, close et cachetée, au greffe, être par le tribunal statuée ce que de raison.

Fait et jugé par le tribunal, à...., le.... 1827.

(*La signature du président et du greffier.*)

L'enquête faite et rapportée, et sur une nouvelle requête de Pierre Renouard, signée de son avoué, le ministère public ayant été entendu, il intervient, un an après le jugement qui a ordonné l'enquête (*art.* 119 *du Code civil*), le jugement définitif de déclaration d'absence.

(Sont ces jugemens envoyés au ministre de la justice, qui les rend publics.).

Le tribunal, en déclarant l'absence, ordonne l'envoi en possession provisoire des biens de l'absent; la vente, s'il y a lieu, de tout ou partie du mobilier, du prix

duquel sera fait emploi, ainsi que des fruits échus. Il
peut aussi ordonner la visite par experts des immeubles, à l'effet d'en constater l'état, si Pierre Renouard
le requiert pour sa sûreté. (*Code civil, art.* 128)

On ne peut déclarer le mariage d'un absent dissous
après un certain nombre d'années (à moins qu'il ne
soit prouvé qu'il a passé sa centième année), et le mariage de la femme ne peut être autorisé sans la preuve
légale du décès du mari. (*Avis du Conseil d'État, du*
12 *germinal an* XIII, *approuvé le* 17.)

CHAPITRE III.
Du Mariage.

Le mariage est la société de l'homme et de la
femme, qui s'unissent pour perpétuer leur espèce,
pour s'aider, par des secours mutuels, à porter le
poids de la vie, et pour partager leur commune destinée.

Le mariage entre personnes capables de le contracter (1), doit être célébré publiquement devant l'officier
civil du domicile de l'une des deux parties, les publications préalablement faites, et sans qu'il soit survenu
d'opposition au mariage. (2)

SECTION PREMIÈRE. — *Des Obligations qui naissent du*
Mariage.

Les époux contractent ensemble, par le fait seul

---

(1) L'homme ne peut contracter mariage avant dix-huit ans révolus, et la femme avant quinze ans révolus, à moins qu'on n'ait
obtenu du Roi des dispenses d'âge, qui ne s'accordent que pour des
motifs graves. (*Code civil, art.* 144 *et* 145.)
Sur les conditions requises pour pouvoir contracter mariage et
sur les personnes entre lesquelles le mariage est prohibé, *voyez*
les art. 146 à 164 du même Code.

(2) Sur les personnes qui ont droit de former opposition au mariage, *voyez* les art. 172 à 179 ; et sur les demandes en nullité de
mariage, *voyez* les art. 180 à 202.

du mariage, l'obligation de nourrir, entretenir et élever leurs enfans.

Les enfans doivent des alimens à leurs père et mère,
et autres ascendans qui sont dans le besoin. (*Code
civil, art.* 203 *et* 205.)

Les obligations sont réciproques. (*Art.* 207.)

Les alimens ne sont accordés que dans la proportion
du besoin de celui qui les réclame, et de la fortune de
celui qui les doit. (*Art.* 208.)

Si l'obligation de fournir des alimens aux père et
mère qui sont dans le besoin, est indivisible et solidaire entre tous les enfans, c'est en ce sens que leur
quote part seule peut varier, et que, si l'un ou plusieurs des enfans sont insolvables et sans ressources
suffisantes, ceux là qui se trouvent dans l'aisance en
resteront seuls chargés, eu égard à leur fortune; mais
il n'en résulte pas que le père ou la mère puisse agir
contre l'un des enfans pour obtenir le paiement in-
tégral. En conséquence, une mère qui a formé une
demande en paiement d'une pension alimentaire contre
ses six enfans, étant censée avoir reconnu que chacun
d'eux était en état de contribuer aux alimens, ne peut
demander la solidarité contre chacun d'eux. Ces enfans
ne doivent être tenus chacun que d'un sixième de la
pension. Seulement, si la mère ne pouvait obtenir une
part contributive de l'un ou de plusieurs d'entre eux,
elle aurait une action contre les autres en augmentation
de leur portion selon leurs facultés. (*Arrêt de la Cour
Royale de Nancy, du* 29 *avril* 826, *affaire des enfans
Richy contre leur mère,* rapporté, page 228, au Supplément du 10e cahier du *Journal des Audiences* de
1826.)

SECTION II. — *Des Droits et Devoirs des Époux.*

Les époux se doivent mutuellement fidélité, secours,
assistance.

La femme est obligée d'habiter avec le mari, et de le
suivre partout où il juge à propos de résider; le mari

est obligé de la recevoir et de lui fournir tout ce qui est nécessaire pour les besoins de la vie, selon ses facultés et son état.

La femme, même non commune, ou séparée de biens, ou marchande publique, ne peut ester en jugement sans l'autorisation de son mari, à moins qu'elle ne soit poursuivie en matière criminelle ou de police, cas auxquels l'autorisation du mari n'est pas nécesaire.

Elle ne peut donner, aliéner, hypothéquer, acquérir à titre gratuit ou onéreux, sans le concours du mari dans l'acte, ou son consentement par écrit. (*Code civil, art* 215, 216 *et* 217)

FORMULE *du Consentement à donner par le Mari aux acquisitions, aliénations ou engagemens de la Femme.*

Je soussigné (*les nom, prénoms, profession et demeure*), après avoir pris connaissance des motifs pour lesquels la dame (*les nom et prénoms*), mon épouse, est dans l'intention de donner *tel* bien (meuble ou immeuble) à telle personne, ou est dans le dessein d'aliéner *ou* seulement hypothéquer *tel* immeuble lui appartenant, et recueilli par elle de *telle* succession, qu'elle s'est réservé, à titre de paraphernal, par notre contrat de mariage, en date du ..., *ou bien* connaissant l'utilité dont peut être pour elle *telle* acquisition qu'elle désire faire, à titre onéreux, *ou* la cause de l'acquisition qu'elle désire faire de *telle* propriété, à titre gratuit, et applaudissant à cette cause, *ou* aux motifs de sa donation, *ou* de l'aliénation qu'elle veut faire, *ou* de l'hypothèque qu'elle veut conférer, *ou de telle* obligation à terme *ou* à rente viagère *ou* perpétuelle qu'elle veut contracter, déclare lui donner et lui donne par le présent écrit tout consentement qui lui est nécessaire; pourquoi il ne sera pas possible de demander la nullité du contrat qu'elle aura fait; l'autorisant à énoncer mon présent consentement dans l'acte qu'elle veut passer, pour qu'il soit stable et inattaquable par moi et par qui que ce soit; à...., le.... mil huit cent vingt-sept.

    (*La signature du mari.* — Dans le cas où ses prénoms, profession et demeure ne seraient pas mis au commencement de l'acte, ils le seraient après cette signature.)

Si le consentement était donné dans l'acte parce que le mari y concourrait, l'acte se rédigerait ainsi :

Nous soussignés, moi et mon épouse, que j'autorise à l'effet du présent acte, promettons faire *ou bien* paierons à M... la somme de..... valeur reçue comptant, *ou* en marchandises, *ou bien* nous obligeons à vendre à M...., *telle* chose ou *telle* propriété, sise...., pour *tel* prix et sous *telles* conditions; à...., le.... mil huit cent vingt-sept.

> (*La signature du mari et de la femme*, qui doit signer en énonçant ses nom et prénoms propres.)

Nous ne comprenons pas dans cette formule les *donations*, parce qu'elles ne peuvent être faites que par acte devant notaires, à peine de nullité. (*Article* 931 *du Code civil.*)

Si le mari refuse d'autoriser sa femme à ester en jugement, le juge peut donner l'autorisation, comme, s'il refuse de l'autoriser à passer un acte, elle peut le faire citer directement devant le Tribunal de première instance de l'arrondissement du domicile commun, qui peut donner ou refuser son autorisation, après que le mari a été entendu ou dûment appelé en la Chambre du conseil. (*Code civil, art.* 219.)

La même autorisation d'ester en jugement peut être donnée par le tribunal, si le mari est frappé d'une condamnation emportant peine afflictive ou infamante, ou s'il est interdit, ou mineur, ou absent. (*Art.* 221 *et* 222, *ibid.*)

La nullité fondée sur le défaut d'autorisation ne peut être opposée que par la femme, par le mari ou par leurs héritiers, et non par ceux qui ont contracté avec la femme. (*Art.* 225.)

La femme n'a pas besoin de l'autorisation de son mari pour faire un testament. (*Art.* 226.)

Section III. — *De la Dissolution du Mariage.*

Les causes de dissolution du mariage sont, la mort de l'un des époux, ou la condamnation devenue définitive de l'un des époux à une peine emportant mort civile (1). (*Art.* 227 *du Code civil.*)

La femme qui voudrait se remarier ne le pourrait

---

(1) Le mariage se dissolvait aussi par le divorce, mais le divorce a été aboli par la loi du 8 mai 1816.

qu'après dix mois révolus depuis la dissolution du mariage précédent, *propter turbationem sanguinis*, dans la crainte de la confusion des sangs, et pour s'assurer que le mariage précédent était sans aucune suite pour la femme.

SECTION IV. *De l'Autorisation de la Femme à la Poursuite de ses droits.*

La femme qui veut se faire autoriser à la poursuite de ses droits; après avoir fait une sommation à son mari de l'autoriser, et sur le refus par lui fait, présente requête au président du tribunal, qui rend ordonnance portant permission de citer le mari, à jour indiqué, à la Chambre du conseil, pour déduire les causes de son refus. (*Art.* 861 *du Code de Procédure civile.*)

Le mari entendu, ou faute par lui de se présenter, il est rendu, sur les conclusions du ministère public, jugement qui statue sur la demande de la femme. (*Art.* 862.)

En cas d'absence ou d'interdiction du mari, la femme qui veut se faire autoriser à la poursuite de ses droits, présente également requête au président du tribunal, qui ordonne la communication au ministère public, et commet un juge pour faire son rapport à jour indiqué. Le jugement d'interdiction du mari doit être joint à la requête. (*Art.* 863 *et* 864, *ibid.*)

Les mêmes formalités doivent être observées au cas que le mari soit mineur, ou qu'il soit frappé d'une condamnation emportant peine afflictive ou infamante.

FORMULE *de la Sommation à faire par la Femme au Mari pour requérir son Autorisation.*

L'an mil huit cent vingt-sept, le.... mars, à la requête de la dame... (*nom et prénoms propres*), épouse du sieur.... (*nom, prénoms et profession*), commune en biens, demeurant avec lui, à...., rue....; laquelle fait élection de domicile, en ma demeure ci-après énoncée, j'ai...., huissier reçu à tel tribunal, immatriculé le...., patenté le...., sous le numéro...., demeurant...., soussigné,

Requis, sommé et interpelle ledit sieur...., en son domicile sus-
désigné, en parlant à sa personne,

De procéder conjointement avec la dame son épouse, sur la demande qu'elle se propose de former contre le sieur...., (nom,
profession et demeure), afin de désistement de possession de telle
propriété, qu'il détient indûment, laquelle est située... et appartient à ladite dame requérante, ou de consentir par écrit ou sur la
présente sommation que ladite dame son épouse forme seule la demande : ce que ledit sieur ... a refusé de faire, et même de dire les
causes de son refus; pourquoi je lui ai déclaré que ladite dame son
épouse se pourvoira incessamment à l'effet d'obtenir de la justice
l'autorisation dont elle a besoin pour former sa demande ; et à ce
que le sieur sus-nommé n'en ignore, je lui ai en sondit domicile, en
parlant comme dessus, laissé copie de la présente, dont le coût est
de....,

(La signature de l'huissier.)

FORMULE *de la Requête à présenter par la Femme,
d'après le refus constaté de son Mari de l'autoriser.*

A M. le président du Tribunal de première instance séant à....,
département de....

La dame.... (nom et prénoms), épouse commune en biens du
du sieur.... (nom, prénoms, profession et demeure). requiert
qu'il vous plaise, vu la sommation faite audit sieur...., par exploit
de...., huissier, en date du... dernier, dûment enregistré, et ci-
joint, constatant le refus dudit sieur..., son mari, de l'autoriser à
former une demande en désistement de possession de telle propriété,
située...., à elle appartenant, et indûment détenue par le sieur....
(nom, profession et demeure), lui permettre de faire citer le
sieur. .., son mari, à comparaître à jour fixe en la Chambre du
conseil du tribunal, pour déduire les causes de son refus, et, en
cas de persévérance, être ensuite donnée par le tribunal l'autorisation dont la requérante a besoin ; et vous ferez justice.

(La signature de l'avoué de la femme.)

(Cette requête est ainsi répondue.)

Permis de faire citer le sieur.... à comparaître le... de ce mois,
à midi, en la Chambre du conseil du tribunal. Fait à ..., le...
1827.

(La signature du président.)

FORMULE *de la Citation à donner au Mari.*

L'an mil huit cent vingt-sept, le...., en vertu de l'ordonnance
rendue sur requête par M. le président du Tribunal civil, en date
du...., à la requête de la dame...., épouse commune en biens avec
le sieur,. ., son mari, demeurant avec lui, rue...., pour laquelle
domicile est élu en l'étude de Me...., avoué au Tribunal de pre-

mière instance, sise...., lequel occupera sur la présente demande, j'ai...., huissier.... soussigné,

Cité le sieur...., en son domicile sus-énoncé, en parlant à....

A comparaître le...., du présent mois, heure de midi, en la Chambre du conseil du Tribunal de première instance, séant à...., pour y être entendu et déduire les causes de son refus de procéder conjointement avec la dame son épouse sur la demande qu'elle se propose de former contre..., à l'effet de.... (*Expliquer la nature de la demande*), ou de consentir par écrit que la requérante forme seule ladite demande; et à ce que ledit sieur.... n'en ignore, je lui ai donné copie des requête et ordonnance de M. le président, ainsi que du présent, dont le coût est de...., y compris la copie de pièces, le papier timbré et l'enregistrement.

(*La signature de l'huissier.*)

FORMULE du *Jugement d'autorisation accordée à la Femme.*

Vu l'original de l'exploit de sommation, en date du.... faite à la requête de la dame...., commune en biens du sieur...., constatant le refus de celui-ci d'autoriser son épouse; vu la requête présentée par cette dernière, tendant à ce qu'il lui fût permis de faire citer ledit sieur...., son mari, à comparaître à la Chambre du conseil, pour y déduire les causes de son refus; vu la permission à cette fin étant au bas de ladite requête; vu l'original de la citation signifiée par...., huissier...., le.... présent mois; après que ledit sieur...., comparant par D...., son avoué, a été entendu, et qu'il a refusé son autorisation à sa femme ;

Ouï le procureur du Roi en ses conclusions, tendantes à ce que l'autorisation demandée soit accordée;

Le tribunal, considérant.... (*énoncer les motifs du jugement*), et ayant égard à ce que..., autorise la dame...., épouse dudit sieur ..., à former seule la demande dont il s'agit, ainsi qu'elle avisera bon être. Dépens entre les parties compensés.

Jugé à ..., le.... mil huit cent vingt-sept.

(*Les signatures du président et du greffier.*)

SECTION V. — *De la Séparation de Corps.*

Le lien du mariage n'est pas rompu par la séparation de corps, mais il en est relâché. La séparation de corps et d'habitation est la décharge accordée par le juge à l'un des conjoints, de l'obligation d'habiter avec l'autre conjoint, et de lui rendre le devoir conjugal. Il est défendu par le jugement à celui contre lequel la séparation est prononcée, de hanter et fréquenter l'autre conjoint,

Elle ne se prononce que pour de justes causes.

Dans les cas où il y avait lieu à la demande en divorce pour cause déterminée, il est libre aux époux de former la demande en séparation de corps. (*Code civil*, art. 306).

Le mari pouvait demander le divorce pour cause d'adultère de sa femme.

La femme pouvait le demander pour cause d'adultère de son mari, s'il tenait sa concubine dans la maison commune (1).

Les époux pouvaient réciproquement le demander pour excès, sévices ou injures graves, de l'un d'eux envers l'autre.

La condamnation de l'un des époux à une peine infamante était pour l'autre époux une cause de divorce. (*Art.* 229 *à* 232, *ibid.*)

Ces sont-là les causes déterminées pour lesquelles il peut y avoir lieu à la demande en séparation de corps.

La demande en séparation de corps est intentée, instruite et jugée de la même manière que toute autre action civile; elle ne peut avoir lieu par le consentement mutuel des époux, n'étant pas possible de faire une séparation de corps à l'amiable. (*Article* 307, *ibid.*)

La séparation de corps emporte toujours séparation de biens (*Article* 311, *ibid.*).

La suite naturelle du mariage est la paternité et la filiation; aussi en est-il traité après le mariage dans le Code civil.

---

(1) La maison commune est celle dans laquelle réside le mari, et où se trouve conséquemment le domicile de la femme : l'absence de la femme ne lui ôte pas ce caractère. *Arrêt de la Cour de Cassation* (*section civile*), du 17 août 1825, affaire de la dame Thevenei contre son mari. — 1ᵉʳ cahier du *Journal des Audiences* de 1825.

CHAPITRE IV.

De la Paternité et de la Filiation.

LA paternité est ce qui constitue la qualité de père, et en confère les droits.

La filiation est la descendance de père en fils. Les enfans se distinguent en enfans légitimes et en enfans naturels.

SECTION PREMIÈRE. — *De la Filiation des Enfans légitimes.*

L'enfant conçu pendant le mariage a pour père le mari. *Is pater est quem justæ nuptiæ demonstrant.*

Cependant le père pourrait désavouer l'enfant, s'il prouvait que, pendant le temps qui a couru depuis le 300e jusqu'au 180e jour avant la naissance de cet enfant, il était, soit pour cause d'éloignement (au-delà des mers), soit par l'effet de quelque accident, dans l'impossibilité physique de cohabiter avec sa femme.

Il ne pourrait point le désavouer en alléguant son impuissance naturelle.

Il ne pourrait pas le désavouer, même pour cause d'adultère (parce que la preuve de l'adultère ne porte pas atteinte à l'état de l'enfant: *non utiquæ crimen adulterii, quod mulieri objicitur, infanti præjudicat. Leg. 11, §. 9, ff. ad Legem Juliam de Adulteris*); à moins pourtant que la naissance ne lui eût été cachée, auquel cas il serait admis à proposer tous les faits propres à justifier qu'il n'en est pas le père. (*Code civil, art. 312 et 313, commentés.*)

Les articles 314 et suivans du Code disent en quels cas l'enfant né avant le 180e jour ne peut point être désavoué; celui où sa légitimité peut être contestée; les délais dans lesquels le mari est tenu de faire sa

réclamation, et ceux où ces héritiers pourraient la
faire.

Tout acte extrajudiciaire contenant le désaveu de
la part du mari ou de ses héritiers, est comme non
avenu, s'il n'est suivi, dans le délai d'un mois, d'une
action en justice dirigée contre un tuteur *ad hoc* donné
à l'enfant, et en présence de sa mère. (*Art.* 318, *ibid.*)

FORMULE d'un *Acte de Désaveu d'un Enfant né pendant le Mariage.*

L'an mil huit cent vingt-sept, le...., à la requête du sieur....
(*nom, prénoms, profession ou qualité, et demeure*), pour lequel domicile est élu en sa demeure, ou en ma demeure, *ou* en l'étude de
Me .. , avoué au Tribunal de première instance, sise...., j'ai (*nom
et prénoms*), huissier reçu au Tribunal de...., immatriculé le...., patenté le...., sous le numéro.. ., demeurant...., soussigné,

Signifié, déclaré et fait connaître à la dame (*nom et prénoms
propres.*), épouse dudit sieur...., demeurant...., en son domicile,
en parlant à....

Que ledit sieur.... n'entend point et ne veut point reconnaître
comme étant de lui, l'enfant dont est accouchée ladite dame..., le...,
lequel a été présenté le... , et inscrit sur les registres de l'état civil
de la mairie *ou* de la municipalité de..., sous *tel* nom, comme fils de
lui, sieur...., et d'elle, son épouse; qu'il le désavoue formellement
pour être de lui, protestant de se pourvoir, dans les délais de la loi
et par les voies convenables, pour faire admettre ledit désaveu; et
à ce que ladite dame n'en ignore, je lui ai, en sondit domicile, en
parlant comme dessus, laissé copie du présent, dont le coût est de...

(*La signature de l'huissier.*)

L'ASSIGNATION à donner, dans le mois, au tuteur *ad
hoc* et à la mère de l'enfant, les ajournerait à comparaître au Tribunal de première instance,

Pour voir dire que le désaveu fait à la requête du sieur...., demandeur, par acte extrajudiciaire du...., et signifié à la dame...,
le...., de *tel* enfant. comme prétendu né de lui demandeur, et de
ladite dame, son épouse, sera déclaré bon et valable, attendu que
ledit sieur...; pendant le temps qui a couru depuis le 300e jusqu'au
180e jour avant la naissance de l'enfant, avait été dans l'impossibilité absolue de cohabiter avec ladite dame son épouse; et qu'en
conséquence, l'acte de naissance de cet enfant, en date du...., étant
sur les registres des naissances de la mairie de...., *ou* de la municipalité de...., sera réformé, en ce que ledit (*les prénoms de l'enfant*)
y est qualifié enfant dudit sieur....; que les mots *né de*.... *et de*,....
seront biffés et rayés, et qu'en marge dudit acte, sur les deux registres, il sera fait mention du jugement à intervenir; à quoi faire,

seront contraints par les voies de droit l'officier de l'état civil et tous autres dépositaires de ces registres; quoi faisant, ils seront valablement déchargés, que défenses seront faites audit.... de se prétendre et dire enfant dudit sieur..., et de porter son nom; que le jugement sera déclaré commun avec ladite dame....., pour être exécuté également à son égard, et pour lui être fait défense de donner à son enfant le nom dudit sieur...., etc.

SECTION II. — *Des Preuves de la Filialiation des Enfans légitimes.*

La filiation des enfans légitimes se prouve par les actes de naissance inscrits sur les registres de l'état civil.

A défaut de ce titre, la possession constante de l'état d'enfant légitime suffit.

La possession d'état s'établit par une réunion suffisante de faits qui indiquent le rapport de filiation et de parenté entre un individu et la famille à laquelle il prétend appartenir.

Les principaux de ces faits sont : que l'individu a toujours porté le nom du père auquel il prétend appartenir ; — que le père l'a traité comme son enfant, et a pourvu en cette qualité à son éducation, à son entretien et à son établissement ; — qu'il a été reconnu constamment pour tel dans la société ; — qu'il a été reconnu pour tel par la famille.

A défaut de titre et de possession constante, ou si l'enfant a été inscrit, soit sous de faux noms, soit comme né de père et mère inconnus, la preuve de filiation peut se faire par témoins. — Toutefois cette preuve ne peut être admise que lorsqu'il y a un commencement de preuve par écrit, résultant des titres de famille, des registres et papiers domestiques du père ou de la mère ; ou bien, lorsque les présomptions ou indices résultant de faits dès-lors constans, sont assez graves pour déterminer l'admission de la preuve. (*Code civil*, art. 319, 320, 321, 323 et 324.)

La filiation d'un enfant légitime, lorsqu'il est constant que les registres de l'état civil ont été perdus, peut se prouver par la possession d'état résultant des présomptions de la nature de celles indiquées dans l'article 321 du Code civil. (*Arrêt de la Cour de Cass , sect. des Requêtes*), du 23 mars 1825, rendu dans l'affaire des sieurs de Cuss et Bignon contre les sieurs Louvel de Contrières, rapporté au 6ᵉ cahier, page 238, du *Journal des Audiences* de 1825.

Les tribunaux civils sont seuls compétens pour statuer sur les réclamations d'état. (*Art.* 326 , *ibid.*)

L'action criminelle contre un délit de suppression d'état ne peut commencer qu'après le jugement définitif sur la question d'état. (*Art.* 327 , *ibid.*)

L'action en réclamation d'état est imprescriptible à l'égard de l'enfant. (*Art.* 328.)

C'est à la suppression de l'état civil d'un enfant que s'applique l'art. 327 du Code civil, et non à la suppression de sa personne (qui serait jugée d'après les lois criminelles.) Ainsi, en cas de suppression de la personne d'un enfant, les juges ne sont pas obligés de surseoir au jugement de l'action criminelle, jusqu'à ce qu'il ait été prononcé par le juge civil sur la question d'état. *Arrêt de la Cour de Cassation (chambre criminelle)*, du 8 avril 1826, affaire de Delphine Bonnet et Marianne Brémond, contre le ministère public, — *Arrêts conformes* de la même chambre ; des 27 juin et 12 décembre 1823. — 9ᵉ cahier, page 321 , et note du *Journal des Audiences* de 1826.

SECTION III. — *Des Enfans naturels.*

Les enfans naturels, autres que ceux nés d'un commerce incestueux ou adultérin, peuvent être légitimés par le mariage subséquent de leurs père et mère, lorsque ceux-ci les ont reconnus avant leur mariage, ou qu'ils les reconnaissent dans l'acte même de célébration.

Les enfans légitimés par le mariage subséquent ont les mêmes droits que s'ils étaient nés de ce mariage.

La reconnaissance d'un enfant naturel est faite par un acte authentique (1) (soit par acte devant notaires, soit par acte passé devant le juge de paix ou le maire de la commune), lorsqu'elle ne l'a pas été dans son acte de naissance.

Cette reconnaissance ne peut pas, plus que la légitimation, avoir lieu au profit des enfans nés d'un commerce incestueux ou adultérin. (*Code civil*, *art.* 331, 333, 334 et 335).

L'enfant naturel reconnu ne peut réclamer les droits d'enfant légitime..... Ses droits sont réglés au titre *des Successions* (art. 757, 758 et 761) du Code.

La loi n'accorde que des alimens aux enfans adultérins ou incestueux (*Art.* 338 *et* 762, *ibid.*)

La recherche de la paternité est interdite, mais celle de la maternité est admise — Néanmoins, dans le cas d'enlèvement, lorsque l'époque de cet enlèvement se rapporte à celle de la conception, le ravisseur peut être, sur la demande des parties intéressées, déclaré père de l'enfant. — La présomption est nécessairement toujours contre le ravisseur. (*Art.* 340 *et* 341.)

FORMULE *d'un Acte de Reconnaissance d'un Enfant naturel.*

Par-devant nous, juge de paix du canton de...., département de...., demeurant à...., commune *ou* chef-lieu dudit canton, assisté de notre greffier, est comparu le sieur,... (*nom*, *prénoms*, *âge*, *profession et demeure*),

Lequel nous a dit et déclaré qu'il est père de l'enfant dont est enceinte *ou* est accouchée, *tel* jour, la dame veuve...., *ou* la demoiselle (*les nom*, *prénoms*, *âge*, *profession et demeure*); qu'il, reconnaît ledit enfant pour être le sien, et qu'il entend que cet enfant ait à son égard et à l'égard de sa succession tous les droits que lui assurent les articles 757 et 758 du Code civil; de laquelle reconnaissance il nous a requis acte, que nous lui avons octroyé; et a ledit sieur,... signé avec nous, après lecture à lui faite. (*S'il ne sait pas signer, il en est fait mention.*)

----

(1) L'acte authentique est celui qui a été reçu par officiers publics ayant le droit d'instrumenter dans le lieu où l'acte a été rédigé, et avec les solennités requises. (*Art.* 1317 *du Code civil.*)

Fait en notre demeure sus-énoncée, à...., le.... mil huit cent vingt-sept.

(*Les signatures.*)

Nota. La même reconnaissance pourrait se faire par acte devant notaires.

CHAPITRE V.

De l'Adoption et de la Tutelle officieuse.

SECTION PREMIÈRE. — *De l'Adoption.*

L'ADOPTION, qui est l'émule de la nature, par laquelle on devient le fils de quelqu'un comme si on avait été engendré par lui (1), l'adoption n'est permise qu'aux personnes de l'un et de l'autre sexe, âgées de plus de cinquante ans, qui n'ont, à l'époque de l'adoption, ni enfans ni descendans légitimes, et qui ont au moins quinze ans (âge où l'on peut se reproduire) de plus que l'individu qu'elles se proposent d'adopter. (*Code civil,* art. 343.)

Les rapports qui dérivent de l'adoption ne pouvant s'établir qu'entre individus participant aux mêmes droits, les nationaux seuls peuvent adopter et être adoptés, si ce n'est dans le cas où les traités rendent communs aux *étrangers* ces droits civils. Ainsi, même depuis la loi du 14 juillet 1819, un habitant de l'île de Malte (pays soumis à la domination anglaise) n'a pu être adopté par un Français. — La loi du 14 juillet 1819, qui a aboli le droit d'aubaine, n'a habilité l'étranger qu'à succéder, disposer et recevoir; elle doit être restreinte à ces trois sortes de droits civils; il y a exclusion pour les autres. *Arrêt de la Cour de Cassation* (*chambre civile*), du 7 juin 1826, affaire des héritiers de Canillac contre la dame veuve Sollina, rap-

---

(1) *Adoptio est actus civilis, naturam imitans, quo quis alterius fit filius quasi ab eo genitus esset. — Adoptio est æmula naturæ, sive naturæ imago.* Leg. 23, *ff. de Liber. Posthum.*

porté au 8ᵉ cahier, page 299, du *Journal des Audiences* de 1826) et *arrêt antérieur*, du 25 novembre 1825, affaire Sander Lotzbec contre Dugied.

On peut adopter l'enfant naturel que l'on a reconnu. *Arrêt de la Cour Royale de Grenoble*, du 10 mars 1825, affaire de la veuve Cotte contre le ministère public; et *Arrêt de la Cour Royale de Bordeaux*, du 1ᵉʳ février 1826; affaire Maraval contre le ministère public, rapportés page 204 du supplément au 9ᵉ cahier du *Journal des Audiences* de 1826. M. Faillet, dans sa dernière édition du Manuel du Droit français, expose les différentes doctrines sur la question de savoir si l'enfant naturel peut être adopté par le père ou la mère qui l'ont reconnu. Il cite pour l'affirmative MM. Locré, Merlin, Toullier, et différens arrêtés des Cours royales de Paris, de Nîmes, de Caen, etc. Pour la négative, MM. Malaville, Delvincourt, et le procureur général Mourre. La jurisprudence n'est pas encore fixée. (8ᵉ *édition in-4°, page* 88.)

Les articles 344 à 352 du Code règlent les conditions (1) et les effets de l'adoption.

La personne qui se propose d'adopter, et celle qui veut être adoptée, se présentent devant le juge de paix du domicile de l'adoptant, pour y passer acte de leurs consentemens respectifs.

Cet acte est soumis à l'homologation du tribunal, qui vérifie si toutes les conditions de la loi ont été remplies, si la personne qui se propose d'adopter jouit d'une bonne réputation, et qui, après avoir entendu le procureur du Roi, sans énoncer de motifs, en ces termes : *Il y a lieu, ou il n'y a pas lieu à l'adoption.*

Mêmes formalités pour l'instruction à remplir par la Cour royale, qui prononce également, sans énoncer de motifs : *Le jugement est confirmé,* ou *le jugement*

---

(1) Notamment, nécessité de la majorité de l'adopté, et de même que pour le mariage, nécessité du consentement des père et mère, ou d'actes respecueux. (*Art.* 346 *du Code civil.*)

est infirmé; en conséquence, il y a lieu, ou il n'y a pas lieu à l'adoption. (*Code civil*, art. 353 à 357.)

Tout arrêt de la Cour royale qui admet une adoption, est prononcé à l'audience et affiché en tels lieux et en tel nombre d'exemplaires que le tribunal juge convenable. (*Art.* 358.)

L'arrêt qui admet une adoption étant un acte de juridiction volontaire, qui n'a pas, à l'égard des tiers, le caractère de la chose jugée, qui ne décide véritablement rien et ne fait que mettre le sceau légal à l'adoption, il en résulte que les héritiers de l'adoptant ne sont pas recevables à l'attaquer par tierce-opposition : ils n'ont que les voies indiquées par l'art. 360 du Code. *Arrêt de la Cour royale de Nancy*, du 13 juin 1826, affaire de la dame de Fautrot contre de Limoges, rapporté, page 251 du supplément au 8ᵉ cahier de la *Jurisprudence de la Cour de Cassation*, par Sirey, et p. 200 du supplément au 9ᵉ cahier du *Journal des Audiences* de 1826.

Dans les trois mois qui suivent l'arrêt de la Cour royale, l'adoption est inscrite, à la réquisition de l'une ou de l'autre des parties, sur le registre de l'état civil du lieu où l'adoptant est domicilié. — L'adoption reste sans effet, si elle n'a été inscrite dans ce délai. (*Art.* 359, *ibid.*)

Formule d'un Acte d'adoption.

Cejourd'hui... mil huit cent vingt-sept, par-devant nous, juge de paix du canton de...., arrondissement de...., département de..., assisté de notre greffier, en notre maison, sise à...., se sont présentés le sieur.... et la dame...., son épouse, demeurant...., assistés du sieur..., demeurant avec eux, *ou* de la demoiselle...., demeurant avec eux.

Le sieur.... âgé de plus de cinquante ans, ainsi qu'il nous l'a justifié par son acte de naissance, en date du...., n'ayant ni enfans ni descendans, suivant qu'il nous l'a déclaré, nous a requis de rédiger la déclaration qu'il vient nous faire; qu'ayant donné des soins non-interrompus au sieur...., âgé de vingt-un ans, *ou* à la demoiselle, âgée de vingt-un ans, et lui ayant fourni des secours pendant six ans au moins, il se proposait de l'adopter, et nous a expressément déclaré qu'il l'adoptait effectivement, à l'effet de lui trans-

mettre son nom et le même droit à sa succession qu'aurait l'enfant
né dans le mariage, aux charges et obligations imposées, par la loi.
La dame...., épouse dudit comparant, a aussi expressément déclaré
consentir et avoir pour agréable l'adoption faite par son mari de la
personne dudit sieur...., *ou de ladite demoiselle*.....

Et de sa part, ledit sieur ..., *ou ladite demoiselle*.... nous a formellement déclaré accepter l'adoption que veulent bien faire de sa
personne les sieur et dame ..., aux soumissions qu'il *ou* qu'elle fait
de se conformer aux obligations qui lui sont imposées par la loi ; et
comme il *ou* elle n'a ni père ni mère, il *ou* elle nous a justifié de
leurs actes de décès , qui ont été joints au présent acte.

Desquelles comparutions, dires, déclarations et consentemens
respectifs, nous, juge de paix, avons fait et rédigé le présent procès-verbal, qui a été lu aux comparans , qui ont déclaré
avoir le tout pour agréable, et y persévérer ; et ont toutes les parties
signé avec nous et notre greffier, après lecture faite, les jour et an
que dessus.

(Les signatures.)

Section II. — *De la Tutelle officieuse.*

Il faut le même âge et les mêmes conditions pour
devenir tuteur officieux que pour adopter.

Tout individu âgé de plus de cinquante ans, et sans
enfans ni descendans légitimes, qui veut, durant la
minorité d'un individu, se l'attacher par un titre légal,
peut devenir son tuteur officieux, en obtenant le consentement des père et mère de l'enfant, ou du survivant d'entre eux, ou, à leur défaut, d'un conseil de
famille ; ou enfin, si l'enfant n'a point de parens connus, en obtenant le consentement des administrateurs
de l'hospice où il a été recueilli, ou de la municipalité
du lieu de sa résidence. *(Code civil*, art. 361. *)*

De même que dans l'adoption, un époux ne peut
devenir tuteur officieux qu'avec le consentement de
l'autre conjoint. *(Art.* 344 *et* 362 , *ibid.)*

Différente de l'adoption, pour laquelle il faut la
majorité de l'adopté, la tutelle officieuse ne peut avoir
lieu qu'au profit d'enfans âgés de moins de quinze ans.

Si le tuteur officieux, après cinq ans révolus depuis
la tutelle, et dans la prévoyance de son décès avant la
majorité du pupille, lui confère l'adoption *par acte
testamentaire*, cette disposition est valable, pourvu

que le tuteur officieux ne laisse point d'enfant légitime. *(Art.* 364 *et* 366, *ibid.)*

Si à la majorité du pupille il voulait l'adopter, et que l'enfant y consentît, il serait procédé à l'adoption dans les formes exigées pour l'adoption, et les effets en seraient en tous points les mêmes. *(Art.* 368.*)*

Dans l'adoption, c'est devant le juge de paix du domicile de l'adoptant, et dans la tutelle officieuse, c'est devant le juge de paix du domicile de l'enfant qu'il est passé acte ou dressé procès-verbal des demandes et consentemens relatifs à la tutelle. *(Article* 363.*)*

La tutelle officieuse emporte avec soi, sans préjudice de toutes stipulations particulières, l'obligation de nourrir le pupille, de l'élever et de le mettre en état de gagner sa vie. *(Art.* 364.*)*

Si le tuteur officieux a eu l'administration de quelques biens de son pupille, il en doit rendre compte dans tous les cas. *(Art.* 370.*)*

Formule d'un *Acte de Tutelle officieuse.*

L'an mil huit cent vingt-sept, le...., par devant nous (*nom et prénoms*), juge de paix du canton de....., *ou de tel* arrondissement de Paris, y demeurant, assisté de notre greffier, se sont présentés le sieur M.... (*nom et prénoms*), âgé de cinquante-deux ans, ainsi que nous en sommes convaincu par son acte de naissance, qu'il nous a produit, menuisier de son état, demeurant...., n'ayant ni enfans, ni descendans légitimes, et la dame R...., son épouse, accompagnée du sieur...., mineur, âgé de dix ans, demeurant chez la dame veuve...., sa mère, rue...., n?...., et de ladite dame veuve autorisée

Le sieur M.... nous a déclaré que, désirant s'attacher par un titre légal le mineur.... (*nom et prénoms*), fils de la dame veuve.., et de...., décédé à....., son dessein est d'être son tuteur officieux, à l'effet d'en avoir soin, de le nourrir, de l'élever, de lui apprendre son métier de menuisier, et de le mettre ainsi en état de gagner sa vie; mais qu'il a besoin pour cela du consentement de la dame veuve...., mère de l'enfant, après toutefois que la dame R...., sa propre épouse, aura consenti à ce qu'il se charge de cette tutelle; et il nous a requis acte de la demande qu'il en formait.

De suite, la dame R...., épouse du sieur M...., nous a déclaré consentir à ce que son époux devint le tuteur officieux dudit mineur.

De son côté, la dame veuve..., mère de l'enfant, a déclaré être sensible aux vues bienfaisantes du sieur M.... et de la dame son épouse pour son fils, accepter avec reconnaissance leur détermination, et y donner tout consentement nécessaire.

Nous, juge de paix susdit et consigné, applaudissant à la demande du sieur M...., et aux consentemens prêtés par la dame R...., son épouse, et par la dame veuve...., mère du mineur, avons donné acte à l'un et aux autres de leurs demande et consentement, avons dit et prononcé que le sieut M.... est tuteur officieux du mineur...., à la charge de remplir à son égard toutes les obligations prescrites par les art. 364 et suivans du Code civil, jusques et compris le 370°, dont nous lui avons donné lecture, et qu'il nous a dit bien connaître et bien comprendre, et a, le sieur M...., prêté aussitôt entre nos mains le serment de bien et fidèlement accomplir toutes les obligations à lui imposées par ladite tutelle officieuse.

Dont, et de tout ce que dessus, nous avons fait et rédigé le présent procès-verbal, que les parties ont signé avec nous, à l'exception de la dame veuve ..., qui a déclaré ne le savoir, après lecture à elles faite.

(*Les signatures.*)

CHAPITRE VI.

De la Puissance paternelle, de la Minorité, de la Tutelle et de l'Emancipation.

SECTION PREMIÈRE. — *De la Puissance paternelle.*

La puissance paternelle est un droit que la loi donne aux pères et mères sur la personne et les biens de leurs enfans,

Tel que, si le père a des sujets de mécontentement très-graves sur la conduite d'un enfant, il peut le faire détenir pendant un temps, qui ne peut excéder un mois si l'enfant est âgé de moins de seize ans commencés; pendant six mois, depuis l'âge de seize ans commencés, jusqu'à la majorité ou l'émancipation, en remplissant toutes les fois les formalités par le Code civil, droit qui s'étend aux enfans naturels légalement reconnus,

Et que, le père, pendant le mariage, et le survivant des père et mère, après la dissolution du mariage, ont la jouissance des biens de leurs enfans jusq

qu'à l'âge de dix-huit ans accomplis, ou jusqu'à l'é-
mancipation, qui peut avoir lieu avant l'âge de dix-huit
ans, sous les obligations imposées par l'article 385 du
Code.

Cette jouissance ne s'étend pas aux biens que les enfans peuvent acquérir par un travail et une industrie
séparés, ni à ceux qui leur sont donnés ou légués
sous la condition expresse que les père et mère n'en
jouiront pas. *(Code civil,* 375 à 387*, analysés.)*

SECTION II. — *De la Minorité.*

La minorité est l'âge auquel on n'est pas présumé
avoir encore acquis cette maturité d'esprit et ce jugement nécessaires pour se diriger et conduire ses
affaires.

Le Code civil n'a qu'un article sur la minorité; c'est
le 388e, ainsi conçu :

« Le mineur est l'individu de l'un ou de l'autre sexe
« qui n'a point encore l'âge de vingt-un ans accom-
« plis. »

Mais il dit, à son article 487 :

« Le mineur *émancipé* qui fait un commerce est
« réputé majeur pour les faits relatifs à ce com-
« merce. »

On verra, à la troisième Partie, *des Matières commerciales,* quelles sont les conditions requises pour
que le mineur émancipé puisse faire le commerce.

Le mineur qui n'a pas atteint sa dix-huitième année
ne peut souscrire un enrôlement volontaire. *(Art. 6
de la loi du 19 fructidor an VI, et art. 2 de la loi du
10 mars 1818.)* Il ne peut être témoin dans les actes
entre vifs. *(Art. 2 de la loi du 25 ventôse an XI sur le
notariat.)*

SECTION III. — *De la Tutelle.*

La tutelle est la charge imposée à une personne ma-

jeure de régir et administrer la personne et les biens
d'un mineur.

Pendant le mariage, le père est administrateur des
biens personnels de ses enfans : il est comptable,
quant à la propriété et aux revenus, des biens dont il
n'a pas la jouissance; et, quant à la propriété seulement, de ceux des biens dont la loi lui donne l'usufruit.

Après la dissolution du mariage, arrivée par la mort
naturelle ou civil de l'un des époux, la tutelle des
enfans mineurs et non émancipés appartient de plein
droit au survivant des père et mère.

Le père peut, par acte de dernière volonté, ou par
une déclaration faite devant notaires ou devant le juge
de paix, assisté de son greffier, nommer, à la mère
survivante et tutrice, un conseil spécial sans l'a-
vis duquel elle ne peut faire aucun acte relatif à la
tutelle.

Le dernier mourant des père et mère a le droit indi-
viduel de choisir un tuteur, parent ou même étranger,
à ses enfans mineurs. — Ce choix se fait comme la nomination par le père du conseil spécial à la mère.

S'il n'a pas été choisi aux mineurs un tuteur par le
dernier mourant des père et mère, la tutelle appartient
de droit à l'aïeul paternel; à défaut de celui-ci, à l'aïeul
maternel, et ainsi en remontant, de manière à ce que
l'ascendant paternel soit toujours préféré à l'ascendant
maternel du même degré.

Si l'enfant mineur et non émancipé reste sans père ni
mère, ni tuteur élu par ses père ou mère, ni ascendans
mâles, comme aussi lorsque le tuteur de l'une des qualités ci-dessus exprimées se trouve ou dans un cas d'exclusion, ou valablement excusé (1), il est pourvu, par
un conseil de famille (convoqué et composé comme il

---

(1) Les causes d'excuse et d'exclusion sont déterminées par les
art. 4a7 à 44g du Code.

est réglé par le Code), à la nomination d'un tuteur. (*Code civil, art.* 389 à 392, 397, 398, 402 *et* 405.)

Le domicile du mineur, pour toutes les opérations relatives à l'ouverture de la tutelle, est au lieu du domicile du dernier décédé des père et mère. Si donc la mère est décédée la dernière, c'est devant le juge de paix de son domicile que doit être convoqué le conseil de famille pour délibérer sur les intérêts du mineur. (*Code civil, art.* 406). *Arrêt de la Cour de Cassation* (*section des Requêtes*), du 10 août 1825, affaire Garilland contre Baille de Bauregard, rapporté au 10° cahier, page 405 du *Journal des Audiences* de 1825.

Section IV. — *De la Subrogée-Tutelle.*

Dans toute tutelle, il y a un subrogé-tuteur, nommé par le conseil de famille.

Ses fonctions consistent à agir pour les intérêts du mineur, lorsqu'ils sont en opposition avec ceux du tuteur. (*Code civil, art.* 420.)

Lorsque c'est le père, ou la mère, ou une personne choisie par l'un d'eux, ou un aïeul qui est tuteur, il doit, avant d'entrer en fonctions, faire convoquer un conseil de famille pour la nomination du subrogé-tuteur.

S'il s'est ingéré dans la gestion avant d'avoir rempli cette formalité, le conseil de famille, convoqué soit sur la réquisition des parens, créanciers, ou autres parties intéressées, soit d'office par le juge de paix, peut, s'il y a eu dol de la part du tuteur, lui retirer la tutelle, sans préjudice des indemnités dues au mineur.

Dans les autres tutelles (celles déférées par le conseil de famille), la nomination du subrogé-tuteur a lieu immédiatement après celle du tuteur. (*Art.* 421 et 422, *ibid.*)

Le subrogé-tuteur ne remplace pas de plein droit le tuteur, lorsque la tutelle devient vacante, ou qu'elle est abandonnée par absence; mais il doit, en ce cas, sous peine des dommages-intérêts qui pourraient en résulter pour le mineur, provoquer la nomination d'un nouveau tuteur.

Les fonctions de subrogé-tuteur cessent à la même époque que la tutelle. *(Art.* 424 *et* 425. *)*

§ Ier. *De l'Administration du Tuteur.*]

Le tuteur prend soin de la personne du mineur, et le représente dans tous les actes civils. — Il administre ses biens en bon père de famille, et répond des dommages-intérêts qui pourraient résulter d'une mauvaise gestion. *(Code civil, art.* 450. *)*

Il ne peut ni acheter les biens du mineur, ni les prendre à ferme, à moins que le conseil de famille n'ait autorisé le subrogé-tuteur à lui en passer bail, ni accepter la cession d'aucun droit ou créance contre son pupille.

S'il lui est dû quelque chose par le mineur, il doit le déclarer dans l'inventaire (auquel il doit faire procéder dans les dix jours de sa nomination), à peine de déchéance, et ce, sur la réquisition que l'officier public est tenu de lui en faire, et dont mention est faite au procès-verbal (de levée de scellés, s'il y en a eu, ou d'inventaire). *(Même article* 450*, et art.* 451*.)*

Le tuteur, même le père ou la mère, ne peut emprunter pour le mineur, ni aliéner ou hypothéquer ses biens immeubles, sans y être autorisé par le conseil de famille, qui ne doit accorder son autorisation que pour cause d'une nécessité absolue, ou d'un avantage évident.

Le conseil de famille indique les immeubles qui doivent être vendus de préférence, et toutes les conditions qu'il juge utiles. *(Art.* 457*, ibid.)*

Les articles 452 et suivans règlent ce qui est relatif à la vente des menbles autres que ceux que le conseil de famille autorise le tuteur à conserver en nature, à la fixation de la dépense annuelle du mineur, à l'emploi de l'excédant de ses revenus sur la dépense, et les art. 458 à 460 règlent ce qui est relatif à la vente des immeubles.

Le tuteur ne peut accepter ni répudier une succession échue au mineur, sans une autorisation préalable du conseil de famille. — L'acceptation n'a lieu que sous bénéfice d'inventaire.

Il en est de même d'une donation faite au mineur, le tuteur ne peut l'accepter qu'avec l'autorisation du conseil de famille : d'autant qu'elle a, à l'égard du mineur, le même effet qu'à l'égard du majeur. (Articles 461 et 463.)

Sans l'autorisation du conseil de famille, il ne peut introduire en justice une action relative aux droits immobiliers du mineur, — ni acquiescer à une demande relative aux mêmes droits, — ni provoquer un partage : il peut, sans cette autorisation, répondre à une demande en partage dirigée contre le mineur. (Art. 464 et 465.)

L'art. 466 règle les formalités du partage pour qu'il soit définitif et obtienne, à l'égard du mineur, tout l'effet qu'il aurait entre majeurs.

Le tuteur ne peut transiger au nom du mineur qu'après y avoir été autorisé par le conseil de famille, et de l'avis de trois avocats désignés par le procureur du Roi près le Tribunal civil ; et la transaction n'est valable qu'autant qu'elle a été homologuée par le Tribunal civil, après avoir entendu le procureur du Roi. (Article 467.)

Si le tuteur a des sujets de mécontentement graves sur la conduite du mineur, il peut porter ses plaintes à un conseil de famille, et, s'il est autorisé par le conseil, provoquer la réclusion du mineur, comme il a été dit ci-dessus à la section première. (Art. 468.)

Le tuteur de mineurs (ou interdits) qui n'auraient en inscriptions ou promesses d'inscriptions de cinq pour cent consolidés, qu'une rente de 50 francs et au-dessous, peut en faire le transfert sans qu'il soit besoin d'autorisation spéciale, ni d'affiches, ni de publications, mais seulement d'après le cours constaté du jour, et à la charge d'en compter comme du produit des meubles. (*Loi du 24 mars 1806, art. I*er.)

§. II. *Des Comptes de la Tutelle.*

Tout tuteur est comptable de sa gestion, lorsqu'elle finit. (*Code civil, art.* 469)

Tout tuteur, autre que le père et la mère, peut être tenu, même durant la tutelle, de remettre au subrogé-tuteur des états de situation de sa gestion, aux époques que le conseil de famille aurait jugé à propos de fixer, sans néanmoins que le tuteur puisse être astreint à en fournir plus d'un chaque année. — Ces états de situation sont rédigés et remis sans frais, sur papier non timbré, et sans aucune formalité de justice. (*Article* 470, *ibid.*)

Le compte définitif de tutelle est rendu aux dépens du mineur, lorsqu'il a atteint sa majorité ou obtenu son émancipation. — Le tuteur en avance les frais. — On y alloue au tuteur toutes dépenses suffisamment justifiées, et dont l'objet est utile. (*Art.* 471.)

Aucun traité ne peut, à peine de nullité, intervenir entre le tuteur et le mineur devenu majeur, qu'il n'ait été précédé de la reddition d'un compte détaillé et de la remise des pièces justificatives; le tout constaté par un récépissé de l'oyant compte, dix jours au moins avant le traité. (*Art.* 472.)

En cas de contestations sur ce compte, elles sont poursuivies et jugées comme les autres contestations en matière civile. (*Art.* 473.) — *Voyez*, à cet égard, les art. 527 et suivans du Code de Procédure civile.

La somme à laquelle s'élève le reliquat dû par le tuteur, porte intérêt, sans demande, à compter de la clôture du compte. — Les intérêts de ce qui est dû au tuteur par le mineur, ne courent que du jour de la sommation de payer, qui a suivi la clôture du compte. (*Art.* 474.)

Toute action du mineur contre son tuteur, relativement aux frais de la tutelle, se prescrit par dix ans à compter de la majorité. *(Art. 475.)*

FORMULE *d'un État de situation fourni par le Tuteur au Subrogé-Tuteur.*

Etat de situation de la gestion de tutelle que le sieur G.... remet au sieur H...., subrogé-tuteur du mineur L....

Observations préliminaires. Le sieur G.... ést entré en fonctions de tuteur en vertu de sa nomination par le conseil de famille assemblé chez M. le juge de paix du canton de...., en date du....

Les biens du mineur L...., consistent en *tant* de contrats de rentes cinq pour cent consolidés, produisant ensemble la somme de..., lesquels ont été achetés des deniers comptans, des recouvremens faits et du restant du prix des meubles qui se sont trouvés après le décès de la dame veuve ..., mère dudit mineur,

Ils consistent aussi en *tant* d'immeubles, situés, l'un à...., produisant *telle* somme, l'autre à....., produisant....; et l'autre à...., lesquels produisent ensemble la somme de.... par année.

Les frais funéraires et de dernière maladie, ceux de scellés, d'inventaire et de vente de meubles, s'élevaient réunis à *telle* somme, et ont été payés par le sieur...., commissaire-priseur, sur le produit de la vente des meubles, suivant les quittances qui accompagnent son compte.

Les rentes et les revenus des immeubles ont produit ensemble cette année la somme totale de...

Il a été payé sur ce produit, pour l'éducation et l'entretien du mineur, savoir: 1° au sieur...., instituteur, demeurant à.., la somme de....; 2° à *tel* maître, celle de....; 3° à *tel* autre maître, celle de....

Il a été payé au sieur.... la somme de..., pour arrérages de la rente viagère qui lui a été constituée avec hypothèque sur *tel* immeuble, par la dame veuve...., mère du mineur.

Il a été payé aussi à la demoiselle...., ancienne femme de chambre de ladite dame veuve.:.., *telle* somme, aussi pour arrérages de la rente viagère que cette dame lui a constituée par son testament, *ou* par contrat passé devant notaires, le...,

Déduction faite des dépenses, il est resté net, cette année, au mineur, sur les rentes et les revenus des immeubles, la somme avec laquelle le justifiant s'est mis en mesure d'acheter un immeuble du prix de...., situé...., *ou bien* une rente sur l'état, pour l'acquisition de laquelle il a donné commission au sieur...., agent de change, demeurant...., et dont la reconnaissance est aux pièces comptables.

Il reste quelques *recouvremens* à faire, sur la rentrée desquels on peut concevoir quelque inquiétude.

Le sieur...., demeurant...., doit la somme de.... qu'il a promis payer à *telle* époque.

Le sieur...., doit celle de....

Le sieur...., doit celle de....

Si, comme ces débiteurs l'ont fait espérer, ces sommes rentrent aux époques par eux annoncées, l'argent comptant pourra s'élever, à la fin de l'année, toutes dépenses défalquées, à la somme de...., avec laquelle il pourra être fait une acquisition de *telle* nature, *ou* bien laquelle pourra être placée sur immeuble par première hypothèque.

Le présent état certifié sincère et véritable par le soussigné, à...., le.... mil huit cent vingt-sept.

(*La signature.*)

Formule *de Compte de Tutelle rendu par le Tuteur au Mineur devenu Majeur.*

Compte que rend le sieur G.... au sieur L.... des sommes reçues et payées pour lui, en qualité de son tuteur, depuis le..., jour auquel ledit sieur G.... a été élu et nommé tuteur du sieur L...., par délibération des parens et amis du sieur L...., reçue par procès-verbal du juge de paix du canton de...., jusqu'à...., jour auquel la tutelle a cessé par la majorité du sieur L....

Observation préliminaire. Après le décès de la dame veuve...., mère du sieur L...., arrivé le...., il a été, à la requête du sieur G...., élu tuteur, en présence du sieur D...., subrogé-tuteur, fait inventaire devant M°... et son confrère, notaires à...., commencé le..., et clos et arrêté le...., suivant, des biens de la succession de ladite dame veuve....; et par procès-verbal en date du....et jours suivans, il a été, par le ministère du sieur...., commissaire-priseur, demeurant...., procédé à la vente des meubles et effets compris audit inventaire.

Sur les titres et pièces ci-après énoncés, il va être procédé au compte, en recette et dépense, des sommes dues par le sieur G...., de la manière et ainsi qu'il suit :

Le rendant compte fait recette,

1°. De la somme de 6,000 fr. à laquelle s'est trouvé monter le prix des meubles et effets compris en l'inventaire, et vendus par le sieur...., commissaire-priseur, ainsi qu'il se voit en ses procès-verbaux, en date du.... et jours suivans, et sauf au sieur G.... à porter au compte de dépense qui sera ci-après dressé, le montant des frais de vente et autres qu'il a acquittés, ci.. 6,000 fr.

2°. De la somme de 4,000 fr. par lui reçue à *telle* époque de...., qu'il devait pour argent à lui prêté par la dame veuve...., mère du sieur L...., ainsi qu'il est porté aux déclarations actives faites audit inventaire, ci... 4,000

3°. De celle de 1,200 fr., à laquelle ont été estimées à leur juste valeur et sans crue, lors dudit inventaire, *tant* de pièces d'argenterie trouvées après le décès de la dame veuve...., pesant 24 marcs, et vendues à raison de 50 fr. le marc, ci.............................. 1,200

A reporter........ 11,200

4

Report. . . . . 11,200 fr.

4°. De celle de 3,000 fr. par lui reçue le..., du sieur..., pour le montant d'une obligation par lui souscrite au profit de la dame veuve..., mère du sieur L..., et échue le..., suivant qu'il est porté aux déclarations actives faites audit inventaire, ci.   3,000

Total. 14,200

Papiers actifs inventoriés.

Sous la cote 1re. de l'inventaire s'est trouvée l'expédition du contrat de mariage de la dame..., mère, avec le sieur L..., ci. . . . . *pour mémoire.*

Sous la cote 2 se sont trouvées comprises six pièces, dont une expédition du contrat d'acquisition faite par la dame veuve L... le...: de *telle* propriété, sise à..., et les cinq autres pièces de la même cote sont d'anciens titres de ladite propriété, ci. . . . . *pour mémoire.*

Sous la cote 3, s'est trouvée la grosse du contrat d'une rente de 400 fr. au principal de 8,000 fr., constituée par le sieur..., au profit de la dame veuve L..., le..., ci. . . . . *pour mémoire*

Sous la cote 4, s'est trouvée la grosse d'une obligation de la somme de 3,000 fr., souscrite au profit de la défunte par..., et laquelle est payable le..., ci. *p. mémoire.*

Le rendant compte fait recette.

5°. De la somme de 2,000 fr. pour les intérêts pendant.... années, mois et... jours, du prix de la vente du mobilier formant l'article 1er de la recette, laquelle somme est restée entre les mains du rendant compte, à défaut d'emploi convenable, et dont il doit les intérêts, ci.   2,000

6°. De la somme de 1,200 fr. pour.... années.... mois et.... jours d'intérêts du capital de 4,000 francs, énoncé en l'art. 2 ci-dessus, et par lui reçu le..., dont les intérêts ont commencé à courir du..., époque de l'expiration des six mois fixés par la loi pour faire emploi, jusqu'à cejourd'hui, ci.   1,200

7°. De la somme de 400 fr. pour... années, mois et jours d'intérêts de la somme de 1,200 fr., prix de l'argenterie mentionnée en l'article 3 ci-dessus, à commencer de..., époque de l'expiration des six mois pour faire emploi, jusqu'à ce jour, ci.   400

8°. De la somme de 600 fr., pour.... années....mois et.... jours d'intérêts du capital de 3,000 fr., montant de l'obligation énoncée en l'article 4 ci-dessus, et par lui reçu le..., dont les intérêts ont commencé à courir à compter du..., époque de l'expiration des six mois pour faire emploi, jusqu'à cejourd'hui, ci.   600

A reporter. . . . 18,400

Report. . . . . . 18,400 fr.

9°. De la somme de 4,000 fr. par lui reçue du sieur..,
pour.... années de loyer *ou* fermage de la propriété
dont le contrat est sous la cote 2 de l'inventaire, courues depuis le..., jusqu'à...., à raison de.... fr. par année, suivant le bail fait audit sieur...., par la défunte
dame veuve L...., le...., ci.   4,000

10°. De la somme de 1,600 fr. pour quatre années
d'arrérages de la rente de 400 fr., au principal de 8,000
francs, dont la grosse est sous la cote 3 de l'inventaire,
courues depuis le.... jusqu'au 1er de ce mois, ci. . . .   1,600

Total de la Recette. . . . . 21,000 fr.

DÉPENSE.

Le rendant compte fait dépense,
1°. De la somme de 300 fr. pour les droits d'enregistrement, coût du timbre, de la minute et expédition,
honoraires et vacations employés aux inventaire et prisée par Me...., notaire, et le sieur...., commissaire-
priseur, le tout ainsi qu'il est détaillé et expliqué au
mémoire quittancé et représenté dudit notaire, ci. . .   300

2°. De la somme de 150 fr. pour les droits d'enregistrement, coût du timbre de la minute et expédition,
salaires et vacations employés au procès-verbal de
vente des meubles et effets, ainsi qu'il résulte du mémoire quittancé, délivré par ledit sieur...., commissaire-priseur, à...., ci.   150

Nota. S'il était fait retenue d'impositions sur le
montant des rentes payées par les débiteurs, il serait
fait dépense dans le compte, article par article, des
différentes impositions retenues sur les arrérages acquittés par les débiteurs.

Le rendant compte fait dépense,
3°. De la somme de 5,000 fr. qu'il a payée au sieur
P...., instituteur, pour cinq années de pension, nourriture, éducation et entretien, à raison de 1,000 fr. par
année, à commencer de.... jusqu'à pareil jour de l'année...., suivant les quittances représentées dudit sieur
P...., ci.   5,000

4°. De la somme de 1,200 fr. qu'il a payée au sieur
N...., tailleur d'habits à...., pour ouvrages de son état,
façons et fournitures par lui faites pour le sieur L....,
mentionnés en ses 3 mémoires représentés acquittés. .   1,200

(Faire également dépense de toutes les sommes, article par article, payées aux différens fournisseurs et
ouvriers, pour fournitures et travaux faits pour ledit
sieur L....)

Total des Dépenses du Rendant porté à. . 15,000 fr.

. . Recouvremens à faire.

Déclare le rendant compte qu'il est dû,
1°. Par le sieur...., la somme de. . . . .
2°. Par le sieur...., celle de. . . . .
Lesquelles deux sommes sont échues et exigibles, et
n'ont point encore été payées, quelques diligences qui
aient été faites par le rendant compte, et malgré les
poursuites entamées contre les deux débiteurs;
3°. Qu'à *telle* époque écherra l'obligation de la
somme de...., souscrite par le sieur..., devant notaires,
à...., le...., au profit de la dame veuve...., mère du
sieur L....

DETTES à acquitter par l'Oyant compte.

Déclare pareillement le rendant compte qn'il *est demandé* par le sieur R...., entrepreneur de bâtimens,
telle somme, pour le montant des ouvrages de maçonnerie faits à la propriété sus-énoncée, lesquels sont
détaillés en son mémoire à régler étant entre les mains
du sieur S...., architecte;
Qu'il est également demandé par le sieur...., cou-
vreur, *telle somme*, pour ouvrages de son état faits par
lui à la même propriété, suivant son mémoire à régler, étant pareillement entre les mains du sieur S....,
architecte.

BALANCE.

Les différens articles de la Recette la portent à. . . . 24,000
Ceux de la Dépense la portent à. 15,000

Partant, la Recette excède la Dépense de. . . . . . 9,000 fr.

Fait à...., le...., 1827.
          (*La signature du rendant compte.*)

FORMULE *du Récépissé de l'Oyant compte.*

Je, soussigné, reconnais et déclare que le sieur G....., élu mon
tuteur, par délibération du conseil de famille, en date du...., m'a
cejourd'hui rendu le compte de sa gestion de tutelle, depuis le....,
époque où il est entré en fonctions, jusqu'à hier, qu'a fini ma minorité, lequel compte était appuyé de toutes les pièces justificatives,
ainsi qu'elles sont énoncées audit compte; que ledit compte et les
pièces ont été laissés en mes mains pour que j'en pusse faire l'examen; en foi de quoi je lui ai donné le présent; à...., le.... mil huit
cent vingt-sept.
          (*La signature du sieur L....., Oyant compte.*)

FORMULE *de Décharge et Quittance données au Rendant compte.*

Je, soussigné, reconnais et déclare que le compte que m'a rendu le sieur G...., mon ci-devant tuteur, et que j'ai examiné avec la plus scrupuleuse attention, en rapprochant l'inventaire et les pièces justificatives, est parfaitement exact et régulier, que j'y applaudis et en suis content; je reconnais et déclare également que le sieur G.... m'a remis la somme de neuf mille francs, qui était l'excédant de la recette sur la dépense; de tout quoi je le quitte et décharge entièrement;

A...., le.... mil huit cent vingt-sept.

(*La signature du sieur L....*)

SECTION V. — *De l'Émancipation.*

Le mineur est émancipé de plein droit par le mariage.

Même non marié, il peut être émancipé par son père, ou, a défaut de père, par sa mère, lorsqu'il a atteint l'âge de quinze ans révolus. — Cette émancipation s'opère par la seule déclaration du père ou de la mère, reçue par le juge de paix, assisté de son greffier.

Le mineur resté sans père ni mère peut aussi, mais seulement à l'âge de dix-huit ans accomplis, être émancipé, si le conseil de famille l'en juge capable (*Code civil, art.* 476, 477 *et* 478.)

Le compte de tutelle est rendu au mineur émancipé, assisté d'un curateur qui lui est nommé par le conseil de famille. (*Art.* 480 *ibid.*)

Les articles 491 à 484 règlent les pouvoirs du mineur émancipé, et les articles 485 et 486 prévoient le cas où l'émancipation pourrait être révoquée, et où le mineur serait remis en tutelle.

Le mineur émancipé qui fait le commerce (et il faut qu'il soit émancipé pour le faire) est réputé *majeur* pour les faits relatifs à ce commerce. (*Art.* 487, *ibid.*)

FORMULE d'un *Acte d'Émancipation d'un Fils mineur par son père, et de Nomination de Curateur par le Conseil de famille.*

Cejourd'hui... mil huit cent vingt-sept, par-devant nous..., juge de paix du canton de.... département de...., assisté de notre greffier, en notre maison, sise à...., est comparu le sieur.... (*nom, prénoms et profession*), demeurant à...., père de..., mineur issu de son mariage légitime avec défunte...., lequel nous a dit et déclaré que ledit...., son fils, âgé de quinze ans révolus, ayant les qualités nécessaires pour se conduire sagement et se diriger seul dans l'administration de sa fortune, il déclare que son intention est de l'émanciper, comme de fait il l'émancipe, à l'effet par lui de jouir des avantages que la loi accorde aux mineurs émancipés, nous requérant acte de sa déclaration.

De sa part, ledit.... mineur, aussi comparant et ici présent, a déclaré accepter avec reconnaissance l'émancipation à lui accordée par le sieur...., son père, et dont il le remercie.

Nous, juge de paix susdit et soussigné, avons donné acte au sieur.... de sa déclaration, et avons annoncé et dit à...., mineur, qu'il était émancipé, pour jouir par lui de tous les droits accordés aux mineurs émancipés par l'art. 481 du Code civil, mais avec les restrictions portées aux trois articles suivans, dont nous lui avons donné lecture. — De ce que dessus nous avons rédigé le présent, qui a été signé après lecture faite aux parties.

(*Les signatures du père, du fils, s'il sait écrire, du juge de paix et du greffier.*)

A ladite émancipation étaient présens les parens, et, à défaut de parens, les amis dudit.... mineur, d'après la convocation qui leur en avait été faite par le sieur...., père du mineur, savoir: 1°...., 2°...., 3°...., 4°...., 5°...., 6°...., à l'effet de composer avec nous le conseil de famille dudit mineur, pour procéder à la nomination du curateur au fils émancipé;

Lesquels parens ont à l'instant délibéré et procédé avec nous à la nomination du curateur.

Le sieur...., oncle paternel *ou* maternel du mineur émancipé, ayant réuni les suffrages à l'unanimité, il a été par nous proclamé curateur dudit mineur, à l'effet de l'assister tant dans le compte de tutelle qui pourra lui être rendu, que dans les actions immobilières à intenter ou défendre, dans lesquelles il serait partie, conformément à l'art. 482 du Code civil.

Et ledit sieur...., ayant déclaré accepter la curatelle à lui déférée, a à l'instant prêté en nos mains le serment de bien et fidèlement en remplir les obligations. — De laquelle nomination de curateur nous avons fait et rédigé le présent procès-verbal, que toutes les parties ont signé avec nous, après lecture à elles faite.

(*Les signatures.*)

CHAPITRE VII.

De la Majorité, de l'Interdiction, et du Conseil judiciaire.

SECTION PREMIÈRE. — De la Majorité.

LA majorité est l'âge où l'on est censé avoir acquis toute la maturité d'esprit et tout le jugement nécessaire pour se diriger et conduire ses affaires.

La majorité est fixée à vingt-un ans accomplis. — A cet âge on est capable de tous les actes de la vie civile, sauf la restriction portée au titre *du Mariage* (art. 148, 151 à 153. *Code civil, art.* 488.)

SECTION II. — De l'Interdiction.

Le majeur qui est dans un état habituel d'imbécilité, de démence ou de fureur, doit être interdit, même lorsque cet état présente des intervalles lucides. (*Article* 489, *ibid.*)

Les articles 490 et 491 disent par qui l'interdiction peut et doit être provoquée, et les articles 492 à 501 déterminent les formalités à remplir pour faire prononcer l'interdiction.

Le jugement de nomination d'un administrateur provisoire à la personne et aux biens d'un individu poursuivi en interdiction, intervenu après l'interrogatoire de cet individu, doit être considéré comme *contradictoire* avec lui, et comme tel susceptible d'être attaqué par l'appel. *Arrêt de la Cour de Cassation* (*section des Requêtes*) du 10 août 1825, affaire de la dame veuve Vigouroux contre le sieur Pons, rapporté au 10e cahier, page 406, du *Journal des Audiences* de 1825, et au 4e cahier, page 149, de *la Jurisprudence* de 1826, par Sirey.

L'interdiction ou la nomination d'un conseil a son effet du jour du jugement. Tous actes passés postérieu-

ment par l'interdit, ou sans l'assistance d'un conseil,
sont nuls de droit. (*Code civil, art.* 502.)

Les actes antérieurs à l'interdiction peuvent être an-
nulés, si la cause de l'interdiction existait notoirement
à l'époque où ces actes ont été faits. (*Article* 503,
ibid.)

Les articles 505 à 508 statuent sur la tutelle de
l'interdit.

L'interdit est assimilé au mineur, pour sa personne
et pour ses biens. — Les lois sur la tutelle des mineurs
s'appliquent à la tutelle des interdits. (*Article* 509,
ibid.)

L'interdiction cesse avec les causes qui l'ont déterminée.... (*Art.* 512.)

SECTION III. — *Du Conseil judiciaire.*

Il peut être défendu aux prodigues de plaider, de
transiger, d'emprunter, de recevoir un capital mobilier et d'en donner décharge, d'aliéner ni de grever
leurs biens d'hypothèques, sans l'assistance d'un conseil qui leur est nommé par le tribunal. (*Code civil,
art.* 513.)

La défense de procéder sans l'assistance d'un conseil
peut être provoquée par ceux qui ont droit de demander l'interdiction. — Leur demande doit être instruite
et jugée de la même manière.

Cette défense ne peut être levée qu'en observant
les mêmes formalités. (*Art.* 514, *ibid.*)

L'article 515 veut qu'il ne soit rendu aucun jugement ni arrêt que sur les conclusions du ministère
public. La raison est qu'il s'agit ici de l'état des personnes, et que toute question d'état doit être examinée par le ministère public.

TITRE II.

DES BIENS ET DES DIFFÉRENTES MODIFICATIONS DE LA PROPRIÉTÉ.

L'ORDRE naturel des idées est, qu'après s'être occupé des personnes, on s'occupe de leurs biens.

Les biens se considèrent sous le rapport de leur nature et sous le rapport de leurs propriétaires.

Sous le rapport de leur nature, on les distingue en meubles et en immeubles.

Sous le rapport de leurs propriétaires, la propriété est pleine et entière, ou elle est modifiée par l'usufruit, l'usage et l'habitation, ou par les servitudes.

« Tous les biens sont meubles ou immeubles » porte l'article 516 du Code civil.

CHAPITRE PREMIER.

Des Immeubles.

Les biens sont immeubles, ou par leur nature, comme des fonds de terre, des bâtimens, etc.; ou par leur destination, comme les animaux attachés à la culture, les ustensiles aratoires, les pigeons des colombiers, les ruches à miel, etc.; ou par l'objet auquel ils s'appliquent, comme l'usufruit des choses immobilières, les servitudes ou services fonciers, les actions qui tendent à revendiquer un immeuble. (Code civil, art. 517 à 526.)

CHAPITRE II.

Des Meubles.

LES biens sont meubles par leur nature, comme les animaux et les choses qui peuvent se transporter d'un lieu à un autre; ou par la détermination de la loi,

comme les obligations et actions qui ont pour objet
des sommes exigibles ou des effets mobiliers, les rentes
perpétuelles ou viagères, soit sur l'état, soit sur des
particuliers. (*Code civil, art.* 527, 528 *et* 529.)

La vente faite d'une maison pour la démolir constitue une *vente mobilière*. Il en est de même de la
vente de la superficie d'une haute futaie non mise en
coupe réglée. (*Arrêt de la Cour de Cassation* du 9
août 1825.)

Toute rente est essentiellement rachetable. — Seulement il est permis au créancier de régler les clauses
et conditions du rachat... (*Art.* 530, *ibid.*)

Voyez les articles 531 et 532 relatifs aux bateaux,
bacs, navires, moulins, bains sur bateaux, et aux
matériaux pour les édifices, et les articles 533 à 536,
donnant les explications sur les mots *meuble*, employé
seul, *meubles meublans*, *biens meubles*, *mobilier ou
effets mobiliers*.

CHAPITRE III.

Des Biens dans leur rapports avec ceux qui les possèdent.

LES particuliers ont la libre disposition des biens
qui leur appartiennent, (mais) sous les modifications
établies par les lois (*art.* 537 *du Code*), notamment
par les lois de police. — On ne souffrirait pas qu'un
propriétaire ne fît pas réparer ou démolir sa maison
qui tomberait de vétusté, et qui compromettrait la
sûreté des citoyens.

Les biens qui n'appartiennent point à des particuliers, appartiennent à l'état, ou à des communes, ou
à des hospices, ou à des établissemens publics. Ces
biens sont administrés et ne peuvent être aliénés que
dans les formes et suivant les règles qui leur sont particulières. (*Dicto art.* 537.)

Les art. 538 à 542 font connaître les biens qui appartiennent à l'état et ceux qui appartiennent aux communes.

On peut avoir sur les biens, ou un droit de propriété, ou un simple droit de jouissance, ou seulement des services fonciers à prétendre. *(Art.* 543, *ibid.)*

Dans les articles suivans du Code, il est traité de la propriété (1) et du droit d'accession, de l'usufruit, de l'usage et de l'habitation, et des servitudes ou services fonciers, qui échappent à une analyse succincte, et pour l'étude desquels conséquemment nous renvoyons aux dispositions du Code elles-mêmes (2).

Les derniers articles de ce titre (703 et 710) expliquent comment les servitudes s'éteignent : par la perte de la chose, par la confusion (quand le fonds à qui la servitude est due, et celui qui la doit, sont réunis dans la même main) et par le non-usage pendant trente ans (ou la prescription): — Toutefois, si l'héritage en faveur duquel la servitude est établie appartient à plusieurs par indivis, la jouissance de l'un empêche la prescription à l'égard de tous; et, si parmi les copropriétaires il s'en trouve un contre lequel la prescription n'ait pu courir, comme un mineur, il a conservé le droit de tous les autres. *(Art.* 709 *et* 710.*)*

TITRE III.

DES DIFFÉRENTES MANIÈRES, DONT ON ACQUIERT LA PROPRIÉTÉ.

LA propriété des biens s'acquiert et se transmet par succession, par donation entre vifs ou testamentaire, et par l'effet des obligations. *(Code civil, art.* 711. *)*

(1) La propriété est le droit de jouir et disposer des choses de la manière la plus absolue, pourvu qu'on n'en fasse pas un usage prohibé par les lois ou par les réglemens. *(Art.* 544 *du Code.)*

(2) Le propriétaire d'un mur mitoyen n'a pas le droit d'obstruer

La propriété d'un *trésor* appartient à celui qui le trouve dans son propre fonds : si le trésor est trouvé dans le fonds d'autrui, il appartient pour moitié à celui qui l'a découvert, et pour l'autre moitié au propriétaire du fonds. — Le trésor est toute chose cachée ou enfouie, sur laquelle personne ne peut justifier sa propriété, et qui est découverte par le pur effet du hasard. (*Art.* 716, *ibid.*)

L'usufruitier n'a aucun droit à un trésor qui pourrait être découvert pendant la durée de son usufruit, parce qu'un trésor n'est point un fruit de l'héritage, et qu'il ne peut se reproduire. — L'art. 588 du Code en a une disposition expresse ; il porte : « L'usufruitier « n'a aucun droit aux mines et carrières, ni aux tour- « bières dont l'exploitation n'est point encore com- « mencée, *ni au trésor* qui pourrait être découvert « pendant la durée de l'usufruit. »

CHAPITRE PREMIER.

Des Successions.

La *succession*, qui vient du mot latin *succedere*, être mis à la place de quelqu'un, ou prendre sa place, lui *succéder*, est la réunion des biens des droits et des obligations que quelqu'un laisse par sa mort naturelle ou civile.

SECTION PREMIÈRE. — *De l'Ouverture des Successions et des Qualités requises pour succéder.*

Les successions s'ouvrent par la mort naturelle et par la mort civile.

---

par des constructions (par exemple, en bâtissant un escalier), des jours qui existent depuis un temps immémorial. La circonstance que ce mur est mitoyen ne change rien au droit de servitude acquis au fonds dominant, soit par titre, soit par prescription. (*Arrêt de la Cour de Cassation* du 15 janvier 1825.)

La loi règle l'ordre de succéder entre les héritiers légitimes; à leur défaut, les biens passent aux enfans naturels, ensuite à l'époux survivant, et s'il n'y en a pàs, à l'état.

Pour succéder, il faut nécessairement exister à l'instant de l'ouverture de la succession. — Ainsi, sont incapables de succéder, 1° celui qui n'est pas encore conçu; 2° l'enfant qui n'est pas né viable, 3° celui qui est mort civilement. (*Code civil* , art. 718, 723 *et* 725.)

L'art. 727 dit quels sont ceux qui sont indignes de succéder, et comme tels exclus des successions.

SECTION II. — *Des divers Ordres de Successions.*

Les successions sont déférées aux enfans et descendans du défunt, à ses ascendans et à ses parens collatéraux, dans l'ordre que le Code civil détermine.

Les enfans et leurs descendans viennent par représentation à l'infini.

Ils succèdent par égales portions et par tête, quand ils sont tous au premier degré et appelés de leur chef; ils succèdent par souche, lorsqu'ils viennent tout ou en partie par représentation.

L'ascendant qui se trouve au degré le plus proche, recueille la moitié affectée à sa ligne, à l'exclusion de tous autres. — Les ascendans au même degré succèdent par tête. Ils ne viennent que de leur chef, et jamais par représentation. — Le plus proche dans chacune des deux lignes exclut toujours le plus éloigné.

En cas de prédécès des père et mère d'une personne morte sans postérité, ses frères, sœurs, ou leurs descendans, sont appelés à la succession, à l'exclusion des ascendans et des autres collatéraux. — Ils succèdent, ou de leur chef, ou par représentation.

On ne représente pas les personnes vivantes, mais seulement celles qui sont mortes naturellement ou civilement. — On peut représenter celui à la succession

5

duquel on a renoncé. (*Art.* 731, 740, 741, 742, 744, 746 et 750, *ibid.*)

SECTION III. — *Des Successions irrégulières.*

Les enfans naturels ne sont point héritiers ; la loi ne leur accorde de droits sur les biens de leurs père et mère décédés, que lorsqu'ils ont été légalement reconnus. Elle ne leur accorde aucun droit sur les biens des parens de leurs père ou mère.

En cas de prédécès de l'enfant naturel, ses enfans ou descendans peuvent réclamer les droits que la loi lui accorde.

Les enfans adultérins ou incestueux n'ont droit qu'à des alimens, lesquels sont réglés eu égard aux facultés du père ou de la mère, au nombre et à la qualité des héritiers légitimes. (*Art.* 756, 759, 762 et 763, *ibid.*)

La succession de l'enfant naturel décédé sans postérité est dévolue au père ou à la mère qui l'a reconnu ; ou par moitié à tous les deux, s'il a été reconnu par l'un et par l'autre.

En cas de prédécès de ses père et mère, les biens qu'il en avait reçus passent aux frères et sœurs légitimes, et tous les autres biens passent aux frères et sœurs naturels, ou à leurs descendans. (*Art.* 756, 759, 762, 763, 765 et 766, *ibid.*)

Si le défunt ne laisse ni parens au degré successible (1), ni enfans naturels, les biens de sa succession appartiennent au conjoint (non divorcé) qui lui survit.

A défaut de conjoint survivant, la succession est acquise à l'état. (*Art.* 767 et 768, *ibid.*)

Les art. 774 à 814 traitent de l'acceptation des successions, de la renonciation (2), du bénéfice d'inven-

_____

(1) Les parens au-delà du douzième degré ne succèdent pas. (*Art.* 755, *Code civil.*)

(2) On ne peut, même par contrat de mariage, renoncer à la

taire, des causes qui en font déchoir, et des successions vacantes (1).

Section IV. — *Du Partage des Successions et des Rapports à y faire.*

Personne ne pouvant être contraint à demeurer dans l'indivision, le partage d'une succession peut toujours être provoqué, nonobstant prohibitions et conventions contraires. — Néanmoins on peut convenir de suspendre le partage pendant un temps limité. — Cette convention ne peut être obligatoire au-delà de cinq ans ; mais elle peut être renouvelée.

Le partage peut être demandé, même quand l'un des cohéritiers aurait joui séparément de partie des biens de la succession, s'il n'y a eu un acte de partage, ou possession suffisante (pendant trente ans) pour acquérir la prescription. (*Code civil*, art. 815 et 816.)

Les art. 817 et suivans disent par qui l'action en partage peut être provoquée : par les tuteurs autorisés par les conseils de famille pour les mineurs et les interdits ; par les parens envoyés en possession des biens des absens ; par les maris pour les objets tombant dans la communauté de biens, et avec le concours de leurs femmes pour les biens qui ne tombent pas en communauté.

Si tous les héritiers sont *présens* et *majeurs*, l'apposition de scellés sur les effets de la succession n'est pas nécessaire (2), et le partage peut être fait dans la

succession d'un homme vivant, ni aliéner les droits éventuels qu'on peut avoir à cette succession. (*Art.* 791.)

(1) La circonstance que, dans l'inventaire des effets d'un négociant, ses héritiers ont omis de comprendre les marchandises, livres et papiers relatifs au commerce, ne suffit pas pour les faire déclarer déchus du bénéfice d'inventaire, s'il est reconnu qu'ils n'ont point agi de mauvaise foi. (*Arrêt de la Cour de Cassation* du 11 mai 1825.)

(2) Elle serait nécessaire s'il y avait parmi eux des absens, des mineurs ou des interdits. (*Art.* 819.) Les créanciers pourraient la requérir. (*Art.* 820.)

forme et par tel acte que les parties intéressées jugent convenables. *(Art. 8*19 *, ibid.)*

Si l'un des cohéritiers refuse de consentir au partage..., le tribunal prononce comme en matière sommaire... — L'estimation des immeubles est faite par experts choisis par les parties intéressées, ou, à leur refus, nommés d'office. — Le procès-verbal des experts doit présenter les bases de l'estimation... *(Art. 8*23 *et 8*24*.)*

Chaque cohéritier fait rapport à la masse (suivant les règles établies par le Code) des dons qui lui ont été faits, et des sommes dont il est débiteur.

Si le rapport n'est pas fait en nature, les cohéritiers à qui il est dû prélèvent une portion égale sur la masse de la succession. — Les prélèvemens se font, autant que possible, en objets de même nature, qualité et bonté que les objets non rapportés en nature.

Après ces prélèvemens, il est procédé, sur ce qui reste dans la masse, à la composition d'autant de lots égaux qu'il y a d'héritiers copartageans ou souches copartageantes.

Les partages peuvent être rescindés pour cause de violence ou de vol. — Il peut aussi y avoir lieu à rescision, lorsqu'un des cohéritiers établit, à son préjudice, une lésion de plus du quart.

Pour juger s'il y a eu lésion, on estime les objets suivant leur valeur à l'époque du partage. *(Art. 8*29 *à 8*31*, 8*87 *et 8*90*.)*

FORMULE *de Nomination d'Experts par les Héritiers.*

Nous, soussigné, un tel, un tel, un tel, un tel (*noms, prénoms, âge, qualités ou professions et demeures de chacun*), tous quatre habiles à nous dire et porter héritiers de défunt...., n'ayant pu nous accorder sur la valeur à donner à *tels* et *tels* immeubles qui nous sont échus par la succession dudit défunt... , et qui sont énoncés en l'inventaire fait après son décès par Mᵉ...., notaire royal, résidant à...., et voulant procéder entre nous à l'amiable au partage de ces immeubles, avons nommé et nommons par le présent acte pour experts, à l'effet de procéder sous quinze jours à la visite et à l'estimation desdits immeubles, le sieur.... et le sieur.... (*leurs noms, professions et demeures*), lesquels, après serment prêté par eux devant M. le juge de paix du canton, dresseront le rapport de leur estimation, à laquelle nous promettons de nous en rapporter ; et, pour le cas où ils seraient d'avis différens, nous nommons pour tiers-expert le sieur.... (*nom, profession et demeure*), lequel sera tenu de joindre son avis à celui des deux qu'en son ame et conscience il croira devoir adopter, promettant de nous en rapporter à cet avis, sous peine contre celui d'entre nous qui y contreviendrait, de la somme de...., qu'il sera tenu de payer à chacun des trois autres cohéritiers, à titre de dommages-intérêts pour inexécution de la présente convention, faite quadruple entre nous, sous nos signatures privées ; à...., le...., mil huit cent vingt-sept.

(*Les quatre signatures sur chacun des quatre originaux, avec approbation d'écriture.*)

FORMULE *du Procès-Verbal des Experts.*

L'an mil huit cent vingt-sept, le.... avril, nous, soussignés, un tel (*nom, prénoms, qualité ou profession et demeure*) et un tel (*de même*), nommés experts par les sieurs.... (*les noms et demeures*) tous quatre habiles à se dire et porter héritiers de défunt...., suivant l'acte fait quadruple entre eux, le.... dernier, et dont copie en bonne et due forme nous a été remise, à l'effet de voir et estimer *tels* et *tels* immeubles, dépendans de la succession dudit défunt.... et énoncés en l'inventaire fait par M⁽ᵉ⁾...., notaire à..., dont il nous a été également remis une expédition, ayant prêté serment devant M. le juge de paix du canton, le...., de bien et fidèlement remplir notre mission, nous sommes transportés 1⁰ à une maison située...., composée de *tant* de bâtimens, de *telle* et *telle* sorte (*les énoncer en détail*), tenant d'un côté à...., de l'autre à.... dont l'entrée est par *tel* chemin, après l'avoir vue et examinée attentivement et dans le plus grand détail, nous l'avons estimée unanimement à 15,000 fr., ci . . . . 15,000 fr.

2⁰. A une petite ferme, située...., tenant à.... que nous avons estimée 15,000 fr., ci 15,000

A *telle* pièce de terres labourables, de sept arpens, située à...., tenant du levant à...., du midi à..., du couchant à... et du nord à...., après en avoir examiné la qualité, qui est supérieure, nous l'avons estimée à 8,000 fr., ci 8,000

4⁰. A *telle* pièce de luzerne, de cinq arpens, située à...., tenant à.. . , après avoir vu qu'elle n'avait encore que trois années de pousse, et qu'elle était bien fournie et en bon état, nous l'avons estimée 6,000 fr., ci . . . 6,000

5⁰. A une remise de six arpens, bien plantée en bois de chênes, de hêtres, de châtaigniers et autres arbres de bonne qualité, située.... tenant d'un côté à...., de l'autre à...., après l'avoir examinée attentivement,

A reporter. 44,000

Report. . . . . . .   44,000 fr.

nous avons été d'avis différent sur sa valeur : moi *un tel*, l'ai portée à 15,000 fr., attendu que.... (*dire pourquoi*, et moi *un tel*, l'ai portée seulement à 12,000 fr. (*dire aussi le motif*); pourquoi il y aura lieu à l'estimation de cette remise par le tiers-expert............ *Pour mémoire*.

6°. A *telle* pièce de vignes de trois arpens, située à...., tenant d'un côté à.... d'autre à...., après avoir reconnu qu'elle était de bons plants, nous l'avons estimée 5,000 fr., ci   5,000

Total. . . . .   49,000 fr.

Cette estimation faite, et plus d'autres biens n'étant soumis à notre prisée, nous avons fait et rédigé le présent, que nous affirmons sincère et véritable, à...., les jour, mois et an que dessus.

Formule *de Rapport du Tiers-Expert*.

Et le.... de l'an mil huit cent vingt-sept, heure de...., moi.... (*nom, prénoms, profession et demeure*), tiers-expert, nommé par les sieurs :... *tel, tel, tel* et *tel*; tous quatre habiles à se dire et porter héritiers de défunt... suivant leur acte fait quadruple entre eux le..., et dont copie m'a été remise, à l'effet de départager les sieurs.... (*les noms des deux experts*), en cas qu'ils fussent d'avis différens dans leurs estimations, ayant prêté serment entre les mains de M. le juge de paix du canton de.... de bien et fidèlement remplir la mission qui m'a été conférée, après avoir pris communication du rapport desdits sieurs.... experts; dressé le...., et dûment signé, duquel il résulte qu'ils n'ont pu s'accorder sur le prix d'une remise de six arpens, située à.... portée par le sieur.... à 15,000 fr., et par le sieur.... seulement à 12,000 fr., m'étant transporté avec eux à ladite remise; l'ayant parcourue ensemble dans tous les sens, ayant examiné la nature des diverses espèces de bois dont elle est plantée, ayant de nouveau entendu les motifs des sieurs.... qui les faisaient persévérer chacun dans leur avis, après avoir pesé les motifs de chacun, et ayant considéré en mon particulier les diverses qualités des bois, la grosseur actuelle des arbres, et vu qu'ils seraient recherchés, et que la vente en serait facile, je me suis rangé de l'avis du sieur...., et l'ai, comme lui, estimée à la somme de 15,000 fr., ci . . . .   15,000 fr.

En foi de quoi j'ai rédigé le présent, que j'affirme sincère et véritable, à...., les jour, mois et an que dessus.

(*La signature.*)

FORMULE *d'un Partage amiable de Succession entre des Cohéritiers majeurs* (1).

L'an mil huit cent vingt-sept, le.... juin, nous, soussignés, L....,
D...., F...., R...., tous quatre héritiers de défunt...., ayant voulu
partager entre nous les biens de sa succession, et ne nous étant
point trouvés d'accord sur le prix à mettre à chacun, en avons fait
faire l'estimation par les sieurs...., experts nommés par nous, et le
sieur.... tiers-expert, aussi nommé par nous, qui les a départagés
relativement à une remise de six arpens. Il résulte de leurs rapports
que la totalité des immeubles à partager entre nous quatre s'élève à
la somme de soixante-quatre mille francs, qui, divisée en quatre
parts, donne pour chacune 16,000 fr. — Notre intention étant
d'en faire entre nous le partage en nature et sans frais, nous avons
invité le sieur D...., l'un de nous qui y a consenti, à se charger de
la division en quatre lots, eu égard à l'appréciation des biens.
Il y a procédé ainsi qu'il suit :

1er *Lot.* Il se compose 1° de la Remise de six ar-
pens, valant la somme de 15,000 fr., ci. . . . .   15,000 fr.
2°. De la somme de 1,000 fr., qui sera payée par
le lot le plus fort, ci.   1,000
_____
· Total. . . . . 16,000 fr

2e *Lot.* Il se compose 1° de la pièce de terres labourables de sept arpens, estimée 8,000 fr., ci. . . .   8,000 fr.
2°. De la pièce de luzerne, estimée 6,000 fr., ci. .   6,000
3°. De 2,000 fr., qui seront payés par le lot le plus
fort, ci.   2,000
_____
Total. . . . . 16,000 fr·

3e *Lot.* Il se compose 1° de la ferme estimée
15,000 fr., ci. . . . .   15,000 fr.
2°. De la somme de 1,000 fr., qui sera payée par
le lot le plus fort, ci.   1,000
_____
Total. . . . . 16,000 fr.

4e *Lot.* Il se compose 1° de la maison, estimée
15,000 fr., ci. . . . .   15,000 fr.
2°. De la pièce de vignes de trois arpens, estimée
5,000 fr., ci   5,000
_____
Total. 20,000

(1) S'il était fait avec des mineurs, il devrait être fait en justice
ou devant un notaire commis par le juge-commissaire, nommé par
le Tribunal de l'arrondissement.

Attendu que ce quatrième lot excède de 1,000 fr. le premier lot, de 2,000 fr. le second lot, et de 1,000 fr. le troisième, il a été convenu entre nous que celui qui l'obtiendrait serait chargé de soultes envers les trois autres lots.

Les quatre lots ayant été ainsi composés, il a été procédé entre nous quatre au tirage au sort.

Le premier lot est échu à R...

Le second à D...

Le troisième à L...

Et le quatrième à F...., qui a payé aux trois autres cohéritiers les soultes dont son lot était chargé ; savoir : à R... 1,000 fr., à D... 2,000 fr., et à L... 1,000 fr., pour compléter leurs lots, dont ils le quittent et déchargent.

Chacun de nous s'étant trouvé content de son lot, les titres de chaque propriété ont été remis à celui à qui elle était échue.

De la sorte, nous nous sommes réciproquement investis, à compter de ce jour, de la propriété et jouissance pleines et entières des immeubles à nous dévolus par l'effet du présent partage, renonçant à pouvoir exercer les uns envers les autres aucun recours à cet égard.

Fait quadruple entre nous, sous nos signatures privées, à..., les jours, mois et an que dessus.

(*Les signatures, avec approbation d'écriture.*)

CHAPITRE II.

Des Donations entre-vifs et des Testamens.

Section première. — *Dispositions générales.*

La donation entre-vifs est un acte par lequel le donateur se dépouille actuellement et irrévocablement de la chose donnée, en faveur du donataire qui l'accepte. (*Code civil*, art. 894.) (1)

Le testament est un acte par lequel le testateur dispose, pour le temps où il n'existera plus, de tout ou

---

(1) Le rapport n'est dû par l'héritier qu'à son cohéritier, et non aux légataires ni aux créanciers de la succession (*Code civil, art.* 857). Un héritier qui a reçu des biens par donation entre-vifs, ne peut être obligé de les rapporter pour régler *le préciput* légué à un cohéritier dans un testament ultérieur, alors même que le testament l'ordonnerait en termes exprès, la donation entre-vifs étant irrévocable et non sujette à rapport au profit des légataires. (*Arrêt de la Cour de Cassation* du 5 juillet 1825.)

de partie de ses biens, et qu'il peut révoquer. (*Code civil*, *art.* 895.)

Il n'y a que ces deux manières de disposer de ses biens à titre gratuit, par donation entre-vifs ou par testament, venait de dire l'art. 893.

L'art. 896 disposait : les substitutions sont prohibées. — Toute prohibition par laquelle le donataire, l'héritier institué ou le légataire serait chargé de conserver et de rendre à un tiers, serait nulle, même à l'égard du donataire, de l'héritier institué ou du légataire. Cet article a été remplacé par la loi qui suit :

Loi *sur les* Substitutions, *du* 17 *mai* 1826 (*Bulletin des Lois*, n° 90.)

Article unique. « Les biens dont il est permis de disposer, aux termes des articles 913, 915 et 916 du Code civil, peuvent être donnés en tout ou en partie, par acte entre-vifs et testamentaires, avec la charge de les rendre à un ou plusieurs enfans du donataire, nés ou à naître, jusqu'au deuxième degré inclusivement. — Seront observés, pour l'exécution de cette disposition, les art. 1051 et suivans du Code civil jusques et y compris l'article 1074. »

Les art. 897, 898 et 899, distinguent les donations où il n'y a pas substitution (1). Voyez-les.

Dans toute disposition entre-vifs ou testamentaire, les conditions impossibles, celles qui sont contraires aux lois ou aux mœurs, sont réputées non écrites. *Art.* 900, *ibid.*

Pothier, dans son *Traité des Obligations*, par. II, chap. 3, art. 1er, § 2, n° 204, a dit : « Si je vous « avais promis une somme sous cette condition, *si vous* » *faites un triangle sans angle*, ou sous celle d'aller

---

(1) Il n'y a pas substitution quand l'usufruit est donné à l'un et la nue-propriété à l'autre : quand un tiers est appelé à recueillir la donation si le donataire ne la recueillait pas, etc.

« tout nu dans les rues, ou d'autres qui fussent aussi
» impossibles et aussi contraires aux lois et aux mœurs,
» elles seraient regardées comme non écrites. »

Pour faire une donation entre-vifs ou un testament,
il faut être sain d'esprit. (*Code civil, art.* 901.)

SECTION II. — *De la Capacité et Incapacité de disposer et de recevoir.*

Les articles suivans traitent de ceux qui sont capables
de disposer ou de recevoir par donation entre-vifs ou
par testament, et de ceux qui ne peuvent profiter des
dispositions qui seraient faites en leur faveur.

Toute disposition faite au profit d'un incapable est
nulle, soit qu'on la déguise sous la forme d'un contrat
onéreux, soit qu'on la fasse sous le nom de personnes
interposées.

Sont réputées personnes interposées les pères et
mères, les enfans et descendans, et l'époux de la personne incapable. (*Art.* 911, *ibid.*)

SECTION III. — *De la Portion de biens disponible et de la Réduction.*

§ Ier. *De la Portion disponible.*

Les libéralités, soit par acte entre-vifs, soit par tes-
testament, ne peuvent excéder la moitié des biens du
disposant, s'il ne laisse à son décès qu'un enfant légitime ; le tiers, s'il laisse deux enfans ; le quart, s'il
en laisse trois ou un plus grand nombre (1).

On comprend, sous le nom d'*enfans*, les descendans
en quelque degré que ce soit ; néanmoins ils ne sont

---

(1) Chez les Romains, dans le dernier état de la légitime, la
légitime était du tiers des biens si le défunt laissait quatre enfans ou
au-dessous, et de la moitié s'il en laissait cinq ou davantage. — On
en avait fait une sorte d'adage en ces deux vers :

  « *Quatuor aut infrà natis dant jura trientem :*
  « *Semissem vero, fuerint si quinque vel ultrà.* »

comptés que pour l'enfant qu'ils représentent dans la succession du disposant. (*Code civil*, art. 913 *et* 914.)

Les libéralités par cet acte entre-vifs ou par testament, ne peuvent excéder la moitié des biens, si, à défaut d'enfant, le défunt laisse un ou plusieurs ascendans dans chacune des lignes paternelle et maternelle ; et les trois quarts, s'il ne laisse d'ascendans que dans une ligne.... (*Art.* 915, *ibid.*)

A défaut d'ascendans ou de descendans, les libéralités par acte entre-vifs ou testamentaires peuvent épuiser la totalité des biens. (*Art.* 916.)

Voyez l'art. 919, autorisant à donner la portion disponible par préciput et hors part aux enfans ou autres successibles du donateur.

§ II. *De la Réduction des Donations et Legs.*

Lorsque les dispositions, soit entre-vifs, soit à cause de mort, excèdent la quotité disponible, elles sont réductibles à cette quotité, lors de l'ouverture de la succession. (*Art.* 920 *du Code.*)

Les articles suivans disent par qui la réduction peut être demandée (par les héritiers à réserve); et comment s'opère la réduction.

Si les donations entre-vifs excèdent ou égalent la quotité disponible, toutes les dispositions testamentaires (qui seraient faites ultérieurement.) sont caduques.

Si les dispositions testamentaires excèdent soit la quotité disponible, soit la portion de cette quotité qui resterait après avoir détruit la valeur des donations entre-vifs, la réduction est faite au marc le franc, sans aucune distinction entre les legs universels et les legs particuliers (*Art.* 925 *et* 926, *ibid.*)

SECTION IV. — *De la Forme des Donations entre-vifs.*

Tous actes portant donation entre-vifs doivent être passés devant notaire, dans la forme ordinaire des contrats, et il en doit rester minute, sous peine de nullité. (*Art.* 931 *du Code.*)

La donation entre-vifs n'engage le donateur, et ne produit aucun effet que du jour qu'elle a été *acceptée* en termes exprès.... (*Art.* 932, *ibid.*)

Les dispositions suivantes disent comment et par qui peut être faite l'acceptation de la donation.

Les articles 939 et suivans soumettent à la *transcription* les donations des biens susceptibles d'hypothèques, contre le défaut de laquelle ne sont pas restitués même les mineurs, les interdits, les femmes mariées.

La donation entre-vifs ne peut comprendre que les biens présens du donateur ; si elle comprend des biens à venir, elle est nulle à cet égard. — Elle est nulle aussi, si elle est faite sous des conditions dont l'exécution dépend de la seule volonté du donateur (le caractère des donations étant d'être irrévocables). (*Art.* 943 *et* 944.)

Autres nullités de la donation, et exceptions prononcées dans les articles suivans.

Etat estimatif des effets qui doit être annexé à la minute de la donation d'effets mobibiers.

Droit de retour des objets donnés que le donateur peut stipuler à son profit, et effet de ce droit de retour. (*Art.* 948 *à* 952.)

SECTION V. — *Exceptions à la règle de l'Irrévocabilité des Donations entre-vifs.*

Les donations entre-vifs ne peuvent être révoquées que pour trois causes : 1° pour cause d'inexécution des conditions sous lequelles elles ont été faites ; 2° pour cause d'ingratitude ; et 3° pour cause de survenance d'enfans. (*Code civil*, art. 953.)

Effet de la révocation pour cause d'inexécution des conditions, explication des cas où il y a ingratitude, délai dans lequel la demande en révocation pour cause d'ingratitude doit être formée, et donations en faveur de mariage non révocables pour cause d'ingratitude (parce que les enfans issus du mariage en seraient punis.) (*Art.* 954 à 959.)

L'époux contre lequel la séparation de corps a été prononcée pour cause d'excès et de sévices graves, ne perd pas les donations à lui faites par l'autre époux dans son contrat de mariage. (*Code civil*, art. 959, 1518. (*Arrêt de la Cour de Cassation* du 13 février 1826.)

Toutes donations entre-vifs faites par personnes qui n'avaient pas d'enfans ou de descendans actuellement vivans dans le temps de la donation.... sont et demeurent révoquées *de plein droit* par la survenance d'un enfant légitime du donateur, même d'un posthume, ou par la légitimation d'un enfant naturel par mariage subséquent, s'il est né depuis la donation. (*Code civil*, art. 960.)

Cette révocation a lieu, encore que l'enfant du donateur ou de la donatrice fût conçu au temps de la donation. (*Art.* 961, *ibid.*)

Aux termes de l'art. 962, la naissance de l'enfant ou sa légitimation par mariage subséquent doit être notifiée au donataire par exploit ou autre acte en bonne forme.

Effets de la révocation de la donation par survenance d'enfans. (*Art.* 963 à 966.)

SECTION VI. — *De la Forme des Testamens.*

(D'abord) Toute personne peut disposer par testament, soit sous le titre d'institution d'héritier, soit sous le titre de legs, soit sous toute autre dénomination propre à manifester sa volonté.

Un testament ne peut être fait dans le même acte par deux ou plusieurs personnes, soit au profit d'un tiers, soit à titre de disposition réciproque et mutuelle. (*Code civil*, art. 967 *et* 968.)

(Ensuite) Trois sortes de testamens :
Un testament peut être olographe (1),
Ou fait par acte public,
Ou dans la forme mystique. (*Art.* 969, *ibid.*)

Le testament olographe n'est point valable, s'il n'est écrit en entier, daté et signé de la main du testateur ; (mais) il n'est assujetti à aucune autre forme. (*Art.* 970.)

Le testament par acte public est celui qui est reçu par deux notaires en présence de deux témoins, ou par un notaire en présence de quatre témoins. (*Art.* 971.)

Formalités indispensablement nécessaires à remplir, énoncées dans les art. 972 à 975.

Quant au testament mystique ou *secret*, lorsque le testateur en veut faire un, il est tenu de signer ses dispositions, soit qu'il les ait écrites lui-même, ou qu'il les ait fait écrire par un autre.... (formalités diverses). (*Art.* 976 à 979.)

Les témoins appelés pour être présens aux testamens doivent être mâles, majeurs, régnicoles, jouissant des droits civils. (*Art.* 980.)

Ils doivent signer le testament : néanmoins, dans les campagnes, il suffit qu'un des deux témoins signe, si le testament est reçu par deux notaires, et que deux des quatre témoins signent, s'il est reçu par un notaire. (*Art.* 974.)

L'art. 975 dit quelles personnes ne peuvent être témoins.

Indépendamment des trois sortes de testamens qu'on vient de lire, on connaît les testamens militaires, les testamens faits en temps de peste, les testamens faits sur mer ou maritimes, les testamens faits en pays étranger. Les formalités les concernant sont indiquées dans les art. 981 à 1000.

Les formalités auxquelles les divers testamens sont

_____

(1) De deux mots *olos*, tout, et *graphein*, écrire.

assujettis par les dispositions de la présente section,
doivent être observées, *à peine de nullité des testamens*. (*Art.* 1000.')

Dans les articles suivans (1002 à 1047) il est traité
des institutions d'héritiers, des legs soit universels,
soit à titre universel, soit particuliers, et des exécuteurs testamentaires.

L'art 1007 parle de la présentation du testament
olographe et du testament mystique au président du
tribunal, avant d'être mis à exécution, et règle les
formalités à remplir à cet égard.

Il est traité

Dans les art. 1048 à 1074, des Dispositions per-
mises en faveur des Petits-Enfans du donateur ou
testateur, ou des Enfans de ses frères et sœurs, autrement dit *de la Restitution* ;

Dans les art. 1075 à 1080, des *Partages* faits par
Père, Mère ou autres Ascendans, entre leurs Descendans ;

Dans les art. 1081 à 1090, des *Donations faites par
Contrat de mariage* aux Epoux et aux Enfans à naître
du mariage ;

Et dans les art. 1091 à 1100, des *Donations entre
Epoux*, soit par contrat de mariage, soit pendant le
mariage.

La presque totalité de ces articles demanderait à être
transcrite comme traçant des règles indispensablement
nécessaires à connaître. Nous sommes autorisés dès-
lors à renvoyer à la lecture du Code même.

FORMULE *d'une Donation entre-vifs*.

Par-devant Me N..., notaire royal, et son confrère, résidans
à..., soussignés, fut présent le sieur... *non, prénoms, profession et
demeure*), lequel voulant donner à D.... des preuves de son amitié
et de son attachement a, par ces présentes, fait donation entre-
vifs, pure, simple et irrévocable, en la meilleure forme que donation puisse valoir et avoir lieu, audit D..., demeurant à..., à ce
présent et acceptant, pour lui, ses héritiers et ayant-cause, des
biens immeubles ci-après désignés, savoir: 1°. Une maison, sise

à..., rue..., n°..., consistant... (*la détailler*), tenant ladite maison
d'un côté à..., de l'autre à..., par-devant à la rue, et par derrière
à...; 2°. Une pièce de terre de *tant* d'hectares ou d'arpens, située..., tenant d'un bout à..., de l'autre à...; 3°. Un pré de *tant*
d'arpens, située..., tenant...; Tous lesquels biens ci-dessus donnés
appartiennent au donateur, comme lui ayant été donnés par..., *ou
bien* comme les ayant achetés de..., par contrat passé..., *ou* comme
faisant partie de ceux qui lui sont échus, et qui ont été délivrés
pour sa part héréditaire dans la succession de..., suivant l'acte de
partage fait entre lui et ses cohéritiers devant M°..., notaire
à.., le...

Pour, par ledit D..., ses héritiers et ayans-cause, jouir, faire et
disposer en pleine propriété, des immeubles ci-dessus désignés, et
en commencer la jouissance à compter du...; à l'effet de quoi ledit
donateur a cédé et transmis audit sieur..., donataire, tous les droits
de propriété et autres qu'il a et peut avoir sur lesdits biens, dont il
s'est dessaisi à son profit, voulant qu'il en soit mis en possession par
qui et ainsi qu'il appartiendra, constituant à cet effet pour son procureur le porteur de ces présentes, auquel il donne tous pouvoirs
de ce faire.

La présente donation est ainsi faite audit D... purement et gratuitement, et parce que telle est la volonté du donateur.

Ledit sieur..., donateur, a présentement remis audit D... donataire, les titres de propriété des biens compris en la présente donation, — et, pour la parfaite validité et exécution des présentes,
le sieur..., donateur, a prié et même requis M°..., l'un des notaires soussignés, de faire enregistrer et transcrire aux frais de lui
donateur, le présent acte de donation partout ou besoin sera. —
Ont déclaré les parties élire domicile en leurs demeures sus-désignées; promettant..., obligeant..., renonçant... Fait et passé en
l'étude, le... mil huit cent vingt-sept, et ont les parties signé avec
les notaires, après lecture à elles faite.

(*Les signatures.*)

Formule d'un *Testament olographe.*

Je soussigné (*prénoms, nom, âge, qualité ou profession et demeure*), étant en santé de corps et d'esprit, et voulant disposer de
mes biens pour le temps où je n'existerai plus, j'ai fait et écrit en
entier mon présent testament et ordonnance de dernière volonté;
sans induction, captation, ni suggestion de personne, de la manière et ainsi qu'il suit :

1°. Je donne et lègue à... *telle* et *telle* choses...

2°. Je donne et lègue à... *telle* chose...

3°. (*De même.*)

(*On statue sur tous les biens dont on veut disposer. Le surplus
reste aux héritiers.*)

Je prie M... (*nom, prénoms, âge, profession et demeure, s'ils sont connus*) d'être mon exécuteur testamentaire (1) et de faire accomplir mes dernières volontés telles qu'elles sont énoncées ci-dessus.

Je révoque tous autres testamens et dispositions à cause de mort, que j'ai pu faire avant le présent, qui contient mes dernières volontés.

J'ai fait et écrit celui-ci sur une feuille de papier timbré, et il contient *tant* de pages (dont une est à moitié), toutes lesdites pages paraphées par moi.

Fait dans ma demeure sus-désignée, à..., le... mil huit cent vingt-sept.

(*La signature, avec les prénoms, âge, profession et demeure, s'ils n'ont point été mis en tête.*)

Nota. S'il y a des ratures, renvois ou apostilles, il faut approuver les ratures, et parapher et signer les renvois ou apostilles.

Formule d'un Testament par Acte public.

Par-devant nous, *tel* et *tel*, notaires royaux, résidans à... département de..., soussignés, et les sieurs (*noms, prénoms, âge, professions et demeures*), tous deux témoins requis, aussi soussignés,

(*S'il n'y a qu'un notaire, on dit :*) « Par-devant moi, N..., notaire royal, résidant à..., département de..., soussigné, et les sieurs (*les quatre témoins*), (aussi soussignés,)

S'est présenté en l'étude de N..., l'un de nous, le sieur... *ou* la dame (*nom, prénoms, âge, profession et demeure.*)

Ou autrement : L'an mil huit cent vingt-sept, le...., heures du..., nous, *tel* et *tel*, notaires royaux, résidant à..., département de..., requis, à l'effet de recevoir le testament du sieur... *ou* de la dame..., nous sommes transportés chez ledit sieur... *ou* ladite dame, avec le sieur... et le sieur...(*noms, prénoms, âge, professions et demeures*), témoins par nous appelés pour la réception du testament.

Arrivés à *telle* maison, dans *telle* rue, et montés à *tel* étage, nous avons été introduits dans la chambre à coucher dudit sieur... *ou* de ladite dame, éclairée ladite chambre par *tant* de croisées, donnant sur...

Nous avons trouvé ledit sieur... *ou* ladite dame... gisant dans son lit, lequel *ou* laquelle est malade de corps et sain *ou* saine d'esprit, mémoire, entendement et jugement, ainsi qu'il a paru à nous, notaires, et aux sieurs...., témoins avec nous soussignés, et qu'il nous a été facile d'en juger par ses discours et conversations.

---

(1) Cette nomination d'exécuteur testamentaire est purement facultative, et n'est pas d'obligation, — Ce sont communément les héritiers qui exécutent le testament.

Ledit sieur... *ou* ladite dame... nous a dit qu'il *ou* qu'elle nous a fait appeler avec les sieurs..., témoins, pour que nous voulussions bien recevoir son testament.

Toutes les personnes qui étaient présentes s'étant retirées, Me. N..., l'un de nous, notaires soussignés, et en présence des sieurs..., témoins, a écrit, *ou bien*, moi, N..., l'un des notaires soussignés, et en présence des sieurs..., témoins, ai écrit le testament dudit sieur... *ou* de ladite dame..., sous sa dictée, mot à mot, et à la première personne, pour rendre plus exactement et plus régulièrement son énonciation, comme et ainsi qu'il suit :

« Je donne et lègue à...

« Je donne et lègue à... (*Écrire toutes ses dispositions.*)

(*Le notaire n'est pas obligé de faire les fautes de français que ferait le testateur, et de mettre des s où il faudrait des t.*)

« Je révoque tous testamens et dispositions de dernière volonté que je puis avoir faits avant celui-ci, auquel seul je m'arrête, comme contenant mes dernières volontés. »

Le présent testament a été ainsi dicté par ledit sieur... testateur, *ou* par ladite dame..., testatrice, aux notaires soussignés, en présence des témoins aussi soussignés : il a été écrit, ainsi qu'il a été dit ci-dessus, par Me N..., et il en a été de suite donné lecture par lui au sieur..., testateur, *ou* à la dame..., testatrice, en présence des sieurs..., témoins. Le sieur..., testateur, *ou* la dame..., testatrice, à qui il a été demandé par ledit Me N.., si son testament était écrit comme il *ou* elle avait entendre le dicter, s'il *ou* elle y persévérait, et s'il *ou* elle avait quelque chose à y ajouter, a déclaré que le testament était bien et fidèlement écrit comme il *ou* elle avait entendu le faire, qu'il *ou* qu'elle y persévérait, comme étant entièrement conforme à ses intentions et dernières volontés, et qu'il *ou* qu'elle n'avait rien à y ajouter.

Fait et passé à..., en la chambre sus-designée, les jour mois et an que dessus ; et a ledit sieur..., testateur, *ou* ladite dame..., testatrice, signé avec les témoins et les notaires, après lecture faite de tout ce que dessus.

(*Les signatures du testateur ou de la testatrice, des témoins et des notaires.*)

(Si le testateur ou la testatrice ne savait ou ne pouvait signer, il en serait fait mention ainsi :)

Et le testateur ou la testatrice a déclaré ne savoir écrire ni signer, *ou* ne pouvoir signer, *à cause de telle infirmité :* les témoins et les notaires ont signé après lecture faite de tout.

(*Les signatures.*)

Formule d'un Testament mystique ou secret.

Je, soussigné (*prénoms, nom, âge, profession et demeure*), étant en santé de corps et d'esprit, ai fait, ai rédigé moi-même mon présent testament mystique *ou* secret, *ou bien* ai dicté et fait écrire par un autre mon présent testament mystique *ou* secret que j'ai signé, *ou que je n'ai pu signer*, ainsi que je le déclarerai en le présentant au notaire et aux témoins (1), lequel contient mes dispositions de dernière volonté, en la manière suivante, et que j'entends être exécutées après ma mort.

Je donne et lègue à... *telles choses.*

Je donne et lègue à... *telles choses.*

Je nomme et institue pour mon légataire universel le sieur..., en faveur de qui je me dessaisis de tout ce qui restera de mes biens après l'acquittement de mes dettes et des legs ci-dessus énoncés.

J'entends que mondit légataire universel ne puisse profiter de l'institution que je viens de faire en sa faveur, qu'après avoir pleinement exécuté les dispositions particulières contenues au présent.

Fait en ma demeure susdite, à..., ce... mil huit cent vingt-sept.

(*La signature.*)

FORMULE *de l'Acte de Suscription du Testament mystique.* (2).

Par-devant moi, N..., notaire royal, résidant à..., en mon étude, et en présence des six témoins qui suivent, savoir :

1º. Le sieur (*nom, prénoms, âge, profession et demeure*) ; 2º. Le sieur.... (*de même*) ; 3º le sieur...; 4º le sieur.... ; 5º le sieur..., et 6º le sieur... (*de même*),

Est comparu le sieur... (*nom, prénoms, âge, profession et demeure*),

Lequel a présenté à moi, notaire, et aux six témoins, un papier clos, couvert d'une enveloppe, et scellé portant un cachet de cire rouge ayant *telle* empreinte, qu'il a déclaré contenir son testament mystique, écrit et signé de lui, *ou* écrit par un autre et signé de lui ;

De laquelle présentation *ou* suscription, moi N..., notaire, en présence des six témoins sus-nommés et soussignés, ai dressé le présent acte sur ledit papier ; *ou* l'enveloppe renfermant ledit papier, lequel a été signé par ledit sieur..., testateur, par les six témoins et par moi, notaire, après lecture faite du présent ; le tout fait de suite et sans divertir à autre acte.

A..., en l'étude, le... mil huit cent vingt-sept.

(*Les signatures du testateur, des six témoins et du notaire.*)

---

(1) Le testateur le présente clos et scellé au notaire et à *six* témoins au moins, ou le fait clore et sceller en leur présence... (*Art. 976 du Code civil.*)

(2) Le testateur déclare au notaire et aux six témoins que le contenu en ce papier est son testament écrit et signé de lui, ou écrit par un autre et signé de lui ; le notaire en dresse l'acte de suscription, qui est écrit sur ce papier ou sur la feuille qui sert d'enveloppe ; cet acte est signé tant par le testateur que par le notaire, ensemble par les témoins. (*Même art. 976.*)

(S'il est survenu un empêchement au testateur au moment de la si-gnature de la suscription, il est dit :)

« Et comme le testateur allait signer l'acte de suscription avec les six témoins et moi N..., notaire, il lui est survenu *tel* accident, qui l'a empêché de signer, et nous avons signé, les six témoins et moi. » *(Les signatures.)*

CHAPITRE III.

Des Contrats ou des Obligations convention-nelles en général.

SECTION PREMIÈRE. — *Des Obligations de leur Effet, et des diverses sortes d'Obligations.*

LE contrat est une convention par laquelle une ou plusieurs personnes s'obligent, envers une ou plusieurs autres, à donner, à faire ou ne pas faire quelque chose. (*Code civil, art.* 1101.)

Les contrats se divisent en plusieurs sortes, qui prennent des noms différens suivant leur nature.

Le contrat est *synnallagmatique* ou *bilatéral* lorsque les contractans s'obligent réciproquement les uns envers les autres (comme dans les contrats de vente, de louage, d'échange, etc.)

Il est *unilatéral* lorsqu'une ou plusieurs personnes sont obligées envers une ou plusieurs autres, sans que de la part de ces dernières il y ait d'engagement (comme dans le prêt : Il n'y a que l'emprunteur d'o-bligé envers celui qui le lui a fait.)

Il est *commutatif* lorsque chacune des parties s'en-gage à faire une chose qui est regardée comme l'équi-valent de ce qu'on lui donne, ou de ce qu'on fait pour elle (comme dans ces quatre sortes : *Do ut des, facio ut facias, facio ut des, do ut facias :* Je donne pour que vous donniez, je fais pour que vous fassiez).

Lorsque l'équivalent consiste dans la chance de gain ou de perte pour chacune des parties, d'après un événement incertain, le contrat est *aléatoire* (comme dans le jeu et le pari, le contrat de rente viagère, le contrat d'assurance, la vente d'un coup de filet, parce qu'il est incertain que le pêcheur amène des poissons).

Le contrat de *bienfaisance* est celui dans lequel l'une des parties procure à l'autre un avantage purement gratuit (comme dans la donation, le prêt, le dépôt et le mandat).

Le contrat *à titre onéreux* est celui qui assujettit chacune des parties à donner ou à faire quelque chose (comme les contrats de vente, de louage, d'échange, de constitution de rente, de société).

Les contrats, soit qu'ils aient une dénomination propre, soit qu'ils n'en aient pas, sont soumis à des règles générales, qui sont l'objet du présent chapitre. (*Code civil, art.* 1102 *à* 1107.)

Maxime générale : Tous les contrats sont consensuels, tous exigent de la bonne foi; et l'équité est et doit être la règle de nos conventions. DOMAT, *Lois civiles, titre des Conventions* en général, *sect.* 1re, *n°* 7 ; *sect.* 3, *n^os* 12, 13 *et* 14.

Quatre conditions sont essentielles pour la validité d'une convention : — le consentement de la partie qui s'oblige; — sa capacité de contracter; — un objet certain qui forme la matière de l'engagement ; — une cause licite dans l'obligation.

Les conventions légalement formées tiennent lieu de loi à ceux qui les ont faites. — Elles ne peuvent être révoquées que de leur consentement mutuel, ou pour les causes que la loi autorise. — Elles doivent être exécutées de bonne foi. — Elles obligent non-seulement à ce qui y est exprimé, mais encore à toutes les suites que l'équité, l'usage ou la loi donnent à l'obligation d'après sa nature. (*Code civil, art.* 1108, 1134, 1135).

Les articles intermédiaires traitent des causes qui vicient le consentement, comme le dol, l'erreur, la violence, la lésion; des personnes qui peuvent ou non contracter : les incapables de contracter sont les mi-

neurs, les interdits, les femmes mariées, dans les cas
exprimés par la loi, et généralement tous ceux à qui la
loi a interdit certains contrats; des choses qui peuvent
être l'objet des contrats, et des causes licites ou illicites
des conventions.

Les art. 1136 et suivans traitent de l'obligation
de donner, de l'obligation de faire ou de ne pas
faire, des dommages-intérêts résultant de l'inexécution
de l'obligation, de l'interprétation des conventions, et
de l'effet des conventions à l'égard des tiers, particulièrement relativement aux créanciers qui ont la faculté
d'attaquer les actes faits par leur débiteur en fraude de
leurs droits. (*Art.* 1167.)

Les art. 1168 et suivans traitent des obligations
conditionnelles et des diverses espèces de conditions;
casuelles, potestatives, mixtes, suspensives et résolu-
toires; des obligations à terme; des obligations alternatives; des obligations solidaires, ou de la solidarité
entre les créanciers et de la solidarité de la part des
débiteurs; des obligations divisibles et indivisibles et
de leurs effets, et des obligations avec clauses pénales.

Section II. — *De l'Extinction des Obligations.*

Les obligations s'éteignent, par le paiement, — par
la novation, — par la remise volontaire, — par la
compensation, — par la confusion, — par la perte de
la chose, — par la nullité ou la rescision, — par l'effet
de la condition résolutoire, et par la prescription.
(*Code civil*, art. 1234.)

Ces différentes causes d'extinction des obligations
sont développées dans différentes sections. La première,
relative au paiement, est elle-même divisée en cinq
paragraphes, traitant du paiement en général, du
paiement avec subrogation, de l'imputation des paiemens, des offres de paiement, de la consignation,
et de la cession de biens, soit volontaire, soit judiciaire.

SECTION III. — De la Preuve des Obligations, et de celle du Paiement.

Celui qui réclame l'exécution d'une obligation doit la prouver.

Réciproquement, celui qui se prétend libéré doit justifier le paiement ou le fait qui a produit l'extinction de son obligation. (*Code civil*, *art.* 1315.)

Les règles qui concernent la preuve littérale, la preuve testimoniale, les présomptions, l'aveu de la partie et le serment, sont expliquées dans cinq sections, divisées, la première, en cinq paragraphes, traitant du titre authentique, de l'acte sous seing privé, des tailles, des copies de titres, des actes recognitifs et confirmatifs; la 3e, en deux paragraphes, traitant des présomptions établies par la loi, des présomptions qui ne sont point établies par la loi; et la cinquième, aussi en deux paragraphes, traitant du serment décisoire et du serment déféré d'office.

Ce chapitre, formant le titre III du Code, qui est lui-même la quintescence des deux volumes du traité *des Obligations* du Pothier, embrasse 2õ9 articles. Nous n'avons pu, dans un ouvrage comme celui-ci, qu'en présenter les masses ou en donner une idée générale.

FORMULE *d'une Convention sous seing privé embrassant divers Objets.*

Nous, soussignés, *un tel*, *un tel* et *un tel* (*prénoms, noms, professions ou qualités et demeures*), propriétaires en commun de *telles* terres adjugées au sieur. ., l'un de nous. à l'audience des criées du Tribunal de première instance sis à..., département de..., par jugement du..., voulant partager entre nous, par égales portions, lesdites terres. sommes convenus de ce qui suit:

Nous nous engageons unanimement de charger, et chargeons par le présent acte le sieur..., géomètre-arpenteur, demeurant..., de procéder, en notre présence, ou nous dûment invités par lettres de lui, dans la quinzaine, au mesurage et partage par égales portions entre nous desdites terres, et à la plantation de bornes délimitatives; déclarons que nous nous en rapporterons entièrement à son opération, et la considérerons comme loi faite entre nous : consen-

tons que son procès-verbal soit remis au sieur..., l'un de nous, *ou*
reste entre les mains de lui sieur..., géomètre-arpenteur, pour y
recourir par chacun de nous au besoin ; et promettons de lui payer
ses honoraires par égales portions.

Ou bien, propriétaires des terres sus-mentionnées, reconnaissant
que la partie desdites terres échue au sieur.., l'un de nous est en-
clavée, qu'il doit lui être donné un passage par l'endroit le moins
incommode pour arriver à *tel* chemin, et qu'il est obligé de traverser par les portions à nous échues par l'opération du sieur..., géomètre-arpenteur ; voulant établir ce passage, [sommes d'accord de
lui accorder et lui accordons le passage, pour traverser avec chevaux et voitures, mais seulement dans les temps des travaux et des
récoltes, par *tel* endroit, prenant du nord *ou* du midi, et arrivant
horizontalement ou directement audit chemin, sur une largeur de
tant de mètres, dont ledit sieur... ni ses enfans ou ses serviteurs ne
pourront s'écarter, à peine de payer à celui de nous sur la propriété duquel il passera en contravention à la présente convention,
telle somme par forme d'indemnité, qu'il sera tenu d'acquitter d'a-
près le procès-verbal ou rapport qui sera fait par le garde champêtre de la commune.

Ou bien, propriétaires des terres sus-mentionnées, attendu
qu'entre lesdites terres il y a un fossé de *telle* largeur, les traversant
dans toute leur longueur, *ou* qu'il y a une haie de *tant* de largeur
qui les sépare, et voulant prévenir les contestations qui pourraient
survenir entre nous relativement au curement du fossé, *ou* relativement à la tonte de la haie, disons que le fossé sera mitoyen, et
curé par chacun de son côté, à partir du milieu dudit fossé, à *telle*
époque (au printemps, après le retirement des eaux), *ou* que la
haie sera mitoyenne entre les voisins, et qu'elle sera tondue par
chacun de son côté, à *telle* époque (en automne), à partir de la
moitié de la haie : et nous obligeons et promettons que, dans le cas
où le fossé ne serait pas curé à l'époque sus-mentionnée ou huit
jours au plus tard après, et que le voisin l'aurait fait faire, il lui
sera payé par l'autre *telle* somme par forme d'indemnité, *ou bien*
que, dans le cas où le voisin ou les siens auraient tondu la haie au-
delà de sa moitié, et se seraient approprié la tonte, il sera tenu de
payer *telle* autre somme par forme d'indemnité; consentant cependant que si, à *telle* époque (vers le printemps), le voisin n'a pas
tondu sa moitié de la haie, l'autre voisin le fasse et s'approprie la
tonte, afin d'empêcher que la partie non tondue ne préjudicie à
celle qui le sera.

Sera la présente convention exécutée de bonne foi par nous et les
nôtres ou ayans-cause.

Fait triple entre nous, sous nos signatures privées, à..., le.. mil
huit cent vingt-sept. (*Art.* 1325 *du Code.*)

(*Les signatures des trois contractans sur chaque original*,
  avec approbation d'écriture.)

FORMULE *d'une Obligation pour Prêt d'une somme d'argent, avec affectation d'Hypothèques*

Par-devant M⁰ N... et son confrère, notaires royaux, résidant à..., soussignés, furent présens le sieur... et la dame..., son épouse, qu'il autorise à l'effet des présentes, lesquels ont par le présent acte reconnu devoir légitimement au sieur..., demeurant .., à ce présent et acceptant, la somme de quatre mille francs, pour prêt de pareille somme que ledit sieur... leur a fait, et à eux présentement comptée en espèces d'or et d'argent monayées aux titre et cours de ce jour, et réellement délivrée, à la vue des notaires soussignés, auxdits sieur et dame..., qui l'ont retirée pour l'employer à leurs besoins et affaires, et en sont contens, dont quittance ;

Laquelle somme lesdits sieur et dame... promettent et s'obligent solidairement de rendre et payer au sieur... , en sa demeure, à..., ou au fondé de ses pouvoirs, en semblables espèces monayées, aux titre et cours actuels, et non autrement, de convention expresse, sans aucuns billets, papiers-monnaie ou autres effets, dont le cours serait introduit en vertu de dispositions législatives, au bénéfice desquelles il est expressément et formellement renoncé par eux, et d'effectuer ledit paiement dans le délai de trois années, à compter de cejourd'hui ;

Comme aussi de payer audit sieur..., et lui servir les intérêts de ladite somme de six mois en six mois, à compter de ce jour, à raison de cinq pour cent par an, et sans aucune retenue des contributions et impositions présentement établies, ou qui pourraient l'être par la suite, lesquels intérêts seront, ainsi que leur principal, payés en espèces d'or ou d'argent monnayées, aux titre et cours actuels, et non autrement, ainsi qu'il vient d'être dit.

A la sûreté et garantie du paiement de ladite somme de quatre mille francs et des intérêts qu'elle produira, lesdits sieur et dame... ont, par ces présentes, affecté et spécialement hypothéqué un domaine qui leur appartient, appelé..., composé d'un corps de ferme et bâtimens en dépendant, et de cent hectares de terres labourables ; le tout situé à..., canton de..., département de..., affermé pour neuf ans, suivant bail passé devant M⁰..., notaire à..., en présence de témoins, le..., dûment enregistré, à G... et D..., sa femme, moyennant la somme de..., exempte d'impôts.

Lesquels biens acquis par contrat passé devant M⁰.. , qui en a la minute, et son confrere, notaires à..., le..., lesdits sieur et dame... déclarent être francs et quittes de toutes dettes et hypothèques, et ce, sous les peines du stellionat, qui leur ont été expliquées par les notaires soussignés, et qu'ils ont dit bien comprendre.

En conséquence de la présente affectation, le sieur... pourra prendre sur ledit domaine et dépendances une inscription hypothécaire aux frais des sieur et dame..., qui se soumettent à lui en rembourser le coût.

Pour l'exécution des présentes, les sieur et dame... élisent domicile à..., en leur demeure susdite, auquel lieu ils consentent la validité de tous actes et exploits de justice qui pourraient y être faits

7

et signifiés; nonobstant changement de demeure; promettant d'exécuter le contenu de ces présentes sous l'obligation solidaire de tous
leurs biens présens et à venir, qu'ils ont pour ce soumis a justice,
renonçant à toutes choses contraires à ces présentes, dont la grosse
sera délivrée à leurs frais au sieur...

Fait et passé en l'étude..., le... mil huit cent vingt-sept, et ont
les comparans signé avec lesdits notaires, après lecture faite.

(Les signatures des parties et des notaires.)

Formule d'*Obligation ou Promesse sous seing-privé.*

Je, soussigné, reconnais devoir à M... la somme de.. , pour
fournitures et façons d'habits, *ou telles* autres fournitures qu'il m'a
faites, *ou bien* qu'il m'a prêtée pour mes besoins; et promets et
m'oblige a la lui payer le... prochain, avec les intérêts à raison de
cinq pour cent par an jusqu'au remboursement.

Ou bien, nous, soussignés (*les noms, prénoms, qualités ou professions et demeures*), reconnaissons devoir à M .. la somme de...,
qu'il nous a prêtée; et nous promettons et nous obligeons solidairement à lui payer le... prochain, avec les intérêts à raison de cinq
pour cent par an jusqu'au remboursement; à..., le... mil huit cent
vingt-sept.

(La ou les signatures.)

(S'il n'y a qu'un débiteur et une caution, il est dit :)

Je, soussigné, reconnais devoir à M... la somme de... pour prê
de pareille somme, et m'oblige à la lui payer le... prochain, avec
les intérêt à raison de cinq pour cent par an; et je, soussigné,
cautionne et garantis à M... le paiement de la somme de.., a lui
due par M..., avec les intérêts à cinq pour cent jusqu'au remboursement; et m'engage à la lui payer en cas de non-acquittement a l'é-
poque ci-dessus stipulée, après toutefois qu'il aura discuté les biens
de M.., *ou bien*, sans qu'il soit tenu à aucune discussion des biens
de M..., à laquelle je renonce, m'obligeant alors personnellement à
défaut de paiement de ladite somme par lui; à... ce... mil huit cent
vingt-sept.

(Les signatures du débiteur et de la caution..)

Formule de *Promesse solidaire de deux Epoux.*

Nous, soussignés, moi et mon épouse, que j'autorise à l'effet des
présentes, reconnaissons devoir à M... la somme de..., qu'il nous a
prêtée, et nous obligeons solidairement à la lui payer le... prochain, avec les intérêts à raison de cinq pour cent par an, sans retenue; à.., le... mil huit cent vingt-sept.

On met en marge :

Bon pour la somme de....

*(Les signatures, avec approbation
d'écriture pour la somme par
l'épouse.*

CHAPITRE IV.

Des Engagemens qui se forment sans Convention.

CERTAINS engagemens se forment sans qu'il intervienne aucune convention, ni de la part de celui qui s'oblige, ni de celui envers lequel il est obligé.

Les uns résultent de l'autorité seule de la loi; les autres naissent d'un fait personnel à celui qui se trouve obligé.

Les premiers sont les engagemens formés involontairement, tels que ceux entre propriétaires voisins, ou ceux des tuteurs et des autres administrateurs qui ne peuvent refuser la fonction qui leur est déférée.

Les engagemens qui naissent d'un fait personnel à celui qui se trouve obligé résultent ou des quasi-contrats, ou des délits ou quasi-délits. (*Code civil,* art. 1370.)

SECTION PREMIÈRE. — *Des Quasi-Contrats.*

Les Quasi-contrats sont les faits purement volontaires de l'homme, dont il résulte un engagement quelconque envers un tiers, et quelquefois un engagement réciproque des deux parties.

Lorsque volontairement on gère l'affaire d'autrui...., on contracte l'engagement tacite de continuer la gestion commencée..., on se décharge de toutes les dépendances de cette même affaire, et on se soumet à *toutes* les obligations qui résulteraient d'un mandat exprès qu'aurait donné le propriétaire.

Celui-ci, de son côté, quand son affaire a été bien administrée, doit remplir les engagemens que le gérant a contractés en son nom, l'indemniser des engagemens personnels qu'il a pris, et lui rembourser toutes les dépenses utiles ou nécessaires qu'il a faites. (*Code civil*, art. 1371, 1372 et 1375.)

Celui qui reçoit par erreur ou sciemment ce qui ne lui est pas dû, s'oblige à le restituer à celui de qui il l'a indûment reçu. (Celui-ci aurait contre lui l'action de *conductione indebiti.*)

S'il y a eu mauvaise foi de la part de celui qui a reçu, il est tenu de restituer tant le capital que les intérêts ou les fruits, du jour du paiement. (*Art.* 1376 et 1378.)

Si celui qui a reçu de bonne foi a vendu la chose, il ne doit restituer que le prix de la vente. (*Article* 1380.)

Celui auquel la chose est restituée doit tenir compte, même au possesseur de mauvaise foi, de toutes les dépenses nécessaires qui ont été faites pour la conservation de la chose. (*Art.* 1381.)

SECTION II. — *Des Quasi-Délits.*

On appelle *délit* le fait par lequel une personne, par dol ou malignité, cause du dommage et quelque tort à un autre; et *quasi-délit*, le fait par lequel une personne, sans malignité, [mais par une imprudence qui n'est pas excusable, cause quelque tort à un autre. — *Voyez* Pothier, *Traité des Obligations*, partie 1re, sect. 2, § 2, n° 116.

Tout fait quelconque de l'homme, qui cause à autrui un dommage, oblige celui par la faute duquel il est arrivé, à le réparer.

Chacun est responsable du dommage qu'il a causé, non-seulement par son fait, mais encore par sa négligence ou par son imprudence. (*Code civil*, art. 1382, 1383.)

On est responsable non-seulement du dommage que l'on cause par son propre fait, mais encore de celui qui est causé par le fait des personnes dont on doit répondre (un père, une mère pour leur enfant mi-

neur, etc.), ou des choses que l'on a sous sa garde,
ou dont on est propriétaire, (par exemple, du dommage causé par un animal, ou la chute d'un bâtiment dout on est propriétaire). (*Art.* 1384, 1385
et 1386.)

CHAPITRE V.

Du Contrat de Mariage et des Droits respectifs des Epoux (1).

La loi ne régit l'association conjugale, quant aux
biens, qu'à défaut de conventions spéciales, que les
époux peuvent faire comme ils le jugent à propos,
pourvu qu'elles ne soient pas contraires aux bonnes
mœurs, et que les époux ne dérogent ni aux droits
résultant de la puissance maritale sur la personne de
la femme ou des enfans, ou qui appartiennent au mari
comme chef, ni aux droits conférés au survivant des
époux par le titre *de la Puissance paternelle*, par le titre
de la Minorité, de la Tutelle et de l'Emancipation, ni
aux dispositions prohibitives du Code civil. (*Art.* 1387
et 1388 *de ce Code.*)

Les époux ne peuvent faire aucune convention ou
renonciation dont l'objet serait de changer l'ordre
légal des successions, soit par rapport à eux-mêmes
dans la succession de leurs enfans ou descendans, soit
par rapport à leurs enfans entre eux (sauf les donatious
à charge de restitution).

Ils ne peuvent pas non plus stipuler d'une manière
générale que leur association sera réglée par l'une des
anciennes coutumes, lois ou statuts locaux. (*Art.* 1389
et 1390.)

Ils peuvent cependant déclarer d'une manière générale qu'ils entendent se marier ou *sous le régime de la
communauté*, ou *sous le régime dotal.*

---

(1) Voyez au titre 1er, chap. 3, les qualités et conditions requises pour contracter mariage, etc.

S'ils se marient sons le régime de la communauté, leurs droits et ceux de leurs héritiers sont réglés par les dispositions du Code concernant ce régime.

S'ils se marient sous le régime dotal, leurs droits sont réglés par les dispositions concernant le régime dotal.

Le régime de la communauté est le droit commun de la France; le régime dotal n'est qu'exceptionnel. A défaut de stipulations spéciales qui dérogent au régime de la communauté ou le modifient, ils sont gouvernés par le régime de la communauté tel qu'il est fixé par le Code. (*Art.* 1391 *et* 1393.)

Toutes conventions matrimoniales doivent être rédigées, avant le mariage, par acte devant notaires, et elles ne peuvent recevoir aucun changement après la célébration du mariage (*Art.* 1394 *et* 1395.)

Les art. 1396 et 1399 concernent les changemens qui seraient faits par contre-lettres, qui ne peuvent toujours être faites qu'avant le mariage.

Le mineur habile à contracter mariage est habile à consentir toutes les conventions dont ce contrat est susceptible; et les conventions et donations qu'il y a faites sont valables, pourvu qu'il ait été assisté, dans le contrat, des personnes dont le consentement est nécessaire pour la validité du mariage. (*Art.* 1398.)

Inutile de rapporter ici aucune des dispositions concernant les deux régimes, de la communauté et dotal, parce que, quelque étendue que fût la citation, elle se trouverait toujours insuffisante; il faut les lire toutes dans le Code. Elles contiennent près de deux cents articles. Nous allons nous borner à donner des formules de contrats de mariage pour les deux régimes.

FORMULE *d'un Contrat de mariage avec stipulation de Communauté de biens entre les futurs Époux.*

Par-devant Mᵉ N.. et son confrère, notaires royaux, résidans à..., département de..., soussignés,

Furent présens le sieur C... (*prénoms, profession et demeure*) ; fils majeur du sieur C... (*qualité ou profession*) et de la défunte dame..., son épouse, stipulant pour lui et en son nom, du consentement du sieur C.., son père, demeurant à.., à ce présent, d'une part :

Et la demoiselle G... (*qualité et demeure*), mineure, stipulant en ces présentes en son nom personnel, et sous l'autorisation du sieur G... (*qualité*), et de la dame..., son épouse, ses père et mère, à ce présens, d'autre part ;

Lesquels dits sieur... et demoiselle..., en vue du mariage proposé et convenu entre eux, et dont la proclamation doit être faite incessamment à l'état civil des arrondissemens dans l'étendue desquels ils ont leur domicile, ont fait et arrêté les clauses et conditions de leur futur mariage ainsi qu'il suit :

En la présence de leurs parens et amis, savoir : du côté du sieur futur époux, de *tels, tels* et *tels*, et du côté de la demoiselle future épouse, de *tels, tels* et *tels*.

Art. 1er. Il y aura communauté de biens entre les futurs époux, conformément aux dispositions du Code civil, qui, sauf les restrictions et modifications ci-après exprimées, réglera seul les effets et le partage de cette communauté, quand même les futurs époux viendraient à faire leur demeure par la suite, ou des acquisitions de biens, hors du territoire français.

Art. 2. Les futurs époux ne seront point tenus des dettes l'un de l'autre, antérieures à la célébration du mariage ; et, s'il en existe, elles seront payées par celui qui les aura faites, et sur ses biens personnels.

Art. 3. Les biens du futur époux consistent dans... (*énoncer en détail les biens qu'apporte en mariage le futur époux, en y comprenant son mobilier et ses hardes, linge, livres et bijoux, auxquels il sera mis un prix.*)

Art. 4. Les sieur et dame G.., père et mère de la future épouse, constituent en dot conjointement et par moitié, en avancement de leur succession future, à la demoiselle leur fille, ce acceptant, la la somme de..., qu'ils promettent et s'obligent solidairement entre eux de payer aux futurs époux, en espèces sonnantes, le lendemain de la célébration de leur mariage. Les biens de la future épouse consistant en outre en ses habits, hardes, linge, bijoux, montant à la somme de...

Art. 5. Des biens des futurs époux, il entrera de part et d'autre en la communauté la somme de..., ce qui formera un fonds de... francs ; le surplus, avec ce qui pendant le mariage adviendra et écherra à chacun d'eux, tant en meubles qu'immeubles, par succession, donation, legs ou autrement ; en demeurera exclu, et appartiendra personnellement à celui des futurs époux qui y aura droit et aux siens.

Art. 6. Si pendant le mariage il est aliéné des biens ou racheté des rentes exceptés de la communauté, ou réservés propres à l'un ou à l'autre des futurs époux, il sera fait le remploi des deniers qui en proviendront en acquisitions d'autres biens ou rentes au profit de celui des futurs époux auquel auront appartenu les biens et rentes

aliénés et rachetés ; et si , lors de la dissolution de la communauté,
ces remplois ne se trouvaient pas réalisés, les deniers nécessaires
pour les effectuer seront prélevés sur les biens de cette communauté ; et même, en cas d'insuffisance de ces biens pour les remplois
auxquels aurait droit la demoiselle future épouse , sur les biens dudit futur époux indistinctement : l'action pour ce remploi sera de
nature immobilière et exercée hypothécairement par elle et par ses
C héritiers.

Art. 7. Le survivant des futurs époux prendra , par préciput et
avant partage des biens-meubles de la communauté, tous ses habits , hardes, linge de corps et de lit , toilette , bijoux , garde-robe
et livres à son usage, ou tels meubles et effets de ladite communauté qui lui conviendront , suivant la prisée portée en l'inventaire
à sa juste valeur , jusqu'à concurrence de la somme de... francs, ou
telle somme en deniers comptans, à son choix.

Art. 8. La future épouse et ses enfans, en cas de renonciations à la
communauté , prendront tout ce que la future aura apporté en mariage , et en outre tout ce qui lui sera advenu et échu pendant le
mariage , tant en meubles qu'immeubles , par successions , donations , legs , ou à quelque autre titre que ce soit ; et si c'est la future qui fait cette renonciation , elle reprendra en outre son préciput, le tout franc et quitte des dettes , charges et hypothèques de la
communauté , encore bien qu'elle y eût parlé, s'y fût obligée, ou
y eût été condamnée , et du montant desquelles la future épouse et
les enfans du mariage seront acquittés , garantis et indemnisés par
le futur époux, et sur ses biens présens et à venir , qui sont et demeureront affectés et hypothéqués à l'exécution des clauses du présent contrat.

Art. 9. En faveur et considération de leur mariage , les futurs
époux, sous l'autorisation des père et mère de la future épouse à son
égard, attendu la minorité, se font donation mutuelle , entre-vifs
et irrévocable, en la meilleure forme que donation puisse valoir ,
l'un à l'autre et au survivant d'eux, de tous les biens meubles et
immeubles qui se trouveront appartenir au prédécédé au jour de son
décès , en quelque chose qu'ils consistent , et dans quelques lieux
qu'ils soient placés ou situes, pour en jouir par ledit survivant en
toute propriété , comme de chose à lui appartenante, *ou bien* en
usufruit seulement pendant sa vie, à compter du jour de la mort
du prédécédé , à la charge de sa caution juratoire et de faire bon et
fidèle inventaire des biens du prédécédé.

La présente donation n'aura lieu si , au jour du décès du premier
mourant , il y a des enfans nés ou à naître du mariage. *Ou bien*,
en cas d'enfans nés ou à naître du mariage , lors du décès du premier mourant , la présente donation subira les réductions voulues
par le Code civil.

C'est ainsi que le tout a été convenu et arrêté entre les parties ,
qui , pour l'exécution des présentes , ont fait élection de domicile
en leurs demeures susdites, auxquels lieux elles consentent, etc.,
promettant, obligeant, renonçant , etc.

Fait et passé en l'étude de M° N..., l'un des notaires soussignés , *ou bien* en la maison des sieur et dame G..., le... mil huit cent vingt-sept; et ont les parties signé avec les notaires, après lecture faite.

(*Les signatures des parties, des parens, des amis et des notaires.*)

FORMULE *de la Quittance de la Dot constituée à la Future par le Contrat ci-dessus.* — (On la met à la suite du contrat de mariage.)

Et le... mil huit cent vingt-sept, par-devant M⁰ N... et son confrère, notaires royaux, etc.,

Sont comparus le sieur C... et la dame G..., son épouse, qu'il autorise à l'effet des présentes, demeurans...;

Lesquels reconnaissent que, conformément à leur contrat de mariage, dont la minute est ci-dessus écrite, le sieur G..., et la dame..., son épouse, père et mère de ladite dame C..., demeurans à..., et à ce présens,

Leur ont présentement payé en espèces métalliques ayant cours de monnaie, comptées et réellement délivrées à la vue des notaires soussignés, la somme de..., montant de la dot qu'ils ont constituée à ladite dame C..., leur fille, par le contrat de mariage qui précède; de laquelle somme de... les sieur et dame C... quittent et déchargent les sieur et dame G...; et le sieur C... s'en charge envers la dame son épouse, et tous autres qu'il appartiendra.

Dont acte, fait et passé en l'étude..., à..., les jour, mois et an que dessus; et ont les comparans signé après lecture faite.

(*Les signatures des parties et des notaires.*)

FORMULE *d'un Contrat de Mariage suivant le Régime dotal.*

Par-devant M⁰ N... et son confrère, notaires royaux, résidans à..., département de..., soussignés,

Furent présens le sieur M..., demeurant..., fils majeur du sieur M... et de la dame..., son épouse demeurans à..., département de..., ledit M..., fils stipulant en ces présentes pour lui et en son nom, du consentement de sesdits père et mère, à ce présens, d'une part;

Et la demoiselle R... (*prénoms*), fille mineure du sieur R... et de la dame..., son épouse, propriétaires, demeurans en la commune de..., canton de..., département de..., ladite demoiselle R..., stipulant en son nom personnel, du consentement et sous l'autorité desdits sieur et dame R..., ses père et mère, à ce présens, d'autre part;

Lesquels, en vue du mariage projeté entre eux, et qui sera incessamment célébré dans la forme prescrite par la loi, ont arrêté les conditions et conventions civiles de leur union conjugale ainsi qu'il suit:

(*Soumission des futurs au régime dotal.*)

Les parties déclarent et entendent soumettre leur futur mariage au régime dotal, conformément à l'article 139 du Code civil ; en conséquence, les effets dudit mariage seront réglés par les dispositions du chapitre III du titre V *du Contrat de Mariage*, du Livre III du Code civil, dans tous les cas qui ne seront pas prévus par les articles suivans du présent contrat.

(*Déclaration des biens possédés par le futur.*)

Le sieur M..., futur époux, déclare que les biens qu'il possède consistent, 1° en une maison, située à... ; 2° en une ferme, située... ; 3° en la somme de..., en deniers complans et en montant de créances et dettes actives, dont il a justifié aux sieur et dame R... et à la demoiselle R..., leur fille qui le reconnaissent.

(*Donation faite au futur par ses père et mère en avancement d'hoirie sur leurs successions.*)

Les sieur et dame M..., ladite dame autorisée à cet effet par son mari, en considération du futur mariage, ont donné et donnent par ces présentes audit sieur M.., leur fils, qui accepte, en avancement d'hoirie sur leurs successions futures, à titre de préciput, hors part, et sans qu'il soit obligé au rapport, *telle* propriété, située..., composée de..., de laquelle ils promettent de mettre ledit sieur..., leur fils, en possession et pleine jouissance le lendemain dudit futur mariage.

Indépendamment de le propriété ci-dessus donnée par les sieur et dame M... audit sieur M..., leur fils, ils s'engagent de lui conserver sa part dans leurs successions, l'instituant à cet effet, par ces présentes, leur héritier contractuel.

(*Constitution dotale de la future.*)

Le sieur R..., aussi en considération dudit mariage, a constitué en dot à la demoiselle sa fille, en avancement sur sa succession future, la somme de quatre vingt-cinq mille francs, qu'il promet et s'oblige de payer et délivrer audit sieur M..., futur époux, le lendemain dudit mariage. Cette somme de... sortira la nature et division qui suivent ; savoir : soixante-dix mille francs seront *dotaux*, pour quoi ledit sieur..., futur époux, sera tenu, ainsi qu'il s'y oblige, conjointement avec les sieur et dame M..., ses père et mère, lesquels se rendent à cet égard ses cautions solidaires, un d'eux seul pour le tout, sans division ni discussion, de faire emploi de ladite somme dans l'année dudit mariage, soit en acquisition d'immeubles situées dans le département, soit en la faisant servir de cautionnement pour l'exercice et gestion de quelque place que le futur époux pourrait obtenir de Sa Majesté ; et dans le cas où lesdits soixante-dix mille francs seraient employés en achat d'immeubles, les immeubles acquis sortiront nature de dot ; et les quinze mille francs restant seront *paraphernaux* à ladite demoiselle future épouse.

(Convention que les immeubles qui écherront à la future pendant le mariage sorent douteux.)

Tous les immeubles qui écherront à la demoiselle future épouse, pendant la durée du mariage, par successions, donations et legs, sortiront également nature de dot.

(Clause pour remplacer l'augment de dot au profit de la femme.)

Arrivant la dissolution du futur mariage par le prédécès du sieur futur époux, la demoiselle future épouse, outre ses biens stipulés dotaux, aura et prendra sur les biens dudit futur époux, à titre de donation, la somme de vingt-cinq mille francs, ou l'un des immeubles de même valeur ou à peu près, qui pourront se trouver dans la succession dudit sieur futur époux, à son choix, laquelle donation aura lieu de plein droit, sans que ladite demoiselle future épouse soit tenue d'en former la demande, ni de donner caution.

(Délai accordé au futur époux pour la restitution de la dot, et Donation qui lui est faite pour remplacer le contre-augment.)

Dans les cas où la dissolution du mariage arriverait par le prédécès de la demoiselle future épouse, ledit sieur futur époux aura, pour la restitution des biens dotaux, terme et délai d'une ou de deux années, pendant lequel temps il fera les fruits siens, et, en outre, retiendra sur lesdits biens, à titre de donation, pareille somme de vingt-cinq mille francs, ou un héritage de pareille valeur ou à peu près, qui pourrait se trouver dans la succession de ladite demoiselle future épouse, aussi à son choix.

(Autre avantage en faveur de la future.)

Dans le même cas de dissolution dudit futur mariage arrivant par le prédécès dudit sieur futur époux, la demoiselle future épouse, outre sa dot et la donation ci-dessus stipulée, prendra sur les biens dudit sieur futur époux la somme de six mille francs pour ses bagues et joyaux.

Et, s'il n'y a pas d'enfans dudit futur mariage, ou dans le cas où il y aurait des enfans vivans, tant que ladite demoiselle future épouse demeurera en viduité, elle jouira d'un appartement conforme à son état et à sa fortune, dans celle des maisons de ville dudit sieur époux qu'elle voudra choisir ; et, s'il ne se trouve point de maison d'habitation, elle aura, dans le même cas et pendant le même temps, la somme annuelle de douze cents francs, qui lui sera payée franchement et quittement de toutes retenues et contributions quelconques.

(Convention de Communauté d'acquéts entre les futurs.)

Enfin les parties sont convenues qu'il y aura entre les sieur et demoiselle futurs époux, suivant les dispositions de l'article 1581 du Code civil, une société d'acquéts qui seraient faits par l'un ou par l'autre, pendant la durée dudit futur mariage, dont les effets seront réglés conformément aux art. 1498 et 1499 du même Code.

C'est ainsi que tout a été convenu et arrêté entre les parties, qui pour l'exécution des présentes, élisent domicile en leurs demeures susdites, auxquels lieux elles consentent, etc., promettant..., obligeant..., renonçant..., etc.

Fait et passé en l'étude à..., *ou* en telle maison à..., le..., mil huit cent vingt-sept; et ont toutes les parties signé avec les notaires, après lecture faite.

(*Les signatures des parties, des parens et des notaires.*)

CHAPITRE VI.

De la Vente.

SECTION PREMIÈRE. — *De la Nature et de la Forme de la Vente.*

LA vente est une convention par laquelle l'un s'oblige à livrer une chose, et l'autre à la payer.

Elle peut être faite par acte authentique, ou sous seing privé.

Elle est parfaite entre les parties, et la propriété est acquise de droit à l'acheteur à l'égard du vendeur, dès qu'on est convenu de la chose et du prix (1), quoique la chose n'ait pas encore été livrée ni le prix payé.

Il faut que la chose appartienne à celui qui la vend; car si elle était la chose d'autrui, la vente serait nulle. (*Code civil, art.* 1582, 1583 *et* 1599.)

La vente peut être faite purement et simplement, ou sous une condition soit suspensive, soit résolutoire. Elle peut aussi avoir pour objet deux ou plusieurs choses alternatives. Dans tous ces cas, son effet est réglé par les principes généraux des conventions (sect. 1, 2 et 3 du chap. IV du titre III du Code, concernant les obligations conditionnelles, les obligations alternatives). (*Art.*, 1584, *ibid.*)

---

(1) Trois choses constituent la vente; *res*, une chose qui soit l'objet; *prætium*, un prix qui soit mis à cette chose; *et consensus*, et le consentement à la vente de cette chose pour le prix donné.

Les art. 1585 et suivans traitent des ventes de marchandises au poids, au compte, à la mesure ou en bloc; des ventes des vins, huiles et autres choses qu'on est dans l'usage de goûter, et des ventes à l'essai, et disent qnand elles sont parfaites.

La promesse de vente vaut vente, lorsqu'il y a consentement réciproque des deux parties sur la chose et sur le prix, lequel prix doit être déterminé et désigné par les parties, et peut néanmoins être laissé à l'arbitrage d'un tiers : si le tiers ne veut ou ne peut faire l'estimation, il n'y a point de vente. (*Art.* 1589, 1591 *et* 1592, *ibid.*)

Si la promesse de vendre avait été faite avec des arrhes, chacun des contractans serait le maître de s'en départir, celui qui les aurait données en les perdant, et celui qui les aurait reçues en restituant la double. (*Art.* 1590.)

Les frais d'actes et autres accessoires à la vente (comme l'enregistrement, les frais de chargement, de transport) sont à la charge de l'acheteur. (*Article* 1593.)

SECTION II. — *Des Personnes qui peuvent acheter ou vendre, et des Choses qui peuvent ou non être vendues.*

Tous ceux auxquels la loi ne l'interdit pas peuvent acheter ou vendre. (*Art.* 1594.) — Les mineurs non autorisés à faire le commerce, les interdits, les femmes mariées non autorisées par leur mari ou par justice, sont incapables de contracter, conséquemment d'acheter ou de vendre.

L'art. 1595 détermine les cas où le contrat de vente peut avoir lieu entre époux, et les art. 1596 et 1597 prohibent l'achat de certaines choses aux personnes à l'égard desquelles ils s'expliquent formellement.

Tout ce qui est dans le commerce peut être vendu, lorsque des lois particulières n'en ont pas prohibé l'aliénation. (*Art.* 1598.)

On ne peut vendre les choses destinées à être communes. — Le droit d'usage et celui d'habitation ne peuvent être vendus, d'après les dispositions des art. 631 et 634.

On ne peut fabriquer ni débiter des stylets, des tromblons, et autres armes prohibées par la loi, suivant l'art. 314 du Code pénal.

La vente de la chose d'autrui est nulle : elle peut donner lieu à des dommages-intérêts lorsque l'acheteur a ignoré que la chose fût à autrui.

On ne peut vendre la succession d'une personne vivante, même de son consentement.

Si, au moment de la vente, la chose vendue était périe en totalité, la vente serait nulle. — Si une partie seulement de la chose est périe, il est au choix de l'acquéreur d'abandonner la vente, ou de demander la partie conservée, en faisant déterminer le prix par la ventilation (1). (*Code civil*, art. 1599, 1600 et 1601.)

On verra, à la section IV, d'autres causes de nullité de la vente.

SECTION III. — *Des Obligations du Vendeur et de celles de l'Acheteur.*

§ Ier *Des Obligations du Vendeur.*

(D'abord) Le vendeur est tenu d'expliquer clairement ce à quoi il s'oblige. — Tout pacte obscur ou ambigu s'interprète contre lui.

(Ensuite) Il a deux obligations principales ; celle de délivrer la chose qu'il vend, et celle de la garantir. (*Code civil*, art. 1602 et 1603.)

Les art. 1604 à 1624 traitent de la délivrance, en quoi elle consiste, comment s'opèrent celle des immeubles et celle des meubles, celle des droits incor-

_____

(1) La ventilation est l'estimation de chaque partie d'un tout.

porels (des servitudés, des créances) à la charge de qui elle est, où elle doit se faire, quand le vendeur doit et quand il peut ne pas la faire, ce qu'elle comprend, de quelle contenance elle doit être faite, de la résolution du contrat à défaut de délivrance et restitution qu'elle entraine.

Les art. 1625 à 1649 traitent de la garantie en cas d'éviction et de la garantie des défauts *cachés* de la chose vendue (et non des vices apparens et dont l'acheteur peut se convaincre lui-même), de l'action qu'elle entraine; notamment de celle résultant des vices *redhibitoires* ou propres à faire annuler la vente.

§ II. *Des Obligations de l'Acheteur.*

La principale obligation de l'acheteur est de payer le prix de la chose vendue, au jour et au lieu réglés par la vente.

S'il n'a rien été réglé à cet égard lors de la vente, il doit le payer au lieu et dans le temps où doit se faire la délivrance. (*Code civil*, art. 1650 et 1651.)

Il doit l'intérêt du prix de la vente jusqu'au paiement du capital dans les trois cas suivans : lorsque cela a été convenu lors de la vente; lorsque la chose vendue et livrée produit des fruits ou autres revenus, et lorsqu'il a été sommé de payer. — Dans ce dernier cas, l'intérêt ne court que depuis la sommation. (*Art.* 1652.)

Les autres obligations sont celles résultant de la nature même du contrat, qui sont d'enlever la chose vendue, et d'indemniser le vendeur de ce qu'il a dépensé pour la lui conserver. POTHIER, *Traité du Contrat de Vente*, n° 277.

Si l'acheteur ne paie pas le prix, le vendeur peut demander la résolution de la vente. (*Code civil*, art. 1654.)

L'article précédent autorise l'acheteur à suspendre son paiement s'il a juste sujet de craindre d'être troublé par une action soit hypothécaire, soit en revendication.

Les articles suivans prononcent la résolution de la vente d'immeubles si le vendeur est en danger de perdre la chose et le prix, et celle de la vente de denrées et effets mobiliers, de plein droit, après l'expiration du terme convenu pour le retirement.

SECTION IV. — De la Nullité et de la Résolution de la Vente.

Indépendamment des causes de nullité qu'on vient de voir dans les deux sections précédentes, et de celles qui sont communes à toutes les conventions (l'erreur, le dol, la violence, le défaut d'accomplissement des conditions), le contrat de vente (d'immeuble) peut être résolu par l'exercice de la faculté du rachat (ou de réméré), et par la vilité du prix (ou la lésion de plus de sept douzièmes). (*Code civil, art.* 1658.)

Les articles 1659 à 1673 traitent de l'exercice de la faculté de rachat ou de réméré (qui ne peut être stipulée pour un terme excédant cinq années, à peine de réduction à ce terme, qui ne peut s'opérer qu'en remboursant le prix, les frais et loyaux coûts de la vente, réparations nécessaires et celles qui ont augmenté la la valeur du fonds.

Le contrat de vente à réméré est un contrat fait sous condition résolutoire, et non pas sous cette condition suspensive : il transporte à l'acquéreur la propriété de la chose vendue, le *jus in re* (le droit d'aliéner sous la condition résolutoire), et ne laisse au vendeur qu'un *jus ad rem.* En conséquence, ce dernier n'a pas le droit de conférer une hypothèque sur l'immeuble vendu; l'action en réméré est tout ce qu'il peut céder, et dont ses créanciers peuvent se prévaloir. (*Code civil, articles* 1659 et 1673. (*Arrêt de la Cour de Cassation* du 21 décembre 1825.)

Les articles 1674 à 1685 traitent de la rescision de

la vente en faveur du vendeur (et non en faveur de l'acheteur) pour cause de lésion de plus de sept douzièmes dans le prix de l'immeuble, laquelle doit être exercée dans les deux années à compter du jour de la vente, à peine de déchéance, ainsi que de la manière dont s'exerce cette action en rescision.

Section V. — De la Licitation ou de la Vente aux enchères.

On vend de gré à gré ou à l'amiable, et on vend sur licitation ou aux enchères.

Si une chose commune à plusieurs ne peut être partagée commodément et sans pertes ; — ou si, dans un partage fait de gré à gré de biens communs, il s'en trouve quelques-uns qu'aucun des copartageans ne puisse ou ne veuille prendre, — la vente s'en fait aux enchères, et le prix en est partagé entre les copropriétaires. (*Code civil*, art. 1686.),

Chacun des copropriétaires est le maître de demander que les étrangers soient appelés à la licitation. — Ils sont nécessairement appelés lorsque l'un des copropriétaires est mineur. (*Art.* 1687, *ibid.*)

Le mode et les formalités à observer pour la licitation sont expliquées au titre *des Successions* (art. 827, 838 et 839 du Code civil), et au Code judiciaire, (art. 966 et suivans, titre *des Partages et Licitations* du Code de Procédure civile). — (*Art.* 1388.)

Nota. Tout créancier dont le titre est inscrit et à qui il a été fait par l'acquéreur les notifications voulues par la loi, peut surenchérir, en se soumettant à faire porter le prix à un dixième en sus. — Voyez les art. 2183, 2184 et 2185 du Code.

SECTION VI. — *De la Vente et Cession ou du Trans-*
port des Créances, Droits d'hérédité et autres Droits
incorporels.

§ 1er. *De la Vente ou du Transport d'une Créance.*

Dans le transport d'une créance, d'un droit ou
d'une action sur un tiers, la (tradition ou) délivrance
s'opère entre le cédant et le cessionnaire par la remise
du titre (*Code civil, art.* 1607 *et* 1689)

La vente ou cession d'une créance comprend les
accessoires de la créance, tels que caution, privilége et
hypothèque. (*Art.* 1692.)

Le cessionnaire n'est saisi à l'égard des tiers que par
la signification du transport faite au débiteur. — Il
peut néanmoins être également saisi par l'acceptation du
transport faite par le débiteur dans un acte authentique
(par exemple, si l. vente de la créance est faite par acte
devant notaire et qu'il comparaisse à l'acte et déclare
qu'il regarde la signification du transport comme à lui
faite).

Si, avant que le cédant ou le cessionnaire eût signifié
le transport au débiteur, celui-ci avait payé le cédant,
il serait valablement libéré. (*Art.* 1690 *et* 1691.)

Celui qui vend une créance ou autre droit incor-
porel, doit en garantir l'existence au temps du transport, quoiqu'il soit fait sans garantie.

Il ne répond de la solvabilité du débiteur que
lorsqu'il s'y est engagé, et jusqu'à concurrence seulement du prix qu'il a retiré de la créance.

Lorsqu'il a promis la garantie de la solvabilité du
débiteur, cette promesse ne s'étend que de la solvabilité
actuelle, et ne s'étend pas au temps à venir si le cédant
ne l'a expressément stipulé. (*Art.* 1693, 1694 *et* 1695.)

§ II. *De la Vente d'une Hérédité.*

Celui qui vend une hérédité sans en spécifier en
détail les objets, n'est tenu de garantir que sa qualité
d'héritier. (*Art.* 1696, *ibid.*)

S'il avait déjà profité des fruits de quelque fonds, ou reçu le montant de quelque créance appartenant à cette hérédité, ou vendu quelques effets de la succession, il serait tenu de les rembourser à l'acquéreur, s'il ne les avait expressément réservés lors de la vente. (*Art.* 1697.)

De son côté, l'acquéreur doit rembourser an vendeur ce que celui-ci a payé pour les dettes et charges de la succession, et lui faire raison de tout ce dont il était créancier, s'il y a stipulation contraire. (*Art.* 1698.)

On voit que par une vente d'hérédité; il faut que l'acquéreur ait toute l'hérédité; et que le vendeur ait tout le prix de cette hérédité (ou de l'estimation de la part héréditaire.)

Ainsi, je vous vends ma part héréditaire ou l'hérédité 50.000 francs, il faut que vous ayez tous mes droits à la part héréditaire ou à l'hérédité, et que j'aie les 50,000 francs en entier, précisément, exactement.

§ III. *Du Droit de celui contre lequel on a cédé un Droit litigieux.*

Celui contre lequel on a cédé un droit litigieux peut s'en faire tenir quitte par le cessionnaire, en lui remboursant le prix réel de la cession, avec les frais et loyaux coûts, et avec les intérêts à compter du jour où le cessionnaire a payé le prix de la cession à lui faite. (*Code civil*, art. 1699.)

La disposition qu'on vient de lire cesse en trois cas : — 1°. Dans le cas où la cession a été faite à un cohéritier ou propriétaire du droit cédé; — 2°. Lorsqu'elle a été faite à un créancier en paiement de ce qui lui est dû; — 3°. Lorsqu'elle a été faite au possesseur de l'héritage sujet au droit litigieux. (*Art.* 1701, *ibid.*)

L'art. 1700 explique quand une chose est censée litigieuse :

« Une chose est censée litigieuse dès qu'il y a procès
« et contestation sur le fond du droit. »

§ IV. *De la Vente des Rentes.*

Les rentes, qui sont des créances ou sur l'Etat ou sur des particuliers, peuvent, comme toutes les choses qui sont dans le commerce, être vendues, et tous les jours il se fait des *transferts* ou transports de rentes sur l'Etat. Tous les jours aussi il peut se vendre des rentes sur particuliers. Ces ventes se font communément par acte notariés. — Si elles devaient se faire par autorité de justice et après saisie, il y aurait des formalités à remplir. Ces formalités sont réglées par le Code de Procédure civile, titre *de la Saisie des Rentes constituées sur particuliers,* art. 636 à 655 de ce Code. — Voyez ce titre.

FORMULE *d'un contrat de Vente sous seing privé, embrassant divers Objets mobiliers.*

Entre les soussignés G... (*noms, prénoms, profession et demeure*) d'une part, et P... (*de même*) d'autre part, a été convenu ce qui suit :

G... a vendu pour la somme de... au sieur P..., qui les a achetés et les a fait de suite enlever, *telles* marchandises, *tels* meubles, *tels* effets (*les détailler exactement*), *ou bien* les marchandises, les meubles ou les effets dont le détail est en l'état ci-joint, *ou* en la facture ci-jointe;

Ou bien telles huiles, *tels* vins, *telles* liqueurs, que le sieur P..., a goûtés, qu'il a agréés, et qu'il a sur-le-champ fait enlever et transporter chez lui, *ou* en *tel* dépôt, *ou* en *tel* magasin, situé..., *ou bien* que G... s'est obligé de lui faire rendre de suite ; *tel* jour chez lui à *tel* endroit;

Ou bien un cheval de *tel* âge, sous *tel* poil, de *telle* taille, à tous crins, *ou* à crins façonnés, que G... a donné pour neuf jours à l'essai au sieur P..., qui doit le payer après ce délai s'il l'agrée, *ou* que le sieur P... a payé comptant, sous la garantie par G... des vices redhibitoires pendant les neuf jours;

Ou la pêche de *tel* étang, situé à..., de la contenance de *tant* d'hectares que G... tient à bail du sieur L..., suivant contrat passé le..., devant notaires royaux, à..., sous l'obligation par G... de

lâcher les eaux dudit étang, pour qu'elle puisse s'effectuer sans porter préjudice aux prairies situées inférieurement ;

Ou la récolte de *tel* pré, situé..., de la contenance de...,

Et P... s'oblige à payer les marchandises *ou* meubles *ou* effets;
ou vins, huiles, *ou* liqueurs, *ou* cheval ; *ou* pêche d'étang ;
ou récolte de pré, *tel* jour, *ou* en *tant* de paiemens, de *telle* somme
chacun, dont le premier se fera le..., le second le..., et les autres
le..., et le... (*énoncer les époques des paiemens.*)

Il est expressément convenu entre les contractans (*énoncer les
conventions, par exemple :*) que le sieur P... prendra la chose en
tel état, *ou* que les choses vendues seront enlevées et voiturées à ses
frais, et qu'il paiera en outre les loyers du magasin où les marchandises seront placées, à compter de *telle* époque jusqu'à leur
évacuation; *ou* que le cheval sera nourri, entretenu et logé à ses
frais, sans aucune répétition de la part du sieur P...; *ou* qu'il fera
faucher le pré et enlever la récolte à ses frais; *ou bien* que le sieur
G..., vendeur, livrera dans *tel* détail les marchandises ou objets
vendus, à peine de payer au sieur P... *telle* somme par forme de
dommages-intérêts pour le retard; *ou* qu'il fera expédier les marchandises ou meubles, aux frais néanmoins du sieur P..., dans *tel*
délai, pour *telle* destination.

Fait double entre eux, sous leurs signatures privées, à..., le...,
mil huit cent vingt-sept.

(*Les signatures, avec l'approbation de l'écriture par celui qui n'a
pas écrit l'acte.*)

FORMULE *d'un Contrat de Vente d'immeubles devant Notaires* (1).

Pardevant M° N... et son confrère, notaires royaux, résidans
à...., département de..., soussignés,

Fut présent le sieur... (*nom, prénoms, profession ou qualité et
demeure*), lequel a, par ces présentes, vendu, cédé, quitté, délaissé, et promis garantir de tous troubles, dons, restitutions,
hypothèques, évictions et autres empêchemens généralement quelconques, et même de toutes surenchères qui pourraient être formées par la suite,

Au sieur... (*nom, prénoms, profession et demeure*), et à la dame...
son épouse, qu'il autorise à l'effet des présentes, demeurant à..., à
ce présens et acceptans, acquéreurs pour eux, leurs héritiers et
ayans-cause, ou leurs commands, savoir :

---

(1) Si les parties voulaient faire leur vente sous seing privé, elles
pourraient suivre cette formule, ou au moins se guider d'après elle.
Seulement, au lieu de mettre comme à la fin : *fait et passé en
l'étude, à...,* elles mettraient *fait double entre nous, sous nos signatures privées, à..., le...* — Elles omettraient le paragraphe : « *Et
pour l'exécution du présent contrat...* »

1º *Tel* domaine *ou telle* ferme, consistant en un bâtiment principal, avec cour, grange, écurie, remise, étable..., située à..., canton de. ., département de...

2º. *Tant* d'hectares de terre, ou de bois, ou de prés, situés...

3º. *Telle* pièce de vignes de *tant* d'ares, ou d'hectares, située...

Ainsi que lesdits biens se poursuivent et comportent, sans en rien excepter, réserver ni retenir par le vendeur, qui n'entend néanmoins pas garantir la mesure des terres, dont le plus ou le moins sera au profit ou perte des acquéreurs, qui déclarent les bien connaître, pour les avoir vues et visitées, et s'en contentent.

La propriété desdits biens appartient au sieur vendeur, comme les ayant acquis de N..., par contrat passé devant Mᵉ..., qui en a la minute, et son confrère, notaires royaux à..., le...,.dûment enregistré, *ou bien* comme les ayant recueillis de *telle* successsion, suivant l'acte de partage fait entre lui et... le. ., etc. ;

Pour, par lesdits sieur et dame..., acquéreurs, jouir, faire et disposer des biens à eux cédés, comme de choses leur appartenant en toute propriété, en entrer en possession à compter du... prochain, et en toucher et recevoir les loyers et fermages depuis cette époque, *ou depuis telle* époque,

Déclare le sieur..., vendeur, que lesdits biens sont loués à *telles* ou *telles* personnes, et seront lesdits sieur et dame... acquéreurs, tenus d'entretenir les baux passés devant Maitres..., notaires royaux à..., le..., et le..., *ou* d'indemniser les locataires ou fermiers, s'ils veulent bien consentir à quitter leurs locations, de telle sorte toujours que ledit sieur..., vendeur, ne puisse être aucunement inquiété ni recherché à ce sujet.

Lesdits sieur et dame acquéreurs prendront les biens dans l'état où ils se trouvent actuellement.

Ils souffriront les servitudes passives, apparentes ou non apparentes, qui peuvent exister, dont ils se défendront à leurs risques et périls, et ils jouiront de celles actives auxquelles ils auront droit.

La présente vente est faite aux conditions que les sieurs et dame acquéreurs paieront les contributions assises sur lesdits biens, à commencer de *tel* jour, qu'ils acquitteront les droits d'enregistrement et autres frais auxquels les présentes donneront lieu ;

Et en outre, moyennant les prix et somme de..., franc denier au vendeur, que les sieur et dame..., acquéreurs, promettent et s'obligent payer, solidairement, et conjointement, l'un pour l'autre, au sieur..., vendeur, en espèces d'or et d'argent, et non autrement, aussitôt que les formalités pour purger des hypothèques la présente acquisition auront été par eux remplies ; sans inscriptions existantes, ou aussitôt le rapport du certificat de radiation des inscriptions qui auraient été prises, avec l'intérêt à raison de cinq pour cent par an, sans aucune retenue, jusqu'au paiement de la somme totale.

Les biens ci-dessus vendus demeurent, par privilége primitif, spécialement affectés, obligés et hypothéqués au paiement du prix de la présente vente.

Sur la promesse dudit paiement, et sur la foi de l'exécution entière des clauses et conditions du présent contrat, le sieur. , vendeur, s'est dessaisi au profit des sieur et dame acquéreurs de tous droits de propriété et jouissance sur les biens ci-dessus vendus, voulant qu'ils en soient mis en possession par qui et ainsi qu'il appartiendra.

Les sieur et dame acquéreur pourront, si bon leur semble, ainsi que le sieur vendeur, faire transcrire l'expédition du présent contrat (1) au bureau de la conservation des hypothèques, ou donner tout pouvoir à cet effet.

S'oblige le sieur vendeur à remettre aux sieur et dame acquéreurs, aussitôt après l'entier paiement du prix de la présente vente, les actes ci-dessus datés et énoncés, et de bonne foi, tous les anciens titres de propriété qu'il peut avoir dans sa possession.

Et pour l'exécution du présent contrat, les parties élisent domicile chacune en sa demeure sus-désignée, auquel lieu elles consentent la validité de tous actes et exploits de justice qui pourront y être faits et signifiés, nonobstant changement de demeure; promettant d'exécuter le contenu en ces présentes, sous l'obligation solidaire et respective de tous leurs biens présens et à venir, qu'ils ont pour ce soumis à la juridiction du Tribunal de première instance, séant à..., département de..., dans l'arrondissement duquel les biens présentement vendus sont situés; et renonçant à toutes choses à ce contraires.

Car ainsi le tout a été convenu et arrêté entre les parties; dont acte

Fait et passé à.., en l'étude de Me... le... mil huit cent vingt-sept, et ont toutes les parties signé avec les notaires, après lecture faite.   (*Les signatures des parties et des notaires.*)

La quittance du paiement fait par les acquéreurs se mettrait à la suite du contrat.

Si la vente était faite avec FACULTÉ DE RACHAT OU DE RÉMÉRÉ, il serait dit, 1° au paragraphe, « Pour, par lesdits acquéreurs, jouir, faire et disposer des biens à eux cédés comme de chose leur appartenant en toute propriété, » *saûf le droit de réméré du vendeur ;*

Et 2° avant le paragraphe, « Et pour l'exécution des présentes, il serait ajouté :

« Le sieur..., vendeur, se réserve, pendant deux, *ou* trois, *ou*

---

(1) On peut faire transcrire les ventes d'immeubles faites par actes sous seing privés, enregistrés. *Avis du Conseil-d'Etat du 3 floréal an XIII, approuvé le 12*, *et Arrêt de la Cour de Cassation du 6 juillet 1809.*

cinq années, la faculté de réméré sur les immeubles par lui présentement vendus ; en conséquence, il pourra, en remboursant à l'acquéreur, pendant le delai de..., pareille somme que celle qu'il a reçue et ci-dessus énoncée, ensemble tous les frais et loyaux coûts auxquels la présente vente aura donné lieu, et en outre, le montant des réparations nécessaires et de celles qui auront augmenté la valeur du fonds, jusqu'à concurrence de cette augmentation, qui auront été faites pendant la possession de l'acquéreur, rentrer dans la pleine possession et jouissance desdits immeubles, comme s'il ne les eût point vendus.

« Et néanmoins, il est expressément convenu que ce remboursement ne pourra être fait qu'en un seul paiement, en espèces d'or et d'argent ayant cours de monnaie, aux titre, poids et valeur actuels, sans aucun billet, papier monnaie autre, papiers de quelque nature que ce soit, qui pourraient être établis par la suite par dispositions législatives, au bénéfice desquelles le sieur..., vendeur, a renoncé et renonce formellement par ces présentes.

« Comme aussi il est expressément convenu qu'à défaut par le vendeur d'avoir effectué le remboursement dans les termes et de la manière ci-dessus fixés, et ledit délai de deux, ou trois, ou cinq années expiré, il sera déchu de plein droit de la faculté de rachat ou de réméré, et les sieur et dame, acquéreurs ; leurs héritiers et ayans-cause, seront et demeureront propriétaires incommutables desdits immeubles et dépendances, sans qu'il soit besoin d'aucun acte de procédure ni de jugement. »

Et pour l'exécution des présentes, etc...

(*Les signatures.*)

Formule d'un *Transport de Créance sous seing privé.*

(On le met à la suite du titre de créance, ou on le fait par acte séparé.)

Je, soussigné ; cède et transporte avec toute garantie, *on sans* autre garantie que celle de la légitimité de la créance, à M..., la somme de..., contenue en la reconnaissance ci-dessus, *ou* d'autre part transcrite, échue le..., *ou* qui écherra le..., *ou bien* contenue en la reconnaissance souscrite par le sieur...; ou la dame..., à mon profit, le..., et par moi remise cejourd'hui à M..., consentant qu'il la touche dudit sieur..., *on* de ladite dame... (avec les intérêts échus jusqu'à ce jour, *si la créance en porte*), lui conférant à cet égard, tous mes droits, pour en jouir et disposer par lui comme de chose lui appartenant en toute propriété ; déclarant que le paiement qui lui sera fait par le sieur...., *ou* la dame.., vaudra comme s'il m'était fait à moi-même, et que la quittance que M... en donnera, vaudra la mienne; valeur reçue comptant de M..., à..., le... mil huit cent vingt-sept.

(*Les signatures.*)

Formule d'une cession d'Hérédité par acte sous seing privé.

Je soussigné (*nom, prénoms, profession et demeure*), au nom, et comme habile à me dire et porter héritier , *ou bien* comme héritier bénéficiaire pour moitié , *ou* un tiers , *ou* un quart de feu M..., mou père , *ou* mon oncle, au moyen de l'acceptation sous bénéfice d'inventaire que , assisté de M^e..., avoué, j'ai faite au greffe du Tribunal de première instance , séant à..., le..., cède abandonne et transporte , sans autre garantie que celle de ma qualité d'héritier, à M.., la moitié , *ou* le tiers , *ou* le quart , qui me revient de la succession de mondit feu père , *ou* oncle , pour par lui exercer mes droits à laeite succession comme je pourrais les exercer moi-même, le subrogeant à cet effet à tous mes droits , noms, raisons, actions et prétentions : la présente cession est faite pour le prix et somme de..., que m'a payée à l'instant M .., *ou bien* sur laquelle il m'avait avancé *tant*, et dont il vient de me donner le surplus ; pour , par M...; se faire mettre en propriété de la portion qui me revenait dans ladite succession , et en jouir comme de chose lui appartenant , sans aucue réserve ni exception quelconque de ma part. et sans que M. .., ait besoin d'autre titre que le présent acte. Fait à..., le... mil huit cent vingt-sept.

Nota. Si cette cession était faite par acte devant notaires, il n'y aurait de différence que par les formes dont elle serait revêtue : les stipulations seraient les mêmes.

Formule d'une Cession de Droits litigieux.

Je, soussigné (*nom, prénoms, profession et demeure*), au nom et comme ayant droit de me prétendre créancier du sieur... de la somme de..., que je lui ai réclamée à titre de dommages et intérêts pour..., *ou bien* en vertu de *tel* titre (*énoncer pourquoi on se dit créancier*), et sur la demande de laquelle il y a procès entre ledit sieur... et moi, pendant devant le Tribunal de première instance séant à..., département de..., dans lequel est intervenu le..., un jugement préparatoire qui ordonne *telle* justification, cède, abandonne et transporte par le présent acte à M..., acceptant et acquéreur pour lui et ses ayant-cause, mes droits, dans lesquels je le subroge contre ledit sieur..., pour , par lui, les faire valoir comme et ainsi qu'il avisera à ses risque, péril et fortune, et sans qu'il puisse exercer aucun recours contre moi. La présente cession est faite pour la somme de..., que je reconnais avoir reçue de M..., dont quittance ; consentant que M..., reprenne en son nom l'instance contre ledit sieur... , et se fasse reconnaître créancier en mon lieu et place, lui en donnant tous les pouvoirs qui sont en moi ; à .., le... mil huit cent vingt-sept. (*La signature.*)

Formule d'un Transport de Rente sur Particulier.

Par-devant M^e... et son confrère, notaires royaux, résidans à..., département de..., soussignés, fut présent le sieur... (*nom, prénoms, profession ou qualité et demeure*), lequel a, par ces présentes, cédé et transporté, cède et transporte dès maintenant et pour toujours, a promis et s'oblige de garantir de tous troubles, dettes et empêchemens quelconques, même de fournir et valoir la rente ci-après expliquée, bonne, solvable et bien payable, tant en principal qu'arrérages, après un simple commandement fait au débiteur d'icelle sans que l'acquéreur ci-après nommé soit obligé de faire aucune autre poursuite,

Au sieur... (*nom, prénoms, qualité ou profession et demeure*), à ce présent et acceptant,

Cinq cents francs de rente annuelle et perpétuelle, exempte de toute retenue, en principal, au denier vingt de dix mille francs, à prendre en huit cents francs de pareille rente, au principal de seize mille francs, payable par quart, de trois mois en trois mois, les quinze janvier, avril, juillet et octobre de chaque année, constituée au profit du sieur..., cédant, par le sieur..., suivant un contrat passé devant M^e.. et son confrère, notaires, résidans a..., le.., dûment enregistré ;

Cede et transporte en outre ledit sieur... au sieur..., cessionnaire, les arrérages de ladite rente à compter du dernier terme ;

Pour, par ledit sieur..., jouir, faire et disposer de ladite rente et des arrérages comme de chose lui appartenant en pleine propriété, à compter de cejourd'hui, et toucher des mains du débiteur et de tous autres qu'il appartiendra, sur ses simples quittances, les arrérages à compter de la dernière échéance, et même le remboursement du capital, qui serait offert ou deviendrait exigible.

En conséquence le cédant met et subroge le cessionnaire dans tous ses droits, noms, raisons, actions, privilèges et hypothèques résultant du titre ci-dessus énoncé, et notamment dans l'effet de l'inscription prise dans *tel* bureau, le.., volume.., n°... (*l'énoncer.*)

Le présent transport est fait à la charge par le cessionnaire, qui s'y oblige, d'acquitter tous les droits et frais du présent acte, et en outre moyennant la somme de neuf mille cinq cents francs, que le sieur..., cessionnaire, a présentement payée en espèces ayant cours, comptées et réellement délivrées à la vue des notaires soussignés audit sieur..., cédant, qui le reconnaît, dont quittance.

Le sieur..., cessionnaire, reconnaît de son côté que le sieur..., lui a présentement remis le titre de la rente cédée et transportée, et l'inscription ci-dessus datée et énoncée.

Pour faire signifier ces présentes à qui besoin sera, tout pouvoir est donné au porteur de la grosse ou de l'expédition des présentes.

Et, pour leur exécution, les parties font élection de domicile en leurs demeures sus-désignées ; auxquels lieux ils consentent, etc., nonobstant..., promettant..., obligeant..., renonçant...

Fait et passé à..., en l'étude de M°..., l'un des notaires soussignés, qui en a la minute, le..., mil huit cent vingt-sept ; et ont
les parties signé après lecture à elles faite.

(*La signature.*)

CHAPITRE VII.

De l'Échange.

L'ÉCHANGE est un contrat par lequel les parties se
donnent réciproquement une chose pour une autre.

L'échange s'opère par le seul consentement, de la
même manière que la vente. (*Code civil*, art. 1702
et 1703.)

Si l'un des copermutans a déjà reçu la chose à lui
donnée en échange, et qu'il prouve ensuite que l'autre
contractant n'est pas propriétaire de cette chose, il ne
peut pas être forcé à livrer celle qu'il a promise en
contre-change, mais seulement à rendre celle qu'il
a reçue.

Le copermutant qui est évincé de la chose qu'il a
reçue en échange, a le choix ou de conclure à des
dommages-intérêts, ou de répéter sa chose. (*Art.* 1704
et 1705, *ibid.*)

La rescision pour cause de lésion n'a pas lieu dans
le contrat d'échange. (*Art.* 1706.)

La raison en est que, dans l'échange, chacun des
objets est à la fois la chose et le prix, et que chacun
des contractans est aussi tout à la fois vendeur et
acheteur.

Toutes les autres règles prescrites pour le contrat
de vente s'appliquent d'ailleurs à l'échange. (*Article* 1707.)

Celles de la délivrance, de la garantie, et des autres
engagemens du vendeur; celles des changemens de la
chose vendue; des nullités des ventes, de l'éviction,
de la redhibition, et autres semblables, sont des règles
communes aux ventes et aux échanges. DOMAT, préambule du titre de *l'Echange.*

FORMULE d'un Contrat d'Echange de Choses mobilières, sous seing privé.

Nous, soussigné, *un tel* (*nom, prénoms, profession et demeure*) d'une part, et *un tel* (*de même*) d'autre part, sommes convenus de ce qui suit :

Moi, *un tel* cède et délaisse au sieur... à titre d'échange, avec garantie de tous vices redhibitoires et de revendications, un cheval de trait *ou* de main, de *telle* taille, sous *tel* poil, âgé de *tant* d'années ; *ou bien* une tapisserie de *telle* manufacture, de *telle* étendue, représentant...

Et moi, *un tel*, cède et délaisse au sieur..., en contre-échange, sous les mêmes garanties par lui stipulées, une vache de grande branche, *ou* de taille commune, sous *tel* poil, de *tant* d'années, *ou* une jument, *ou telle* autre bête, de *telle* taille, sous tel *poil*, et âgée de... ans ; *ou bien tant* de glaces, de *telle* manufacture, de *tels* volumes, bon tain.

Le présent échange est fait but à but, sans soulte ou retour de part ni d'autre, *ou bien* moyennant *telle* soulte *ou* somme de retour payée par moi *un tel* audit sieur..., qui le reconnaît, dont quittance.

Fait double entre nous, sous nos signatures privées, à..., le... mil huit cent vingt-sept.

(*Les signatures.*).

FORMULE d'un Contrat d'Echange d'Immeubles, passé devant notaires.

Par-devant Me N.. et son confrère, notaires royaux résidans à..., département de..., soussignés.

Furent présens le sieur... (*nom, prénoms, profession et demeure*), d'une part, et le sieur... (*de même*), d'autre part ;

Lesquels, pour leur commodité réciproque, ont fait l'échange qui suit :

Le sieur.. cède, délaisse et abandonne audit titre d'échange avec garantie de tous troubles, évictions et empêchemens quelconques, au sieur..., qui accepte pour lui, ses héritiers et ayans-cause, *telle* maison, située à..., composée de... corps de logis, tenant du midi à..., du nord à..., de l'orient à..., et du couchant à...

Ou bien, *telle* pièce de terre labourable, *ou* de vigne, *ou* de pré, de *telle* étendue, sise au terroir de..., tenant d'un bout au chemin de..., d'autre bout à...; d'un côté à... et d'autre côté à...

Ainsi que ladite maison, *ou* ladite pièce de terre, *ou* de pré, *ou* de vignes, se comporte, et dans l'état où elle se trouve actuellement :

Pour en jouir, faire et disposer par ledit sieur..., comme de chose lui appartenant en toute propriété, à compter de ce jour, *ou* de *telle* époque.

Ledit sieur..., copermutant, est propriétaire de ladite maison, *ou* de ladite pièce de terre, *ou* de pré, *ou* de vignes, au moyen de... (*Énoncer en vertu de quel titre il est devenu propriétaire, et mentionner le titre.*)

Et en contre-échange, le sieur... cède, abandonne et délaisse au sieur..., ce acceptant pour lui, ses héritiers et ayans-cause, *tel* domaine, *tel* pré, *telle* terre labourable, *telle* vigne, située à..., commune de..., tenant d'un côté à..., d'autre côté à..., etc.;

Pour en jouir, faire et disposer par ledit sieur..., copermutant, en toute propriété, comme de chose à lui appartenant, à compter de ce jour, *ou* de *telle* époque.

Ledit domaine, *ou* le pré, *ou* la pièce de terre, *ou* de vigne, appartient au sieur.. (*Énoncer aussi comment.*)

Le présent échange est fait but à but, sans soulte ou retour de part ni d'autre, *ou bien*, moyennant *telle* somme que le sieur... a donnée comptant au sieur..., à titre de soulte ou retour, dont quittance.

Chacune des parties supportera les servitudes passives, apparentes ou non apparentes, dont l'immeuble à elle présentement cédé se trouve chargé, et paiera les contributions pour sa propriété acquise par le présent contrat, à compter de *tel* jour.

Les parties déclarent que la valeur de chacun des immeubles échangés est de *telle* somme.

Elles s'obligent à remplir, chacune en ce qui la concerne, et à ses frais, dans le délai de *tant* de mois, les formalités nécessaires pour purger les priviléges et hypothèques. — S'il y a des inscriptions procédant du fait des copermutans ou de leurs auteurs, le coper-mutant du chef duquel elles procèdent s'oblige à en rapporter à l'autre copermutant main-levée et certificat de radiation, dans le mois de la notification qui lui en aura été faite à son domicile ci-après élu, et à le garantir et indemniser de toutes enchères, reventes et de tous frais extraordinaires; de sorte qu'il n'en coûte à celui-ci que les frais ordinaires de transcription et d'exposition au tableau de l'auditoire du Tribunal civil, s'il y a lieu.

Reconnaissent les parties qu'elles se sont fait réciproquement la remise des titres de propriété de l'immeuble cédé à chacune d'elles.

Pour l'exécution des présentes, elles élisent domicile en leurs demeures sus-désignées, auxquels lieux elles consentent la validité de tous actes et exploits qui pourraient y être faits, nonobstant changement de demeure; promettant d'exécuter le contenu en ces présentes, sous l'obligation solidaire et respective de tous leurs biens présens et à venir, qu'elles ont pour cela soumis à la juridiction du Tribunal de première instance séant à..., département de..., dans l'arrondissement duquel les immeubles respectivement cédés sont situés, et renonçant à toutes choses à ce contraires;

Car ainsi le tout a été convenu et arrêté entre les parties.

Dont acte, fait et passé en l'étude de Me..., le... mil huit cent vingt-sept, et ont les parties, après lecture à elles faite, signé avec les notaires.

(*Les signatures.*).

CHAPITRE VIII.

Du Contrat de Louage.

SECTION PREMIÈRE. — *Dispositions générales.*

Le louage en général, en y comprenant toutes les espèces de baux, est un contrat par lequel l'un donne à l'autre la jouissance ou l'usage d'une chose, ou de son travail, pendant quelque temps, pour un certain prix. DOMAT, *titre du Louage, section* 1re, nº 1.

Il y a deux sortes de contrats de louage. — Celui des choses et celui d'ouvrage.

Le louage des choses est un contrat par lequel l'une des parties s'oblige à faire jouir l'autre d'une chose pendant un certain temps, et moyennant un certain prix que celle-ci s'oblige de lui payer.

Le louage d'ouvrage est un contrat par lequel l'une des deux parties s'engage à faire quelque chose pour l'autre, moyennant un prix convenu entre elles. (*Code civil, art.* 1708, 1709 *et* 1710.)

Ces deux genres de louage se subdivisent encore en plusieurs espèces particulières.

On appelle *bail à loyer*, le louage des maisons et celui des meubles;

Bail à ferme, celui des héritages ruraux;

Loyer, le louage du travail ou du service;

Bail à cheptel, celui des animaux dont le profit se partage entre le propriétaire et celui à qui il les confie

Les *devis, marché* ou *prix fait*, pour l'entreprise d'un ouvrage moyennant un prix déterminé, sont aussi un louage, lorsque la matière est fournie par celui pour qui l'ouvrage se fait. (*Art.* 1711, *ibid.*)

SECTION II. — *Du Louage des Choses, et des Obligations respectives du Bailleur et du Preneur.*

On peut louer toutes sortes de biens meubles ou immeubles (*Art.* 1713, *ibid.*)

On peut louer ou par écrit, ou verbalement. — Si le bail fait sans écrit n'a encore reçu aucune exécution, et que l'une des parties le nie, la preuve ne peut être reçue par témoins, quelque modique qu'en soit le prix, et quoiqu'on allègue qu'il y a eu des arrhes données. — Seulement, le serment peut être déféré à celui qui nie le bail. (*Art.* 1814 *et* 1715.)

L'art. 1716 statue sur le cas où il y aurait contestation sur le prix du bail dont l'exécution aurait commencé et où il n'existerait pas de quittance.

Le preneur a le droit de *sous-louer*, et même de céder son bail à un autre, si cette faculté ne lui a pas été interdite. — Elle peut être interdite pour le tout ou pour partie. — Cette clause est toujours de rigueur. (*Art.* 1717, *ibid.*)

L'art. 1718 règle la durée des baux des biens des mineurs, sur celle des baux des biens des femmes mariées, fixée par le titre du contrat de mariage. (*Art.* 1429 *et* 1430.)

Les art. 1719 à 1724, 1725 à 1727, sont relatifs à la délivrance et à la garantie par le bailleur, de la chose louée.

Le bailleur ne peut, pendant la durée du bail, changer la forme de la chose louée. (*Art.* 1723, *ibid.*)

L'art. 1724 soumet le preneur ou locataire à souffrir les réparations *urgentes*, quelque incommodité qu'elles lui causent, mais lui donne droit à une diminution du prix du bail si elles durent plus de *quarante jours.*

Le preneur ou locataire est tenu de deux obligations principales, 1° d'user de la chose louée en bon père de famille et suivant la destination qui lui a été donnée par le bail, ou suivant celle présumée d'après les circonstances, à peine de résiliation du bail; 2° de payer le prix du bail aux termes convenus. (*Art.* 1728 *et* 1729.)

S'il a été fait un *état des lieux* entre le bailleur et le preneur, celui-ci doit rendre la chose telle qu'il l'a reçue, suivant cet état (excepté ce qui a péri ou a été dégradé par vétusté ou force majeure). — S'il n'a pas été fait d'état des lieux, le preneur est présumé les avoir reçus en bon état de réparations locatives, et doit les rendre tels (sauf la preuve contraire). (*Art.* 1730 *et* 1731.)

La responsabilité des dégradations ou des pertes de la chose louée, et de l'*incendie*, soit de la part du preneur, soit de la part de ses sous-locataires, est réglée par les art. 1732 à 1735.

Ce qui est relatif aux *congés* et à la tacite réconduction est réglé par les art. 1736 à 1740.

Le contrat de louage se résout par la perte de la chose louée, et par le défaut respectif du bailleur et du preneur de remplir leurs engagemens. — Il n'est point résolu par la mort du bailleur ni par celle du preneur. (*Art.* 1741 *et* 1742.)

(De l'expulsion ou non-expulsion du locataire, soit de bien de ville, soit de bien rural, en cas de vente de la chose louée, et de l'indemnité à lui accorder en cas d'expulsion. (*Art.* 1743 *à* 1750.)

L'acquéreur à pacte de rachat ne peut user de la faculté d'expulser le preneur, jusqu'à ce que, par l'expiration du délai fixé pour le réméré, il devienne propriétaire incommutable (parce que, jusque-là, il est incertain qu'il demeure propriétaire.) (*Article* 1751.)

Il est traité, dans les art. 1752 à 1759, de l'expulsion du locataire, faute par lui de garnir la maison louée de meubles suffisans pour répondre des loyers; des rapports des sous-locataires avec le propriétaire, des *réparations locatives*, de la durée des baux de meubles fournis pour garnir une maison entière ou corps de logis, etc., et de la durée du bail d'un appartement meublé ou *garni.*

En cas de résiliation du bail par la faute du locataire, il est tenu de payer le prix du bail pendant le temps nécessaire à la relocation, sans préjudice des dommages-intérets qui ont pu résulter de l'abus. (*Art.* 1760, *ibid.*)

Le bailleur (contrairement à l'ancienne jurisprudence) ne peut résoudre la location, encore qu'il déclare vouloir occuper par lui-même la maison louée], s'il n'y a eu convention contraire. — S'il a été convenu, dans le contrat, qu'il pourrait venir l'occuper, il ne peut le faire qu'en signifiant d'avance un congé aux époques déterminées par l'usage des lieux. (*Articles* 1761 *et* 1762.)

Les art. 1763 à 1778 donnent les règles particulières des *baux à ferme* ou locations des *biens ruraux :* celles relatives aux obligations du fermier ou preneur de bien rural, aux indemnités auxquelles il peut prétendre pour la perte des récoltes par cas fortuits, s'il n'est pas chargé de ces fortuits par une stipulation expresse, à la durée nécessaire d'un bail d'un fonds rural, et à la tacite reconduction des biens ruraux.

Le droit accordé au propriétaire d'un bien rural par l'art. 1766 du Code civil, de demander la résolution du bail si le fermier ou preneur ne jouit pas de la chose louée en bon père de famille, n'est pas tellement absolu, que le fermier ne puisse être *excusé* par les juges, s'il a des antécédens d'excellente culture, et s'il y a tout espoir d'amélioration pour l'avenir. A cet égard, la décision des juges du fonds ne peut donner ouverture à cassation. *Arrêt de la section des Requétes* du 19 mai 1825, affaire Burger contre Deligny, rapporté au 6e cahier, page 240 de la *Jurisprudence de la Cour de Cassation* de 1826, par Sirey.

SECTION III. — *Du Louage d'Ouvrage et d'Industrie.*

Les soins, les services, le travail et l'industrie forment la matière du contrat de louage d'ouvrage : voilà ce qu'on y donne à loyer, voilà ce qu'on y paie. *Rapport fait au Tribunat par M. Mouricault.*

Il y a trois espèces principales de louage d'ouvrage et d'industrie :

1°. Le louage de gens de travail qui s'engagent au service de quelqu'un (pour un temps ou pour une entreprise déterminée).

2°. Celui des voituriers, tant par terre que par eau, qui se chargent du transport des personnes ou des marchandises;

3°. Celui des entrepreneurs d'ouvrages par suite de devis ou marchés. (*Code civil*, art. 1779 et 1780.)

L'art. 1781 donne au maître le droit d'en être cru sur son affirmation : — 1° pour la quotité des gages des *domestiques*; — 2° pour le paiement du salaire de l'année échue; — 3° et pour les à-comptes donnés pour l'année courante.

Il est traité, dans les art. 1782 à 1786, des obligations et de la responsabilité des voituriers par terre et par eau; et dans les art. 1787 à 1799, des devis et marchés, ou des traités avec les entrepreneurs d'ouvrages; de leur responsabilité, soit qu'ils fournissent la matière, soit qu'on la leur fournisse; de la vérification de leurs ouvrages; de la durée de leur responsabilité pour la solidité de leurs constructions; du droit du maître ou propriétaire du sol de résilier, par sa seule volonté, le marché à forfait, et de la dissolution du contrat de louage par la mort de l'ouvrier, de l'architecte ou de l'entrepreneur.

SECTION IV. — *Du Bail à cheptel.*

Le bail à cheptel est un contrat par lequel l'une des parties donne à l'autre un fonds de bétail pour le garder, le nourrir et le soigner, sous les conditions convenues entre elles.

Il y a plusieurs sortes de cheptels : — le cheptel simple ou ordinaire ; — le cheptel à moitié ; — le cheptel donné au fermier ou au colon partiaire — Il y a encore une quatrième espèce de contrat improprement appelé cheptel (le bail des vaches). (*Code civil*, art. 1800 et 1801).

On peut donner à cheptel *toute* espèce d'animaux (même les porcs)(1) susceptibles de croît ou de profit pour l'agriculture ou le commerce. (*Art.* 1802 *du Code civil*, qui a adopté la disposition de la coutume du Nivernais à cet égard.)

A défaut de conventions particulières, ces quatre sortes de baux à cheptel se règlent par les principes posés dans les art. 1804 à 1831 du Code. (*Art.* 1803, *ibid.*)

Formule *simple d'un Bail sous seing privé.*

Je soussigné (*nom et prénoms*), propriétaire, ou principal locataire de *telle* maison, la loue au sieur..., ou à la dame.., *telle* boutique, *tel* appartement, composé de *tant* de pièces et de cabinets, ou *telle* chambre, à *tel* étage, dans ladite maison, pour *tant* d'années, qui commenceront à courir de ce jourd'hui, ou de *tel* jour, pour *tel* prix, payable à *tels* termes ou à *telle* époque, chaque année, et sous toutes les obligations imposées aux locataires et réglées par le Code civil.

Et moi, *un tel*, prend la présente location comme et ainsi qu'elle est ci-dessus stipulée.

Fait double entre nous, sous nos signatures privées, à..., le... 1827.

(*Les signatures.*)

Formule *plus développée d'un Bail sous seing privé.*

Nous, soussignés, *un tel* (*nom, prénoms, qualité ou profession, et demeure du propriétaire ou bailleur*), d'une part, et *un tel* (*de même*), d'autre part, sommes convenus de ce qui suit:

_____

(1) La Thaumassière et Pothier regardaient le cheptel des porcs comme usuraire u trop onéreux au preneur.

Moi, propriétaire, *ou* principal locataire, *ou* fondé de pouvoir du propriétaire, *ou* tuteur du mineur..., propriétaire, donne à loyer, par le présent bail, à M..., preneur ou locataire, ce acceptant, *telle* maison; sise rue..., consistant en *tant* d'étages, en *tant* de boutiques, en une cour (*la détailler*); laquelle maison, circonstances et dépendances M..., a déclaré bien connaître, pour l'avoir vue et examinée dans tous ses détails;

Ou bien telle boutique..., *ou tel* appartement dans la maison sise rue..., n°... (*énoncer toutes les dépendances*).

Le présent bail est fait pour trois, *ou* six, *ou* neuf ans, au choix de nous deux, *ou* au choix du preneur ou locataire seul, en nous avertissant, trois *ou* six mois d'avance pour sa cessation, avant le cours de la quatrième ou de la septième année, lesquels trois, *ou* six, *ou* neuf ans commenceront à compter de cejourd'hui, *ou* à compter de tel jour.

Et pour le prix de.. par année, payable par moitié de six en six mois, *ou* par quartier de trois en trois mois (*on doit suivre à cet égard l'usage des lieux*), en numéraire métallique, et non autrement, quelques dispositions législatives qui interviennent dans la suite, — dont le premier paiement se fera le.., le second le.., et ainsi continuer de six mois en six mois *ou* de terme, en terme jusqu'à la fin du présent bail..., et à la charge par ledit sieur..., preneur *ou* locataire, de me payer six mois d'avance, lequel paiement sera imputable sur les six derniers mois de la location, de telle sorte que l'ordre des paiemens qui vient d'être fixé n'en soit nullement interverti.

Sera tenu le sieur..., preneur *ou* locataire, de garnir les lieux à lui loués de meubles et effets suffisans pour répondre du prix de sa location au moins pendant une année; de bien user desdits lieux, de les entretenir des réparations locatives nécessaires à y faire pendant toute la durée du bail; à la fin d'icelui, de les rendre en bon état, tels qu'il les a reçus et conformément à l'état des lieux qui en sera fait entre nous, *ou* dont je lui remets copie ci-jointe; de supporter *telle* servitude (*l'énoncer*); de souffrir faire les grosses réparations, si aucunes sont à faire; de payer l'impôt des portes et fenêtres, ses contributions personnelles et autres dues par les locataires; de justifier de leur acquittement total avant sa sortie des lieux; en un mot, de satisfaire à toutes les obligations des locataires.

Pourra le sieur..., preneur, faire à *tel* endroit *tels* changemens, à la charge de rétablir les lieux dans l'état où ils sont présentement, *ou bien* de me laisser ces changemens s'il me plaît de les garder... (*Énoncer les diverses conditions qu'on veut établir.*)

Pourra le sieur.., avec le consentement de moi bailleur, céder à qui il lui plaira, *ou* sous-louer tout *ou* partie des lieux à lui loués, sous les mêmes conditions ci-dessus stipulées, *ou bien* ne pourra le sieur..., preneur *ou* locataire, et ce, de convention expresse, et sans qu'elle puisse être réputée comminatoire, sous-louer ni céder *ou* transporter à qui que ce soit son droit au présent bail, que je lui ait fait, par considération particulière pour lui, au prix et aux conditions ci-dessus.

Nous pourrons respectivement, le sieur..., preneur *ou* locataire, et moi bailleur, nous désister et départir du présent bail, en nous avertissant l'un l'autre trois mois *ou* six mois auparavant; au moyen de quoi le bail sera résolu pour le temps qui en restera à courir ; à la charge par moi bailleur de faire remise au sieur..., preneur, de *telle* partie du prix de son loyer, *ou* à la charge par le sieur..., preneur, de me payer *telle* somme par forme d'indemnité; *ou bien*, sans que l'un ni l'autre nous puissions prétendre aucune indemnité, et sans que la résolution du bail porte aucun préjudice au paiement des loyers qui seraient échus.

Si, par cas fortuit ou par force majeure, les lieux présentement loués venaient à être détruits en totalité, ou même en partie, et si cette partie était assez considérable pour empêcher la continuation de la location du sieur..., le bail serait résilié de plein droit, sans que le sieur... pût prétendre aucune indemnité; et si la destruction n'était que d'une partie, il serait fait au sieur..., preneur, une diminution proportionnelle sur son prix, telle quelle serait réglée entre nous, mais sans aucune indemnité de part ni d'autre.

Si, dans le courant du bail, moi... (*le bailleur*) venais à vendre ou à échanger ma maison dont dépendent les lieux loués, le présent bail pourrait être résilié ou continué par l'acquéreur, à sa volonté, et le sieur..., preneur *ou* locataire, pourrait être expulsé sans que je sois tenu de lui donner aucune indemnité, *ou bien* à la charge par moi de lui faire remise de *telle* partie du prix de sa location (par exemple, du prix de six mois *ou* d'un an, suivant qu'il resterait encore de temps du bail à courir), et sans qu'il puisse rien répéter contre l'acquéreur.

Et moi... (*le preneur ou locataire*) prends à loyer de M...les lieux ci-dessus désignés, pour le temps, pour le prix sous les obligations sus-énoncées.

Fait double entre nous, sous nos signatures privées, à..., le... mil huit cent vingt-sept.

(*Les signatures du bailleur et du preneur.*)

FORMULE de *Continuation du Bail.*

Nous, soussignés, *un tel* (*le bailleur*) et *un tel* (*le preneur*), qualifiés et domiciliés au bail dont la teneur est ci-dessus et des autres parts,

Sommes convenus que ledit bail, fait double sous nos signatures privées, à..., le... mil huit cent vingt-sept, dont la durée expirera le .., est prorogé, et continuera d'avoir cours pendant l'espace de *tant* d'années, aux mêmes charges, clauses et conditions, et pour le même prix par chaque année, payable de la manière et aux epoques qui y sont exprimées.

Fait double entre nous, sous nos signatures privées, à..., le.. 1827.

(*Les signatures.*)

On juge bien, d'après l'étendue du bail qu'on vient de lire, et où la plupart des clauses *possibles* sont présentées, que, quand il serait fait devant notaires, il ne pourrait différer que par la forme.

Formule *d'un Congé sous seing privé*.

(Il en doit être fait deux originaux sur papier timbré.)

Nous, soussignés, *un tel* et *un tel* (*noms, prénoms et demeures*), sommes convenus que le bail fait entre nous devant notaires, *ou* sous nos signatures privées, le..., d'une maison, *ou* d'un appartement composé de *tant* de pièces, dans la maison située..., et appartenant à moi, *un tel*, au moyen du congé que nous nous donnons respectivement, *ou bien* que M..., locataire, me donne et que j'accepte, *ou* que M..., propriétaire de la maison, me donne et que j'accepte, est et demeure résolu pour le terme de... prochain; promettant M.. remettre les lieux par lui occupés le..., heure de midi, et que ledit jour, à cette heure, il sortira, rendra lesdits lieux comme il les a reçus, vides et en état de réparations locatives; qu'il justifiera de l'acquit de ses contributions, paiera les loyers alors échus, et remettra les clefs de ladite maison *ou* dudit appartement.

.., Fait double entre nous, sous nos signatures privées, à..., le... mil huit cent vingt-sept.

(Les signatures sur chaque original.)

Formule *d'un Congé donné au bas d'une Quittance*.

Je, soussigné, propriétaire de *telle* maison, située..., rue.., nº..., accepte le congé que M..., locataire de ladite maison, *ou* d'un appartement de *tant* de pièces, situé à *tel* étage, *ou* d'une *ou* de deux chambres, à *tel* étage, dans ladite maison, me donne pour le terme de... prochain, promettant M...de sortir le huit *ou* le quinze du mois de .., etc.

Ou bien, je soussigné, locataire de *tel* appartement, *ou* d'une, *ou* de deux chambres, à *tel* étage, dépendant de *telle* maison, située rue..., nº..., accepte le congé que M..., propriétaire de ladite maison, me donne de l'appartement, *ou* de la chambre, pour le terme de. . prochain, et promets de sortir le huit *ou* le quinze du mois de..., heure de midi, et de rendre à cette heure les lieux vides et en état de réparations locatives, justifier de l'acquit de mes contributions, payer les loyers échus et remettre les clefs de ladite chambre *ou* dudit appartement; à..., le.. mil huit cent vingt-sept.

(La signature.)

FORMULE *de Congé donné réciproquement entre les propriétaire et le locataire.*

(L'acte se fait *double* entre les parties.)

Les soussignés, un *tel* (nom et prénoms), propriétaire d'une maison sise à..., rue..., n°..., y demeurant, *ou* demeurant à..., rue..., n°..., et *un tel* (nom et prénoms), locataire d'un appartement à *tel* étage, *ou* d'une boutique et dépendances, *ou* d'un magasin et dépendances dans la maison sus-désignée, reconnaissent et déclarent s'être donné respectivement congé pour le terme du 1er janvier, *ou* du 1er avril, *ou* du 1er juillet, *ou* 1er octobre prochain, *ou* pour *telle* autre époque, de l'appartement *ou* de la boutique et dépendances, *ou* du magasin et dépendances, occupés par le sieur..., locataire : promet et s'engage ledit sieur..., de sortir des lieux par lui occupés le huit *ou* le quinze dudit mois de janvier *ou* d'avril, *ou* de juillet *ou* d'octobre, heure de midi, de les remettre vides et nets, et en état de réparations locatives, de justifier de l'acquit de ses contributions personnelles et mobilières, de payer les loyers échus, et de remettre les clefs dudit appartement, *ou* de ladite boutique *ou* dudit magasin et dépendances.

Fait double entre eux, sous leurs signatures privées, à..., le... mil huit cent vingt-sept.

(*Les signatures, avec approbation par celui qui n'a pas écrit l'acte.*)

FORMULE *de Bail d'un Bien rural sous seing privé.*

Entre nous, soussignés... (*comme au bail précédent*), ont été faites les conventions qui suivent :

Moi (*le bailleur*), donne par le présent bail, à ferme, à M..., qui le prend et accepte pour *tant* d'années consécutives, *ou bien* pour trois, six *ou* neuf années, au choix de nous deux, dont les trois *ou* les six premières ne cesseront qu'en nous avertissant *un an* d'avance, *ou* qui courront toutes les neuf à défaut d'avertissement pour les interrompre, et pour la dépouille et récolte entière de tous les fruits et produits qui pourront être perçus pendant la durée du bail, les biens dont la désignation suit :

Savoir : une maison située à *tel* endroit (*la désigner, ainsi que tous les autres corps de bâtiment donnés à ferme*);

Telle pièce de terre de *tant* d'hectares *ou* d'arpens, de *tant* d'ares et de *tant* de centiares, *ou* de *tant* de perches et de *tant* de pieds, située..., tenant d'un côté à..., d'un autre à..., d'un bout à..., et de l'autre bout à...

Telle pièce..., *telle* pièce...

Ou bien seulement : *tant* de pièces de terre, faisant ensemble *tant* d'hectares, *ou tant* d'arpens, dont la désignation est faite en un état joint au présent;

Tant de prés, de *telle* étendue, situés...

Tant de pièces de vignes, de *telle* contenance , situées... ;

Un bois taillis de *tant* d'hectares , situé... (*tous ces biens peuvent être désignés dans l'état*), ainsi que tous lesdits biens s'étendent, se poursuivent et comportent, sans en rien excepter , retenir ni ré-server , mais sans aucune garantie de mesure, pour quoi moi bail-leur, ne serais point obligé de fournir ce qui en manquerait; mais aussi M... ne sera point tenu de sur-hausser le prix de son fermage dans le cas où les pièces se trouveraient plus grandes , M... déclarant connaître parfaitement le tout, pour l'avoir vu et examiné, et se contentant de la présente désignation.

Le présent bail est fait aux charges, clauses et conditions qu; suivent , que M... s'oblige d'exécuter en tous léurs points , sans pou-voir prétendre à aucune diminution des fermages ci-après stipulés ;

1°. De garnir la ferme de meubles et effets , de grains et four-rages , de bestiaux et ustensiles nécessaires à son exploitation , et en quantité suffisante pour répondre des fermages ;

2°. D'entretenir les bâtimens de toutes réparations locatives, et de les rendre , à la fin du bail , tels qu'ils seront énoncés en l'état qui sera fait double entre nous, *ou* dont copie est jointe au présent bail, après avoir été dûment collationnée entre nous; — de curer les puits et les mares lorsqu'il en sera besoin;

3°. De souffrir les grosses réparations; si aucunes sont à faire pendant la durée du bail, et de faire les transports des matériaux qui seront nécessaires pour ces réparations;

4°. De soigner, cultiver, ensemencer et entretenir le jardin dé-pendant de la maison , d'écheniller les arbres toutes les fois qu'il en sera besoin , de remplacer ceux qui viendraient à mourir, sans pou-voir prendre et consommer ceux qui seraient morts, voulant pré-venir toute discussion à cet égard, et le fermage étant modéré en considération de cette clause;

5°. De labourer, fumer et ensemencer les terres, par soles et saisons convenables, sans pouvoir les marner, les dessoler et les dessaisonner;

6°. D'entretenir les prairies en bon état, de les faire étauper, et de les fumer quand il en sera nécessaire;

7°. De bien façonner, fumer et cultiver les vignes, les provigner, en replanter à la place de celles qui périront ou qu'il faudra arra-cher, et les entretenir d'échalas;

8°. De rendre , à la fin du bail , autant de pièces de luzerne qu'il s'en trouve actuellement louées, sans pouvoir y employer les prés, qui resteront toujours en leur nature;

9°. De convertir toutes les pailles en fumier pour l'engrais des-dites terres, sans pouvoir en distraire ni vendre aucune partie, et de laisser , à la fin de son bail, toutes celles qui s'y trouveront;

10°. D'entretenir en bon état les clôtures en haies, fossés ou au-tres , qui se trouvent sur les terres de la ferme; de replanter de nouvelles haies lorsqu'il en manquera, de les tondre en la saison convenable, les tontes lui appartenant, et de faire vider et curer les fossés lorsqu'il sera nécessaire;

11°. De m'avertir, moi bailleur, des usurpations qui pourraient être entreprises, et des dégâts qui pourraient se commettre sur les biens présentement loués; d'y veiller avec la plus grande attention;

12°. D'user de ces biens en bon père de famille, et de laisser à chacun d'eux la destination qu'ils ont actuellement, sauf les terres labourables, qui pourront être mises en luzerne; mais à la charge de convertir la même quantité de pièces de luzerne en terres labourables, comme il vient d'être dit au n° 8;

13°. D'engranger les moissons lorsqu'elles seront faites, dans *tel* bâtiment dépendant de la ferme;

14°. De laisser, à la fin du bail, toutes les pailles et engrais de l'année;

15°. De payer, sans aucune imputation sur le prix des fermages l'impôt foncier des biens présentement loués, pendant toute la durée du bail;

16°. (*Si le bailleur a fourni les bestiaux et ustensiles aratoires.*) De rendre, à l'expiration du bail, en bon état, et tels que je les ai remis à M..., qui le reconnaît, les bestiaux et ustensiles par moi fournis, consistant en *tant* de vaches, taureaux, chèvres, brebis, béliers, etc., en *tant* de charrues, de herses, de rouleaux, etc. (*les détailler*), et qui sont plus amplement détaillés en l'état dont la copie est jointe au présent bail;

17°. De rendre également, à la fin du bail, tous les biens en bon état de culture et de labourage; reconnaissant M..., qu'à défaut d'exécution des conventions ci-dessus, il sera exposé à voir résilier le présent bail, et même à se voir condamner à des dommages-intérêts, s'il y a lieu, à raison du préjudice qu'il me causerait.

Le présent bail est fait en outre moyennant le prix et somme de... (*l'énoncer*), sans aucune retenue, pour quelque cause que ce puisse être, et sans pouvoir prétendre à aucune diminution pour cause soit de grêle, soit de gelée, coulure, feu du ciel, ravage de la guerre, ravage par les insectes, inondations, soit d'autres cas fortuits; lequel prix M... promet et s'oblige de me payer en ma demeure à .., ou au porteur de ma quittance, ou à mon fondé de pouvoir, en son domicile sis..., chaque année, en un seul, *ou* en deux, *ou* en trois, *ou* en quatre paiemens égaux; le premier desquels se fera le..., le second le..., etc., et ainsi continuer chaque année jusqu'à la fin du bail;

(*Si une partie du fermage doit être payée en grains ou en denrées, qui doivent être vendus sur le marché, ou conduits à la demeure du bailleur, il faut dire :*)

Ou bien, que M... promet et s'oblige de me payer, savoir : les deux tiers *ou* les trois quarts en argent monnayé, et non autrement, de convention expresse entre nous, sans laquelle le présent bail n'aurait point eu lieu; et l'autre tiers *ou* l'autre quart, en grains de *telle* nature, et en beurre, œufs, volailles, etc., qu'il sera tenu de vendre à mon profit, sur le marché de..., *ou* qu'il sera tenu de m'amener à *telles* et *telles* époques, à ma demeure à...

Faute de paiement dudit prix, deux ou trois mois après l'échéance, d'un terme, et après une simple sommation, le présent bail sera

résolu si bon me semble, et je serai libre de disposer de la jouissance des biens envers qui il me plaira, pour le temps qui restera
à courir du bail, aux risques et périls de M... qui s'y soumet.

M... ne pourra sous-louer ni céder tout ou partie de son bail à
qui que ce soit, sans mon consentement exprès et par écrit.

Je promets et m'engage à entretenir les bâtimens clos et couverts,
et à y faire les réparations nécessaires qui pourraient être à ma
charge comme propriétaire.

Et moi, *un tel* (*le fermier*), prends et accepte de M... les biens
mentionnés ci-dessus, et en l'état joint au présent acte, à titre de
bail à ferme, sous toutes les charges, clauses et conditions qui y
sont portées, et que je promets exécuter en tous leurs points,
comme aussi pour le prix ci-dessus stipulé, payable de la manière
énoncée, et sous les renonciations à la cession de mon bail, à la
sous-location de tout ou partie, que du consentement de M..., et à
la diminution de mon prix pour les cas fortuits, prévus et impré-
vus, comme il vient d'être dit

Fait double entre nous, sous nos signatures privées, à..., le..,
mil huit cent vingt-sept.

(Les signatures.)

Nota. Si l'une des parties ne savait pas signer, il
faudrait que le bail fût fait devant notaires. Il ne dif-
férerait guère de celui-ci que par les formes dont il
serait revêtu, et non par les stipulations.

Formule d'un Bail de Cheptel simple devant notaires.

Par-devant les notaires royaux résidans à..., département de...,
soussignés, fut présent le sieur... (*nom, prénoms profession et demeure*), lequel a, par ces présentes, donné et baillé à titre de
cheptel simple, pour trois, six *ou* neuf années, à compter de cejourd'hui, au sieur... (*nom, prénoms et qualité ou profession*),
demeurant à..., commune de.., de ce département, étant ce jour
en l'étude, à ce présent et acceptant.

Le fonds de bétail ci-après désigné, savoir:

1°. Cent brebis et dix béliers, qui sont désignés par *telle* marque; 2° dix vaches laitières, dont cinq sous *tel* poil et cinq sous
tel autre, âgées les unes de... années et les autres de.. ans; 3° quatre bœufs de labour, sous *tel* poil, de *tel* âge, et deux taureaux; tous
lesquels bestiaux appartiennent au bailleur, et viennent d'être remis
par lui au sieur..., preneur, qui le reconnait;

Pour en jouir par ledit sieur..., preneur, à titre de cheptel simple, pendant lesdites trois ou six, ou neuf années, pour profiter
seul pendant ledit temps des laitages, du fumier et du travail desdits animaux, et partager par moitié avec le bailleur les laines et le
croit que les bestiaux produiront pendant le même temps,

Ce bail est fait aux charges, clauses et conditions suivantes :

1º. Le sieur..., preneur, sera tenu de nourrir à ses frais tous lesdits bestiaux, de les garder, gouverner et héberger comme il convient, et de prendre pour leur conservation le soin qu'en prendrait un bon père de famille, le tout pendant la durée du bétail ;

2º. Il ne pourra faire aucune tonte sans en prévenir le bailleur ;

3º. Il ne pourra disposer d'aucune bête du cheptel, soit du fonds, soit du croît, sans le consentement du bailleur, qui lui-même n'en pourra disposer sans le consentement du preneur ;

4º. Le fonds du cheptel est estimé par les parties valoir la somme de..., sur laquelle sera réglé, à l'expiration du bail, le profit ou la perte à partager ou à supporter par moitié, entre le bailleur et le preneur : cette estimation ne transportera pas la propriété du cheptel au preneur ;

5º. Pour constater le profit ou la perte du fonds du cheptel, à la fin du bail, il en sera fait, à cette époque, une nouvelle estimation par un seul expert, ou par trois experts dont les parties conviendront:

S'il se trouve du profit, le bailleur pourra prélever les bêtes de chaque espèce, jusqu'à concurrence de la première estimation ; l'excédant sera ensuite partagé par moitié. — Si au contraire il se trouve de la perte, le bailleur prendra ce qui restera du fonds du bétail, et le preneur lui paiera la moitié de la perte ;

6º. Le bailleur et le preneur auront réciproquement la faculté d'exiger, à la fin de chaque année, ou quand bon leur semblera, le partage du croît et de la tonte des laines ; le partage du croît n'aura lieu néanmoins qu'après qu'il aura été constaté par une prisée, que le fonds du cheptel n'est pas diminué de valeur : dans tous les cas, le profit seul sera mis en partage, en sorte qu'il sera toujours pris sur le croît, avant partage, de quoi remplacer la diminution de valeur du fonds du bétail ;

7º. Si le cheptel périt en entier, sans la faute du preneur, la perte en sera pour le bailleur ; s'il n'en périt qu'une partie, la perte sera supportée en commun, d'après le prix de l'estimation originaire et celui de l'estimation à l'expiration du bail ;

8º. Le preneur ne sera tenu des cas fortuits que lorsqu'ils auront été précédés de quelque faute de sa part, sans laquelle la perte ne serait pas arrivée;

9º. Dans tous les cas, le preneur sera tenu de rendre compte des peaux des bêtes, et de les représenter, à moins qu'elles n'aient été enfouies pour cause de maladie épizootique, enfouissement qui sera attesté par certificat du maire ou de l'adjoint de la commune, ou constaté par procès-verbal d'huissier en due forme ;

10º. Si quelques animaux du chef du cheptel viennent à périr sans qu'il y ait de la faute du preneur, ils seront d'abord remplacés par les croîts ; le surplus seul sera partagé entre les parties ;

11º. Mais, si aucuns périssent ou se perdent par la faute ou négligence du preneur, il sera payé sur-le-champ par le preneur au bailleur *telle* somme pour chaque brebis, *telle* somme pour chaque bélier, *telle* somme pour chaque vache, *telle* somme pour chaque bœuf, *telle* somme pour chaque taureau, et enfin la somme de..., si c'est la totalité du bétail, et ce, tant pour la valeur réelle desdites bêtes, que pour dommages-intérêts;

12°. Le preneur ne pourra céder le cheptel à qui que ce soit, sans le consentement exprès du bailleur, à peine d'en répondre en son propre et privé nom, et de dommages-intérêts, que les parties fixent dès à présent à la somme de..., pour le seul fait de la cession du cheptel;

13°. Le présent bail sera résilié de plein droit, à défaut, par le preneur, de satisfaire à tout ou partie des obligations par lui ci-dessus contractées.

Pour l'exécution des présentes, les parties élisent domicile en leur demeure, auquel lieu elles consentent..., promettant..., obligeant..., renonçant, etc.

Dont acte, fait et passé en l'étude de M^e..., à..., le mil... huit cent vingt-sept; et ont les parties signé avec les notaires, après lecture faite.   (*Les signatures des parties et des notaires.*)

FORMULE *d'un Bail de Cheptel à moitié.*

Par-devant..., furent présens le sieur .., demeurant..., et le sieur..., fermier, demeurant..., lesquels ont, par ces présentes, mis en société et à titre de cheptel à moitié, pour trois, *ou* six, *ou* neuf années consécutives, qui commenceront le..., fonds du bétail ci-après désigné, savoir:

Le sieur..., à titre de bailleur, *tels*, *tels* et *tels* bestiaux;

Et le sieur..., fermier, *tels* et *tels* autres bestiaux (*désignés comme au précédent bail.*)

Pour jouir par le sieur..., dernier nommé, à titre de preneur, pendant lesdites trois, *ou* six, *ou* neuf années, de tous les bestiaux ci-dessus désignés et mis dans la présente société, les faire servir à la culture des terres qu'il tient à bail du sieur..., suivant un acte passé devant M^e... et son collègue, notaires à..., et de toutes autres terres qu'il pourra prendre à bail par la suite, et profiter seul des laitages, fumiers et labours desdits bestiaux.

Le présent bail est fait en outre aux charges, clauses et conditions suivantes :

1°. Le preneur sera seul chargé de les nourrir, loger, garder.... (*comme au n° 1er du précédent bail*), à peine de résiliation du bail, si bon semble au bailleur.

2°. Les laines et croîts seront partagés par moitié à la fin de chaque année.

3°. Le preneur ne pourra disposer...

4°. Ne pourra pareillement ledit preneur... ('*comme aux n° 2 et 3 du précédent bail.*)

5°. Le fonds du cheptel est estimé... (*comme au n° 4 du précédent bail.*)

6°. Les bêtes qui auront péri sans la faute ni négligence du preneur..., (*comme aux n° 9 et 10 du précédent bail.*)

7°. A l'expiration du terme de la présente société, il sera, par

des experts dont les parties conviendront, sinon nommés d'office
par le président du tribunal, procédé à l'amiable à l'estimation du
cheptel ; il sera ensuite composé par eux deux lots desdites bêtes,
et ces lots seront tirés au sort entre les parties.

Pour l'exécution des présentes.. (*comme au précédent bail.*)

(*Les signatures.*)

Formule d'un Bail à Cheptel de fer.

Par-devant..., fut présent le sieur..., lequel a, par ces présentes, donné à bail et afferme pour neuf années entières et neuf dé-
pouilles consécutives, à commencer du... prochain,

Au sieur.s., demeurant à..., à ce présent et acceptant, pour lui,
ses hoirs et ayans-cause, la métairie appelée..., située..., consis-
sante... (*en donner le détail*), ainsi qu'elle s'étend, se poursuit et
comporte, sans en rien excepter...

Ce bail est fait aux charges, clauses et conditions suivantes, que
le preneur promet et s'oblige d'exécuter, sans pouvoir prétendre
aucune diminution des fermages ci-dessus fixés, savoir :

1°..., 2°..., 3°..., 4°..., 5°..., (*voyez ci-dessus la formule de
bail du bien rural sous seing privé.*)

Ce bail est fait en outre moyennant la somme de..., de loyers et
fermages, payable.:.

Les preneurs jouiront, à titre de *cheptel de fer*, pendant la
durée du présent bail, ainsi que le bailleur s'oblige de les en faire
jouir, de tous les bestiaux et animaux qui garnissent ladite métairie,
lesquels appartiennent au bailleur, et sont désignés en un état qui
est demeuré ci-annexé, à la réquisition des parties, après avoir été
d'elles signé et paraphé en présence des notaires soussignés.

Tous les croits et profits dudit cheptel appartiendront au preneur, sauf les fumiers, qui seront employés à l'engrais des terres,
sans qu'il en puisse être distrait ni vendu aucune partie.

Le preneur ne pourra se servir desdits bestiaux, ni souffrir
qu'on s'en serve pour aucun autre usage que pour la culture desdites
terres.

La valeur dudit cheptel a été estimée et fixée, à l'amiable entre
les parties, à la somme de... Cette estimation n'en constituera pas
le preneur propriétaire; mais le fonds dudit cheptel sera, pendant
la durée dudit bail, à ses risques, périls et fortune, et il devra
laisser au bailleur, lors de l'expiration du bail, un fonds de bétail
et d'animaux de même nature et valeur, suivant l'estimation qui en
sera faite alors par experts nommés à l'amiable, sinon nommés
d'office par le président du tribunal de première instance.

Pour l'exécution des présentes..., fait et passé...

(*Les signatures.*)

Formule de Congé d'un Bien rural.

L'an mil huit cent vingt-sept, le..., à la requête du sieur... (*nom,
prénoms, qualité ou profession et demeure*), propriétaire de la

ferme de..., située en la commune de .., canton de..., département
de..., pour lequel domicile est élu en sa demeure, ou en ma demeure ci-après désignée, j'ai..., huissier, immatriculé au tribunal
de..., patenté..., demeurant..., soussigné,

Signifié et déclaré au sieur..., fermier, demeurant en ladite ferme
de..., située..., en son domicile, en parlant à...,

Que ledit sieur..., propriétaire, lui donne, par ces présentes,
congé pour l'époque du onze novembre, jour de Saint-Martin de
l'année prochaine mil huit cent vingt-huit, de ladite ferme de...,
que ledit sieur... occupe et exploite en vertu du bail que le sieur...,
propriétaire, a consenti à son profit, par acte passé devant
M⁰ N... et son collègue, notaires à..., le..., dûment enregistré, ou
bien par acte fait double entre eux, sous leurs signatures privées,
le..., dûment enregistré, ledit bail commencé audit jour onze novembre de la même année, pour le temps de trois, six ou neuf
années, au choix respectif des parties, en s'avertissant un an d'a-
vance; auquel onzième jour de novembre mil huit cent vingt-huit,
ledit sieur..., propriétaire, lui déclare qu'il entend qu'il sorte des
lieux à lui loués; pourquoi il le somme dès à présent, en tant que
de besoin, de lui remettre à cette époque tous les bâtimens en bon
état de réparations locatives, avec les clés, et toutes les terres en
état d'exploitation convenable; de fournir à la fin de juin précédant
cette époque, les logemens et les places nécessaires pour l'entrée
du fermier qui lui succédera, et lui faciliter les moyens de commencer et préparer l'exploitation des terres; de justifier, avant la
sortie, audit sieur..., propriétaire, du paiement de toutes ses
impositions pendant la durée de sa jouissance; comme aussi de lui
payer en deniers ou quittances valables les fermages dus et échus,
ensemble ceux à échoir avant sa sortie, à raison de... par année, à
peine d'être expulsé des lieux, et ses meubles, effets, grains et
fourrages, ainsi que ses bestiaux et ustensiles aratoires, séquestrés
pour sûreté et paiement desdits fermages; — aux offres que fait
ledit sieur..., propriétaire, de lui laisser, après le onze novembre
mil huit cent vingt-huit, les logemens convenables, et autres facilités pour battre ses grains, consommer ses fourrages et achever
les récoltes qui lui resteront à faire; et afin que ledit sieur...,
fermier, n'en ignore, je lui ai, en sondit domicile, en parlant
comme dessus, laissé copie du présent, dont le coût, ainsi que de
la copie, est de ..

(*La signature de l'huissier.*)

CHAPITRE IX.
Du Contrat de Société.

SECTION PREMIÈRE. — *Dispositions générales.*

LA société est un contrat par lequel deux ou plusieurs personnes conviennent de mettre quelque chose

en commun, dans la vue de partager le bénéfice qui pourra en résulter. (*Code civil*, *art.* 1832.)

Toute société doit avoir un objet licite, et être contractée pour l'intérêt commun des parties. — Chaque associé doit y apporter ou de l'argent, ou d'autres biens, ou son industrie.

Toutes sociétés doivent être rédigées par écrit, lorsque leur objet est d'une valeur de plus de cent cinquante francs.

La preuve testimoniale n'est point admise contre et outre le contenu en l'acte de société, ni sur ce que serait allégué avoir été dit avant, lors et depuis ces acte, encore qu'il s'agisse d'une somme ou valeur moindre de cent cinquante francs. (*Art.* 1833 *et* 1834, *ibid.*)

Les sociétés et les prorogations de sociétés non commerciales, dont l'objet excède cent cinquante francs, peuvent de même que les autres conventions être prouvées par témoins, lorsqu'il existe un commencement de preuve par écrit. A cet égard, les art. 1834 et 1866 du Code civile, ni aucune autre disposition de loi n'ont dérogé aux principes généraux consacrés par les art. 1107 et 1347 du même Code. (*Arrêt de la Cour de Cassation* du 12 décembre 1825.)

Le contrat de société peut avoir une infinité de causes particulières. On s'associe pour un achat, pour un échange, pour un louage, pour une entreprise, enfin pour toute espèce d'affaires. — Les associés peuvent, en cette qualité, être soumis à toutes les règles des différens contrats suivant le motif qui les a réunis.

SECTION II. — *Des diverses Espèces de Sociétés.*

Les sociétés sont ou universelles ou particulières.

On distingue deux sortes de sociétés universelles : la société de tous biens présens, et la société universelle de gains.

La société universelle de *tous biens présens* est celle par laquelle les parties mettent en commun tous les biens meubles et immeubles qu'elles possèdent actuellement, et les profits qu'elles pourront en tirer.
— Elles peuvent aussi y comprendre toute autre espèce de gains; mais les biens qui pourraient leur advenir par succession, donation ou legs, n'entrent dans cette société que pour la jouissance; toute stipulation tendant à y faire entrer la propriété de ces biens est prohibée, sauf entre époux, et conformément à ce qui est réglé à leur égard.

La société universelle *de gains* renferme tout ce que les parties acquerront par leur industrie, à quelque titre que ce soit, pendant le cours de la société : les meubles que chacun des associés possède au moment du contrat y sont aussi compris; mais leurs immeubles personnels n'y entrent que pour la jouissance seulement.

La simple convention de société universelle, faite sans autre explication, n'emporte que la société universelle de gains.

Notre société universelle (soit de tous biens présens, soit de gains) ne peut avoir lieu qu'entre personnes respectivement capables de se donner ou de recevoir l'une de l'autre, et auxquelles il n'est pas défendu de s'avantager au préjudice d'autres personnes. (*Code civil*; art. 1835 à 1840.)

La société *particulière* est celle qui ne s'applique qu'à certaines choses déterminées, ou à leur usage, ou aux fruits à en percevoir.

Le contrat par lequel plusieurs personnes s'associent, soit pour une entreprise désignée, soit pour l'exercice de quelque métier ou profession, est aussi une société *particulière*. (*Art.* 1841 *et* 1842, *ibid.*)

SECTION III. — *Des Engagemens des Associés entre eux et à l'égard des Tiers..*

§ 1er. *Des Engagemens des Associés entre eux.*

La société commence à l'instant même du contrat, s'il ne désigne une autre époque.

S'il n'y a pas de convention sur la durée de la société, elle est censée contractée pour toute la vie des associés, sous la modification portée en l'article 1680 (si les associés ne la font cesser par une renonciation); ou, s'il s'agit d'une affaire dont la durée soit limitée, pour tout le temps que doit durer cette affaire. (*Art.* 1843 *et* 1844.)

Les art. 1845 et suivans règlent ce que chaque associé doit apporter à la société, la garantie de cet apport, les intérêts de la somme à apporter, les gains à rapporter par celui qui doit son industrie, l'imputation à faire par l'associé qui reçoit une somme d'un débiteur de la société, et qui est aussi créancier de ce débiteur, les dommages dont est tenu chaque associé envers la société, les choses qui sont aux risques de la société, l'action d'un associé contre la société, la part de chaque associé dans les bénéfices ou pertes, les conventions nulles entre les associés, les pouvoirs de ceux qui sont chargés de l'administration de la société, et le pouvoir des associés de s'associer des tierces personnes relativement aux parts qu'ils ont dans la société.

§ II. *Des Engagemens des Associés envers les Tiers.*

Dans les sociétés autres que celles de commerce, les associés ne sont pas tenus solidairement des dettes sociales, et l'un des associés ne peut obliger les autres si ceux-ci ne lui en ont conféré le pouvoir. (*Art.* 1862.)

Les associés sont tenus envers le créancier avec lequel ils ont contracté, chacun pour une somme et part égales, encore que la part de l'un d'eux dans la société fût moindre, si l'acte n'a pas spécialement restreint l'obligation de celui-ci sur le pied de cette dernière part. (*Art.* 1863.)

La stipulation que l'obligation est contractée pour le compte de la société, ne lie que l'associé contractant et non les autres, à moins que ceux-ci ne lui aient donné pouvoir, ou que la chose n'ait tourné au profit de la société. (*Art.* 1864.)

Section IV. — *Des différentes Manières dont finit la Société.*

La société finit : — 1° par l'expiration du temps pour lequel elle a été contractée ; — 2° par l'extinction de la chose ou la consommation de la négociation ; — 3° par la mort naturelle de quelqu'un des associés ; — 4° par la mort civile, l'interdiction ou la déconfiture de l'un d'eux ; — 5° par la volonté qu'un seul ou plusieurs expriment de n'être plus en société. (*Code civil*, art. 1865.)

La dissolution de la société par la volonté de l'une des parties ne s'applique qu'aux sociétés dont la durée est illimitée, et s'opère par une renonciation notifiée à tous les associés, pourvu que cette renonciation soit de bonne foi et non faite à contre-temps. (*Art.* 1869, *ibid.*)

Les art. 1866 à 1868 statuent sur la preuve de la prorogation d'une société à temps limité, sur la dissolution de la société par la perte de la chose qui devait être apportée à la société et non par la perte de la chose dont la propriété y a déjà été apportée, et sur la continuation de la société avec l'héritier d'un associé, ou le droit de l'héritier en cas de non-continuation de la société.

L'art. 1870 détermine quand la renonciation n'est pas de bonne foi ou qu'elle est faite à contre-temps.

L'art. 1871 dit quand la dissolution des sociétés à

terme-peut être demandée par l'un des associés, avant le terme convenu, et l'art. 1872 dit qu'elles règles s'appliquent aux partages entre associés.

Disposition relative aux Sociétés de Commerce.

Les dispositions du présent chapitre ne s'appliquent aux sociétés de commerce que dans les points qui n'ont rien de contraire aux lois et usages du commerce. (*Art.* 1873, *ibid.*)

FORMULE d'un Acte de Société universelle de Gains, sous signatures privées.

Les soussignés, le sieur D..., marchand tapissier, dûment patenté, demeurant à Paris, rue..., n°..., d'une part, et le sieur P..., aussi marchand tapissier, demeurant à Paris, place..., n°..., d'autre part,

Désirant s'associer pour exercer ensemble le commerce de tapissier, sont convenus et ont arrêté les clauses et conditions de leur société universelle de gains, comme et ainsi qu'il suit :

Art. 1er. Il y aura société entre le sieur D..., et le sieur P..., pour la fabrication, l'achat et la vente de meubles de toute espèce.

Art. 2. La durée de cette société est fixée pour neuf années, qui commenceront le... prochain. Ils feront leur fabrication et exerceront leur commerce à Paris, en la maison occupée par le sieur P..., susdite place.., n°..., qu'il a louée pour neuf années, à compter du..., du sieur M..., à raison de huit mille francs de loyer par an, suivant un bail passé devant notaires, le...

Art. 3. Chacun des associés met dans la présente société la somme de cinquante mille francs, tant en marchandises et ustensiles dudit commerce qu'en deniers comptans.

Art. 4. Les mises des associés seront détaillées par la nature de marchandises, d'ustensiles et d'espèces, dans un inventaire qui sera fait double entre eux sous leurs signatures privées.

Art. 5. Les deniers comptans seront remis entre les mains du sieur D..., l'un des associés, qui sera chargé de la caisse, *ou bien* les deniers comptans seront versés, au moment de la signature dudit inventaire, dans la caisse sociale, dont une clé sera remise à chacun des associés.

Art. 6. Chaque associé participera aux bénéfices, et contribuera aux pertes et charges de la société pour moitié.

Art. 7. Il sera tenu deux registres, l'un pour les achats et ventes, et l'autre pour les recettes, dépenses et sorties de fonds. Le premier sera tenu indistinctement par l'un ou l'autre des associés; et le second sera tenu par le sieur D... seul.

Art. 8. La raison de la société sera les sieurs D... et P... —Chacun des associés aura la signature, mais ne pourra en faire usage que pour les affaires de la société, à peine de nullité de tout ce qui serait fait en contravention au présent acte de société.

Art. 9. Il sera fait chaque année, dans le cours du mois de..., un inventaire pour constater l'état de la société...

Art. 10. Après cet inventaire, chacun des associés prélèvera, sur les bénéfices réalisés, la somme de trois mille francs, si toutefois les bénéfices sont suffisans pour fournir à chacun d'eux cette somme; l'excédant des bénéfices restera dans la société pour augmenter le fonds social, et ne sera partagé qu'à la dissolution de la société. Si les bénéfices sont insuffisans pour fournir ladite somme, chacun des associés ne pourra retirer que sa moitié dans les bénéfices.

Art. 11. Toutes les dépenses, charges et dettes de la société, seront prélevées avant partage des bénéfices. —Dans ces charges et dépenses seront compris notamment le loyer des lieux qui seront occupés pour l'exercice dudit commerce et pour la fabrication, les gages des ouvriers et commis : ces gages seront réglés d'un commun accord entre les associés, ainsi que le choix des ouvriers et commis.

Art. 12. Les associés se nourriront séparément et à leurs frais.

Art. 13. En cas de dissolution de la société par l'expiration du temps convenu pour sa durée, les parties s'entendront à l'amiable entre elles sur la liquidation de la société, sur le droit au bail des lieux, et sur le partage de tout ce qui constituera le fonds de commerce, même sur l'achalandage.

Art. 14. S'il survient des contestations entre les associés au sujet de la présente société, elles seront jugées par deux arbitres choisis, l'un par le sieur D..., l'autre par le sieur P..., et pris tous deux parmi les marchands tapissiers de cette ville : à défaut, par l'un des associés, de nommer son arbitre dans les trois jours de la sommation qui lui aura été faite par l'autre associé, cet arbitre sera nommé par le Tribunal de commerce, et, en cas de partage d'avis, les arbitres s'adjoindront un tiers-arbitre pour les départager. — Les parties promettent de s'en rapporter à leur décision, comme à un jugement définitif rendu en dernier ressort, sans pouvoir en appeler, ni se pourvoir en cassation, ou par voie de requête civile.

Fait double entre les parties, sous leurs signatures privées, à...; le..., mil huit cent vingt-sept.

(*Les signatures.*)

NOTA. Il sera donné, à la troisième Partie, des Formules de sociétés de commerce.

CHAPITRE X.

Du Prêt.

Le prêt est une convention par laquelle on livre une chose à une personne pour s'en servir suivant son besoin, et sans payer aucun prix. S'il y avait un prix, ce serait un louage.

Il y a deux sortes de prêt : celui des choses dont on peut user sans les détruire, — et celui des choses qui se consomment par l'usage qu'on en fait.

La première s'appelle *prêt à usage* ou *commodat* ;

La deuxième s'appelle prêt de consommation, ou simplement prêt. (*Code civil, art.* 1874.)

Indépendamment de ces deux sortes de prêts, il y a le *prêt à intérêt.*

Il va être traité de ces trois espèces dans trois Sections différentes.

SECTION PREMIÈRE. — *Du Prêt à usage ou Commodat.*

Le prêt à usage ou commodat est un contrat par lequel l'une des parties livre une chose à l'autre pour s'en servir, à la charge par le preneur de la rendre après s'en être servi. (*Code civil, art.* 1875.)

Le prêt est essentiellement gratuit.

Le prêteur demeure propriétaire de la chose prêtée. (*Art.* 1876 *et* 1877.)

Tout ce qui est dans le commerce, et qui ne se consomme pas par l'usage, peut être l'objet de cette convention. (*Art.* 1878.)

Les engagemens qui se forment par le commodat passent aux héritiers de celui qui prête, et aux héritiers de celui qui emprunte. — Mais si l'on n'a prêté qu'en considération de l'emprunteur, et à lui personnellement, alors ses héritiers ne peuvent continuer de jouir de la chose prêtée. (*Art.* 1879.)

Les art. 1880 à 1887 traitent des engagemens de

l'emprunteur, et les art. 1888 à 1891 des engagemens de celui qui prête à usage.

Section II. — *Du Prêt de Consommation ou simple Prêt.*

Le prêt de consommation est un contrat par lequel l'une des parties livre à l'autre une certaine quantité de choses qui se consomment par l'usage, à la charge par cette dernière de lui en rendre autant de même espèce et qualité.

Par l'effet de ce prêt, l'emprunteur devient le propriétaire de la chose prêtée; et c'est pour lui qu'elle périt (*res perit domino*), de quelque manière que cette perte arrive. (*Code civil, art.* 1892 *et* 1893.)

On ne peut pas donner à titre de prêt de consommation, des choses qui, quoique de même espèce, diffèrent dans l'individu, comme les animaux : alors c'est un prêt à usage. (*Art.* 1894, *ibid.*)

L'obligation qui résulte d'un prêt en argent, n'est toujours que la somme numérique énoncée au contrat. — S'il y a eu augmentation ou diminution d'espèces avant l'époque du paiement, le débiteur doit rendre la somme numérique prêtée, et ne doit rendre que cette somme dans les espèces ayant cours au moment du paiement.

Il en est autrement si le prêt a été fait en lingots.

Si ce sont des lingots ou des denrées qui ont été prêtés, quelle que soit l'augmentation ou la diminution de leur prix, le débiteur doit toujours rendre la même quantité et qualité, et ne doit rendre que cela. (*Art.* 1975, 1896 *et* 1897.)

Les art. 1898 à 1801 traitent des obligations du prêteur dans le prêt de consommation ; et les articles 1902 à 1904 des engagemens de l'emprunteur,

SECTION III. — *Du Prêt à Intérêt de la Constitution de Rente.*

§ Ier. *Du Prêt à Intérêt.*

Il est permis de stipuler les intérêts pour simple prêt soit d'argent, soit de denrées ou autres choses mobilières. (*Code civil, art.* 1905.)

L'emprunteur qui a payé les intérêts qui n'étaient pas stipulés, ne peut ni les répéter ni les imputer sur le capital. (*Art.* 1906.)

L'intérêt est légal ou conventionnel. — L'intérêt légal est fixé par la loi. — L'intérêt conventionnel peut excéder celui de la loi toutes les fois que la loi ne le prohibe pas. — Le taux de l'intérêt conventionnel doit être fixé par écrit. (*Art.* 1907.)

La Loi du 3 septembre 1807, fixant le taux que ne peut point excéder l'intérêt conventionnel, dispose :

« *Art.* 1er. L'intérêt conventionnel ne peut excéder, en matière civile, cinq pour cent, ni, en matière de commerce, six pour cent ; le tout sans retenue.

« *Art.* 2. L'intérêt légale est, en matière civile, de cinq pour cent, et en matière de commerce, de six pour cent, aussi sans retenue.

Art. 3. (Il est relatif à la réduction de l'intérêt excessif par les tribunaux.

Art. 4. « Tout individu qui serait prévenu de se livrer habituellement à l'usure, sera traduit devant le Tribunal correctionnel, et, en cas de conviction, condamné à une amende qui ne pourra excéder la moitié des capitaux qu'il aura prêtés à usure... »

Le délit d'habitude d'usure se composant de faits usuraires successifs, les faits récens et qui remontent à moins de trois années avant les poursuites, se joignent aux faits antérieurs à ces trois années, et font revivre les anciens faits, pour concourir à établir le délit et l'évaluation de l'amende qui doit lui être appliquée en cette qualité. (*Arrêts de la Cour de Cassation des 23 juillet et 24 décembre 1825.*)

La quittance du capital donnée sans réserve des intérêts, en fait présumer le paiement, et en opère la libération. (*Code civil, art.* 1908.)

§ II. *De la Constitution de Rente.*

On peut stipuler un intérêt moyennant un capital que le prêteur s'interdit d'exiger. — Dans ce cas, le prêt prend le nom de *constitution de rente.* (*Code civil, art.* 1809.)

Cette rente peut être constituée de deux manières, en perpétuel ou en viager. (*Art.* 1910.)

La rente constituée en perpétuel est essentiellement rachetable.

Les parties peuvent seulement convenir que le rachat ne sera pas fait avant un délai qui ne pourra excéder dix ans, ou sans avoir averti le créancier au terme d'avance qu'elles auront déterminé. (*Article* 1911.)

Les règles concernant les rentes *viagères* sont établies au chapitre (XII) *des Contrats aléatoires.* (*Art.* 1914.)

Les art. 1912 et 1913 déterminent les cas où le capital de la rente perpétuelle peut être exigé par le créancier :

« Le débiteur d'une rente constituée en perpétuel peut être contraint au rachat, — 1° s'il cesse de remplir ses obligations (de payer les arrérages) pendant deux années (1) ; — 2° s'il manque à fournir au prêteur les sûretés promises par le contrat. »

_____

(1) Des arrêts de la Cour de Cassation ont jugé que le débiteur d'une rente constituée en perpétuel ne peut être admis à purger la demeure (la rente fût-elle constituée à titre gratuit), lorsqu'après avoir cessé pendant deux années de remplir ses obligations, le créancier lui a fait sommation de lui rembourser le capital. *Arrêts du 12 juillet 1813, du 10 novembre 1818, du 12 mai 1819.*

« Le capital de la rente constituée en perpétuel devient aussi exigible en cas de faillite ou de déconfiture du débiteur. »

FORMULE d'*Acte de Prêt à usage sous seing privé.*

Je, soussigné (*nom, prénoms, profession ou qualité et demeure*), reconnais et déclare que M... (*nom, profession et demeure*), m'a aujourd'hui, *ou* hier, prêté *tel* objet (un cheval, une voiture, une charrue, une herse, etc.) pour mon usage, et promets et m'engage à le lui restituer *tel* jour, m'obligeant à apporter le plus grand soin à sa conservation, et tel qu'un bon père de famille apporterait à sa propre chose; à faire les dépenses que requerrait son usage; et sous la promesse de M..., de me laisser user dudit objet jusqu'*audit* jour où je dois le lui restituer, et de me rembourser des dépenses extraordinaires que je pourrais être obligé de faire pour la conservation de la chose prêtée. A..., le..., mil huit cent vingt-sept.

(*La signature.*)

FORMULE *de Reconnaissance sous seing privé d'un Prêt de consommation ou simple Prêt.*

Je soussigné (*nom, prénoms, profession ou qualité et demeure*), reconnais et déclare que M... (*nom, profession et demeure*), m'a cejourd'hui, *ou* hier, *ou tel* jour, prêté *tant* d'hectolitres de blé, *ou* d'orge, *ou* d'avoine, *ou* d'huile de *telle* qualité, *ou* de vin de *telle* espèce, *ou* d'eau-de-vie à *tant* de degrés, à titre de prêt de consommation, et je promets et m'oblige à les lui remplacer, en sa demeure sus-désignée, et à lui en rendre *autant* des mêmes espèce et qualité que celles qu'il m'a prêtées, dans le délai de *tant* de jours, *ou* de *tant* de mois; — et si j'étais en retard de les lui rendre dans ledit temps, je lui en paierais la valeur, eu égard au temps et au lieu où les choses prêtées devaient être rendues, et même lui paierais l'intérêt de ladite valeur, à compter du jour fixé pour la restitution des choses prêtées, sans qu'il soit besoin par M..., d'en former la demande en justice. A..., le.... mil huit cent vingt-sept.

(*La signature.*)

FORMULE *de Reconnaissance de Prêt à intérêt sous seing privé.*

Je, soussigné *un tel*, reconnais que M..., m'a cejourd'hui prêté la somme de..., et promets et m'engage à lui en payer l'intérêt à raison de cinq, *ou* six pour cent par an sans retenue, jusqu'au remboursement de ladite somme, que je m'oblige à lui faire le... pro-

chain, *ou bien* à ma commodité, en l'en avertissant *tant de temps*
d'avance. A..., le... mil huit cent vingt-sept.

Formule *d'un Contrat de Constitution de Rente en perpétuel.*

Par-devant Mᵉ N... et son confrère, notaires royaux, résidans
à..., département de . , soussignés,

"Fut présent le sieur... (*nom, prénoms, profession et demeure*),
lequel a, par ces présentes, créé, constitué, promis et s'est obligé,
de garantir, fournir et faire valoir, tant en principal qu'arrérages,
jusqu'au rachat ci-après stipulé.

Au sieur... (*nom, prénoms, profession ou qualité et demeure,*),
à ce présent et acceptant, acquéreur pour lui, ses, héritiers et,
ayans-cause, six cents francs de rente annuelle et perpétuelle,
exempte de toutes retenues de contributions et impositions publiques, actuellement existantes, ou qui pourraient être établies par
la suite; que ledit sieur..., constituant, promet et s'oblige de
payer audit sieur..., acquéreur, en sa demeure sus-désignée, ou au
porteur de la grosse des présentes, et fondés de ses pouvoirs, par
chaque année, en deux, *ou* quatre paiemens égaux; le premier desquels se fera le..., le second le..., et ainsi continuer de terme en
terme, tant que ladite rente aura cours, reconnaissant, qu'à défaut de paiement des arrérages pendant deux ans, le remboursement du capital pourra être exigé par le sieur..., acquéreur, *ou*
créancier;

A avoir et prendre ladite rente en principal et arrérages, par
hypothèque sur *tel* immeuble, que le sieur..., constituant, déclare lui appartenir, et qu'il affecte, oblige et hypothèque spécialement à la rente présentement constituée.

La présente constitution est faite moyennant les prix et somme
de douze mille francs, que ledit sieur..., acquéreur, a remis audit
sieur.., constituant en espèces d'or et d'argent monnayées, comptées et réellement délivrées à la vue des notaires soussignés, *ou*
bien que ledit sieur..., acquéreur, a ci-devant remis audit sieur...,
constituant, qui le reconnaît et le déclare, en *telles* espèces, dont
quittance.

Le rachat de ladite rente ne pourra être fait avant l'expiration
du délai de six, *ou* de huit, *ou* de dix ans, ainsi qu'il est expressément convenu entre les parties, et que ledit sieur..., constituant,
s'y soumet, et sans en avoir averti ledit sieur..., acquéreur, trois,
ou six mois d'avance.

Sera, après le délai stipulé, ladite rente rachetable à toujours,
sous la condition néanmoins de l'avertissement préalable, en rendant et payant par le sieur..., constituant, en une seule fois, pareille somme de douze mille francs pour le principal d'icelle, avec
les arrérages qui en seront lors dus et échus; le tout en espèces
d'or et d'argent, de valeur et au titre de celles ci-dessus, sans que
dans ledit remboursement il puisse entrer aucuns billets, papier-

monnaie, ni autres de quelque nature qu'ils soient, et ce, nonobstant toutes lois et ordonnances à intervenir, qui pourraient en
établir le cours forcé, ou en autoriser l'usage dans le commerce,
au bénéfice desquelles lois et ordonnances ledit sieur..., constituant, renonce expressément, tant pour lui que pour ses héritiers
et ayans-cause.

Pour assurer d'autant mieux le paiement des arrérages de ladite
rente de six cents francs, le sieur..., constituant, consent que ledit
sieur..., acquéreur, les reçoive de six en six mois, ou de trois en
trois mois, sur les loyers, ou fermages de l'immeuble sus-énoncé,
loué, ou affermé au sieur..., qui en paie telle somme de loyer ou
fermage par année, desquels loyers, ou fermages ledit sieur...,
constituant, fait toute délégation nécessaire, et avec pleine garantie audit sieur..., acquéreur.

Pour l'exécution des présentes, les parties élisent domicile en
leurs demeures sus-désignées, auxquels lieux elles consentent la
validité de tous actes et exploits de justice qui pourraient y être
faits et signifiés, nonobstant changement de demeure; promettant
exécuter le contenu en ces présentes, sous l'obligation respective
de tous leurs biens, qu'elles ont pour cela soumis à la juridiction
du Tribunal de première instance, séant à..., renonçant à toutes
choses à ce contraires.

Dont acte; fait et passé en l'étude, le... mil huit cent vingt-
sept, et ont les parties signé avec les notaires, après lecture
faite.

(Les signatures.)

CHAPITRE XI.

Du Dépôt et du Séquestre.

Le Dépôt, en général, est un acte par lequel on
reçoit la chose d'autrui, à la charge de la garder et
de la restituer en nature. (*Code civil*, art. 1915.)

Il y a deux espèces de dépôts : le dépôt proprement
dit et le séquestre. (*Art.* 1916.)

SECTION PREMIÈRE. — *Du Dépôt proprement dit.*

Le dépôt proprement dit est un contrat essentiellement gratuit.

Il ne peut avoir pour objet que des choses mobilières.

Il n'est parfait que par la tradition réelle ou feinte
de la chose déposée.

La tradition feinte suffit, quand le dépositaire se trouve déjà nanti, à quelque autre titre, de la chose que l'on consent à lui laisser à titre de dépôt. (*Article* 1917, 1918 *et* 1919.)

Le dépôt est volontaire ou nécessaire.

Le dépôt *volontaire* se forme par le consentement réciproque de la personne qui fait le dépôt et de celle qui reçoit. (*Art.* 1920 *et* 1921.)

Il doit être prouvé par écrit. La preuve testimoniale n'en est point reçue pour valeur excédant 150 francs. (*Art.* 1923.)

Déclaration recevable de celui qui est attaqué comme dépositaire, lorsque étant au-dessus de 150 francs, il n'est point prouvé par écrit. (*Art.* 1924.)

Il ne peut avoir lieu qu'entre personnes capables de contracter. (*Art.* 1925.)

(Modifications lorsqu'il a lieu entre personnes capables de le faire et celles incapables de le recevoir, et *vice versâ : même article et article suivant.*)

Il est traité, dans les articles 1927 à 1945, des obligations du dépositaire, qui sont principalement de veiller à sa conservation, de ne point se servir de la chose déposée sans la permission du déposant, de rendre identiquement la chose même qu'il a reçue, de restituer les fruits qu'il en a perçus, et de rendre le dépôt à celui qui l'a fait, ou à celui au nom duquel il a été fait, ou à celui qui a été indiqué pour le recevoir, ou à l'héritier du déposant en cas de mort naturelle ou civile de celui-ci, ou à celui qui a l'administration des droits et des biens du déposant.

Toutes les obligations du dépositaire cessent s'il vient à découvrir et à prouver qu'il est lui-même propriétaire de la chose déposée. (*Art.* 1946.)

Dans les art. 1947 et 1948, il est traité des obligations de la personne qui a fait le dépôt, qui sont d'indemniser le dépositaire des pertes que le dépôt lui a occasionées, et de le rembourser de ses dépenses, pourquoi celui-ci peut retenir la chose déposée jusqu'à l'entier paiement de ce qui lui est dû à raison du dépôt.

Le dépôt *nécessaire* est celui qui a été forcé par quelque accident, tel qu'un incendie, une ruine, un pillage, un naufrage, un autre événement imprévu. (*Code civil, art.* 1949.)

A la différence du dépôt volontaire, la preuve par témoins peut être reçue pour le dépôt nécessaire, même quand il s'agit d'une valeur au-dessus de 150 fr. (*Art.* 1950.)

Toutes les règles précédemment énoncées pour le dépôt volontaire régissent aussi le dépôt nécessaire. (*Art.* 1951.)

Les aubergistes ou hôteliers sont responsables, comme dépositaires, des effets apportés par le voyageur qui loge chez eux : le dépôt de ces sortes d'effets doit être regardé comme un dépôt nécessaire.

Ils sont responsables du vol ou du dommage des effets du voyageur, soit que le vol ait été fait ou que le dommage ait été causé par les domestiques ou préposés de l'hôtellerie, ou par les étrangers allant et venant dans l'hôtellerie.

Mais ils ne sont pas responsables des vols faits avec force armée ou autre force majeure. (*Art.* 1952, 1953 *et* 1954.)

SECTION II. — *Du Séquestre.*

Le séquestre est ou conventionnel ou judiciaire.

Le séquestre *conventionnel* est le *dépôt* fait par une ou plusieurs personnes, d'une chose contentieuse (sur laquelle il y a procès), entre les mains d'un tiers qui s'oblige de la rendre, après la contestation terminée, à la personne qui sera jugée devoir l'obtenir.

Il peut n'être pas gratuit. — S'il est gratuit, il est soumis aux règles du dépôt proprement dit, sauf les différences énoncées dans le Code.

Il peut avoir pour objet non-seulement des effets mobiliers, mais même des immeubles. (*Art.* 1953 *à* 1959.)

Le dépositaire chargé du séquestre ne peut être déchargé, avant la contestation terminée, que du consentement de toutes les parties intéressées, ou pour une cause légitime. (*Art.* 1960.)

Le séquestre, *judiciaire*, est celui ordonné par la justice.

La justice peut ordonner le séquestre, — 1° des meubles saisis sur un débiteur; — 2° d'un immeuble ou d'une chose mobilière dont la propriété ou la possession est litigieuse entre deux ou plusieurs personnes ; — 3° des choses qu'un débiteur offre pour sa libération.

Le séquestre judiciaire est donné, soit à une personne dont les parties intéressées sont convenues entre elles, soit à une personne nommée d'office par le juge. — Dans l'un et l'autre cas, celui auquel la chose a été confiée, est soumis à toutes les obligations qu'emporte le séquestre conventionnel. (*Art.* 1961 *et* 1963.)

Le gardien établi à des meubles saisis est un séquestre.

L'établissement d'un gardien judiciaire produit, entre le saisissant et le gardien, des obligations réciproques. Le gardien doit apporter pour la conservation des effets saisis les soins d'un bon père de famille. — Il doit les représenter, soit à la décharge du saisissant pour la vente, soit à la partie contre laquelle les exécutions ont été faites, en cas de main-levée de la saisie.

L'obligation du saisissant consiste à payer au gardien le salaire fixé par la loi. (*Art.* 1962.)

FORMULE *de Reconnaissance d'un Dépôt volontaire sous scing privé.*

Je soussigné (*nom, prénoms, profession ou qualité et demeuré*), reconnais que M... (*nom, profession ou qualité et demeure.*) m'a présentément remis en dépôt *telle* chose, de *telle* nature, de *telle* forme, *ou telle* somme d'argent, enfermée dans un sac de toile, *ou* de peau, ficelé et cacheté du cachet du sieur..., *ou* une malle contenant *tels* et *tels* effets, fermée à clé, qui est resté entre les mains de mondit sieur..., pour lui être rendue à sa volonté et première réquisition, sauf toutefois le cas où elle viendrait à périr sans qu'il y eût faute considérable de ma part; n'entendant, par le présent acte, déroger en rien aux obligations de droit sur le dépôt, ni en contracter de plus étroites; à..., le... mil huit cent vingt-sept.   (*La signature.*)

FORMULE *d'un Acte de Séquestre sous seing privé.*

Le.... mil huit cent vingt-sept, les soussignés..., frères et héritiers de feu le sieur G... d'une part, et le sieur .. d'autre part, ont fait entre eux la convention suivante:

Ayant été arrêté entre lesdits sieurs..., héritiers, que, jusqu'à ce qu'il ait été statué par le Tribunal de première instance, séant à..., *ou* par M..., juge de paix du canton de.., à la décision duquel les parties sont d'accord de s'en rapporter, sur la question de propriété des meubles *meublans* dépendans de la succession du feu sieur G.., que les contractans demandent respectivement qui leur soient adjugés, M...., serait prié de se charger desdits meubles meublans en qualité de dépositaire séquestre pendant le temps que durerait ladite contestation; et M..., à qui la demande en a été faite, ayant accepté le séquestre, les meubles meublans, dont l'état est ci-joint, et est signé de toutes les parties, lui ont été remis, et M... s'est engagé à les conserver jusqu'à l'issue de la contestation, à veiller à leur conservation, comme il veillerait aux siens propres, et à les rendre et restituer à qui par le tribunal, *ou* par M. le juge de paix serait ordonné, de laquelle décision copie lui sera régulièrement notifiée pour son autorisation, et sous la promesse de bonne et valable décharge par celui qui en sera déclaré propriétaire.

Fait double, sous les signatures privées des sieurs..., et du sieur..., à .. , le... mil huit cent vingt-sept.
                                    (*Les signatures.*)

CHAPITRE XII.

Des Contrats aléatoires.

LES contrats aléatoires sont ceux dans lesquels on considère le hasard (*alea*) et l'incertitude des événemens, comme dans l'achat d'un coup de filet, d'une récolte à venir, dans la constitution d'une rente viagère.

Le contrat aléatoire est une convention réciproque dont les effets, quant aux avantages et aux pertes, soit pour toutes les parties, soit pour l'une ou plusieurs d'entre elles, dépendent d'un événement incertain : tels sont, le jeu et le pari, — le contrat de rente viagère, — le contrat d'assurance, — le prêt à grosse aventure. — Ces deux derniers sont régis par les lois maritimes. (*Code civil,* art. 1964.)

SECTION PREMIÈRE — *Du Jeu et du Pari.*

La loi n'accorde aucune action pour une dette de jeu ou pour le paiement d'un pari.

Les jeux propres à exercer au fait des armes, les courses à pied ou à cheval, les courses de chariot, le jeu de paume et autres jeux de même nature qui tiennent à l'adresse et à l'exercice du corps, sont exceptés de la disposition précédente.

Néanmoins le tribunal peut rejeter la demande quand la somme lui paraît excessive.

Dans tous les cas, le perdant ne peut répéter ce qu'il a volontairement payé, à moins qu'il n'y ait eu, de la part du gagnant, dol, supercherie ou escroquerie. (*Art.* 1965, 1966 *et* 1967.)

SECTION II. — *Du Contrat de Rente viagère.*

La rente viagère est celle dont la durée est bornée au temps de la vie d'une ou de plusieurs personnes.

La rente viagère peut être constituée à titre onéreux, moyennant une somme d'argent, ou pour une chose mobilière appréciable, ou pour un immeuble.

Elle peut être aussi constituée à titre purement gratuit, par donation entre-vifs ou par testament, mais avec les formes requises par la loi pour ces sortes d'actes.

Dans ce cas, elle est réductible si elle excède la quotité disponible; elle est nulle si elle est au profit d'une personne incapable de recevoir. (*Art.* 1968, 1969 et 1970.)

La rente viagère peut être constituée, soit sur la tête de celui qui en fournit le prix, soit sur la tête d'un tiers qui n'a aucun droit d'en jouir, (à la charge pourtant de prouver son existence.)

Elle peut être constituée sur une ou plusieurs têtes.

Elle peut l'être au profit d'un tiers, quoique le prix en soit fourni par une autre personne.

Dans ce dernier cas, quoiqu'elle ait les caractères d'une libéralité, elle n'est point assujettie aux formes requises pour les donnations, sauf les cas de réduction et de nullité dont il vient d'être parlé. (*Art.* 1971, 1972 *et* 1973.)

La rente viagère peut être constituée au taux qu'il plait aux parties contractantes de fixer (parce qu'il ne peut y avoir de mesures absolues pour régler des choses incertaines). (*Art.* 1979.)

Tout contrat de rente viagère créé sur la tête d'une personne qui était morte au jour du contrat, ne produit aucun effet.

Il en est de même du contrat par lequel la rente a été créée sur la tête d'une personne atteinte de la maladie dont elle est décédée dans les vingt jours de la date du contrat. (*Art.* 1974 *et* 2975.)

Les art. 1977, 1978, 1979 et 1980, statuant sur les effets du contrat de rente viagère entre les parties contractantes, règlent le cas où celui au profit de qui elle a été constituée moyennant un prix peut demander la résiliation du contrat, obligent le constituant à servir la rente pendant toute la vie de la personne ou des personnes sur la tête desquelles elle a été constituée, et ne la déclarent acquise au propriétaire que dans la proportion du nombre de jours qu'il a vécu.

Lorsque les tribunaux prononcent la résolution d'un contrat de rente viagère, faute par le constituant de donner les sûretés stipulées pour l'exécution du contrat, ils ne sont pas tenus d'imputer sur le capital une partie des arrérages excédant le taux de l'intérêt légal. (*Arrêt de la Cour de Cassation* du 22 juin 1825.)

La rente viagère ne peut être stipulée insaisissable que lorsqu'elle a été constituée à titre gratuit. (*Article* 1981.)

Elle ne s'éteint pas par la mort civile du propriétaire ; le paiement doit en être continué pendant sa vie naturelle. (*Art.* 1982.)

Les arrérages de la rente du mort civilement doivent, pendant toute sa vie naturelle, être payés à ses héritiers. Voyez l'art. 25 du Code.

Le propriétaire d'une rente viagère n'en peut demander les arrérages qu'en justifiant de son existence (par un certificat de vie), ou de celle de la personne sur la tête de laquelle elle a été constituée. (*Art.* 1983.)

FORMULE *d'un Contrat de Constitution de Rente viagère sous seing privé.*

Entre nous, soussignés, *un tel* (nom, *prénoms, profession et demeure*), d'une part, et *un tel* (*de même*) d'autre part, ont été faites les conventions suivantes :

Moi, *un tel*, au moyen de la somme de...., que M..., vient à l'instant de me remettre, *où bien que* j'ai reçue précédemment de M...., lui fais et constitue, par le présent acte, une rente viagère *de telle somme....*, non sujette à retenue, payable à *telles et telles* époques ; me réservant de convention expresse la faculté de rembourser (1), alors que je le jugerai convenable, à mondit sieur..., et sans qu'il puisse la refuser, toutefois en l'avertissant six mois d'avance, ladite somme à moi par lui remise, mais sans aucune déduction ; au moyen duquel remboursement les arrérages cesseront de courir ; et il ne lui sera payé à cette époque que ceux dus depuis le dernier paiement qui lui aura été fait de ses arrérages.

J'affecte, oblige et hypothèque *telle* maison au paiement des arrérages de ladite rente, et pourra M... en toucher les loyers jusqu'à due concurrence, lui faisant par le présent acte toute délégation nécessaire.

_____

(1) Cette réserve, qui n'est qu'une faculté extraordinaire, peut être omise.

Et moi, *un tel*, déclare accepter et accepte la rente viagère de *telle* somme, à moi ci-dessus constituée par M..., payable, comme il y est dit, pour ladite somme de..., que je viens de lui remettre, *ou que* je lui ai précédemment remise.

J'agrée la réserve qu'il fait de me rembourser lorsqu'il le jugera convenable madite somme de..., en m'avertissant pourtant six mois d'avance, et sans que ce remboursement puisse en aucune manière préjudicier aux arrérages qui m'auront été payés, et à ceux qui me seront dus au jour du remboursement.

Fait double entre nous, sous nos signatures privées, à..., le... mil huit cent vingt-sept.

(Les signatures.)

FORMULE *d'un Contrat de Rente viagère par acte notarié, à titre gratuit et à titre onéreux.*

Par-devant M^e... et son confrère, notaires royaux, résidans à..., département de..., soussignés,

Fut présent le sieur..., (*nom, prénoms, profession et demeure*), lequel, voulant donner au sieur des preuves de son amitié, et considérant... (*énoncer les motifs qui peuvent porter à faire la rente.*)

A, par ces présentes, fait audit sieur..., présent et ce acceptant, donation entre-vifs, et à titre gratuit, voulant qu'elle soit insaisissable dès maintenant et à toujours, en la meilleure forme que donation puisse valoir,

D'une rente viagère de la somme de..., payable par quartier, *ou* de six en six mois, *ou bien même* de mois en mois.

Pour, par ledit donataire, la toucher, aux termes convenus, du constituant, *ou* sur les loyers de *telle* maison, *ou* les fermages de *telle* terre à lui appartenant, que ledit sieur..., donateur, affecte, oblige et hypothèque au paiement de ladite rente.

Ou bien lequel, au moyen de la somme de..., à lui présentement remise par le sieur..., en *telles* espèces, à la vue des notaires soussignés.

Ou pour le prix de *tel* immeuble à lui vendu par le présent acte.

A, par ces présentes, créé et constitué, avec promesse de garantir, fournir et faire valoir, pendant la vie dudit vendeur, à ce présent et acceptant, *ou bien* pendant la vie du sieur..., *ou des* sieurs..., au profit duquel, *ou* desquels elle est constituée, à ce présens et acceptans,

Pour en jouir pendant sa vie, *ou* pendant la vie de *telle* personne (*un tiers sur la tête duquel elle est constituée*), *ou* de *telles* et *telles* personnes, *ou bien* pendant leur vie, pourquoi le décès de l'un arrivant, la rente sera reversible sur la tête du survivant d'eux, et les arrérages lui appartiendront,

Une rente annuelle et viagère de *telle* somme, que ledit sieur..., emprunteur, *ou* acheteur, s'oblige de payer audit sieur..., *ou* auxdits sieur..., et sieur..., en sa, *ou* en leur demeure sus-désignée, en quatre paiemens égaux de trois mois en trois mois, *ou* en deux paiemens égaux de six mois en six mois, le premier desquels sera fait le..., le second le..., et ainsi continuer tant que ladite rente devra avoir lieu, *ou* jusqu'au décès de...., lors duquel ladite rente sera éteinte, et les biens dudit sieur..., constituant, en seront libérés et affranchis ;

Pour jouir et disposer par ledit sieur..., *ou* lesdits sieur... et sieur... de ladite rente, *comme de chose à lui, ou à eux* appartenant en toute propriété.

Sera ladite rente exempte de toutes contributions présentes et futures, et ne pourront les arrérages en être payés qu'en espèces métalliques ayant cours de monnaie, et non en aucuns papiers ni billets qui pourraient être établis par dispositions législatives, et ce, comme condition expresse du présent contrat, et sous la réserve même de la résiliation en cas que le rentier fût obligé de les recevoir par quelque volonté du législateur, auquel cas il reprendra la somme par lui fournie tout entière, et sans aucune réduction, dans les mêmes espèces qu'il l'a remise, *ou bien* son immeuble, sans aucune restitution de prix ou des arrérages payés.

A la garantie du *service* exact des arrérages de cette rente, le sieur..., acquéreur, affecte, 1° l'immeuble par lui acquis; 2° *tel* autre *immeuble* qu'il a déclaré lui appartenir.

Et a ledit sieur, acceptant la rente, remis audit sieur..., acquéreur, *tels* et *tels* titres de propriété de l'immeuble par lui vendu.

S'oblige ledit sieur..., *ou s'obligent lesdits sieur... et sieur... de* justifier de son *ou* de leur existence, *ou de l'existence du sieur...* (*tiers sur la tête duquel la rente est constituée*), par un certificat de vie en bonne forme, s'il est requis, à chaque époque de paiement ci-dessus stipulée.

Et pour l'exécution des présentes, les parties élisent domicile en leurs demeures respectives, auxquels lieux elles consentent...., promettant...., obligeant..., renonçant.

Dont acte, fait et passé en l'étude, à..., le... mil huit cent vingt-sept, et ont les parties signé avec les notaires, après lecture faite.

(*Les signatures.*)

CHAPITRE XIII.

Du Mandat ou de la Procuration.

SECTION PREMIÈRE. — *De la Nature et de la Forme du Mandat ou de la Procuration.*

LE mandat ou procuration est un acte par lequel une personne donne à une autre le pouvoir de faire quelque chose pour le mandat en son nom, — Le contrat ne se forme que par l'acceptation du mandataire.

. Le mandat est gratuit s'il n'y a convention contraire. (*Code civil, art.* 1984 *et* 1086.)

Le mandat peut être donné ou par acte public, ou par écrit sous seing privé, même par lettre. Il peut aussi être donné verbalement; mais la preuve testimoniale n'en est reçue que conformément au chapitre des contrats ou obligations conventionnelles en général. (*A* . 1341 *et suiv.*)

L'obligation du mandat peut n'être que tacite, et résulter de l'exécution qui lui a été donnée par le mandataire. (*Art.* 1985 *ibid.*)

Le mandat est ou spécial ou pour une affaire ou certaines affaires seulement, ou général et pour toutes les affaires du mandant.

S'il est conçu en termes généraux, il n'embrasse que les actes d'administration.

Lorsqu'il s'agit d'aliéner ou d'hypothéquer, ou de quelque autre acte de propriété, il doit être exprès. (*Art.* 1987 *et* 1988.)

SECTION II. — *Du Devoir du Mandataire , et quels sont ceux qui peuvent être choisis pour Mandataires.*

Le devoir du mandataire est de se renfermer dans son mandat (1) : il ne peut rien faire au-delà de ce qui y est porté.

Le pouvoir qui lui est donné de transiger ne renferme pas celui de compromettre. (*Code civil, article* 1989.)

A l'exception des mineurs non émancipés et des interdits, tout le monde peut être nommé mandataire.

Les femmes et les mineurs émancipés peuvent être

_____

(1) *Diligenter fines mandati custodiendi sunt , nam que excessit, aliud facere videtur. Leg.* 5 , *ff. Mandati.*

choisis pour mandataires; mais le mandat n'a d'action contre le mandataire mineur (émancipé) que d'après les règles générales rélatives aux obligations des mineurs, et contre la femme mariée et qui a accepté le mandat sans autorisation de son mari; que d'après les règles établies au chapitre V du Contrat de Mariage et des Droits respectifs des Epoux. (Art. 1990, ibid.)

Le mineur émancipé ne peut engager ses immeubles pour les opérations du mandat : voyez les articles 481, 483 et 484 du Code ; et la femme mariée ne peut engager les biens de la communauté : voyez les art. 1426 et 1427, ibid.

SECTION III. — Des Obligations du Mandataire.

Le mandataire est tenu d'accomplir le mandat tant qu'il en demeure chargé, et répond des dommages-intérêts qui pourraient résulter de son inexécution.

Il est tenu de même d'achever la chose commencée au décès du mandant, s'il y a péril en la demeure.

Il répond non seulement du dol, mais encore des fautes qu'il commet dans sa gestion. — Néanmoins la responsabilité relative aux fautes, est appliquée moins rigoureusement à celui dont le mandat est gratuit qu'à celui qui reçoit un salaire. (Art. 1991 et 1992, ibid.)

Tout mandataire est tenu de rendre compte de sa gestion.... Il répond de celui qu'il s'est substitué dans la gestion; dans quel cas.... il n'y a de solidarité entre les mandataires qu'autant qu'elle a été exprimée. Le mandataire doit l'intérêt des sommes qu'il a employées à son usage, et de celles dont il est reliquataire.... sa non garantie envers celui avec qui il contracte en qualité de mandataire.... (Art. 1993 à 1997.)

SECTION IV. — Des Obligations du Mandant.

Le mandant est tenu d'exécuter les engagemens contractés par le mandataire, conformément au pouvoir qui lui a été donné.

Il n'est tenu de ce qui a pu être fait au-delà, qu'autant qu'il l'a ratifié expressément ou tacitement. (*Article* 1998, *ibid.*)

Il doit rembourser au mandataire les frais et avances que celui-ci a faits pour l'exécution du mandant ; lui payer ses salaires lorsqu'il en a été promis..., l'indemniser des pertes qu'il a essuyées à l'occasion de sa gestion, sans imprudence qu'il lui soit imputable, lui payer l'intérêt des avances qu'il a faites, à dater du jour des avances constatées. (*Art.* 1909, 2000 *et* 2001.)

Lorsque le mandataire a été constitué par plusieurs personnes pour une affaire commune, chacune d'elles est tenue solidairement envers lui de tous les effets du mandat. (*Art.* 2002.)

SECTION V. — *Des différentes manières dont le Mandat finit.*

Le mandat finit, — par la révocation du mandataire, — par la renonciation de celui-ci au mandat, — par la mort naturelle ou civile, — l'interdiction, — ou la déconfiture, soit du mandant, soit du mandataire. (*Art.* 2003, *ibid.*)

Le mandant peut révoquer sa procuration quand bon lui semble. (*Art.* 2004.)

La révocation notifiée au seul mandataire ne peut être opposée aux tiers qui ont traité dans l'ignorance de cette révocation....

La constitution d'un nouveau mandataire pour la même affaire vaut révocation du premier.... (*Art.* 2005 *et* 2006.)

Le mandataire peut renoncer au mandat, en notifiant au mandant sa renonciation.... (*Art.* 2007.)

Quoique le mandat finisse par la mort du mandant ou du mandataire, si celui-ci ignore la mort du mandant, ou (même) l'une des autres causes qui font cesser le mandat, ce qu'il a fait dans cette ignorance est valide,

Dans ces cas, les engagemens du mandataire sont exécutés à l'égard des tiers qui sont de bonne foi. (*Art.* 2008 *et* 2009.)

En cas de mort du mandataire, ses héritiers doivent en donner avis au mandant, et pourvoir, en attendant, à ce que les circonstances exigent pour l'intérêt de celui-ci. (*Art.* 2010.)

FORMULE *d'une Procuration sous seing privé comprenant divers Objets.*

Je, soussigné (*nom, prénoms, profession ou qualité et demeure*), donne pouvoir à M... (*nom, profession et demeure*) de, pour moi et en mon nom, faire *telle* chose *énoncer la chose qu'on le charge de faire*);

Ou bien, de recevoir pour moi du sieur... *telle* somme, à moi due pour *telle* cause, et d'en donner quittance, et, à défaut de paiement, de faire toutes poursuites nécessaires;

Ou bien, de vendre *telle* chose, *tel* immeuble à moi appartenant, situé à..., aux charges, clauses et conditions qu'il jugera les meilleures, d'en recevoir le prix, d'en donner quittance et décharge, qui vaudra comme la mienne ;

Ou bien, d'emprunter pour moi *telle* somme, *ou* à terme, *ou* à rente, soit perpétuelle, soit viagère, d'une ou de plusieurs personnes, et d'en signer tous actes nécessaires et valables;

Ou bien, de comparaître au bureau de paix, sur *telle* demande à former, s'y concilier, si faire se peut, traiter, transiger, composer, en cas de non-conciliation, assigner devant les tribunaux, constituer avoué ;

Ou bien, de transiger sur la contestation existante entre moi et le sieur..., *ou* de la terminer à l'amiable, aux charges, clauses et conditions auxquelles il croira devoir me soumettre;

Ou bien, de compromettre sur ladite contestation, de nommer tel arbitre qu'il lui plaira de choisir, et de signer l'acte de compromis ;

Promettant d'avoir pour agréable, et de ratifier à sa volonté ou première réquisition, si besoin est, tout ce qu'il aura fait à cet égard.

A..., le... mil huit cent vingt-sept.   (*La signature.*)

FORMULE *d'une Procuration par Lettre.*

Paris, le... 1827.

MONSIEUR,

Désirant d'obtenir *telle* chose, *ou bien*, ayant besoin que *telle* chose ait lieu, je vous prie de, pour moi et en mon nom, faire..., et vous donne, par la présente, tout pouvoir à ce nécessaire;

Ce sera un véritable service que je vous devrai, et je vous promets d'exécuter et d'accomplir tout ce que vous aurez réglé à cet égard.

J'ai l'honneur d'être votre... (*La signature.*)

A monsieur...

FORMULE *d'une Procuration générale.*

Par-devant Me N... et son confrère, notaires royaux, résidans à..., département de..., soussignés,

Fut présent le sieur... (*nom, prénoms, profession et demeure*),

Lequel a fait et constitué pour son procureur général et spéciale la dame... (*nom et prénoms*), son épouse, qu'il autorise pour tout ce qu'elle fera en vertu de ces présentes, *ou* le sieur... (*nom, profession et demeure*), à laquelle *ou* auquel il donne pouvoir de, pour lui et en son nom, régir, gérer et administrer, tant activement que passivement, tous les biens et affaires, *ou* commerciales, *ou* civiles, *ou* particulières de chacun d'eux, *ou* de lui constituant;

Recevoir tous loyers, fermages, intérêts; arrérages de rentes échus et à échoir, toucher le remboursement de toutes rentes, de tous capitaux, et recevoir généralement toutes les sommes mobilières qui sont et seront dues par la suite au constituant, à quelque titre et pour quelque cause que ce soit, *ou* à elle dame son épouse, *ou* à eux deux conjointement;

Entendre, débattre, clore et arrêter tous comptes, en fixer, payer ou recevoir le reliquat, suivant qu'il y aura lieu;

Passer, renouveler et résilier tous baux de leurs biens, *ou* des biens de l'un d'eux, *ou* des biens du constituant; en toucher les loyers et fermages, donner et accepter tous congés;

Faire faire toutes réparations et constructions, arrêter et signer tous marchés et devis à ce sujet, faire faire tous procès-verbaux de visites, réglemens et états des lieux, soit à l'effet de constater l'état des biens à réparer, ou reconstruire, soit pour les louer ou les recevoir à l'expiration des baux; — faire tous emplois et placemens de fonds, acquérir tous effets publics et particuliers, toutes créances, tous meubles et immeubles; — faire tous empruns, consentir et accorder tous priviléges et hypothèques, donner tous meubles et immeubles en nantissement ou antichrèse; passer et accepter toutes constitutions de rentes perpétuelles ou viagères;

Vendre tout ou partie des biens meubles et immeubles appartenans ou qui appartiendront au constituant, *ou* à elle dame..., son épouse, *ou* à eux deux conjointement, et notamment *tels* et *tels* immeubles (*les désigner expressément*); (1)

Faire tous échanges, transporter toutes créances, obliger le cons-

---

(1) Toute autorisation générale d'aliéner les immeubles données à la femme, soit par contrat de mariage, soit depuis, est nulle. (*Art.* 1538 *du Code civil.*)

tituant (et elle dame..., son épouse) à toutes garanties ; vendre toutes actions et transférer toutes rentes ou créances sur l'Etat ;

Régir, gérer et administrer toutes les affaires du commerce du constituant, acheter et vendre toutes marchandises, se charger de toutes négociations et commissions, les exécuter et les remplir ; — faire tous changemens, fréter tous navires, prendre toutes assurances, souscrire tous billets à ordre, effets de commerce et autres engagemens ;

Tirer et accepter toutes traites, lettres de change ; signer tous endossemens et avals ; soumettre le constituant à la contrainte par corps : passer tous marchés, recevoir et payer, arrêter tous comptes courans et autres de commerce ; faire tous prêts, dénonciations, comptes de retour ; exercer tous recours en garantie ; tenir les registres ; faire et signer la correspondance ;

En cas de faillite de quelques débiteurs ; paraître à toute assemblée de créanciers ; accepter et signer ou refuser tout concordat ou contrat d'attermoiement ; faire vérifier les créances du constituant ; affirmer qu'elles sont sincères et véritables, et qu'il ne prête son nom ni directement ni indirectement à qui que ce soit, ainsi qu'il l'a lui-même présentement affirmé devant les notaires soussignés ;

S'intéresser dans toutes entreprises et établissemens, contracter et dissoudre toutes sociétés, acheter ou vendre toutes actions ;

Suivre toutes liquidations, tant de sociétés de commerce que de créances et autres intérêts, soit sur le gouvernement, soit sur particuliers ; retirer toutes ordonnances, inscriptions, bons, mandats et autres effets qui seront donnés en paiement ; faire toutes déclarations et affirmations qui seront requises ;

Recueillir toutes successions, donations et legs qui écherront au constituant) ou à elle dame.., son épouse) ; requérir toutes appositions, reconnaissances et levées de scellés ; faire procéder à tous inventaires et récolemens, y faire tous dires, réquisitions, protestations et réserves ; nommer tous officiers, gardiens et dépositaires ; — prendre connaissance de l'état des forces et charges desdites successions, donations et legs ; se faire communiquer tous testamens, codiciles, titres et papiers ; — accepter lesdites successions, donations et legs, purement et simplement, ou y renoncer, ou n'accepter lesdites successions que sous bénéfice d'inventaire, suivant que le procureur constitué le jugera convenable ; — consentir ou contester l'exécution de tous testamens ; faire ou refuser la délivrance des legs y portés ; faire procéder à toutes liquidations et partages, en composer les masses, former les lots, les tirer au sort ou les partager à l'amiable ; — accepter celui ou ceux qui écherront audit constituant (ou à elle dame, son épouse) ; payer ou recevoir toutes soultes ; faire ou accepter tous abandonnemens et délaissemens nécessaires ; — poursuivre toutes licitations ou y défendre ; surenchérir et se rendre adjudicataire ; — rendre tous comptes de bénéfice d'inventaire et autres ;

Faire et accepter toutes donations entre-vifs ; consentir tous délaissemens; obliger le constituant (et elle dame..., son épouse) sous toute solidarité, avec renonciation au bénéfice de droit;

Citer et comparaître devant tous juges de paix et bureaux de conciliation, s'y concilier, si faire se peut, traiter, transiger et composer; à défaut de conciliation, introduire et suivre toute instance devant tous juges et tribunaux civils ou de commerce, former toutes demandes, défendre à celles qui seraient intentées contre le constituant (ou elle dame..., son épouse); constituer tous avoués, avocats et défenseurs, les révoquer, en constituer d'autres; plaider, s'opposer, appeler, se pourvoir en cassation ou par requête civile;

Obtenir tous jugemens, les faire mettre à exécution; exercer toutes poursuites, contraintes et diligences nécessaires, même la contrainte par corps; consigner les alimens;

Poursuivre pareillement par les voies criminelles et extraordinaires; rendre plaintes, s'inscrire en faux; former toutes oppositions et saisies-arrêts; faire faire toutes saisies-exécutions et ventes; prendre des inscriptions; donner tous désistemens et toutes mains-levées; consentir toute radiation et tout délaissement;

Suivre toutes expropriations forcées; donner tous pouvoirs nécessaires à cet égard; surenchérir, provoquer tous ordres, contributions et distributions de deniers; retirer tous bordereaux de collocation, tous mandemens de paiement, en recevoir le montant et en donner quittance;

Se faire substituer par un ou plusieurs sous-mandataires, en cas de besoin;

Et généralement faire pour l'intérêt du constituant (et d'elle dame..., son épouse, relativement à leurs affaires communes), dans tous les cas prévus ci-dessus, comme dans ceux non prévus, ce que le procureur constitué jugera convenable, le constituant autorisant en outre, par ces présentes, ladite dame..., son épouse, à user de tous les pouvoirs ci-dessus pour les affaires propres à elle, promettant de ratifier le tout, s'il est besoin, obligeant..., renonçant...

Fait et passé en l'étude, le... mil huit cent vingt-sept; et a ledit sieur... signé avec les notaires, après lecture faite.

(La signature.)

Nota. Une pareille procuration pourrait être donnée par acte sous seing privé, qui devrait être enregistré avant qu'il en fût fait usage.

CHAPITRE IV.

Du Cautionnement.

Le cautionnement est l'acte par lequel quelqu'un s'oblige pour un autre et répond en son nom de la sûreté de quelque engagement.

SECTION PREMIÈRE. — *De la Nature et de l'Etendue du Cautionnement.*

Celui qui se rend caution d'une obligation se soumet envers le créancier à satisfaire à cette obligation, si le débiteur n'y satisfait pas lui-même. (*Code civil, art.* 2011.)

Le cautionnement ne peut exister que sur une obligation valable.

Néanmoins on peut cautionner une obligation, encore qu'elle pût être annulée par une exception purement personnelle à l'obligé ; par exemple dans le cas de minorité. (*Art.* 2012.)

La nullité de la vente d'un immeuble dotal n'étant relative qu'à l'intérêt de la femme, un étranger et les enfans de la femme peuvent valablement cautionner une semblable vente. (*Arrêt de la Cour de Cassation* du 3 août 1825.)

Le cautionnement ne peut excéder ce qui est dû par le débiteur, ni être contracté sous des conditions plus onéreuses. — Il peut être contracté pour une partie de la dette seulement, et sous des conditions moins onéreuses. (Réduction à la mesure de l'obligation principale en cas qu'il excède la dette...) (*Art.* 2013.)

On peut se rendre caution sans ordre de celui pour lequel on s'oblige, et même à son insu. — On peut aussi se rendre caution, non seulement du débiteur principal, mais encore de celui qui l'a cautionné. (*Art.* 2014.)

Le cautionnement ne se présume point ; il doit être exprès, et on ne peut pas l'étendre au-delà des limites dans lesquelles il a été contracté. (*Art.* 2015.)

Le cautionnement *indéfini* d'une obligation principale s'étend à tous les accessoires de la dette, même aux frais de la première demande, et à tous ceux postérieurs à la dénonciation qui en est faite à la caution. (*Art.* 2016.)

Les engagemens des cautions passent à leurs héritiers, à l'exception de la contrainte par corps, si l'engagement était tel que la caution y fût obligée. (*Art.* 2017.)

(Capacité de s'obliger que doit avoir la caution à fournir par le débiteur, et bien suffisant qu'elle doit avoir pour répondre.... lequel bien ne doit point être litigieux.... Nouvelle caution à fournir en cas que la première soit devenue insolvable, et exception à cette règle.) (*Art.* 2018, 2019 *et* 2020.)

SECTION II. — *De l'Effet du Cautionnement.*

Les art. 2020 à 2027 règlent l'effet du cautionnement entre le créancier et la caution, statuent sur la discussion préalable du débiteur principal, à moins que la caution n'ait renoncé au bénéfice de discussion ou ne soit obligée solidairement avec le débiteur.... Les articles 2028 à 2032 règlent l'effet du cautionnement entre le débiteur et la caution, et l'art. 2033 le règle entre les coodéjusseurs ou cautions, c'est-à-dire règle le recours de la caution qui a payé la dette contre les autres co-cautions.

SECTION III. — *De l'Extinction du Cautionnement.*

L'obligation qui résulte du cautionnement s'éteint par les mêmes causes que les autres obligations (par le paiement, la novation, la confusion, la compensation, la remise de la dette, etc.) (*Code civile article* 2034.)

La confusion qui s'opère dans la personne du débiteur principal et de sa caution, lorsqu'ils deviennent héritiers l'un de l'autre, n'éteint point l'action du créancier contre celui qui s'est rendu caution de la caution. (*Art.* 2035 *ibid.*)

La caution peut opposer au créancier toutes les exceptions (de dol, de violence, d'erreur, de paiement déjà effectué) qui appartiennent au débiteur principal, et qui sont inhérentes à la dette, mais elle ne peut opposer les exceptions (de minorité, d'interdiction, d'incapacité absolue) qui, sont purement personnelles au débiteur (puisque souvent c'est précisément à cause de ces exceptions que la caution est exigée. *Art.* 2036 *développé*).

La caution est déchargée, lorsque la subrogation aux droits, hypothèques et priviléges du créancier ne peut plus, par le fait de ce créancier, s'opérer en faveur de la caution (parce que la caution n'aurait plus un recours assuré contre le débiteur, et qu'il est juste que le créancier, s'il veut la contraindre à lui payer la dette, lui confère tous ses droits contre le principal obligé). (*Art.* 2037 *développé.*)

L'acceptation volontaire que le créancier a faite d'un immeuble ou d'un effet quelconque en paiement de la dette principale, décharge la caution (l'obligation, en ce cas, se trouvant éteinte par la novation) encore que le créancier vienne à en être évincé. (*Art.* 2038, *développé.*)

La simple prorogation de terme, accordée par le créancier au débiteur principal, ne décharge point la caution, qui peut en ce cas, poursuivre le débiteur pour le forcer au paiement. (*Art.* 2039.)

SECTION IV. — De la Caution légale et de la Caution judiciaire.

Toutes les fois qu'une personne est obligée, par la loi ou par une condamnation, à fournir une caution, la caution offerte doit remplir les conditions prescrites par les art. 2018 et 2019 (sur la solvabilité de la caution).

Lorsqu'il s'agit d'un cautionnement *judiciaire*, la caution doit en outre être susceptible de la contrainte par corps. (*Art.* 1040.)

Celui qui ne peut pas trouver une caution, est reçu à donner à sa place un gage en nantissement suffisant. (*Art.* 2041.)

La caution judiciaire ne peut point demander la discussion du débiteur principal. (*Art.* 2042.)

Celui qui a simplement cautionné la caution judiciaire, ne peut demander la discussion du débiteur principal et de la caution, (parce que la caution de la caution est soumise aux mêmes obligations que la caution elle-même, et qu'elle ne peut pas avoir plus de droits qu'elle). (*Art.* 2043, *développé.*)

FORMULE *d'un Acte de Cautionnement sous seing privé.*

Je, soussigné (*nom, prénoms, profession et demeure*), désirant obliger M..., voulant lui éviter les poursuites qu'il aurait à redouter s'il ne s'acquittait pas de la dette par lui contractée le..., au profit de M.., promets et m'oblige, pour le cas où mondit sieur... ne paierait pas à M... *telle* somme qu'il lui doit, et pour laquelle il lui a souscrit une reconnaissance, *ou* un billet, *ou* une promesse, *ou* même une obligation notariée, à la payer pour lui à M.., le lendemain, *ou* quinze jours, *ou* un mois après l'échéance de la reconnaissance, *ou* du billet, *ou* de l'obligation : et je déclare renoncer à cet égard au bénéfice de discussion des biens de mondit sieur... A..., le... mil huit cent vingt-sept.

(*La signature.*)

Si le cautionnement était donné à l'*insu du débiteur,* il serait dit :

Je, soussigné..., instruit que M...; qui a souscrit au profit de M..., *telle* reconnaissance, ou *telle* obligation, pour *telle* somme, pourra être dans le cas de ne pas l'acquitter à son échéance, attendu *tel* événement qui lui est arrivé, et désirant prévenir les poursuites que M... pourrait diriger contre lui à défaut de paiement à l'échéance, je déclare me porter caution de mondit sieur.., et promets et m'oblige, pour le cas où il ne paierait pas.., etc. (*Comme en la formule précédente.*)

Nota. Un cautionnement par acte devant notaires ne serait guère que la répétition de celui qu'on vient de lire, mais rédigé dans les formes notariales.

CHAPITRE XV.

Des Transactions.

Un droit douteux et la certitude que les parties ont entendu balancer et régler leurs intérêts, tels sont les caractères qui distinguent et constituent la nature des transactions.

La transaction est un contrat par lequel les parties termine une contestation née, ou préviennent une contestation à naître. — Elle doit être rédigée par écrit.. — On peut y ajouter une peine contre celui qui manquera de l'exécuter. (*Code civil, articles* 2044 *et* 2047.)

Pour transiger, il faut avoir la capacité de disposer des objets compris dans la transaction. (*Article* 2045, *ibid.*)

(Comment le tuteur peut transiger pour le mineur ou l'interdit, et les communes et établissemens publics le peuvent aussi : *même article,* 2045.)

On peut transiger sur l'intérêt civil qui résulte d'un délit; — mais la transaction n'empêche pas la poursuite du ministère public. (*Art.* 2046.)

Les transactions se renferment dans leur objet.....

Elles ne règlent que les différends qui s'y trouvent compris.... (*Art* 2048 *et* 2049.)

(Non-enchaînement par une transaction, à l'égard d'un droit semblable à celui sur lequel on a transigé : *Art.* 2050.)

La transaction faite par l'un des intérressés ne lie point les autres interressés, et ne peut être opposée par eux. (*Art.* 2051.)

Les transactions ont, entre les parties, l'autorité de la chose jugée en dernier ressort. (*Art* 2052.)

Elles ne peuvent être attaquées pour cause d'erreur de droit, ni pour cause de lésion. (*Même article.*)

(En quels cas elles peuvent être rescindées, et quand elles sont ou ne sont pas nulles. (*Art.* 2053 *à* 2057.)

L'erreur de calcul d'une transaction doit être réparée. (*Art.* 2058.)

FORMULE d'une Transaction sous seing privé.

Nous, soussignés, N... d'une part, et N... d'autre part, voulant maintenir la bonne intelligence qui règne entre nous, et prévenir le différend qui pourrait naître au sujet de telle chose;

Ou bien, pour terminer le procès déjà existant entre nous au sujet de...

Sommes convenus et avons arrêté ce qui suit :

Moi N..., promets et m'oblige, 1° de faire *telle* chose, ou de payer *telle* somme ; 2° de... ; 3° de...

Et moi, N... promets et m'oblige de mon côté, 1° à faire *telle* chose ; 2° à... ; 3°...

Nous nous soumettons à payer chacun les frais faits à notre requête ; *ou bien*, moi, N..., me soumets à payer tous les frais jusqu'à ce jour, d'après la taxe en la manière ordinaire.

Nous nous engageons à exécuter tout ce que dessus de bonne foi, à peine par le contrevenant de payer à l'autre *telle* somme par forme d'indemnité.

Au moyen de la présente transaction, le différend à naître est prévenu et écarté, *ou* le procès est éteint et terminé.

Fait double entre nous, sous nos signatures privées, à..., le... mil huit cent vingt-sept.

(*Les signatures.*)

Formule *de Transaction sur Délit.*

Entre le sieur... (*nom, prénoms, profession ou qualité, et demeure*) d'une part, et le sieur... (*de même*) d'autre part, a été faite la transaction qui suit :

Le *tel* jour, le sieur..., passant sur le boulevard, emporté par la rapidité de son cheval, a eu le malheur de renverser le sieur..., vieillard, et de le blesser à *telle* partie du corps *ou* de la tête. Il reconnaît qu'il doit au sieur..., pour le mal qu'il lui a causé, une indemnité, et une somme suffisante pour ses pansemens, frais de chirurgien et de médicamens. Il a offert audit sieur...', *telle* somme pour indemnité, et *telle* autre pour frais.

Le sieur... croit bien qu'il obtiendrait des tribunaux des sommes plus fortes ; mais, connaissant l'incertitude des jugemens des hommes, et appréciant d'ailleurs la cause de l'événement qui lui est arrivé, il a consenti à accepter les offres que lui a faites le sieur...

Et de suite a été rédigé entre eux le présent acte, par lequel le sieur... consent à payer *telle* somme et *telle* somme, et le sieur... consent à les accepter, et renoncer à toute plainte et poursuite contre le sieur...

Fait double entre eux, sous leurs signatures privées, à..., le... mil huit cent vingt-sept. (*Les signatures.*)

CHAPITRE XVI.

De la Contrainte par Corps en matière civile.

La contrainte par corps est un mode d'exécution d'une obligation, qui engage la personne même de celui qui l'a contractée.

La contrainte par corps a lieu, en matière civile, 1°. pour le stellionat; (1).

2°. Pour dépôt nécessaire;

3° En cas de réintégrande, pour le délaissement ordonné par justice, d'un fonds dont le propriétaire a été dépouillé par voies de fait; — pour la restitution des fruits qui en ont été perçus pendant l'indue possession, et pour le paiement des dommages et intérêts adjugés au propriétaire;

4°. Pour répétition de deniers consignés entre les mains de personnes publiques établies à cet effet;

5°. Pour la représentation des choses déposées aux séquestres, commissaires et autre gardiens;

6°. Contre les cautions judiciaires et contre les cautions des contraignables par corps, lorsqu'elles se sont soumises à cette contrainte;

7°. Contre tous officiers publics pour la représentation de leurs minutes quand elle est ordonnée;

8°. Contre les notaires, les avoués et les huissiers, pour la restitution des titres à eux confiés, et des deniers par eux reçus pour leurs cliens, par suite de leurs fonctions. (*Code civil, art.* 2059 *et* 2060.)

Les art. 2061 et 2062 l'autorisant contre ceux qui, ayant été condamnés par jugement rendu au pétitoire à désemparer un fonds, refusent d'obéir, et contre les fermiers pour le paiement des fermages de biens ruraux.

L'art. 126 du Code de Procédure civile autorise les tribunaux à la prononcer :

1°. Pour dommages et intérêts, en matière civile, au-dessus de la somme de 300 fr.;

2°. Pour reliquats de compte de tutelle, curatelle,

---

(1) Il y a stellionat lorsqu'on vend ou qu'on hypothèque un immeuble dont on sait n'être pas propriétaire; lorsqu'on présente comme libres des biens hypothéqués, ou que l'on déclare des hypothèques moindres que celles dont ces biens sont chargés. (*Art.* 2059 *du Code civil*)

administration de corps et de communauté, établissemens publics, ou de toute administration confiée par
justice, et pour toutes restitutions à faire par suite desdits comptes.

La contrainte ne peut avoir lieu que dans les cas
prononcés par la loi, à peine de nullité, dépens, dommages et intérêts. (*Art.* 2063 *du Code civil.*)

Dans les cas même où elle est autorisée, elle ne
peut être prononcée contre les mineurs. (*Art.* 2064.)

Elle ne peut être prononcée pour une somme moindre de 300 fr. (*Art.* 2065.)

Elle ne peut être prononcée contre les septuagénaires, les femmes et les filles, que dans les cas de stellionat. — Pour jouir de la faveur accordée aux septuagénaires, il suffit que la 70e année soit commencée.
(*Art.* 2066.)

Cet art. 2066 fait des distinctions à l'égard des femmes mariées, qui ne sont contraignables par corps pour
stellionat que lorsqu'elles sont séparées de biens, ou
qu'elles ont des biens dont elles se sont réservé la libre
administration, et à raison des engagemens qui concernent ces biens.

La contrainte par corps, dans les cas même où
elle est autorisée par la loi, ne peut être appliquée qu'en
vertu d'un jugement.

L'appel ne suspend pas la contrainte par corps prononcée par un jugement provisoirement exécutoire en
donnant caution. (*Art.* 2067 et 2068.)

L'exercice de la contrainte par corps n'empêche ni
ne suspend les poursuites et les exécutions sur les biens.
(*Art.* 2069.)

Il n'est point dérogé (par le Code civil) aux lois qui
autorisent la contrainte par corps dans les matières de
commerce, ni aux lois de police correctionnelle, ni à
celles qui concernent l'administration des deniers publics. (*Art.* 2070.)

Le débiteur pour affaire de commerce qui a obtenu
son élargissement faute de consignation d'alimens par

le créancier, ne peut pas être incarcéré de nouveau pour la même dette. — L'art. 804 du Code de Procédure civile n'a pas dérogé à la loi du 15 germinal an vi, en ce qui touche les dettes commerciales. (*Arrêt de la cour de cassation* du 8 février 1825.)

La contrainte par corps a lieu, *en matière de commerce :*

1°. Contre les banquiers, agens de change, courtiers, facteurs ou commissionnaires, dont la profession est de faire vendre ou acheter des marchandises moyennant rétribution, pour la restitution de ces marchandises ou du prix qu'ils en ont touché;

2. De marchand à marchand pour fait de marchandises dont ils se mêlent respectivement;

6°. Contre tous négocians ou marchands qui signent des billets pour valeur reçue comptant ou en marchandises, soit qu'ils doivent être payés sur l'acquit d'un particulier y nommé, ou à son ordre, ou au porteur);

4°. Contre toutes personnes qui signent des lettres ou billets de change; celles qui y mettent leur aval, qui promettent d'en fournir avec remise de place en place, et qui font des promesses pour lettres de change à elles fournies, ou qui devront l'être. (*Loi du 15 germinal an vi, titre 2, art.* 1ᵉʳ.)

Sont exceptés des dispositions énoncées au paragraphe 4 de l'article précédent, les femmes, les filles et les mineurs non commerçans. (*Art.* 2.)

Les femmes et les filles qui sont marchandes publiques, ou celles mariées qui font un commerce distinct et séparé de celui de leur mari, sont soumises à la contrainte par corps pour le fait de leur commerce, quand même elles seraient mineures, mais seulement pour exécution d'engagement de marchand à marchand, et à raison des marchandises dont les parties font respectivement négoce.

Cette disposition est applicable aux négocians, banquiers, agens de change, courtiers, facteurs et commissionnaires, quoique mineurs, à raison de leur commerce. (*Art. 3.*)

La contrainte par corps a lieu également pour l'exécution de tous contrats maritimes, tels que grosses aventures, chartes parties, assurances, engagemens ou loyers de gens de mer, ventes et achats de vaisseaux, pour le fret et le naulage (le nolis), et autres concernant le commerce et la pêche de la mer. (*Art. 4.*)

Dans le titre de *l'Emprisonnement* (XV du livre V) du Code de Précédure civile, il est traité des formes de l'exécution de contrainte par corps, des lieux et des temps où elle ne peut être exécutée, des moyens d'obtenir son élargissement, etc.

Nota. au même titre on trouvera les dispositions textuelles de la loi du 17 avril 1632 qui a modifié celles du Code civil et du Code de Procédure, relatives aux personnes soumises à la contrainte par corps, à la consignation des alimens et à la libération des détenus pour dettes.

CHAPITRE XVII.

Du Nantissement.

Le nantissement (1) est un contrat par lequel un débiteur remet une chose à son créancier pour sûreté de la dette.

Le nantisement d'une chose mobilière s'appelle *gage*. Celui d'une chose immobilière s'appelle *antichrèse.* (*Code civil, art. 2071 et 2072.*)

Section première. — *Du Gage.*

Le gage confère au créancier de droit de se faire payer sur la chose qui en est l'objet, par privilége et préférence aux autres créanciers. (*Art. 2073.*)

---

(1) On pourrait l'appeler *Cautionnement réel*, différent du cautionnement *personnel*, dont il vient d'être traité au Chapitre xiv.

Ce privilége n'a lieu (quand la matière excède la valeur de 150 fr.) qu'autant qu'il y a un acte public ou
sous seing privé, dûment enregistré, contenant la déclaration de la somme due, ainsi que l'espèce et la
nature des choses remises en gage, ou un état annexé
de leur qualité, poids et mesure. (Art. 2074.)

Le privilége ne s'établit sur les meubles incorporels
(les titres de créances mobilières) que par un acte public ou sous seing privé, aussi dûment enregistré, et
signifié au débiteur de la créance donnée en gage.
(Art. 2075.)

Dans tous les cas, le privilége ne subsiste sur le gage
qu'autant que ce gage a été mis et est resté en la possession du créancier, ou d'un tiers (séquestre.) convenu entre les parties. (Art 2076.)

Les articles 2077 et suivans disent que le gage peut
être donné par un tiers pour le débiteur ; que le créancier, ne peut, à défaut de paiement, disposer du gage,
et doit le faire vendre avec les formalités prescrites.....;
que jusqu'à l'expropriation du débiteur, celui-ci reste
propriétaire du gage....;que le créancier répond de la perte
ou détérioration du gage qui serait survenue par sa négligence.....; que, s'il s'agit d'une créance donnée en gage, portant intérêts, le créancier impute ces intérêts sur
ceux qui peuvent lui être dus.....; que le débiteur ne
peut, à moins que le détenteur du gage n'en abuse, en
réclamer la restitution qu'après avoir entièrement payé
la dette.....; et que le gage est indivisible, nonobstant la
divisibilité de la dette, entre les héritiers du débiteur
ou ceux du créancier.....

Les dispositions ci-dessus ne sont applicables ni aux
matières de commerce, ni aux maisons de prêt sur gage
autorisées et à l'égard desquelles on suit les lois et réglemens qui les concernent. (Art. 2084.)

SECTION III. — De l'Antichrèse

L'antichrèse est l'angagement d'un fonds dont le débiteur met son créancier en possession, pour l'avoir en

gage, et pour en jouir, à condition d'en compenser les fruits avec les intérêts légitimes que doit le débiteur. DOMAT, *Lois civiles., titres des Gages et Hypothèques*, *sect.* 1re, no 28; POTHIER, *Traité de l'Hypothèque*, *chap*, 5.

L'antichrèse ne s'établit que par écrit.

Le créancier n'acquiert, par ce contrat, que la faculté de percevoir les fruits de l'immeuble, à la charge de les imputer annuellement sur les intérêts, s'il lui en est dû, et ensuite sur le capital de sa créance. (*Code civil*, *art.* 2085.)

(Obligation du créancier de payer les contributions' et charges annuelles de l'immeuble, et de pourvoir à l'entretien et aux réparations utiles et nécessaires : *art.* 2086.)

Le débiteur ne peut, avant l'entier acquittement de la dette, réclamer la jouissance de l'immeuble qu'il a remis en antichrèse. — (Droit du créancier de le contraindre à la reprendre : *art.* 2087.)

Le créancier ne devient point propriétaire de l'immeuble, par le seul défaut de paiement au terme convenu ; toute clause contraire est nulle : en ce cas, il peut poursuivre l'expropriation de son débiteur par les voies légales. (*Art.* 2088.)

(Exécution nécessaire de la convention que les fruits se compenseront avec les intérêts de la créance : *art.* 2089.)

Les dispositions des art. 2077 (sur le don du gage par un tiers) et 2083 (sur l'indivisibilité du gage) s'appliquent à l'antichrèse. (*Art.* 2090.)

Tout ce qui est statué en la présente section ne préjudicie point aux droits que des tiers pourraient avoir sur le fonds de l'immeuble remis à titre d'antichrèse. —Si le créancier muni à ce titre, a d'ailleurs sur le fonds des privilèges ou hypothèques légalement établis et conservés, il les exerce à son ordre et comme tout autre créancier. (*Art.* 2091.)

FORMULE d'un *Acte de Nantissement sous seing privé.*

Entre nous, soussignés *un tel* (*nom, prénoms, profession et de-meure*) et *un tel* (*de même*), ont été faites les conventions sui-vantes :

Moi, N..., déclare avoir remis au sieur..., qui le reconnaît, à titre de gage ou nantissement, *tels, tels* et *tels* effets mobiliers (*les détailler exactement*), ou *bien tel* titre de créance de la somme de..., sur le sieur..., payable le..., pour sûreté et garantie de la somme de..., qu'il m'a à l'instant prêtée en pièces d'or ou d'argent mon-noyé au cours de ce jour, lesquels objets, *ou* lequel titre, je ne pourrai retirer qu'après l'acquittement entier de ladite somme de..., à moi présentement prêtée, lequel je promets et m'oblige de faire au plus tard le... prochain.

Et moi, N..., reconnais avoir reçu du sieur..., à titre de nantis-sement, les objets *ou* le titre ci-dessus énoncés, pour le prêt que je viens de lui faire de la somme de...; lesquels objets, *ou* lequel titre, je m'oblige à remettre audit sieur... aussitôt après l'acquitte-ment de mon prêt.

Déclare ledit sieur... consentir qu'à défaut de paiement de ladite somme de... au terme par lui ci-dessus fixé, je fasse vendre lesdits objets avec les formalités voulues par l'art. 2078 du Code civil, pour être payé sur leur prix, *ou bien*, que lesdits objets m'appar-tiennent jusqu'à due coucurrence de ma créance, d'après estimation par experts, conformément audit article du Code, *ou bien*, que je poursuive à mon profit le recouvrement de la somme portée au titre de créance qu'il m'a remis, pourquoi mon privilége sera par moi notifié dans le délai de... au débiteur de la somme y portée.

Fait double entre nous, sous nos signatures privés, à..., le... mil huit cent ving-sept.

(Les signatures.)

Nota. Il pourrait être donné par le prêteur à l'em-prunteur, *ou* au tiers qui aurait remis le gage pour lui, une *reconnaissance* unilatéral de l'objet en gage, laquelle serait ainsi conçue :

« Je, soussigné, reconnais et déclare que M... m'a remis à titre de gage et nantissement *telle* chose, pour sûreté et garantie du paie-ment de la somme de..., que je lui ai à l'instant prêtée, *ou bien*, que j'ai à l'instant prêtée à M..., pour lequel il a bien voulu don-ner cette sûreté; et je promets et m'oblige à remettre ladite chose lors du paiement qui me sera fait de ma somme, lequel doit s'effec-tuer le..., aux termes de la reconnaissance que M... (*l'emprunteur*) vient de me souscrire. — Consent M... qu'à défaut de paiement à l'époque stipulée, le gage à moi remis me demeure jusqu'à due con-currence, d'après estimation par experts, *ou bien*, que je le fasse vendre avec les formalités prescrites par l'art. 2078 du Code civil,

pour que je sois payé par privilége et préférence sur son prix.
A..., le... mil huit cent vingt-sept.

(*La signature*)...

Formule d'un Contrat d'Antichrèse passé devant Notaires.

Par-devant M° N... et son confrère, notaires royaux résidans à.., département de..., soussignés, furent présent le sieur..: (*nom, prénoms, profession et demeure*) d'une part, et le sieur... (*de même*) d'autre part, lesquels ont traité ainsi qu'il suit :

Le sieur... a, par ces présentes, reconnu devoir bien et légitimement au sieur... la somme de..., pour prêt à lui fait, partie antérieurement et partie aujourd'hui, en espèces métalliques au cours de ce jour.

Il s'est obligé à rendre audit sieur... ladite somme de, et à lui payer l'intérêt à cinq pour cent, sans retenue, jusqu'au remboursement, qui se fera, comme le prêt a été reçu, en espèces métalliques, et non en papiers publics, billets ou autrement.

Pour sûreté et garantie du paiement, tant en capital qu'intérêts, le sieur... a affecté, obligé et hypothéqué, et a même présentement remis et abandonné au sieur..., qui l'accepte, à titre d'antichrèse, la jouissance de *tel* immeuble (*le désigner exactement pour sa composition, sa situation, ses tenans et aboutissans*) lui appartenant, pour, par ledit sieur .., en toucher les revenus et produits sur ses simples quittances, des fermiers *ou* locataires, à compter de *tel* jour, en compensation, 1° des intérêts; 2° et du capital, jusqu'à l'entier acquittement du montant de l'obligation ci-dessus : en faisant lesquels paiemens les fermiers *ou* locataires seront bien et valablement quittes et déchargés envers le sieur..., cédant. Ladite compensation aura lieu de plein droit, et sans qu'il soit besoin de consentement ultérieur des parties.

Le présent abandon est fait à la charge par le sieur..., acceptant, qui s'y oblige, et ce conformément à l'art. 2086 du Code civil, 1° de payer les contributions foncières auxquelles ledit immeuble est assujetti, et pourrait l'être pendant le temps que durera l'antichrèse; 2° de pourvoir à son entretien et aux réparations utiles et nécessaires, sauf à prélever sur les revenus toutes les dépenses, en sorte qu'il n'y aurait lieu aux compensations ci-dessus expliquées qu'avec l'excédant.

Il est reconnu et déclaré par les parties contractantes, que la convention d'antichrèse ne nuira ni ne préjudiciera à l'action de l'hypothèque ci-dessus consentie.

Si les baux venaient à expirer avant l'entier acquittement de la présente obligation en principal et intérêts, le sieur..., créancier, est autorisé à les renouveler aux mêmes fermiers *ou* locataires, aux mêmes prix, charges et conditions : comme aussi, dans le cas où il n'y aurait pas lieu de les renouveler aux mêmes fermiers *ou* locataires, ledit sieur... est autorisé à en passer bail à d'autres fermiers

ou locataires d'une solvabilité connue, ou avec des sûretés suffisantes, aux mêmes prix et conditions; ou plus avantageusement.

Et s'il ne se trouvait pas de fermiers ou locataires qui voulussent
prendre l'immeuble au même prix, ledit sieur..., créancier, pourra
faire adjuger le bail aux enchères, par-devant notaires; et sur une
seule publication; le tout sans le consentement du propriétaire, mais
seulement après l'y avoir appelé par un avertissement par écrit,
notifié un mois au moins à l'avance.

Pour l'exécution des présentes, les parties élisent domicile en
leurs demeures sus-désignées, auxquels lieu elles consentent... promettant..., obligeant, renonçant... Dont acte, fait et passé en l'é-
tude, à..., le... mil huit cent vingt-sept; et ont les parties signé
avec les notaires, après lecture faite.

(*Les signatures.*)

CHAPITRE XVIII.

Des priviléges et Hypothèques.

Règles générales : Quiconque s'est obligé personnellement, est tenu de remplir son engagement sur tous
ses biens mobiliers et immobiliers, présens et à venir.

Les biens du débiteur sont le gage commun de ses
créanciers; et le prix s'en distribue entre eux par contribution, à moins qu'il n'y ait entre les créanciers des
causes légitimes de préférence.

Les causes légitimes de préférence sont les priviléges et hypothèques. (*Code civil,* art. 2092, 2093 et
2094.)

SECTION PREMIÈRE.— *Des Priviléges.*

Le privilége est un droit que la qualité de la créance
donne à un créancier d'être préféré aux autres créanciers, même hypothécaires. (1)

Entre les créanciers privilégiés, la préférence se règle par les différentes qualités de priviléges.

Les créanciers privilégiés, qui sont dans le même
rang, sont payés par concurrence.

---

(1) *Privilegia non ex tempore æstimantur sed ex causd. Leg. 32,
ff. de Rebus creditis.*

Les priviléges peuvent être sur les meubles ou sur les immeubles. (*Art.* 2095, 2096, 2097 *et* 2099.)

L'art. 2098 est relatif aux priviléges du trésor public.

Les art. 2100 et suivans traitent des priviléges sur les meubles; les art. 2104 et suivans, des priviléges qui s'étendent sur les meubles et sur les immeubles; et les articles 2106 et suivans des moyens de conserver les priviléges.

Section II. — *Des Hypothèques.*

L'hypothèque est un droit réel sur les immeubles affectés à l'acquittement d'une obligation.

Elle est, de sa nature, indivisible, et subsiste en entier sur tous les immeubles affectés, sur chacun et sur chaque portion de ces immeubles.

Elle les suit dans quelques mains qu'ils passent. (*Code civil, art.* 2114.)

Elle n'a lieu que dans les cas et suivant les formes autorisés par la loi. (*Art.* 2115.)

L'hypothèque est ou légale, ou judiciaire, ou conventionnelle.

La légale est celle qui résulte de la loi : par exemple, celle des femmes mariées sur les biens de leur mari; celle des mineurs, des interdits, sur les biens de leur tuteur, celles de l'état des communes, des établissemens publics, sur les biens des receveurs et administrateurs comptables.

La judiciaire est celle qui résulte des jugemens, soit contradictoires, soit par défaut, définitifs ou provisoires, ou des actes judiciaires.

La conventionnelle est celle qui dépend des conventions, et de la forme extérieure des actes et des contrats : par exemple, des grosses ou expéditions des actes notariés. (*Art.* 2116, 2117, 2121 *et* 2123.)

La femme commune en biens qui s'engage solidairement et hypothécairement avec son mari sur un bien

de la communauté, est censée renoncer à son hypothèque légale en faveur du créancier, lequel est préféré
à un créancier postérieur que la femme aurait subrogé
expressément à son hypothèque légale. (*Arrêt de la
Cour de Cass.* (*section des Requêtes*) du 15 juin 1825,
affaires du sieur Aubé contre le duc de Bourbon, rapporté au 9e cahier, page 340, du *Journal des Audiences*
de 1825.

Sont seuls susceptibles d'hypothèques,— 1°. les biens
immobiliers qui sont dans le commerce, et leurs accessoires réputées immeubles ; 2° l'usufruit des mêmes
biens et accessoires pendant le temps de sa durée.

Les meubles n'ont pas de suite par hypothèque. (*Art.*
2118 *et* 2119.)

Il n'est rien innové par le Code aux dispositions des
lois maritimes concernant les navires et bâtimens de
mer. (Il en est traité dans le Code de Commerce.)
(*Art.* 2120.)

Le créancier qui a une hypothèque légale peut exercer son droit sur tous les immeubles appartenant à son
débiteur, et sur ceux qui pourront lui appartenir dans
la suite....

Le même droit résulte de l'hypothèque judiciaire.
(*Art.* 2122 *et* 2123.)

Il n'en est pas de même de l'hypothèque conventionnelle, qui doit être spéciale, et ne peut frapper que
les biens actuels du débiteur, sans pouvoir s'étendre
aux biens à venir. (*Art.* 2129.)

Inutile de rapporter les autres dispositions du Code
sur les hypothèques judiciaires et conventionnelles ; sur
le rang que les hypothèques ont entre elles ; sur la
radiation, la réduction des inscriptions ; sur l'extinction des priviléges et hypothèques ; sur le mode d'en
purger les propriétés ; sur celui de purger les hypothèques quand il n'existe pas d'inscription sur les biens
des maris et des tuteurs ; et sur la publicité des registres
et la responsabilité des conservateurs des hypothèques,
lesquelles sont au nombre de quatre-vingts, qu'il fau-

drait transcrire en entier. Nous ne pouvons que renvoyer pour leur lecture au Code lui-même.

L'article 2154 dispose : « Les inscriptions conservent l'hypothèque et le privilége pendant dix ans, à compter du jour de leur date ; leur effet cesse, si ces inscriptions n'ont été renouvelées avant l'expiration de ce délai. » .

Dans le délai de dix ans fixé pour le renouvellement d'une inscription hypothécaire, n'est pas compris le jour où l'inscription est faite ; en sorte qu'une inscription prise le 13 juin 1799 a pu être renouvelée le 13 juin 1809. *Arrêt de la Cour de Cassation (section des Requêtes)* du 5 avril 1825, affaire des héritiers Feret contre Cottin. — 7° cahier, page 255, du *Journal des Audiences* de 1825.

Voyez, sur l'art. 832 du Code de Procédure, la loi du 28 février 1827, relative à la mise aux enchères requise au nom ne l'Etat.

CHAPITRE XIX.

De l'Expropriation forcée, et des Ordres entre les Créanciers.

SECTION PREMIÈRE. — *De l'Expropriation forcée.*

Un homme est exproprié forcément, lorsque par les voies judiciaires, on lui ôte sa propriété. Remplaçant la saisie réelle qui avait lieu sous l'ancienne législation, l'expropriation s'applique aux propriétés immobilières. Le Code de Procédure civile a un titre *de la Saisie immobilière.*

Le créancier peut poursuivre l'expropriation, — 1° des biens immobiliers et de leurs accessoires réputés immeubles appartenant en propriété à son débiteur ; — 2° de l'usufruit appartenant aux débiteur sur les biens de même nature. (*Code civil*, art. 2204.)

Ce sont les biens susceptibles d'hypothèques (ar-

ticle 2118) qui sont susceptibles d'expropriation forcée.

(Quand la part indivise d'un cohéritier dans les
immeubles d'une succession peut être mise en vente par
ses créanciers personnels. (*Art.* 2205.)

Les immeubles d'un mineur, même émancipé, ou
d'un interdit, ne peuvent être mis en vente avant la
discussion du mobilier. (*Art.* 2206.)

(Exception à la règle de la discussion du mobilier
avant l'expropriation des immeubles. — Contre qui se
poursuit l'expropriation des immeubles entrés ou non
dans la communauté de biens entre mari et femme :
art. 2207 *et* 2208.)

Le créancier ne peut poursuivre la vente (expropriation) des immeubles qui ne lui sont pas hypothéqués,
que dans le cas d'insuffisance des biens qui lui sont
hypothéqués. (*Art.* 2209.)

(Comment est provoquée la vente forcée des biens
situés dans différens arrondissemens, et devant quel
tribunal elle est suivie : *art.* 2210 *et* 2211.)

Si le débiteur justifie, par baux authentiques, que
le revenu net et libre de ses immeubles *pendant une
année* suffit pour le paiement de la dette en capital,
intérêts et frais, et *s'il en offre la délégation au créancier*, la poursuite peut être *suspendue* par les juges,
sauf à être reprise s'il survient quelque opposition ou
obstacle au paiement. (*Art.* 2212.)

La vente forcée des immeubles ne peut être poursuivie qu'en vertu d'un titre authentique et exécutoire,
pour une dette certaine et liquide. — Si la dette est en
espèces non liquidées, la poursuite est valable ; mais
l'adjudication ne peut être faite qu'après la liquidation.
(*Art.* 2213.)

(Quand le cessionnaire d'un titre exécutoire peut
poursuivre l'expropriation ; — en vertu de quel jugement elle peut avoir lieu : *art.* 2214 *et* 2215.)

(Le titre du Code *de plus petitionibus* n'ayant point
été admis en France.)

La poursuite ne peut être annulée sous prétexte que que le créancier l'aurait commencée pour une somme plus forte que celle qui lui est due. (*Art.* 2216.)

Toute poursuite en expropriation d'immeubles doit être précédée d'un commandement de payer, fait, à la diligence et requête du créancier, à la personne du débiteur ou à son domicile, par le ministère d'un huissier. (*Art.* 2217.)

Les formes du commandement et celles de la poursuite sur l'expropriation sont réglées par les lois sur la procédure (au titre *de la Saisie immobillière.*) *Même art.* 2217.)

SECTION II. — *De l'Ordre et de la Distribution du Prix entre les Créanciers.*

L'ordre est le rang dans lequel le poursuivant et chacun des créanciers inscrits doivent être payés sur le prix de l'adjudication, et sur les revenus perçus depuis l'époque déterminée par les lois sur la procédure,

L'ordre et la distribution du prix des immeubles et la manière d'y procéder, sont réglés par les lois sur la procédure. (*Code civil,* art. 2218.)

Voyez le titre XIV (*de l'Ordre*) du Livre V de la première partie du Code de Procédure.)

CHAPITRE XX.

De la Prescription.

La prescription est un moyen d'acquérir ou de se libérer par un certain laps de temps, et sous les conditions déterminées par la loi.

Pour pouvoir prescrire, il faut une possession continue, et non interrompue, paisible, publique, non équivoque et à titre de propriétaire. (*Code civil,* art. 2219 *et* 2229.)

La prescription est appelée la patronne du genre humain.

On ne peut, d'avance, renoncer à la prescription :
on peut renoncer à la prescription acquise.

Celui qui ne peut aliéner ne peut renoncer à la prescription acquise. (*Art.* 2220 *et* 2222.)

La renonciation à la prescription est expresse ou
tacite : la renonciation tacite résulte d'un fait qui suppose l'abandon du droit acquis. (*Art.* 2221.)

Les juges ne peuvent pas suppléer d'office le moyen
résultant de la prescription.

Elle peut être opposée en tout état de cause.... (*Art.*
2223 *et* 2224.)

Les créanciers, ou toute autre personne ayant intérêt à ce que la prescription soit acquise, peuvent l'opposer, encore que le débiteur ou le propriétaire y renonce (rien ne pouvant être fait en fraude et au préjudice des droits des créanciers). (*Art.* 2225.)

On ne peut prescrire le domaine des choses qui ne
sont point dans le commerce. (*Art.* 2226.)

L'État, les établissemens publics et les communes
sont soumis aux mêmes prescriptions que les particuliers, et peuvent également les opposer. (*Art.* 2227.)

Sur la possession nécessaire pour prescrire, sur les
causes qui empêchent la prescription, sur celles qui
en interrompent ou en suspendent le cours, sur le
temps requis pour prescrire, et les diverses prescriptions de trente ans, de vingt ans, de dix ans, de cinq
ans, de deux ans, et d'une moindre longueur, voyez
les art. 2228 et 2230 à 2281 et dernier du Code, qu'on
ne peut se dispenser de connaître, et qu'il faudrait
transcrire ici en entier s'ils ne pouvaient être lus dans
le Code.

Il est de principe que la prescription ne court ni
contre celui qui possède ni au profit de celui qui ne
possède pas. Elle est subordonnée par l'art 2229 à une
possession continuelle, paisible, publique, non équivoque et à titre de propriétaires. (*Arrêt de la Cour de
Cassation* du 29 novembre 1825.)

DEUXIÈME PARTIE.

DES MATIÈRES OU DES VOIES JUDICIAIRES.

PRÉLIMINAIRE.

Les voies judiciaires sont les actes faits par le ministère d'officiers publics pour parvenir à obtenir de la justice la concession de droits qu'on n'a pu se faire accorder par ceux contre qui on les réclame.

Suivant la nature des contestations, elles sont dévolues à telle ou telle juridiction, et sont de sa compétence.

C'est pour cela qu'on a établi les tribunaux de paix, les tribunaux de première instance, les tribunaux de commerce, les tribunaux de police et de police correctionnelle, les cours royales, les cours d'assises pour réformer les erreurs des premiers juges, et la Cour de Cassation pour annuler les jugemens en derniers ressort et les arrêts où les formes ont été violées et où les lois ont été enfreintes.

On appelle procédure civile la série des actes qui ont pour objet l'instruction et l'expédition des procès civils.

Les procès civils peuvent avoir lieu relativement aux actes de l'état civil qu'on veut faire réformer, aux mariages, aux questions d'état, aux propriétés, aux modifications de propriétés, telles qu'usufruit, usage, habitation et servitudes; aux successions, donations, testamens, conventions, contrats de vente, de lonage, de prêt, de société, de mandat; aux engagemens en général et aux suites des engagemens, comme sont les gages, les hypothèques, les cautionnemens, les possessions, les prescriptions, les restitutions en entier, etc., tous objets traités dans le Code civil.

Celui qui intente le procès appelle son adversaire devant les juges : les deux parties discutent leurs droits,

15

et le tribunal prononce. — Tels sont, dans un point de vue rapproché, les moyens et la fin du Code de Procédure.

Cet appel, cette discussion, ce jugement, doivent être faits dans des délais et avec des formes déterminées. Ils peuvent donner lieu à des incidens, à des exceptions, à des questions de nullités d'actes, de caution à fournir, d'enquête préalable, d'examen et vérification d'écritures, de visite de lieux contentieux, de rapports d'experts, de réglement de juges, de renvoi à un autre tribunal, de récusation de juges, de prise à partie, de requête civile, de réception de caution, de reddition de comptes, de liquidation de fruits, de dommages-intérêts, de saisies mobilières et immobilières, de distribution de deniers par ordre ou par contribution, d'emprisonnement, de référé, de cession de biens, d'apposition de scellés, d'inventaires, de vente de meubles et d'immeubles. Tous ces actes, toutes ces opérations, sont également soumis à des délais et à des formes, et ce sont ces formes et ces délais que règle le Code de Procédure.

Comme les parties ne sont point, le plus souvent, en état de faire par elles-mêmes les procédures nécessaires pour établir leurs prétentions, ou présenter leurs défenses et exceptions contre les demandes qui leur sont faites; la loi du 27 ventose an VIII, art. 93, a institué des avoués auxquels ces parties doivent s'adresser pour qu'ils poursuivent pour elles auprès des tribunaux.

Le ministère des avoués n'est point admis aux tribunaux de paix, où la loi veut que les parties comparaissent elles-mêmes, ou au moins par des fondés de pouvoirs spéciaux, qu'elles terminent leurs contestations à l'amiable, s'il est possible, et que le juge ne prononce que si elles n'ont pu s'accorder; c'est l'idée que renferme la qualification de tribunaux ou de justices de paix.

LIVRE PREMIER.

PROCÉDURE DEVANT LES TRIBUNAUX.

~~~~~~~~~~~~~~~~~~~~~~~~~~~~~~~~~~~~~~

TITRE PREMIER.

DE LA JUSTICE DE PAIX.

———

CHAPITRE PREMIER.

De la Compétence de la Justice de Paix.

SONT de la compétence de la justice de paix, toutes les causes purement personnelles (les créances et actions qui tendent à forcer la personne à livrer une chose mobilière) ; sans appel, jusqu'à la valeur de cinquante francs, et à la charge d'appel jusqu'à la valeur de cent francs.

Sont pareillement de la compétence de la justice de paix, qui en connaît, sans appel, jusqu'à la valeur de cinquante francs, et à charge d'appel, à quelque valeur que la demande puisse monter,

1°. Les actions pour dommages faits, soit par les hommes, soit par les animaux, aux champs, fruits et récoltes;

2°. Les déplacemens de bornes, les usurpations de terres, arbres, haies, fossés et autres clôtures *commises dans l'année*; les entreprises sur les cours d'eau servant à l'arrosement des prés, commises pareillement dans l'année, et toutes les autres actions possessoires;

3°. Les réparations locatives des maisons et fermes;

4°. Les indemnités prétendues par le fermier ou locataire, pour non-jouissance, lorsque le droit de l'indemnité n'est pas contesté (1), et les dégradations alléguées par le propriétaire;

5°. Le paiement des salaires des gens de travail, des gages des domestiques, et l'exécution des engagemens respectifs des maîtres et de leurs domestiques ou gens de travail;

6°. Les actions pour injures verbales, rixes et voies de fait (2) pour lesquelles les parties ne se seraient point pourvues par la voie criminelle (par la voie de police correctionnelle). (*Loi du* 24 *août* 1790, *titre 3, art.* 9 *et* 10.)

Sont aussi de la compétence de la justice de paix, et exclusivement à tous autres tribunaux, les actions possessoires : — mais elles doivent être formées dans l'année du trouble, par ceux qui depuis une année au moins étaient en possession paisible par ou les leurs, à titre non précaire. (*Code de procédure, art.* 23.)

Sont encore de la compétence de la justice de paix, toutes les causes ou actions judiciaires pour lesquelles les parties comparaissent volontairement devant le juge de paix, lui demandent jugement (qui peut n'être qu'en dernier ressort, ou qui peut être sans appel, suivant qu'elles le requièrent), et quoique même il ne soit pas leur juge naturel, ni à raison du domicile du défendeur, ni à raison de la situation de l'objet litigieux. (*Code de procédure, art.* 7.)

Les jugemens qui interviennent à la justice de paix, jusqu'à concurrence de trois cents francs, sont exécutoires par provision, nonobstant appel, et sans qu'il soit besoin de fournir caution ; et dans les autres cas, ils peuvent être exécutoires par provision, mais à la charge de donner caution. (*Même Code, art.* 17.)

L'appel des jugemens de la justice de paix est porté

---

(1) S'il est contesté, c'est aux tribunaux civils ordinaires qu'il appartient d'en connaître.
(2) Les rixes et voies de fait appartiennent à la police correctionnelle.

devant le Tribunal de première instance de l'arrondissement. — Voyez ci-après, au chap. 1er du titre II, la compétence du juge de paix relative à *la Conciliation*.

Nota. Il sera question, à la quatrième Partie, de la compétence des juges de paix comme *juges de police*.

CHAPITRE II.

De la Poursuite devant la Justice de Paix.

Toute poursuite ou action dans les matières de la compétence de la justice de paix commence par une citation.

La citation doit contenir la date des jour, mois et an ; les noms, profession et domicile du demandeur ; les noms, demeure et immatricule de l'huissier ; les noms et demeure du défendeur : elle doit énoncer sommairement l'objet et les moyens de la demande, et indiquer le juge de paix qui doit connaître de la demande, et le jour et l'heure de la comparution.

Elle est notifiée par l'huissier de la justice de paix du domicile du défendeur ; en cas d'empêchement, par celui qui est commis par le juge. (*Art.* 1er *et* 4 *du Code de procédure.*)

L'huissier ne peut instrumenter pour ses parens en ligne directe, ni pour ses frères, sœurs et alliés au même degré. (*Même art.* 4.)

Copie de la citation doit être laissée à la partie. S'il ne se trouve personne en son domicile, la copie est laissée au maire ou à l'adjoint de la commune, qui vise l'original sans frais. (*Même art.* 4.)

En matière purement personnelle ou mobilière, la citation est donnée devant le juge du domicile du défendeur ; s'il n'a pas de domicile, devant le juge de sa résidence.

Elle est donnée devant le juge de la situation de l'objet litigieux, lorsqu'il s'agit, — 1.º des actions pour dommages aux champs, fruits et récoltes ; — 2°. des déplacemens de bornes, des usurpations de terres, arbres, haies, fossés et autres clôtures commis dans l'année ; des entreprises sur les cours d'eau, commises, pareillement dans l'année, — et de toutes autres actions possessoires ; — 3° des réparations locatives ; — 4° des indemnités prétendues par le fermier ou locataire pour non-jouissance, lorsque le droit n'est pas contesté ; — et des dégradations alléguées par le propriétaire. (*Art.* 2 et 3 du même Code.)

Il doit y avoir un jour au moins entre celui de la citation et le jour indiqué pour la comparution, si la partie citée est domiciliée dans la distance de trois myriamètres (six lieues communes.) — Lorsqu'elle est domiciliée au-delà de cette distance, il doit être ajouté un jour par trois myriamètres.

Dans le cas où ces délais n'ont point été observés, si le défendeur ne comparait point, le juge de paix ordonne qu'il sera réassigné, et les frais de la première citation sont à la charge du demandeur. (*Article 5, ibid.*)

Dans les cas urgens, le juge donne une cédule pour abréger les délais, et peut permettre de citer, même dans le jour et à l'heure par lui indiqués. (*Art.* 6.)

Lorsque les parties se présentent volontairement devant le juge de paix, et lui demandent jugement sur leur différend, soit en dernier ressort, soit à la charge de l'appel, leur déclaration à cet égard est signée par elles, ou mention est faite si elles ne peuvent signer. (*Art.* 7.)

Formule d'une Citation devant la Justice de Paix.

L'an mil huit cent vingt-sept, le..., à la requête du sieur... (*nom, prénoms, profession ou qualité et demeure*), pour lequel domicile est élu en sa demeure, j'ai... (*nom et prénoms,*), huissier de la justice de paix de..., immatriculé à cette justice le..., par tenté le..., sous le n°..., demeurant..., soussigné,

Cité le sieur... (*nom, prénoms, profession et demeure*), en son domicile, en parlant à...

A comparaître le..., *telle* heure, à l'audience, par-devant M. le juge de paix du canton de..., séant en la commune de..., chef-lieu du canton, pour se voir condamner à payer au demandeur la somme de..., montant du prix de *tels* travaux faits pour lui, *ou de telles* marchandises à lui livrées, *ou de telles* fournitures de pain, de viande, de vin à lui faites, *ou de tel* arrêté de compte par lui fait, le..., *ou de tel* billet, *ou de telle* reconnaissance par lui souscrite, le..., avec les intérêts, à compter de ce jour; et pour se voir condamner en outre aux frais : et à ce que ledit sieur... n'en ignore, je lui ai, en son dit domicile, en parlant comme dessus, laissé copie de la présente citation, dont le coût est de...

(*La signature de l'huissier.*)

Nota. Si c'est pour dommages aux champs, aux déplacemens de bornes, usurpations de terres, etc., il est dit :

L'an mil huit cent vingt-sept, le..., à la requête..., j'ai..., huissier soussigné, cité le sieur...

A comparaître le...

Pour; attendu que ledit sieur... a fait *tel* dommage aux champs, fruits *ou* récoltes du demandeur, *ou* déplacé *telles* bornes (1), situées à *tel* champ du demandeur, *ou* usurpé *tant* de rayons de terre du demandeur, *ou bien* est tenu de *telles* réparations locatives dans le logement qu'il occupe comme locataire dans la maison appartenante au demandeur, située..., *ou* doit au demandeur *telles* indemnités non-jouissance, *ou* a dégradé telle partie de bâtiment de la ferme située à..., qu'il tient du demandeur.

Se voir condamner à réparer le dommage, *ou* à payer *telle* somme pour le dommage per lui fait aux champs, fruits et récoltes du demandeur, *ou* à replacer lesdites bornes, *ou* à payer *telle* somme pour le replacement qu'en fera faire le demandeur, *ou* à rendre et restituer au demandeur les rayons qu'il a usurpés de la terre labourable appartenante au demandeur, située à..., *ou* à faire *telles* réparations locatives, *ou* à payer la somme qui sera avancée par le demandeur pour les faire faire, *ou* à payer au demandeur *telle* somme par forme d'indemnité pour non-jouissance, *ou* à réparer les dégradations par lui faites aux bâtimens de la ferme située à..., qu'il tient à titre de fermier du demandeur;

A payer au demandeur *telle* autre somme par forme de dommages-intérêts (pour les dommages..., *ou* usurpations de terres, *ou* entreprises sur les cours d'eau, *ou* dégradations de bâtimens);

Et pour se voir en outre condamner en tous les frais et dépens : et à ce que ledit sieur... n'en ignore, je lui ai, en sondit domicile,

____

(1) *Voyez* l'article 389 du Code pénal.

distant de ma demeure de *tant* de kilomètres, *ou* myriamètres, en parlant comme dessus, laissé copie de la présente citation, dont le coût est de...

(*La signature de l'huissier.*)

Au jour fixé par la citation ou convenu entre les parties, elles comparaissent en personne, ou par leurs fondés de pouvoir, sans qu'elles puissent faire signifier aucune défense. (La loi ne s'oppose pas à ce qu'elles remettent des précis ou mémoires instructifs au juge de paix.)

Elles sont entendues contradictoirement. Elles doivent s'expliquer avec modération devant le juge, et garder en tout le respect qui est dû à la justice...

- La cause est jugée sur-le-champ, ou à la première audience suivante. Le juge, s'il le croit nécessaire, se fait remettre les pièces. (*Art.* 9, 10, 12 *et* 13 *du Code de procédure.*)

Si, au jour indiqué par la citation, l'une des parties ne comparait pas, la cause est jugée par défaut, sauf la réassignation dans le cas prévu dans l'art. 5 (qu'on a lu ci-dessus).

La partie condamnée y peut former opposition dans les trois jours de la signification faite par l'huissier du juge de paix, ou autre par lui commis.

La partie opposante qui se laisserait juger une seconde fois par défaut, ne serait plus reçue à former une nouvelle opposition. (*Art.* 19, 20 *et* 22.)

L'art. 15 est relatif au délai de quatre mois, dans lequel la cause doit être jugée à peine de péremption, et de passibilité de dommages et intérêts contre le juge de paix, si c'est par sa faute que l'instance est périmée. — Voyez cet article.

L'art. 16 concerne l'appel des jugemens de la justice de paix, qui doit être interjeté dans les trois mois, à peine de déchéance.

Les art. 23 (qu'on a vu ci-dessus) 24 et suivans, sont relatifs aux actions possessoires et pétitoires, aux jugemens qui ne sont pas définitifs et à leur exécution, à la mise en cause des garans que le défendeur peut appeler, aux enquêtes en cas que les parties soient contraires en faits, aux visites des lieux par le juge de paix, aux appréciations de l'objet de la visite, à la récusation des juges de paix, aux causes qui peuvent la motiver, et à la procédure à tenir sur cette récusation.

TITRE II.

DES TRIBUNAUX INFÉRIEURS OU DE PREMIÈRE INSTANCE.

Les tribunaux de première instance jugent en dernier ressort jusqu'à mille francs, et à charge d'appel depuis cette somme. (*Loi du 24 août 1790, titre IV, art. 5.*)

CHAPITRE PREMIER.

De la Conciliation.

Aucune demande principale et introductive d'instance, entre parties capables de transiger, et sur des objets qui peuvent être la matière d'une transaction, n'est reçue dans les tribunaux de première instance, que le défendeur n'ait été préalablement appelé en conciliation devant le juge de paix, ou que les parties n'y aient volontairement comparu. (*Code de procédure, art.* 48.)

Le délai de la citation en conciliation est de trois jours au moins.

La citation est donnée par un huissier de la justice de paix du défendeur ; elle énonce sommairement l'objet de la conciliation. (*Art.* 51 *et* 52.)

L'art. 49 détermine les causes qui sont dispensées du préliminaire de la conciliation, et l'art. 50 les juges de paix devant lesquels doivent être données les citations en conciliation, en matière personnelle et réelle, en matière de société et en matière de succession.

Les parties comparaissent en personne; en cas d'empêchement, par un fondé de pouvoir. (*Art. 53.*)

(Ce qui se passe au bureau de conciliation en cas de comparution des parties : *art. 54 et 55.*)

Celle des parties qui ne comparaît pas, est condamnée à une amende de dix francs, et toute audience lui est refusée jusqu'à ce qu'elle ait justifié de la quittance. (*Art.* 56.)

En cas de non-comparution de l'une des parties, il en est fait mention sur le registre du greffe de la justice de paix, et sur l'original ou la copie de la citation, sans qu'il soit besoin de dresser procès-verbal. (*Article* 58.)

La citation en conciliation interrompt la prescription, et fait courir les intérêts; le tout, pourvu que la demande soit formée dans le mois à dater du jour de la non-comparution ou de la non-conciliation. (*Article* 57.)

FORMULE *d'une Citation en Conciliation.*

L'an mil huit cent vingt-sept..., à la requête du sieur... (*nom, prénoms, profession ou qualité, et demeure*), pour lequel domicile est élu en sa demeure, j'ai..., huissier de la justice de paix du canton de..., immatriculé en ladite justice le.., patenté le..., sous le n°..., demeurant..., soussigné,

Cité le sieur... (*nom, qualité et demeure*), en son domicile, en parlant à...

A comparaître le..., heure de..., au bureau de paix et de conciliation, tenu par M..., juge de paix du canton de... séant à..., département de..., pour se concilier, si faire se peut, sur la demande que le sieur... est, à défaut de conciliation, dans l'intention de former contre lui, et qui tendrait à ce que... (*énoncer l'objet de la demande*); à peine, à défaut de comparution, d'être condamné à l'amende de dix francs, de se voir refuser toute audience s'il ne justifie de la quittance de ladite amende; et à ce que ledit sieur... n'en ignore, je lui ai, en sondit domicile, en parlant comme dessus, laissé copie du présent, dont le coût est de...

(*La signature de l'huissier.*)

CHAPITRE II.

Des Ajournemens ou Assignations.

L'ARTICLE 59, le premier de ce chapitre, dit devant quel tribunal le défendeur doit être assigné en matière personnelle, en matière réelle, en matière mixte, en matières de société, de succession, de faillite, de garantie, et en cas d'élection de domicile pour l'exécution d'un acte; et l'art. 60, à quel tribunal sont portées les demandes pour frais par les officiers ministériels (à celui où les frais ont été faits.)

L'exploit d'ajournement doit contenir, — 1° la date des jour, mois et an, les noms, profession et domicile du demandeur, la constitution de l'avoué qui occupera pour lui, et chez lequel l'élection de domicile sera de droit, à moins d'une élection contraire par le même exploit; — 2° les nom, demeure et immatricule de l'huissier; les noms et demeure du défendeur, et mention de la personne à laquelle copie de l'exploit est laissée; — 3° l'objet de la demande, l'exposé sommaire des moyens; — 4° l'indication du tribunal qui doit connaître de la demande, et du délai pour comparaître; — le tout à peine de nullité. (*Art.* 61.)

En matière réelle ou mixte, l'exploit énonce la nature de l'héritage, la commune, et, autant que possible, la partie de la commune où il est situé.... (*Article* 64.).

Il est donné, avec l'exploit, copie du procès-verbal de non-conciliation, ou copie de la mention de non-conciliation, ou copie de la mention de non-comparution, — à peine de nullité. Il est aussi donné copie des pièces sur lesquelles la demande est fondée... (*Article* 65.)

Les huissiers sont tenus de mettre à la fin de l'original et de la copie de l'exploit le coût d'icelui, à peine de cinq francs d'amende, payables à l'instant de l'enregistrement. (*Art.* 67.)

· L'huissier ne peut instrumenter pour ses parens et alliés, et ceux de sa femme, en ligne directe à l'infini, ni pour ses parens et alliés collatéraux ; jusqu'au degré de cousin issu de germain inclusivement ; — le tout à peine de nullité. (*Art*. 66.)

Dans le cas du transport d'un huissier , il ne lui est payé pour tous frais de déplacement qu'une journée au plus. (*Art*. 62.)

Aucun exploit ne doit être donné un jour de fête légale, si ce n'est en vertu de permission du président du tribunal. (*Art*. 63.)

Si un exploit est déclaré nul par le fait de l'huissier, il peut être condamné aux frais de l'exploit et de la procédure annulée, sans préjudice des dommages et intérêts de la partie, suivant les circonstances. (*Article* 71.)

Tous exploits sont faits à personne ou domicile; mais, si l'huissier ne trouve au domicile ni la partie, ni aucun de ses parens ou serviteurs, il remet de suite la copie à un voisin , qui signe l'original ; si le voisin ne peut ou ne veut signer, l'huissier remet la copie au maire ou adjoint de la commune, lequel vise l'original sans frais. L'huissier fait mention du tout, tant sur l'original que sur la copie. (*Art*. 68.)

L'art. 69 énonce en quelle personne sont assignés, — l'État, — le trésor public, — les administrations ou établissemens publics, — le Roi, — les communes, — les sociétés de commerce, — les unions et directions de créanciers, — ceux qui n'ont aucun domicile connu en France, — ceux qui habitent le territoire français hors du continent, et ceux qui sont établis chez l'étranger.

L'art. 70 veut que ce qui est prescrit par les deux articles précédens , soit observé à peine de nullité.

Le délai ordinaire des ajournemens, pour ceux qui sont domiciliés en France, est de huitaine. Dans les cas qui requièrent célérité, le président peut, par ordonnance rendue sur requête, permettre d'assigner à bref délai. (*Art.* 72.)

L'art. 73 fixe le délai dans lequel doit être assigné celui qui demeure hors de la France continentale, suivant l'éloignement des lieux.

Lorsqu'une assignation à une partie domiciliée hors de la France est donnée à sa personne en France , elle n'emporte que les délais ordinaires, sauf au tribunal à les prolonger s'il y a lieu. (*Art.* 74.)

FORMULE *d'un Exploit d'Assignation ou d'Ajournement.*

L'an mil huit cent vingt-sept, le..., à la requête du sieur..., (*nom, prénoms, profession ou qualité, et demeure*), pour lequel domicile est élu en l'étude de M^e..., avoué au Tribunal de première instance séant à..., arrondissement de..., département de..., demeurant..., lequel occupera sur la présente assignation pour ledit sieur...., j'ai... (*nom et prénoms*), huissier immatriculé au Tribunal de..., le..., patenté..., sous le n°..., demeurant..., soussigné,

Donné assignation au sieur... (*nom, profession ou qualité, et demeure*), en son domicile , en parlant à... (*énoncer si c'est son domestique, son portier*),

Ou bien, en parlant au sieur..., voisin dudit sieur..., à qui j'ai remis la copie, *ou* parlant à M. le maire, *ou* à M. l'adjoint de la commune de..., n'ayant trouvé au domicile du défendeur, ni lui, ni aucun de ses parens , *ou* serviteurs , et le sieur..., son voisin ayant dit qu'il ne voulait , *ou* ne pouvait signer;

A comparaître à la huitaine, neuf, *ou* dix heures du matin, à l'audience et par-devant MM. les président et juges du Tribunal de première instance, séant à..., département de

Pour, attendu que les parties n'ont pu se concilier, *ou bien* que le sieur... n'a pas comparu au bureau de paix, ainsi qu'il résulte de la mention mise sur l'original de la citation à lui donnée le..., dûment enregistrée, et dont copie est en tête du présent.

Et attendu que la demande du sieur... est fondée sur *tel* titre , dûment enregistré , et dont est aussi donné copie en tête du présent.

Se voir le sieur..., défendeur, condamner , en premier, *ou* dernier ressort, à payer audit sieur... la somme de..., avec les intérêts de ladite somme, à compter du jour de la citation au bureau de paix, par laquelle ils ont été demandés; et à ce que ledit sieur... n'en ignore, je lui ai, en sondit domicile, distant de ma demeure de *tant* de kilomètres, *où* myriamètres , où je me suis exprès transporté, en parlant comme est dit ci-dessus, laissé copie du présent ,

dont le coût est de..., y compris la copie des pièces, le papier timbré, et non compris l'enregistrement.

(*La signature de l'huissier.*)

« Vu par moi, maire, *ou* adjoint de la commune de..., départe-
mènt de..., le... » (*La signature.*)

Il est traité, dans les articles 75 et suivans, des constitutions d'avoués et défenses, de la communication au
ministère public, des audiences, de leur publicité et
de leur police, des délibérés et instructions par écrit,
des jugemens contradictoires, des jugemens par défaut
et des oppositions (1); des exécutions, ou de la caution
à fournir par les étrangers; des renvois ou déclina-
toires, des nullités et exceptions dilatoires, dans lesquelles est comprise la mise en cause des garans, et de
la communication des pièces; toutes matières regardant
particulièrement les avoués et les tribunaux mêmes,
arrivant jusqu'à l'art. 192.

Dans les articles 193 à 251, il est traité de la vérification des écritures et du faux incident civil.

Lorsqu'une partie demande à faire preuve de faits
pour l'instruction de son procès, les faits doivent être
articulés succinctement...

S'ils sont admissibles, qu'ils soient déniés, et que
la loi n'en défende pas la preuve, cette preuve peut
être ordonnée.

Le Tribunal peut aussi ordonner d'office la preuve
des faits qui lui paraissent concluans, si la loi ne le
défend pas. Il est alors procédé à une *enquête.*

Le jugement qui ordonne la preuve contient, 1°. les
faits à prouver; 2°. la nomination du juge devant qui
l'enqête doit être faite... (*Art.* 252 *à* 255.)

La preuve contraire est de droit. La preuve du demandeur et la preuve contraire doivent être commencées et terminées dans les délais fixés par les articles
suivans. (*Art.* 256.)

_____

(1) Voyez, à la fin de la troisième Partie, les art. 156, 157 et
158, que nous ne donnons pas ici, pour ne pas nous répéter.

Les autres articles relatifs à l'enquête vont jusqu'au 294ᵉ.

Les descentes sur les lieux par l'un des juges du tribunal, les rapports d'experts, l'interrogatoire sur faits et articles, les demandes incidentes, les interventions, embrassent depuis l'article 295 jusqu'à l'article 341.

Les reprises d'instances et constitution de nouvel avoué, le désaveu de l'avoué, les réglemens de juges, le renvoi à un autre tribunal pour parenté ou alliance, la récusation des juges, la péremption d'instance, et le désistement, comprennent depuis l'article 342 jusqu'à l'article 403.

CHAPITRE III.

Des Matières sommaires.

SONT réputés matières sommaires et instruits comme tels, — les appels des juges de paix; — les demandes pures personnelles, à quelque somme qu'elles puissent monter, quand il y a titre, pourvu qu'il ne soit pas contesté ; — les demandes formées sans titre, lorsqu'elles n'excèdent pas mille francs ; — les demandes provisoires ou qui requièrent célérité ; — les demandes en paiemens de loyers et fermages, et arrérages de rentes. (*Art.* 404 *du Code.*)

Les matières sommaires sont jugées à l'audience après délais de la citation échus, sur un simple acte, sans autres procédures ni formalités. (*Art.* 405.)

L'art. 406 dit comment, en matière sommaire, sont formées des demandes incidentes et les interventions (par une requête d'avoué qui ne peut contenir que des conclusions motivées); et les art. 407 à 413 règlent les formalités à observer quand il y a lieu à enquête.

La liquidation des dépens et frais est faite, en matière sommaire, par le jugement qui les adjuge. (*Article* 548.)

CHAPITRE IV.

Procédure devant les Tribunaux de Commerce.

Il eu sera traité dans la troisième Partie.

Elle comprend depuis l'article 414 du Code jusqu'à l'article 442.

~~~~~~

TITRE III.

DES TRIBUNAUX D'APPEL OU DES COURS ROYALES.

CHAPITRE UNIQUE.

De l'appel et de l'Instruction sur l'Appel.

L'APPEL a été institué non seulement pour corriger les erreurs ou la partialité des premiers juges, mais aussi pour réparer les erreurs ou les omissions des parties ou de leurs défenseurs.

Pothier le définit : « Le recours d'une partie au « juge supérieur, contre les torts ou griefs qu'elle « prétend lui avoir été faits par les juges inférieurs. »

Il y a deux sortes d'appels, *le simple* et *le qualifié.*

L'appel *simple* est celui par lequel la partie se plaint seulement que le juge a erré, et n'a pas jugé selon le droit et la raison.

L'appel *qualifié* est celui qui est fondé sur l'incompétence du juge, et se nomme *appel comme de juge incompétent.*

Le délai pour interjeter appel est de trois mois, il court, pour les jugemens contradictoires, du jour de la signification à personne ou domicile ;

Pour les jugemens par défaut, du jour où l'opposition n'est plus recevable.

L'intimé (1) peut néanmoins interjeter incidemment appel en tout état de cause, quand même il aurait signifié le jugement sans protestation. (*Code de Procédure, art.* 443.)

Ces délais emportent déchéance : ils courent contre toutes parties, sauf le recours contre qui de droit ; — mais ils ne courent contre le mineur *non émancipé*, que du jour où le jugement a été signifié tant au tuteur qu'au subrogé tuteur, encore que ce dernier n'ait pas été en cause. (*Art.* 444, *ibid.*)

Lorsqu'un mineur a, dans un procès, des intérêts contraires à ceux de son tuteur, il ne suffit pas, pour faire courir le délai de l'appel contre le mineur, que le jugement qui intervient soit signifié au subrogé tuteur en son nom personnel, il faut encore qu'il soit signifié au tuteur, en sa qualité de tuteur. (*Code de Procédure, art.* 444. (*Arrêts de la Cour de Cassation.* du 30 mars 1825).

Les art. 445 et 446 fixent les délais qu'ont pour interjeter appel ceux qui demeurent hors de la France continentale et ceux qui sont absens du territoire européen de la France pour service de terre ou de mer, ou employés dans les négociations extérieures pour le service de l'Etat.

L'art. 447, qui déclare les délais de l'appel suspendus par la mort de la partie condamnée, dit quand ces délais reprennent leur cours.

L'art. 448 dit quand courent les délais de l'appel dans le cas où le jugement aurait été rendu sur une pièce fausse, ou si la partie avait été condamnée faute de représenter une pièce décisive qui était retenue par son adversaire : ils courent seulement du jour que le faux a été reconnu ou juridiquement constaté, ou que la pièce a été recouvrée...

Aucun appel d'un jugement non exécutoire par.

---

(1) Celui qui est assigné sur l'appel.

provision ne peut être interjeté dans la huitaine, à dater du jour du jugement; les appels interjetés dans ce
délai sont déclarés non recevables, sauf à l'appelant à
les réitérer, s'il est encore dans le délai.

L'exécution des jugemens non exécutoires par provision est suspendue pendant ladite huitaine. (*Articles* 449 *et* 450.)

Ce qui est relatif à l'appel des jugemens *prépara-
toires* et des jugemens *interlocutoires*, est réglé per
l'article 451, et leur définition est donnée par l'article 452.

Sont sujets à l'appel les jugemens qualifiés *en derniers ressort*, lorsqu'ils ont été rendus par des juges
qui ne pouvaient prononcer qu'en première instance...
(*Art.* 453.)

Lorsqu'il s'agit d'incompétence, l'appel est recevable,
encore que le jugement ait été qualifié en dernier ressort. (*Art.* 455.)

Les appels ides jugemens (par défaut) susceptibles
d'opposition, ne sont point recevables pendant la durée du délai de l'opposition. (*Art.* 455.)

L'acte d'appel doit être fait dans les formes voulues
par l'art. 61 pour l'ajournement ou l'assignation,
qu'on a lu ci-dessus.

Il doit contenir assignation dans les délais de la loi,
et être signifié à personne ou domicile, à peine de nullité. (*Art.* 446.)

Formule d'un Acte d'Appel avec Assignation.

L'an mil huit cent vingt-sept, le..., à la requête du sieur...
(*nom, prénoms, profession ou qualité, et demeure*) pour lequel domicile est élu en l'étude de M⁵..., avoué à la Cour royale, sise...,
lequel occupera sur l'appel, j'ai.., huissier reçu à *tel* tribunal,
immatriculé le.., patenté le..., sous le n°..., demeurant.., soussigné,

Signifié et déclaré au sieur.. (*nom, qualité ou profession, et demeure*), en son domicile, en parlant à.....

Que le sieur... est appelant, comme par ces présentes, il inter-
jette appel du jugement rendu contre lui par le Tribunal de première instance, *ou* de commerce, le..., à lui signifié par exploit
de..., huissier, en date du..., pour les torts et griefs que lui fait

ledit jugement, protestant de nullité de tout ce qui pourrait être
fait au préjudice du présent acte d'appel, et de toutes pertes, dépens, dommages et intérêts;

Et pour être statué sur ledit appel, j'ai, huissier susdit et soussigné, aux mêmes requête et élection de domicile que ci-dessus,

Donné assignation audit sieur..., en sondit domicile, en parlant comme dessus, à comparoir d'hui en huitaine, ou dans le délai
de la loi, ou le,.. prochain, à l'audience et par-devant MM. les
présidens et conseillers de la Cour royale, siégeant à...., département
de..., neuf ou dix, ou onze heures du matin, pour voir que, attendu
que le jugement dont est appel a condamné le sieur..., à.., l'appel-
lation et le jugement dont est appel seront mis au néant, émen-
dant, l'appelant sera déchargé des condamnations contre lui prononcés; faisant droit au principal, que... (*reprendre ses conclusions
ou fond*), et que le sieur.... intimé ; sera condamné aux depenses des
causes principales, d'appel et demande, sous toutes réserves que fait
l'appelant de prendre par la suite telles autres et plus amples conclusions qu'il appartiendra ; et à ce que ledit sieur..., n'en ignore,
je lui ai, en sondit domicile, en parlant comme dessus, laissé copie
du présent, dont le coût est de...

(*La signature de l'huissier.*)

L'appel des jugemens définitifs ou interlocutoires
est suspensif (il empêche l'exécution du jugement), si
le jugement ne prononce pas l'exécution provisoire
dans le cas où elle est autorisée... (*Art.* 457 *du Code.*)

Les articles suivans indiquent la procédure à suivre
en appel.

L'appelant qui succombe est condamné à une amende
de *cinq francs*, s'il s'agit du jugement d'un juge de
paix, et de *dix francs*, sur l'appel d'un jugement de
Tribunal de première instance ou de commerce (*Article* 471.)

TITRE IV.

DES VOIES EXTRAORDINAIRES POUR ATTAQUER LES JUGEMENS.

Les voies extraordinaires pour attaquer les jugemens, sont : 1°. la tierce-opposition , qui peut être
formée par une partie à un jugement qui préjudicie à

ses droits ; et lors duquel ni elle, ni ceux qu'elle représente, n'ont été appelés (*art.* 474); 2°. la requête
civile qui peut être prise pour les cas déterminés par
l'art. 480; et 3°. la prise à partie contre les juges dans
les cas énoncés en l'article 505. — Ces trois voies
différentes forment l'objet de trois titres du Code,
qu'on peut y lire pour connaître la marche à suivre ou
la procédure à tenir dans ces sortes d'affaires.

· TITRE ·V.

DE L'EXÉCUTION DES JUGEMENS.

Dans les cinq premiers chapitres de ce titre sont indiquées les procédures à suivre dans les réceptions de
cautions, dans les liquidations de dommages et intérêts, dans les liquidations de fruits, dans les redditions
de comptes par les comptables commis par la justice,
par les tuteurs, et par tous autres comptables, et dans
les liquidations des dépens et frais.

Le sixième donne les règles générales sur l'*Exécution forcée des jugemens et actes.* — qui doivent être
préalablement revêtus de la forme exécutoire.

Il n'est procédé à aucune saisie mobilière ou immobilière qu'en vertu d'un titre exécutoire, et pour choses
liquides et certaines : si la dette exigible n'est pas
d'une somme en argent, il est sursis, après la saisie,
à toutes poursuites ultérieures, jusqu'à ce que l'appréciation en ait été faite. (*Art.* 551 *du Code.*)

La contrainte par corps, pour objet susceptible de
liquidation, ne peut être exécutée qu'après que la liquidation a été faite en argent. (*Art.* 552.)

La remise de l'acte ou jugement à l'huissier vaut
pouvoir pour toutes exécutions autres que la saisie
immobilière et l'emprisonnement, pour lesquels il est
besoin d'un pouvoir spécial, (*Art.* 556.)

LOI

SUR LA CONTRAINTE PAR CORPS.

A Paris (*Bulletin des Lois* , N 73), le 17 avril 1832.

Louis-Philippe, Roi des Français, à tous présens et à venir, salut.

Les Chambres ont adopté, nous avons ordonné et ordonnons ce qui suit :

TITRE PREMIER.

DISPOSITIONS RELATIVES A LA CONTRAINTE PAR CORPS EN MATIÈRE DE COMMERCE.

Art. 1er. La contrainte par corps sera prononcée, sauf les exceptions et les modifications ci-après, contre toute personne condamnée pour dette commerciale au paiement d'une somme principale de deux cents francs et au-dessus.

Art. 2. Ne sont point soumis à la contrainte par corps en matière de commmerce,

1°. Les femmes et les filles non légalement réputées marchandes publiques ;

2°. Les mineurs non commerçans, ou qui ne sont point réputés majeurs pour fait de commerce;

3°. Les veuves et héritiers des justiciables des tribunaux de commerce assignés devant ces tribunaux en reprise-d'instance, ou par action nouvelle, en raison de leur qualité.

Art. 3. Les condamnations prononcées par les tribunaux de commerce, contre des individus non négocians, pour signatures apposées, soit à des lettres de change réputées simples promesses aux termes de l'article 112 du Code de commerce, soit à des billets à ordre, n'emportent point la contrainte par corps, à moins que ces signatures et engagemens n'ait eu pour cause des opérations de commerce, trafic, change, banque ou courtage.

ART. 4. La contrainte par corps, en matière de commerce, ne pourra être prononcée contre les débiteurs qui auront commencé leur soixante-et-dixième année.

ART. 5. L'emprisonnement pour dette commerciale cessera de plein droit après un an, lorsque le montant de la condamnation principale ne s'élèvera pas à cinq cents francs;

Après deux ans, lorsqu'il ne s'élèvera pas à mille francs;

Après trois ans, lorsqu'il ne s'élèvera pas à trois mille francs.

Après quatre ans, lorsqu'il ne s'élèvera pas à cinq mille francs;

Après cinq ans, lorsqu'il sera de cinq mille francs et au-dessus.

ART. 6. Il cessera pareillement de plein droit le jour où le débiteur aura commencé sa soixante-et-dixième année.

TITRE II.

DISPOSITIONS RELATIVES A LA CONTRAINTE PAR CORPS EN MATIÈRE CIVILE.

SECTION Ire. — *Contrainte par corps en matière civile ordinaire.*

ART. 7. Dans tous les cas où la contrainte par corps a lieu en matière civile ordinaire, la durée en sera fixée par le jugement de condamnation; elle sera d'un an au moins et de dix ans au plus.

Néanmoins, s'il s'agit de fermages de biens ruraux
aux cas prévus par l'article 2062 du Code civil; ou de
l'exécution des condamnations intervenues dans le cas
où la contrainte par corps n'est pas obligée, et où la
loi attribue seulement aux juges la faculté de la prononcer, la durée de la contrainte ne sera que d'un an
au moins et de cinq ans au plus.

SECTION II. *Contrainte par corps en matière de deniers*
et effets mobiliers publics.

ART. 8. Sont soumis à la contrainte par corps, pour
raison du reliquat de leurs comptes, déficit ou débet
constatés à leur charge, et dont ils ont été déclarés
responsables,

1°. Les comptables de deniers publics ou d'effets
mobiliers publics, et leurs cautions;

2°. Leurs agens ou préposés qui ont personnellement géré ou fait la recette;

3°. Toutes personnes qui ont perçu des deniers publics dont elles n'ont point effectué le versement ou
l'emploi, ou qui, ayant reçu des effets mobiliers appartenant à l'Etat, ne les représentent pas, ou ne justifient pas de l'emploi qui leur avait été prescrit.

ART. 9. Sont compris dans les dispositions de l'article précédent, les comptables chargés de la perception
des deniers ou de la garde et de l'emploi des effets
mobiliers appartenant aux communes, aux hospices et
aux établissemens publics, ainsi que leurs cautions,
et leurs agens et préposés ayant personnellement géré
ou fait la recette.

ART. 10. Sont également soumis à la contrainte
par corps,

1°. Tous entrepreneurs, fournisseurs, soumission-
naires et traitans, qui ont passé des marchés ou traités
intéressant l'Etat, les communes, les établissemens de
bienfaisance et autres établissemens publics, et qui
sont déclarés débiteurs par suite de leurs entreprises;

2°. Leurs cautions, ainsi que leurs agens et préposés qui ont personnellement géré l'entreprise, et toutes personnes déclarées responsables des mêmes services.

ART. 11. Seront encore soumis à la contrainte par corps, tous redévables, débiteurs et cautions de droits de douanes, d'octrois et autres contributions indirectes, qui ont obtenu un crédit et qui n'ont pas acquitté à échéance le montant de leurs soumissions ou obligations.

ART. 12. La contrainte par corps pourra être prononcée, en vertu des quatre articles précédens, contre les femmes et les filles.

Elle ne pourra l'être contre les septuagénaires.

ART. 13. Dans les cas énoncés dans la présente section, la contrainte par corps n'aura jamais lieu que pour une somme principale excédant trois cents francs.

Sa durée sera fixée dans les limites de l'article 7 de la présente loi, paragraphe premier.

TITRE III.

DISPOSITIONS RELATIVES A LA CONTRAINTE PAR CORPS CONTRE LES ÉTRANGERS.

ART. 14. Tout jugement qui interviendra au profit d'un Français contre un étranger non domicilié en France, emportera la contrainte par corps, à moins que la somme principale de la condamnation ne soit inférieure à cent cinquante francs, sans distinction entre les dettes civiles et les dettes commerciales.

ART. 15. Avant le jugement de condamnation, mais après l'échéance ou l'exigibilité de la dette, le président du tribunal de première instance dans l'arrondissement duquel se trouvera l'étranger non domicilié, pourra, s'il y a de suffisans motifs, ordonner son arrestation provisoire, sur la requête du créancier français.

Dans ce cas, le créancier sera tenu de se pourvoir en condamnation dans la huitaine de l'arrestation du débiteur, faute de quoi celui-ci pourra demander son élargissement.

La mise en liberté sera prononcée par ordonnance de référé, sur une assignation donnée au créancier par l'huissier que le président aura commis dans l'ordonnance même qui autorisait l'arrestation, et, à défaut de cet huissier, par tel autre qui sera commis spécialement.

ART. 16. L'arrestation provisoire n'aura pas lieu ou cessera, si l'étranger justifie qu'il possède sur le territoire français un établissement de commerce ou des immeubles, le tout d'une valeur suffisante pour assurer le paiement de la dette, ou s'il fournit pour caution une personne domiciliée en France et reconnue solvable.

ART. 17. La contrainte par corps exercée contre un étranger en vertu de jugement pour dette civile ordinaire, ou pour dette commerciale, cessera de plein droit après deux ans, lorsque le montant de la condamnation principale ne s'élèvera pas à cinq cents francs.

Après quatre ans, lorsqu'il ne s'élèvera pas à mille francs ;

Après six ans, lorsqu'il ne s'élèvera pas à trois mille francs ;

Après huit ans ; lorsqu'il ne s'élèvera pas à cinq mille francs ;

Après dix ans, lorsqu'il sera de cinq mille francs et au-dessus.

S'il s'agit d'une dette civile pour laquelle un Français serait soumis à la contrainte par corps, les dispositions de l'article 7 seront applicables aux étrangers, sans que toutefois, le minimum de la contrainte puisse être au-dessous de deux ans.

ART. 18. Le débiteur, condamné pour dette commerciale, jouira du bénéfice des articles 4 et 6 de la présente loi. En conséquence, la contrainte par corps ne sera point prononcée contre lui, ou elle cessera dès qu'il aura commencé sa soixante-et-dixième année.

17

Il en sera de même à l'égard de l'étranger condamné pour dette civile, le cas de stellionat excepté.

La contrainte par corps ne sera pas prononcée contre les étrangères pour dettes civiles, sauf aussi le cas de stellionat, conformément au premier paragraphe de l'article 2066 du Code civil, qui leur est déclaré applicable.

TITRE IV.

DISPOSITIONS COMMUNES AU TROIS TITRES PRÉCÉDENS.

ART. 19. La contrainte par corps n'est jamais prononcée contre le débiteur au profit,

1°. De son mari ni de sa femme ;

2°. De ses ascendans, descendans, frères et sœurs, ou alliés au même degré.

Les individus mentionnés dans les deux paragraphes ci-dessus, contre lesquels il serait intervenu des jugemens de condamnations par corps, ne pourront être arrêtés en vertu desdits jugemens : s'ils sont détenus, leur élargissement aura lieu immédiatement après la promulgation de la présente loi.

ART. 20. Dans les affaires où les tribunaux civils ou de commerce statuent en dernier ressort, la disposition de leur jugement relative à la contrainte par corps sera sujette à l'appel ; cet appel ne sera pas suspensif.

ART. 21. Dans aucun cas, la contrainte par corps ne pourra être exécutée contre le mari et contre la femme simultanément pour la même dette.

ART. 22. Tout huissier, garde du commerce ou exécuteur des mandemens de justice, qui, lors de l'arrestation d'un débiteur, se refuserait à le conduire en référé devant le président du tribunal de première instance, aux termes de l'art. 786 du Code de procédure civile, sera condamné à mille francs d'amende, sans préjudice des dommages intérêts.

ART. 23. Les frais liquidés que le débiteur doit consigner ou payer pour empêcher l'exercice de la contrainte par corps, ou pour obtenir son élargissement, conformément aux articles 798 et 800, paragraphe 2, du Code de procédure, ne seront jamais que les frais de l'instance; ceux de l'expédition et de la signification du jugement et de l'arrêt s'il y a lieu; ceux enfin de l'exécution relative à la contrainte par corps seulement.

ART. 24. Le débiteur, si la contrainte par corps n'a pas été prononcée pour dette commerciale, obtiendra son élargissement en payant ou consignant le tiers du principal de la dette et de ses accessoires, et en donnant pour le surplus une caution acceptée par le créancier, ou reçue par le tribunal civil dans le ressort duquel le débiteur sera détenu.

ART. 25. La caution sera tenue de s'obliger solidairement avec le débiteur à payer, dans un délai qui ne pourra excéder une année, les deux tiers qui resteront dus.

ART. 26. A l'expiration du délai prescrit par l'article précédent, le créancier, s'il n'est pas intégralement payé, pourra exercer de nouveau la contrainte par corps contre le débiteur principal, sans préjudice de ses droits contre la caution.

ART. 27. Le débiteur qui aura obtenu son élargissement de plein droit après l'expiration des délais fixés par les articles 5, 7, 13 et 17 de la présente loi, ne pourra plus être détenu ou arrêté pour dettes contractées antérieurement à son arrestation et échues au moment de son élargissement, à moins que ces dettes n'entraînent par leur nature et leur quotité une contrainte plus longue que celle qu'il aura subie, et qui, dans ce dernier cas, lui sera toujours comptée pour la durée de la nouvelle incarcération.

ART. 28. Un mois après la promulgation de la présente loi, la somme destinée à pourvoir aux alimens des détenus pour dettes devra être consignée d'avance et pour trente jours au moins.

Les consignations pour plus de trente jours ne vaudront qu'autant qu'elles seront d'une seconde ou de plusieurs périodes de trente jours.

ART. 29. A compter du même délai d'un mois, la somme destinée aux alimens sera de trente francs à Paris, et de vingt-cinq francs dans les autres villes, pour chaque période de trente jours.

ART. 30. En cas d'élargissement, faute de consignation d'alimens, il suffira que la requête présentée au président du tribunal civil soit signée par le débiteur détenu et par le gardien de la maison d'arrêt pour dettes, ou même certifiée véritable par le gardien, si le détenu ne sait pas signer.

Cette requête sera présentée en *duplicata* : l'ordonnance du président, aussi rendue par *duplicata*, sera exécutée sur l'une des minutes qui restera entre les mains du gardien ; l'autre minute sera déposée au greffe du tribunal et enregistrée *gratis*.

ART. 31. Le débiteur élargi faute de consignation d'alimens ne pourra plus être incarcéré pour la même dette.

ART. 32. Les dispositions du présent titre et celles du Code de procédure civile sur l'emprisonnement auxquelles il n'est pas dérogé par la présente loi, sont applicables à l'exercice de toutes contraintes par corps, soit pour dettes commerciales, soit pour dettes civiles, même pour celles qui sont énoncées à la deuxième section du titre II ci-dessus, et enfin à la contrainte par corps qui est exercée contre les étrangers.

Néanmoins, pour les cas d'arrestation provisoire, le créancier ne sera pas tenu de se conformer à l'art. 780 du Code de procédure, qui prescrit une signification et un commandement préalable.

TITRE V.

DISPOSITIONS RELATIVES A LA CONTRAINTE PAR CORPS EN MATIÈRE CRIMINELLE, CORRECTIONNELLE ET DE POLICE.

ART. 33. Les arrêts, jūgemens et exécutoires portant comdamnation au profit de l'État, à des amendes, restitutions, dommages-intérêts et frais en matière criminelle, correctionnelle ou de police, ne pourront être exécutés par la voie de la contrainte par corps que cinq jours après le commandement qui sera fait aux condamnés, à la requête du receveur de l'enregistrement et des domaines.

Dans le cas où le jugèment de condamnation n'aurait pas été précédemment signifié au débiteur, le commandement portera en tête un extrait de ce jugement, lequelle contiendra le nom des parties et le dispositif.

Sur le vu du commandement et sur la demande du receveur de l'enregistrement et des domaines, le procureur du Roi adressera les réquisitions nécessaires aux agens de la force publique et autres fonctionnaires chargés de l'exécution des mandemens de justice.

Si le débiteur est détenu, la recommandation pourra être ordonnée immédiatement après la notification du commandement.

ART. 34. Les individus contre lesquels la contrainte par corps aura été mise à exécution aux termes de l'article précédent, subiront l'effet de cette contrainte jusqu'à ce qu'ils aient payé le montant des condamnations; ou fourni une caution admise par le receveur des domaines; ou, en cas de contestation de sa part, déclarée bonne et valable par le tribunal civil de l'arrondissement.

La caution devra s'exécuter dans le mois, à peine de poursuite.

Art. 35. Néanmoins les comdamnés qui justifieront de leur insolvabilité, suivant le mode prescrit par l'article 420 du Code d'instruction criminelle, seront mis en liberté après avoir subi quinze jours de contrainte, lorsque l'amende et les autres condamnations pécuniaires n'excéderont pas quinze francs ; un mois, lorsqu'elles s'élèveront de quinze à cinquante francs; deux mois, lorsque l'amende et les autres condamnations s'élèveront de cinquante à cent francs ; et quatre mois, lorsqu'elle excéderont cent francs.

Art. 36. Lorsque la contrainte par corps aura cessé en vertu de l'article précédent, elle pourra être reprise, mais une seule fois, et quant aux restitutions, dommages et intérêts et frais seulement, s'il est jugé contradictoirement avec le débiteur qu'il lui est survenu des moyens de solvabilité,

Art. 37. Dans tous les cas, la contrainte par corps exercée en vertu de l'article 33 est indépendante des peines prononcées contre les condamnés.

Art. 38. Les arrêts et jugemens contenant des condamnations en faveur des particuliers pour réparations de crime, délits ou contraventions, commis à leur préjudice, seront, à leur diligence, signifiés et exécutés suivant les mêmes formes et voies de contrainte que les jugemens portant des comdamnations au profit de l'État

Toutefois les parties poursuivantes seront tenues de pourvoir à la consignation d'alimens, aux termes de la présente loi, lorsque la contrainte aura lieu à leur requête et dans leur intérêt.

Art. 39. Lorsque la condamnation prononcée n'excédera pas trois cents francs, la mise en liberté des condamnés, arrêtés ou détenus à la requête et dans l'intérêt des particuliers ne pourra avoir lieu, en vertu des articles 34, 35 et 36, qu'autant que la validité des cautions ou l'insolvabilité des comdamnés auront été, en cas de contestation, jugées contradictoirement avec le créancier.

La durée de la contrainte sera déterminée par le

jugement de condamnation daus les limites de six mois à cinq ans.

ART. 40. Dans tous les cas et quand bien même l'insolvabilité du debiteur pourrait être constatée, si la condamnation prononcée soit en faveur d'un particulier, soit en faveur de l'État s'élève à trois cents francs, la durée de la contrainte sera déterminée par le jugement de condamnation dans les limites fixées par l'article 7 de la présente loi.

Néanmoins, si le débiteur a commmencé sa soixante-et-dixième année avant le jugement, les juges pourront réduire le minimum à six mois, et ils ne pourront dépasser un maximum de cinq ans.

S'il atteint sa soixante-et-dixième année pendant la durée de la contrainte, sa détention sera de plein droit réduite à la moitié du temps qu'elle avait encore à courir aux termes du jugement.

ART. 41. Les articles 19, 21 et 22 de la présente loi, sont applicables à la contrainte par corps exercée par suite des condamnations criminelles, correctionnelles et de police.

TITRE VI.

DISPOSITIONS TRANSITOIRES.

ART. 42. Un mois après la promulgation de la présente loi, tous débiteurs actuellement détenus pour dettes civiles ou commerciales obtiendront leur élargissement, s'ils ont commencé leur soixante-et-dixième année, à l'exception toutefois des stellionataires, à l'égard desquels il n'est nullement dérogé au Code civil.

ART. 43. Après le même délai d'un mois, les individus actuellement détenus pour dettes civiles emportant contrainte par corps obtiendront leur élargissement, si cette contrainte a duré dix ans dans les cas prévus au premier paragraphe de l'article 7, et si cette contrainte a duré cinq ans, dans les cas prévus au

deuxième paragraphe du même article, comme encore
si elle a duré dix ans, et s'ils sont détenus comme débiteurs ou rétentionnaires de deniers ou effets mobiliers de l'Etat, des communes et des établissemens publics.

ART. 44. Deux mois après la promulgation de la
présente loi, les étrangers actuellement détenus pour
dettes, et dont l'emprisonnement aura duré dix ans,
obtiendront également leur élargissement.

ART. 45. Les individus actuellement détenus pour
amendes, restitution et frais, en matière correctionnelle
et de police, seront admis à jouir du bénéfice des articles 35, 39 et 40, savoir : les condamnés à quinze
francs et au-dessous, dans la huitaine ; et les autres,
dans la quinzaine de la promulgation de la présente
loi.

Dispositions générales.

ART. 46. Les lois du 15 germinal an VI, du 4 floréal de la même année et du 10 septembre 1807 sont
abrogées. Sont également abrogées, en ce qui concerne
la contrainte par corps, toutes dispositions de lois
antérieures relatives aux cas où cette contrainte peut
être prononcée contre les débiteurs de l'Etat, des communes et des établissemens publics. Néanmoins celles
de ces dispositions qui concernent le mode des poursuites à exercer contre ces mêmes débiteurs, et celle
du titre XIII du Code forestier, de la loi sur la pêche
fluviale, ainsi que les dispositions relatives au bénéfice
de cession, sont maintenues et continueront d'etre
exécutées.

Le titre septième statue sur les *Saisies-arrêts ou*
oppositions que tout créancier peut, en vertu de titres
authentiques ou privés, ou en vertu de permission
du juge, former entre les mains d'un tiers sur les
sommes et effets appartenant à son débiteur, et indique toutes les formalités à remplir tant de dénoncia-

tion ou saisi et d'assignation en validité de la saisie-arrêt ou de l'opposition, que de la déclaration affirmative par le tiers saisi.

Ne peuvent être saisis et arrêtés les traitemens et pensions dûs par l'État, que pour la portion déterminée par les lois ou arrêtés du gouvernement (le cinquième jusqu'à 4,000 fr., le quart sur 5,000 fr. et le tiers sur la portion excédant 6,000 (fr. *Loi du* 21 *ventôse an* ix). (*Art.* 580 *du Code.*)

Sont insaisissables et inarrêtables , 1°. les choses déclarées insaisissables par la loi (les rentes viagères déclarées insaisissables); 2°. les provisions alimentaires adjugées par justice; 3°. les sommes et objets disponibles déclarés insaisissables par le testateur ou donateur; 4°. les sommes et pensions pour alimens , encore que le testament ou l'acte de donation ne les déclare pas insaisissables. (*Art.* 581 , *ibid.*)

Les provisions alimentaires ne peuvent être saisies que pour cause d'alimens : les objets mentionnés aux n°ˢ 3 et 4 du précédent article peuvent être saisis par des créanciers postérieurs à l'acte de donation ou à l'ouverture du legs, et ce, en vertu de la permission du juge, et pour la portion qu'il aura déterminée. (*Art.* 582.)

Le titre huitième pose les règles sur les *Saisies-exécutions* et sur les *Ventes mobilières.*

Toute saisie-exécution doit être précédée d'un commandement à la personne ou domicile du débiteur (pour le constituer en demeure), fait au moins un jour avant la saisie, et contenant notification du titre (*exécutoire*), s'il n'a déjà été notifié. (*Art.* 583.)

« L'huissier porteur du titre et faisant le commandement, a la qualité suffisante pour recevoir la somme y portée. Le débiteur qui la lui paie, paie valablement, et est pleinement libéré envers le créancier sur la quittance de l'huissier, quand même l'huissier serait insolvable, et que le créancier ne pourrait pas retirer la somme que cet huissier aurait reçue. » POTHIER ,

Traité de la Procédure civile, partie IV, chap. II, section 2, art. 3.

Le commandement doit contenir élection de domicile jusqu'à la fin de la poursuite, dans la commune où doit se faire la saisie-exécution, si le créancier n'y demeure; et le débiteur peut faire à ce domicile élu toutes significations, même d'offres réelles et d'appel. (*Art.* 584 *du Code.*)

FORMULE *du Commandement.*

L'an mil huit cent vingt-sept, le..., en vertu d'un jugement rendu par le Tribunal de première instance séant à..., département de..., le..., dûment en forme exécutoire, signifié le..., et dont copie est en tête du présent, à la requête du sieur... (*nom, prénoms, profession ou qualité, et demeure*), pour lequel domicile est élu en ma demeure ci-après désignée, ou en la demeure du sieur...; habitant de cette commune, demeurant...; chez lequel le débiteur pourra faire toutes significations, même d'offres réelles et d'appel, j'ai... (*nom et prénoms*), huissier..., immatriculé..., patenté..., sous le n°., demeurant .., soussigné, ●

Fait commandement de par la loi, le Roi et justice, au sieur... (*nom, qualité ou profession et demeure*), en son domicile, en parlant à...

De présentement payer audit sieur... (*le créancier*), ou à moi huissier, pour lui porteur de pièces, la somme de..., de principal, à quoi ledit sieur... a été condamné par le jugement susdaté; pour les causes y portées, avec intérêts et dépens, sans préjudice d'autres dûs, droits, noms, raisons, actions et mise en exécution;

Lequel dit sieur... a été refusant de payer; vu lequel refus je lui ai déclaré qu'il y serait incessamment contraint par toutes voies de droit, et même par saisie-exécution; et à ce qu'il n'en ignore, je lui ai, en sondit domicile, en parlant comme dessus, laissé copie tant du jugement et forme exécutoire que du présent, dont le coût est de... y compris la copie des pièces et le papier timbré.

(*La signature de l'huissier.*)

Les articles 585 à 591 indiquent les formalités à observer pour la saisie.

Le procès-verbal de saisie doit contenir indication du jour de la vente. (*Art.* 595 *du Code.*)

Ne peuvent être saisis, 1°. Les objets que la loi déclare immeubles par destination (ils ne peuvent l'être que dans une saisie immobilière; — 2°. Le coucher nécessaire des saisis, ceux de leurs enfans vivant avec enx; les habits dont les saisis sont vêtus et couverts (*ne jaceant in terra, ne nudi abeant.*); — 3°. Les livres relatifs à la profession du saisi; jusqu'à la somme de trois cents francs, à son choix; — 4°. Les machines et instrumens servant à l'enseignement, pratique ou exercice des sciences et arts, jusqu'à concurrence de la même somme, et au choix du saisi; — 5°. Les équipemens des militaires, suivant l'ordonnance et le grade; — 6°. Les outils des artisans, nécessaires à leurs occupations personnelles; — 7°. Les farines et menues denrées nécessaires à la consommation du saisi et de sa famille, pendant un mois; — 8°. Enfin, une vache, ou trois brebis, ou deux chèvres, au choix du saisi, avec les pailles, fourrages et grains nécessaires pour la litière et la nourriture desdits animaux pendant un mois. (*Art.* 592 *du Code.*)

Lesdits objets ne peuvent être saisis pour aucune créance, même celle de l'État, si ce n'est pour alimens fournis à la partie saisie, ou sommes dues aux fabricans ou vendeurs desdits objets, ou à celui qui aura prêté pour les acheter, fabriquer et réparer; pour fermages et moissons des terres à la culture desquelles ils sont employés; loyers des manufactures, moulins, pressoirs, usines dont ils dépendent, et loyers des lieux servant à l'habitation personnelle du débiteur.

Les objets spécifiés sous le n° 2 du précédent article ne peuvent être saisis pour *aucune* créance. (*Art.* 593.)

En cas de saisie d'animaux et ustensiles servant à l'exploitation des terres, le juge de paix peut, sur la demande du saisissant, le propriétaire et le saisi entendus ou appelés, établir un gérant à l'exploitation. (*Art.* 594.)

Les articles suivans sont relatifs à l'établissement du gardien, à sa responsabilité, à la vente des objets saisis.

L'art. 609 veut que les créanciers du saisi, pour quelque cause que ce soit, même pour loyers, ne puissent former opposition que sur le prix de la vente, laquelle opposition doit en contenir les causes, être signifiée au saisissant et à l'huissier ou autre officier chargé de la vente..., à peine de nullité de l'opposition, et de dommages-intérêts contre l'huissier, qui l'a faite), s'il y a lieu.

Il faut qu'il y ait au moins huit jours entre la signification de la saisie au débiteur et la vente (afin qu'il puisse travailler à s'acquitter, et que les créanciers aient le temps de former leurs oppositions. (*Art.* 613.)

La vente est faite au plus prochain marché public, aux jour et heure ordinaires des marchés, ou un jour de dimanche : peut néanmoins le tribunal permettre de vendre les effets en un autre lieu plus avantageux... (*Art.* 617.)

L'article 620 concerne la vente des barques, chaloupes, bacs, galiotes, bateaux, etc... ; l'art. 621, celle de la vaisselle d'argent, des bagues et joyaux de la valeur de 300 francs au moins.

Lorsque la valeur des effets saisis excède le montant des causes de la saisie et des oppositions, il n'est procédé qu'à la vente des objets suffisant à fournir la somme nécessaire pour le paiement des créances et des frais. (*Art.* 622.)

Le titre neuvième statue sur *la Saisie des fruits pendans par racines, ou la Saisie-brandon;* le dixième, sur *la Saisie des rentes constituées sur particuliers*, et sur les formalités qui leur sont spécialement applicables; le onzième, sur *la Distribution par contribution des deniers provenus de la vente*; le douzième, sur les formalités requises pour la *Saisie immobilière*, — qui doit être précédée d'un commandement personne ou domicile, en tête duquel est donnée copie entière du titre en vertu duquel elle est faite, et qui ne peut être faite que trente jours après le commandement... (*Art.* 673 *et* 674), et sur celles prescrites pour l'adjudication des immeubles saisis : l'article 717 énumère celles pour la saisie et pour la vente qui doivent être observées à peine de nullité.

Le tritre treizième s'occupe des *Incidens* qui peuvent

survenir *dans la Poursuite de saisie immobilière*, notamment de *la Subrogation* qui peut être demandée par un second saisissant; de *la Demande en distraction* de tout ou de partie de l'objet saisi; des *Moyens de nullité* à proposer contre la procédure qui précède l'adjudication préparatoire; de ceux à proposer par la partie saisie, si aucuns elle a, contre les procédures postérieures à l'adjudication provisoire et de *la Revente à la folle enchère* faute par l'adjudicataire d'exécuter les clauses de l'adjudication.

Les immeubles appartenant à des majeurs, maîtres de disposer de leurs droits, ne peuvent, à peine de nullité, être mis aux enchères en justice, lorsqu'il ne ne s'agit que de vente volontaire. (*Art* 746 *du Code.*)

Exception pour le cas où l'immeuble a été saisi réellement, et pour celui où un mineur ou interdit est créancier. (*Art.* 747 *et* 748.)

Le titre quatorzième règle *la Distribution des deniers* provenant de la vente des immeubles par *Ordre* entre les créanciers.

Le quinzième est relatif aux formalités prescrites pour l'exercice de la contrainte par corps ou l'*Emprisonnement du débiteur.*

On a vu, au chapitre 16 du titre III de la première partie, pour quelles causes la contrainte par corps pouvait être prononcée en matières civiles; c'est de l'exercice de cette contrainte qu'il est traité dans ce titre quinzième qui nous occupe.

Aucune contrainte par corps ne peut être mise à exécution qu'un jour après la signification, avec commandement du jugement qui l'a prononcée. (*Code de Procédure*, art. 780.)

Le reste de cet article dit par quel huissier cette signification doit être faite : elle doit l'être par un huissier commis par jugement du tribunal du lieu où se trouve le débiteur, ou par le président de ce tribunal.

— Cette signification doit contenir élection de domicile

18

dans la commune où siége le tribunal qui a rendu ce jugement, si le créancier n'y demeure pas.

Voyez la *Formule du commandement* donnée ci-dessus, sur le titre relatif aux saisies-exécutions.

Le débiteur ne peut être arrêté, — 1°. Avant le lever et après le coucher du soleil; 2°. Les jours de fêtes légales; — 3°. Dans les édifices consacrés au culte, et pendant les exercices religieux seulement; — 4°. Dans le lieu et pendant la tenue des séances des autorités constituées; — 5°. Dans une maison quelconque, même dans son domicile, à moins qu'il n'ait été ainsi ordonné par le juge de paix du lieu, lequel juge de paix doit, dans ce cas, se transporter dans la maison avec l'officier ministériel. (*Art.* 781, *ibid.*)

Le débiteur ne peut non plus être arrêté, lorsqu'appelé comme témoin devant un juge d'instruction, ou devant un tribunal de première instance, ou une Cour royale ou d'assises, il est porteur d'un sauf-conduit, — délivré ou par le juge d'instruction, ou par le président du tribunal ou de la Cour où le témoin doit être entendu; — accordé d'après les conclusions du ministère public, et réglant l'effet de sa durée à peine de nullité. (*Art.* 782.)

En vertu du sauf-conduit, le débiteur ne peut être arrêté ni le jour fixé pour sa comparution, ni pendant le temps nécessaire pour aller et pour revenir. (*Même art.* 782.)

L'article 783 règle les formalités pour le procès-verbal d'emprisonnement.

Quand il s'est écoulé une année entière depuis le commandement, il en est fait un nouveau par un huissier commis à cet effet. (*Art.* 784.)

Les articles 785 et suivans statuent sur les cas de rébellion, de réquisition ou non réquisition par le débiteur, de *référé* devant le président du tribunal du lieu où l'arrestation est faite; sur la forme de l'écrou du débiteur, qui doit énoncer particulièrement la con-

signation d'un mois, au moins, d'alimens d'avance;
sur la transcription par le gardien ou geôlier, sur son
registre, du jugement qui autorise l'arrestation; sur la
consignation d'alimens par le créancier; sur les recommandations du débiteur par ceux qui auraient le droit
d'exercer contre lui la contrainte par corps; sur les formalités relatives à ces recommandations; sur la *nullité
de l'emprisonnement*, à demander au tribunal du lieu
de la détention, ou celui du lieu de l'exécution, à défaut d'accomplissement des formalités prescrites, laquelle toutefois n'emporte point celle des recommandations.

Le débiteur dont l'emprisonnement est déclaré nul,
ne peut être arrêté pour la même dette, qu'un jour au
moins après sa sortie. (*Art.* 797, *ibid.*)

Le débiteur est *mis en liberté*, en consignant entre
les mains du geôlier de la prison les causes de son emprisonnement et les frais de la capture. (*Art.* 798.)

Si son emprisonnement est déclaré nul, le créancier
peut être condamné envers lui en dommages-intérêts.
(*Art.* 799.)

Le débiteur légalement incarcéré obtient son élargissement,

1°. Par le consentement du créancier qui l'a fait
incarcérer, et des recommandans, s'il y en a;

2°. Par le paiement ou la consignation (entre les
mains du geôlier de la prison) des sommes dues tant
au créancier qui a fait emprisonner qu'au recomman-
dant, des intérêts échus, des frais liquidés, de ceux
d'emprisonnement, et de la restitution des (deniers)
alimens consignés;

3°. Par le bénéfice de cession;

4°. A défaut par les créanciers d'avoir consigné d'a-
vance les alimens;

5°. Et enfin, si le débiteur a commencé sa soixante-
dixième année; et si, dans ce dernier cas, il n'est pas
stellionnataire. (*Art.* 800.)

La loi du 15 germinal an VI étant la loi qui est

toujours suivie pour la contrainte par corps en matière
de commerce, elle est également celle qui est ou doit
être suivie pour la mise en liberté du débiteur incarcéré pour dette commerciale. — L'article 13 de son
titre III dispose :

« Toute personne légalement incarcérée peut obte-
« nir son élargissement,

« 1°. Par consentement authentique du créancier
« ou des créanciers qui l'ont fait incarcérer ;

« 2°. Par le paiement ou la consignation légale des
« sommes pour lesquelles on l'a constituée prisonnière
« ou recommandée, et les frais d'exécution ;

« 3°. Par le paiement du tiers de la dette et une
« caution pour le surplus, consentie par le créancier,
« ou régulièrement reçue par le tribunal qui a rendu
« le jugement d'exécution ;

« 4°. Par le bénéfice de cession ;

« 5°. Par la réunion des trois quarts des créances en
« sommes, pourvu que les créanciers ne soient que
« chirographaires ;

« 6°. De plein droit, par le laps de cinq années
« consécutives de détention. »

L'individu arrêté pour *dette commerciale* doit obtenir sa mise en liberté après *cinq années* de détention.
A cet égard la loi du 15 germinal an VI n'a point été
abrogée par les articles 800 et 1041 du Code de Procédure. (*Arrêt de la Cour de Cassation* du 3 mars
1825.)

Même décision avait été rendue par *Arrêt de la
Cour royale de Paris* du 1er octobre 1814, dans l'affaire Duhardal-d'Hauteville, rapporté page 34 du supplément au quatrième cahier du *Journal des Audiences*
de 1815.

Les articles 801 à 804 du Code disent devant qui le
consentement à la sortie du débiteur peut être donné
(devant notaire, ou sur le registre d'écrou), entre les
mains de qui doit être faite la consignation de la dette
(entre celles du geôlier), comment il doit être pour-

suivi s'il la refuse, comment le débiteur doit se pourvoir à défaut de consignation d'alimens, et ce que le
créancier doit payer pour faire emprisonner de nouveau le débiteur lorsque l'élargissement a été ordonné
faute de consignation d'alimens.

Les demandes en élargissement sont portées au tribunal dans le ressort duquel le débiteur est détenu. —
Elles sont formées à bref délai, au domicile élu par
l'écrou, en vertu de permission du juge, sur requête
présentée à cet effet. — Elles sont communiquées au
ministère public, et jugées, sans instruction, à la première audience, préférablement à tout autres causes,
sans remise ni tour de rôle (tant doivent être favori-
sées les demandes de mise en liberté. (*Art.* 805.)

Le titre seizième, *des Référés*, énonce les formalités
à remplir quand on en réfère au président du tribunal
dans tous les cas d'urgence, ou lorsqu'il s'agit de statuer provisoirement sur les difficultés relatives à l'exécution d'un titre exécutoire ou d'un jugement.

LIVRE SECOND.

PROCÉDURES DIVERSES.

Le livre premier du Code a embrassé la série des procédures qui ont lieu devant les tribunaux, depuis l'introduction d'une instance jusqu'à l'exécution entière des jugemens. Le second Livre traite des procédures particulières qu'exigent quelques matières du droit civil, éparses et indépendantes les unes des autres.

~~~~~~~~~~~~~~~~~~~~~~~~~~~~~~~~~~~~~~~

TITRE PREMIER.

PROCÉDURES PARTICULIÈRES.

CHAPITRE PREMIER.

Des Offres de Paiement, et de la Consignation.

Tout débiteur peut se libérer en payant ce qu'il doit; mais, si le créancier refuse de recevoir son paiement, le débiteur peut lui faire des offres réelles, et au refus du créancier de les accepter, consigner la somme ou la chose offerte. Les offres réelles suivies d'une consignation libèrent le débiteur; elles tiennent lieu, à son égard, de paiement, lorsqu'elles sont valablement faites, et la chose ainsi consignée demeure aux risques du créancier. C'est ce que porte l'article 1257 du Code civil.

Les articles 812 et 813 du Code de Procédure règlent ce que doit contenir le procès-verbal d'offres; l'article 814 autorise la consignation avec les formalités qu'il indique, et qui sont prescrites par l'article 1259 du Code civil; et les articles 815 et suivans

tracent la procédure à suivre sur la demande soit
en validité, soit en nullité des offres ou de la consignation.

Le jugement à intervenir qui déclare les offres valables et ordonne la consignation, doit prononcer la
cessation des intérêts, du jour de la réalisation des
offres. (*Art.* 816.)

CHAPITRE II.

Du Droit des Propriétaires sur les Meubles, Effets ou Fruits de leurs Locataires ou Fermiers, ou de la Saisie-Gagerie et de la Saisie-Arrêt sur Débiteurs forains.

Les propriétaires et principaux locataires des maisons ou biens ruraux, soit qu'il y ait bail, soit qu'il
n'y en ait pas, peuvent, un jour après le commandement, et sans permission du juge, faire saisir-gager,
pour loyers et fermages échus, les effets et fruits étant
dans lesdites maisons ou bâtimens ruraux et sur les
terres. (1)

Ils peuvent même faire saisir-gager à l'instant, en
vertu de la permission qu'ils en auront obtenue, sur
requête du président du Tribunal de première instance.

Ils peuvent aussi saisir les meubles qui garnissaient
la maison ou la ferme, lorsqu'ils ont été déplacés sans
leur consentement, et ils conservent sur eux leur privilége, pourvu qu'ils en aient fait la revendication,
conformément à l'article 2102 du Code civil. (*Art.*
819.)

Peuvent les effets des sous-fermiers et sous-locataires garnissant les lieux par eux occupés, et les

---

(1) La saisie-gagerie est faite en la même forme que la saisie-
exécution... (*Art.* 821 *du Code.*) — Le saisi peut être constitué gardien (*Ibid.*)

fruits des terres qu'ils sous-louent, être saisis-gagés
pour les loyers et fermages dus par le locataire ou fermier de qui ils tiennent; mais ils obtiennent main-
levée, en justifiant qu'ils ont payé sans fraude, et sans
qu'ils puissent opposer des paiemens faits par anticipation. (*Art.* 820.)

L'art. 1753 du Code civil porte : « Ne sont pas
réputés faits par anticipation, les paiemens faits par
le sous-locataire, soit en vertu d'une stipulation portée en son bail, soit en conséquence de l'usage des
lieux. »

Tout créancier, même sans titre, peut, sans commandement préalable, mais avec permission du président du Tribunal de première instance et même du
juge de paix, faire saisir les effets trouvés en la commune qu'il habite, appartenant à son débiteur forain.
(*Art.* 822.)

Le saisissant est gardien des effets, s'ils sont en ses
mains ; sinon il est établi un gardien. (*Art.* 823.)

Les articles suivans décident quand il peut être procédé à la vente des effets saisis, et règlent les formalités
pour la vente et la distribution des deniers.

CHAPITRE III.

De la Saisie-Revendication.

Il ne peut être procédé à aucune saisie-revendication qu'en vertu d'ordonnance du président du Tribunal de première instance, rendue sur requête ; et
ce, à peine de dommages-intérêts tant contre la partie
que contre l'huissier qui aurait procédé à la saisie.
(*Art.* 826 du Code.)

Les art. 827 et suivans règlent la procédure sur la
demande en saisie-revendication, qui doit être faite en
la même forme que la saisie-exécution, et le tribunal
devant lequel la demande en validité de la saisie doit
être portée.

CHAPITRE IV.

De la Surenchère sur Aliénation volontaire.

L'ARTICLE 2185 du Code civil autorise les créanciers inscrits à surenchérir l'immeuble aliéné volontairement, en faisant porter le prix de l'immeuble à *un dixième en sus* de celui qui a été stipulé dans le contrat de vente, ou déclaré par le nouveau propriétaire, et en offrant de donner *caution* jusqu'à concurrence du prix et des charges (1). Les art. 832 et suivans du Code de Procédure règlent les formalités à remplir pour la réquisition de mise aux enchères, la réception de caution et la revente, sur enchères.

Si la caution était rejetée, la surenchère serait déclarée nulle, et l'acquéreur maintenu, à moins qu'il n'eût été fait d'autres surenchères par d'autres créanciers inscrits. (*Art.* 833.)

Loi *du 21 février 1827 (Bull.*, n° 141) *relative à la mise aux enchères, requise au nom de l'Etat.*

Article unique. Dans le cas prévu par les articles 2185 du Code civil, et 832 du Code de Procédure civile, si la mise aux enchères est requise au nom de l'Etat, le trésor royal sera dispensé d'offrir et de donner caution.

---

(1) L'article 710 du Code de Procédure veut que la surenchère de l'immeuble vendu sur expropriation soit *du quart,* au moins, du prix principal de la vente; et les articles suivans règlent les conditions qui sont, notamment, d'être tenu par corps de la différence du prix d'avec celui de la vente, en cas de folle enchère; mais il n'est point exigé de caution comme dans la surenchère, sur aliénation volontaire.

CHAPITRE V.

Des Voies à prendre pour avoir Expédition ou Copie d'un Acte, ou pour le faire réformer.

Le notaire ou autre dépositaire qui refuse de délivrer expédition ou copie d'un acte aux parties intéressées en nom direct, héritiers ou ayant droit, y est condamné, et *par corps*, sur assignation à bref délai, donnée en vertu de permission du président du Tribunal de première instance, sans préliminaire de conciliation. (*Art.* 839 *du Code.*)

L'affaire est jugée sommairement; et le jugement exécuté nonobstant opposition ou appel. (*Art.* 840.)

Les art. 841 et suivans déterminent les formalités à remplir pour avoir copie d'un acte non enregistré ou resté imparfait; — pour se faire délivrer une seconde grosse, soit d'une minute d'acte, soit par forme d'ampliation sur une grosse déposée; — pour se faire délivrer expédition ou extrait d'un acte dans lequel on n'a point été partie.

C'est du *Compulsoire* qu'il s'agit dans ce dernier cas, prévu par l'art. 846. Les art. 847 et suivans énoncent toutes les formalités à remplir sur la demande à fin du compulsoire, et relativement au compulsoire ordonné, et aux procès-verbaux de compulsoire ou collation. L'article 847 en emploie l'expression.

Le *compulsoire* est l'acte par lequel le juge donne premission de compulser, de se faire représenter les pièces qui sont chez un notaire, un greffier, ou autre dépositaire public. Il vient du verbe latin *compellere*, contraindre, forcer, faire violence, obliger.

Les art. 855 et suivans règlent les formalités à remplir par celui qui veut faire réformer ou obtenir la *rectification d'un acte de l'état civil*, pour l'inscription à faire du jugement de rectification sur les registres par l'officier de l'état civil.

CHAPITRE VI.

De quelques Dispositions relatives à l'Envoi en possession des Biens d'un Absent.

Nous avons rapporté, à la première Partie, titre premier, chapitre II, section 2, *des Absens*, les art. 859 et 860 du Code de Procédure, les deux seuls qui soient relatifs aux objets du présent chapitre. — Voyez-les.

CHAPITRE VII.

De l'Autorisation de la Femme mariée.

Nous avons rapporté, au chapitre III, *du Mariage*, de ce titre premier de la première Partie, les art. 861 à 864 du Code de Procédure relatifs à l'objet du présent chapitre; nous avons même donné les *formules* qu'ils peuvent faire naître. — Voyez-les.

CHAPITRE VIII.

Des Séparations de Biens.

L'ART. 1443 du Code civil dispose : « La sépara-
« tion de biens ne peut être poursuivie qu'en justice
« par la femme dont la dot est mis en péril, et lors-
« que le désordre des affaires du mari donne lieu de
« craindre que les biens de celui-ci ne soient point
« suffisans pour remplir les droits et reprises de la
« femme.

« Toute séparation volontaire est nulle. »

Et l'art. 1447 porte : « Les créanciers du mari peu-
« vent se pourvoir contre la séparation de biens pro-
« noncée, et même exécutée en fraude de leurs droits ;
« ils peuvent même intervenir dans l'instance sur la
« demande en séparation pour la contester. »

Les articles 865 et suivans du Code de Procédure

règlent la forme à suivre pour et sur la demande en séparation de biens, celle à suivre par les créanciers du mari pour intervenir dans l'instance, et celle pour la publicité du jugement de séparation de biens.

Aux termes de l'art. 874 de ce Code : « La renon- « ciation de la femme à la communauté est faite au « greffe du tribunal saisi de la demande en sépara- « tion. »

L'article 1457 du Code civil dit seulement que l'acte de renonciation à la communauté doit être inscrit sur le registre établi pour recevoir les renonciations à succession, au greffe du tribunal dans l'arrondissement duquel le mari a son domicile, en cas de renonciation sans séparation. L'article 874 du Code de Procédure statue pour le cas où il y a demande en séparation de biens.

CHAPITRE IX.

De la Séparation de Corps et du Divorce.

Les articles 875 et suivans traitent de la procédure à suivre par celui des époux qui veut se pourvoir en séparation de corps, et disent comment le jugement de séparation doit être rendu public.

L'art. 881 renvoie, pour le divorce, à la procédure tracée par le Code civil ; mais le divorce a été aboli par la loi du 8 mai 1816.

CHAPITRE X.

Des Avis de Parens.

Les articles 882 et suivans du Code civil disent quand est notifiée au tuteur sa nomination lorsqu'il n'était pas présent au conseil de famille, la mention qui doit être faite au procès-verbal de l'avis des membres lorsqu'ils n'ont point été unanimes, et traitent de la procédure à tenir pour obtenir l'homologation des délibérations.

CHAPITRE XI.

De l'Interdiction.

Il est traité, dans les articles 890 et suivans, de la poursuite d'interdiction pour imbécilité, démence ou fureur, et de celle en main-levée de l'interdiction, ainsi que de l'affiche du jugement qui prononce défense de plaider, transiger, emprunter, recevoir un capital mobilier, en donner décharge, aliéner ou hypothéquer *sans assistance de conseil.*

CHAPITRE XII.

Du Bénéfice de Cession.

Les articles 898 et suivans règlent les formalités à remplir par les débiteurs qui sont dans le cas de réclamer la cession judiciaire accordée par l'article 1268 du Code civil.

Cet article 1268 du Code civil accorde le bénéfice de cession au débiteur malheureux et de bonne foi. L'art. 905 du Code de Procédure détermine le cas d'exception en ces termes :

« Ne peuvent être admis au bénéfice de cession, les étrangers (parce que leurs biens ne sont pas ordinairement à la portée du créancier français), les banqueroutiers frauduleux, les personnes condamnées pour cause de vol ou d'escroquerie (parce que leur mauvaise foi est avérée), ni les personnes comptables, tuteurs, administrateurs et dépositaires (parce qu'ils ont prévariqué).

L'article 906 déclare qu'il n'est rien préjugé par les dispositions du présent chapitre, à l'égard du commerce, aux usages duquel il n'est rien innové.

On verra, dans la troisième Partie ce qui est relatif à la cession de biens par le failli.

TITRE II.

PROCÉDURES RELATIVES A L'OUVERTURE D'UNE SUCCESSION.

Ces procédures n'avaient été réglées, jusqu'au Code, dans aucun corps de législation positive. Des pratiques qui variaient dans les divers tribunaux, des réglemens faits par les cours souveraines; en un mot, la jurisprudence, plutôt que la loi, était, à cet égard, le seul guide des parties, des officiers ministériels et des juges. (*Rapport de M. Gillet au Corps Législatif*). Le Code a conséquemment tracé une marche qu'il était essentiel d'indiquer.

CHAPITRE PREMIER.

De l'Apposition des Scellés après Décès.

Lorsqu'il y a lieu à l'apposition des scellés après décès, elle est faite par les juges de paix, ou à leur défaut, par leurs suppléans.

Les juges de paix et leurs suppléans se servent d'un scéau particulier, qui reste entre leurs mains, et dont l'empreinte est déposée au greffe du Tribunal de première instance. (*Code de Procédure, art.* 907 et 908.)

Par qui l'apposition des scellés peut-elle être requise; quand le scellé est-il apposé, ou d'office, ou à la diligence du ministère public, ou sur la déclaration du maire ou adjoint, c'est ce qu'énoncent les art. 909, 910 et 911.

Le scellé ne peut être apposé que par le juge de paix des lieux, ou par des suppléans.

S'il n'a point été apposé avant l'inhumation, le juge constate, par son procès-verbal, le moment où il a été requis de l'apposer, et les causes qui ont retardé soit la réquisition, soit l'apposition. (*Art.* 912 et 913 *du Code.*)

L'art. 914 indique dans le plus grand détail ce que doit contenir l'apposition de scellé.

L'article 915 détermine entre les mains de qui doivent rester, jusqu'à la levée (entre celles du greffier), les clés des serrures sur lesquelles le scellé a été apposé.

Les articles 916 et suivans disent ce que doit faire le juge de paix si, lors de l'apposition, il est trouvé un *testament*, ou autres papiers cachetés; si le testament est trouvé ouvert, si les portes sont fermées et qu'il rencontre quelque obstacle à l'apposition des scellés.

Lorsque l'inventaire est parachevé, les scellés ne peuvent être apposés, à moins que l'inventaire ne soit attaqué, et qu'il ne soit ainsi ordonné par le président du tribunal.

Si l'apposition des scellés est requise pendant le cours de l'inventaire, les scellés ne sont apposés que sur les objets non inventoriés. (*Art.* 923.)

S'il n'y a aucun mobilier, le juge de paix dresse un *procès-verbal de carence.*

S'il y a des effets mobiliers qui soient nécessaires à l'usage des personnes qui restent dans la maison; ou sur lesquels le scellé ne puisse être mis, le juge de paix fait un procès-verbal contenant description sommaire desdits effets. (*Art.* 924.)

L'art. 925 est relatif au registre d'ordre pour les scellés, qui doit être tenu au greffe du Tribunal de première instance, dans les communes où la population est de vingt mille âmes et au-dessus, et à ce qui doit être inscrit sur ce registre d'ordre.

CHAPITRE II.

Des Oppositions aux Scellés.

LES oppositions aux scellés peuvent etre faites, soit par une, déclaration sur le procés-verbal de scellé', soit par exploit signifié au greffier du juge de paix. (*Art.* 926.)

Ces oppositions doivent contenir, à peine de nullité, outre les formalités communes à tout exploit, — 1°. élection de domicile dans la commune ou dans l'arrondissement de la justice de paix où le scellé est apposé, si l'opposant n'y demeure pas; — 2°. l'énonciation précise de la cause de l'opposition. (*Art.* 927.)

CHAPITRE III.

De la Levée du Scellé.

·LE ·scellé ne peut être levé et l'inventaire fait que trois jours après l'inhumation, s'il a été apposé auparavant, et trois jours après l'apposition,.si elle a été faite depuis l'inhumation, à peine de nullité des procès-verbaux de levée de scellés et d'inventaire, et des dommages-intérêts contre ceux qui les auraient faits et requis : le tout, à moins que, pour des causes urgentes, et dont il doit être fait mention dans son ordonnance, il n'en soit autrement ordonné par le président du Tribunal de première instance. — Dans ce cas, si les parties qui ont droit d'assister à la levée ne sont pas présentés, il est appelé pour elles, tant à la levée qu'à l'inventaire, un notaire nommé d'office par le président. (*Art.* 928 *du Code.*)

Si les héritiers ou quelques-uns d'eux sont mineurs non émancipés, il n'est pas procédé à la levée des scellés, qu'ils n'aient été ou préalablement pourvus de tuteurs ou émancipés. (*Art.* 929.).

Tous ceux qui ont droit de faire apposer les scellés, peuvent en requérir la levée... (*Art.* 930.)

L'art. 931 énonce les formalités pour parvenir à la levée des scellés.

Le conjoint, l'exécuteur testamentaire, les héritiers, les légataires universels et ceux à titre universel, peuvent assister à toutes les vacations de la levée du scellé et de l'inventaire, en personne ou par un mandataire.

Les opposans ne peuvent assister, soit en personne, soit par un mandataire, qu'à la première vacation : ils sont tenus de se faire représenter, aux vacations suivantes, par un seul mandataire pour tous, dont ils conviennent; sinon il est nommé d'office par le juge.... Ils ne le peuvent pas pour la conservation des droits de leur débiteur. (*Art.* 932 *et* 934.)

Exception pour l'opposant qui aurait des intérêts différens de ceux des autres, ou des intérêts contraires. Il peut assister en personne, ou par un mandataire particulier, à ses frais. (*Art.* 933.)

De la nomination des notaires, des commissaires-priseurs, des experts, par le conjoint commun en biens, les héritiers, l'exécuteur testamentaire et les légataires universels ou à titre universel, ou d'office par le président du Tribunal de première instance, lorsqu'ils ne s'accordent pas pour les nominations. (*Art.* 935.)

Ce que doit contenir le procès-verbal de levée des scellés; de leur levée à mesure de la confection de l'inventaire et de leur réapposition à la fin de chaque vacation; de la remise des objets et papiers étrangers à la succession et réclamés par des tiers. (*Art.* 936 à 939.)

Si la cause de l'apposition des scellés cesse avant qu'ils soient levés ou pendant le cours de leur levée, ils sont levés sans description. (*Art.* 940.)

CHAPITRE IV.
De l'Inventaire.

L'INVENTAIRE peut être requis par ceux qui ont' droit de requérir la levée du scellé. (*Art.* 941.) — Voyez l'art. 909 et l'art. 930 du Code.

En présence de qui il doit être fait, et ce qu'il doit contenir, c'est ce qui est l'objet des articles 942 et 943.

Du référé à introduire, devant le président du Tribunal de première instance, si, lors de l'inventaire, il s'élève des difficultés, ou s'il est formé des réquisitions pour l'administration de la communauté ou de la succession, ou pour autres objets: (*Art.* 944.)

Le président met son ordonnance sur la minute du procès-verbal. (*Même article.*)

CHAPITRE V.
De la Vente du Mobilier.

L'ARTICLE 826 du Code civil porté : « Chacun des « cohéritiers peut demander sa part en nature des meu- « bles et immeubles de la succession : néanmoins, s'il « y a des créanciers saisissans ou opposans, ou si la « majorité des cohéritiers juge la vente nécessaire pour « l'acquit des dettes et charges de la succession, les « meubles sont vendus publiquement en la forme « ordinaire. »

Lorsque la vente des meubles dépendans d'une succession a lieu en exécution de l'art. 826 du Code civil, cette vente est faite dans les formes prescrites (art. 613 à 625) au titre *des Saisies-Exécutions* (*Art.* 945 *du Code de Procédure.*)

Comment, sur la réquisition de qui, et par qui il y est procédé, qui doit y être appelé et en quelle forme, où la vente se fait, en présence de qui, et présence ou absence du requérant dont fait mention le procès-verbal. (*Art.* 946 *à* 951.)

Si toutes les parties sont majeures, présentes et d'accord, et qu'il n'y ait aucun tiers intéressé, elles ne sont obligées à aucune des formalités prescrites. (*Art.* 952.)

CHAPITRE VI.

De la Vente des Biens immeubles.

Si les immeubles n'appartiennent qu'à des majeurs, ils sont vendus, s'il y a lieu, de la manière dont les majeurs conviennent. — Ils ne sont astreints à aucune formalité, pas plus que pour la vente du mobilier.

S'il y a lieu à licitation ou vente aux enchères, elle est faite conformément à ce qui est prescrit par *les par. tages et licitations*, dont il est traité au chapitre suivant. (*Art.* 952 *du Code.*)

Si les immeubles n'appartiennent qu'à des mineurs, la vente ne peut être ordonnée que d'après un avis de parens (qui doit indiquer ceux qui doivent être vendus de préférence, et toutes les conditions qu'il juge utiles, aux termes de l'article 457 du Code civil.)

Cet avis n'est pas nécessaire lorsque les immeubles appartiennent en partie à des majeurs et en partie à des mineurs, et lorsque la licitation (ou vente aux enchères) est ordonnée sur la demande des majeurs.

Il est procédé à cette licitation, ainsi qu'il est prescrit au chapitre des *Partages et Licitations* ci-après. (*Article* 954, *ibid.*)

Lorsque le Tribunal civil homologue les délibérations du conseil de famille relatives à l'aliénation des biens immeubles des mineurs, il nomme, par le même jugement, un ou trois experts, suivant que l'importance des biens paraît l'exiger, et ordonne que, sur leur estimation, les enchères seront publiquement ouvertes devant un membre du tribunal, ou devant un notaire à ce commis aussi par le même jugement. (*Art.* 955.)

Les art. 956 et 957 sont relatifs à la rédaction de l'avis des experts, qui doit présenter les bases de l'estimation qu'ils ont faite, et à la remise de leur rapport, soit au greffe du tribunal, soit chez le notaire commis par le tribunal.

Les enchères sont ouvertes sur un cahier des charges, déposé ou chez le notaire commis ou au greffe, suivant l'art. 958, qui indique ce que doit contenir le cahier des charges.

Les art. 959 et suivans traitent des autres formalités à remplir, de la lecture du cahier des charges, de l'adjudication préparatoire, de l'apposition des affiches aux lieux indiqués, par trois dimanches consécutifs; de l'insertion de leur copie dans les journaux; de la remise de l'adjudication définitive si les enchères ne s'élèvent pas au prix de l'estimation, pourvu que, sur un nouvel avis de parens, l'immeuble soit adjugé au plus offrant, même au-dessous de l'adjudication; de l'annonce de cette adjudication par réapposition d'affiches et réinsertion dans les journaux, et enfin de la réception des enchères et de l'adjudication définitve, lesquelles enchères changent suivant qu'elles sont reçues devant le tribunal ou par le notaire commis par le jugement. Celles reçues par le notaire peuvent être faites par toutes personnes, sans ministère d'avoué.

CHAPITRE VII.

Des Partages et Licitations.

LORSQUE parmi des cohéritiers il y en a un qui refuse de consentir au partage, ou lorsqu'il s'élève des contestations, soit sur le mode d'y procéder, soit sur la manière de le terminer, le tribunal commet, s'il y a lieu, pour les opérations du partage, un des juges,

sur le rapport duquel il décide ces contestations.
(*Art.* 823 *du Code civil.*)

Si tous les cohéritiers ne sont pas présens, ou s'il
y a parmi eux des interdits ou des mineurs, même
émancipés, le partage doit être fait en justice, conformément aux règles prescrites par les art. 819 et suivans
jusques et compris l'art. 837. — S'il y a plusieurs mineurs qui aient des intérêts opposés dans le partage, il
doit être donné à chacun un tuteur spécial et particulier. (*Art.* 838 *du même Code civil.*)

Dans les cas des art. 823 et 838 du Code civil,
lorsque le partage doit être fait en justice, la partie la
plus diligente se pourvoit (par le même ministère d'un
avoué). (*Code de Procédure*, *art.* 966.)

Entre deux demandeurs, la poursuite appartient à
celui qui a fait viser le premier l'original de son
exploit par le greffier du tribunal : ce visa est daté du
jour et de l'heure. (*Art.* 967, *ibid.*)

On voit que dans ces partages et licitations en justice
tout doit se faire par le ministère d'avoué. Les opérations peuvent aussi être faites par des notaires, si elles
leur sont renvoyées par jugement, aux termes de
l'article 970. Inutile alors de rapporter les diverses
dispositions du Code, qu'ils doivent consulter et
suivre.

Suivant l'art. 977, le notaire commis procède seul
et sans l'assistance d'un second notaire ou de témoins;
et si les parties se font assister auprès de lui d'un conseil, les honoraires de ce conseil n'entrent point dans
les frais de partage, et sont à leur charge.

Les art. 978, 979 et 980 sont relatifs à la composition des lots.

Le jugement d'omologation du procès-verbal de partage dressé par le notaire commis, ordonne le tirage
des lots au sort, soit devant le juge-commissaire,
soit devant le notaire, lequel en fait la délivrance
aussitôt après le tirage. (*Articles* 981 *et* 982 *du Code.*)

Soit le greffier, soit le notaire, sont tenus de déli-

vrer tels extraits, en tout ou en partie, du procès-verbal de partage que les parties intéressées requièrent.
(*Art.* 983.)

Les art. 984 et 985 avertissent que

« Les formalités prescrites par les articles précédens
sont suivies dans les licitations et partages tendant à
faire cesser l'indivision, lorsque les mineurs ou autres
personnes non-jouissant de leurs droits civils y ont
intérêt ; »

Et que

« Lorsque les copropriétaires ou cohéritiers sont
majeurs, jouissant de leurs droits civils, présens ou
dûment représentés, ils peuvent s'abstenir des voies
judiciaires, — ou les abandonner en tout état de cause,
— et s'accorder pour procéder de telle manière qu'ils
avisent. »

Voyez, à la première Partie, titre III, chapitre 1er,
section 4, *du Partage des Successions*, les diverses
Formules, notamment celle *d'un Partage amiable de
Succession entre des Cohéritiers majeurs.*

CHAPITRE VIII.

Du Bénéfice de l'Inventaire.

Les art. 793 et 794 du Code civil règlent les formalités à remplir par l'héritier pour sa déclaration
*qu'il n'accepte la succession que sous bénéfice d'inven-
taire ;* les art. 796 et 805 tracent la conduite qu'il
doit suivre s'il veut faire vendre les meubles sans
qu'on puisse induire de sa part une acceptation de la
succcession.

L'art. 986 du Code de Procédure trace à son tour
la procédure que l'héritier doit suivre, s'il veut, avant
de prendre qualité, et conformément au Code civil, se
faire autoriser à procéder à la vente d'effets mobiliers
dépendans de la succession : il présente, à cet effet (par
le ministère d'un avoué), requête au président du Tri-

bunal de première instance dans le ressort duquel la succession est ouverte.

La vente en est faite par un officier public, après les affiches et les publications prescrites pour la vente du mobilier. (*Même art.* 986.)

Les art. 987 et 988 énoncent les formalités que l'héritier bénéficiaire doit remplir pour la vente des immeubles de la succession, et l'art. 988 termine en disant : « L'héritier bénéficiaire est réputé héritier pur et simple, s'il a vendu des immeubles sans se conformer aux règles prescrites dans le présent titre (chapitre). »

Il doit faire vendre le mobilier et *les rentes* suivant les formes prescrites pour ces sortes de biens, à peine également d'être réputé héritier pur et simple. (*Article* 989.)

Le prix de la vente du mobilier est distribué par contribution entre les créanciers opposans, suivant les formalités indiquées au titre *de la Distribution par Contribution* ;

Et le prix de la vente des immeubles est distribué suivant l'ordre des privilèges et hypothèques. (*Articles* 990 *et* 991.)

Les art. 992 à 994 sont relatifs à la caution que les créanciers ou autres parties intéressées peuvent exiger de l'héritier bénéficiaire, et indiquent la procédure à suivre pour l'obliger à la donner.

Sont observées, pour la reddition du compte du bénéfice d'inventaire, les formes prescrites au titre *des Redditions de Comptes.* (*Art.* 995.)

Si l'héritier bénéficiaire a des actions à intenter contre la succession, il les intente contre les autres héritiers ; et s'il n'y en a pas d'autres, ou que les actions soient intentées par tous, elles le sont contre un *curateur au bénéfice d'inventaire*, nommé en la même forme que le curateur à la succession vacante. (*Art.* 996.) — Voyez ci-après le chapitre X.

CHAPITRE IX.

De la Renonciation à la Communauté ou à la Succession.

Les renonciations à communauté ou à succession sont faites au greffe du tribunal dans l'arrondissement duquel la dissolution de la communauté ou l'ouverture de la succession s'est opérée, sur le registre prescrit par l'art. 784 du Code civil, et en conformité de l'art. 1457 du même Code, sans qu'il soit besoin d'autre formalité. *(Code de Procédure, article 997.)*

CHAPITRE X.

Du Curateur à une Succession vacante.

Lorsque, après l'expiration des délais pour faire inventaire et pour délibérer, il ne se présente personne qui réclame une succession, qu'il n'y a pas d'héritier connu, ou que les héritiers connus y ont renoncé, cette succession est réputée vacante; elle est pourvue d'un curateur, conformément à l'art. 812 du Code civil. *(Code de procédure, art. 998.)*

En cas de concurrence entre deux ou plusieurs curateurs, le premier nommé est préféré sans qu'il soit besoin de jugement. *(Art. 999.)*

Deux ou plusieurs curateurs peuvent se trouver nommés, quand plusieurs des créanciers ou des légataires particuliers se sont pourvus séparément en nomination.

La Cour de Cassation *(section des requêtes)*, par arrêt rendu le 7 février 1809, a jugé que la Cour d'appel pouvait nommer un autre curateur à une succession vacante que celui nommé par le Tribunal de première instance.

Le curateur est tenu, avant tout, de faire constater l'état de la succession par un inventaire, si fait n'a été, et de faire vendre les meubles suivant les formalités prescrites aux titres (chapitres) *de l'Inventaire et de la Vente du Mobilier. (Art. 1000.)*

Il ne peut faire procéder à la vente des immeubles et rentes que suivant les formes qui ont été prescrites (par les art. 987 à 989 au titre *du Bénéfice d'Inventaire. (Art. 1001.)*

Le curateur à une succession vacante est, relativement à l'administration, comparé à l'héritier bénéficiaire. — Les formalités prescrites pour celui-ci s'appliquent également au mode d'administration et au compte à rendre par le curateur à la succession vacante. *(Art. 1002.)*

TITRE III.

CHAPITRE UNIQUE.

Des Arbitrages.

Pour pouvoir compromettre ou faire juger ses contestations par arbitres, il faut avoir la pleine jouissance des droits sur lesquels on veut compromettre. *Illi possunt compromittere qui possunt efficaciter obligari.* (Ceux qui peuvent être obligés efficacement peuvent compromettre.) *Pandectæ Justiniani.* Les mineurs, les interdits, les femmes en puissance de mari, ne le peuvent pas, n'ayant la disposition libre d'aucuns droits, ni la faculté de faire aucuns contrats entre-vif.

Toutes personnes peuvent compromettre sur les droits dont elles ont la libre disposition. *(Code de Procédure, art. 1003)*

On ne peut compromettre sur les dons et legs d'alimens, logement et vêtemens ; sur les séparations

20

d'entre mari et femme, divorces (1), questions d'état, ni sur aucune des contestations qui seraient sujettes à communication au ministère public. *(Art.* 1004.)

Le compromis peut être fait par procès-verbal devant les arbitres choisis, ou par acte devant notaires ou sous signature privée.

Il doit désigner *les objets en litige et les noms des* arbitres, à peine de nullité (parce que, les arbitres n'ayant aucun caractère public, ou n'étant point des juges, il faut bien que le compromis leur donne un titre, et aux parties une garantie contre tout excès de pouvoir). *(Art.* 1005 *et* 1006, *développés.)*

Le compromis est valable, encore qu'il ne fixe pas de délai; et, en ce cas, la mission des arbitres ne dure que trois mois, du jour du compromis (à moins qu'il ne soit prorogé par les parties, auxquelles la loi n'en refuse pas le droit). *(Art.* 1007, *développé.)*

FORMULE *d'un Compromis sous signature privée.*

Nous, soussignés N... (*nom, prénoms, profession ou qualité, et demeure*) d'une part, et N... (*de même*) d'autre part, voulant terminer les contestations nées .., ou pour décider les contestations prêtes à naître entre nous relativement à... (*énoncer les objets des contestations*), sommes convenus de les faire juger par arbitres.

A cet effet, moi M..., ai nommé pour le mien M^e..., demeurant..., lesquels ont déclaré accepter l'un et l'autre la mission que nous leur avons proposée.

Nous leur donnons pouvoir de juger chaque point de nos contestations en premier ressort, *ou bien* en dernier ressort, définitivement, renonçant à nous pourvoir contre leur décision par appel, requête civile et cassation.

Ils décideront d'après les règles de droit, *ou bien* ils pourront prononcer comme *amiables compositeurs*; sans être astreints à décider d'après les règles de droit, ni à suivre les délais et les formes établies pour les tribunaux ordinaires, les y autorisant expressément.

Ils pourront condamner celui qui succombera aux dépens, ou les compenser en tout ou en partie; comme ils le jugeront convenable.

En cas de partage d'opinions sur un ou plusieurs points de nos contestations, ils feront vider le partage par un tiers-arbitre qui

---

(1) « Le divorce est aboli. » *Loi du* 8 *mai* 1816.)

sera choisi par eux en commun, ou qui, s'ils ne s'accordent pas, sera nommé par M. le président du Tribunal de première instance, auquel il sera présenté requête à cet effet par la partie la plus dili-gente, *ou bien* par M°..., demeurant.... que nous nommons ùnani-mement.

Ce tiers-arbitre prononcera après avoir conféré avec les arbitres, et en se conformant à l'un de leurs avis.

Si l'un des arbitres, ou le tiers-arbitre, se trouvait dans l'impos-sibilité, ou refusait de remplir la mission à lui déférée, l'arbitre sera remplacé par un autre, que sera tenu de nommer, dans la hui-taine, celui de nous qui l'avait élu, où, à son refus, il sera choisi par M. le président du tribunal. — Le tiers-arbitre sera rèmplacé par un autre que choisiront les arbitres en commun, ou qui, en cas de discord, sera nommé par M. le président du tribunal

Si l'un ou chacun de nous veut produire des notes, mémoires, défenses, observations, réponses, titres et pièces pour l'instruc-tion des arbitres, il sera obligé de faire sa production dans la huitaine au plus tard, à compter de ce jour, sinon, les arbitres sont, dès à présent, autorisés à juger sur les pièces déjà produites, et qui sont... (*les énoncer et les nombrer.*)

Cela ne nuit point à notre droit de communiquer aux arbitres, pendant le cours de l'instruction, les observations auxquelles pour-raient donner lieu les nouvelles pièces qui seraient produites.

Fait double entre nous, sous nos signatures privées, à...; le... mil huit cent ving-sept.

(*Les signatures.*)

Pendant le délai de l'arbitrage, les arbitres ne peu-vent être révoqués que du consentement unanime des parties. *(Art.* 1008.*)*

Les art. 1009 et 1011 disent quelle procédure peut être suivie par les parties et les arbitres; que les par-ties peuvent renoncer à l'appel, et que les actes d'ins-truction et les procès-verbaux du ministère des arbitres sont faits par tous les arbitres si le compromis ne les autorise à commettre l'un d'eux.

Le compromis *finit,* 1° par le décès, refus, déport ou empêchement d'un des arbitres, s'il n'y a clause qu'il sera passé outre; ou que le remplacement sera au choix des parties, ou au choix de l'arbitre ou des arbitres restans; — 2° par l'expiration du délai sti-pulé, ou de celui de trois mois s'il n'en a pas été ré-

glé (1) ; — 3º par le partage, si les arbitres n'ont pas
le pouvoir de prendre un tiers-arbitre. (*Art.* 1012.)

Le décès (de l'une des parties), lorsque tous les héritiers sont majeurs, ne met pas fin au compromis. —
Le délai pour instruire et juger est suspendu pendant
celui pour faire inventaire et délibérer. *(Art.* 1013.*)*

Les arbitres ne peuvent se déporter, si leurs opérations sont commencées : ils ne peuvent être récusés, si
ce n'est pour cause survenue depuis le compromis.
(Art. 1014.*)*

Les art. 1015 et suivans sont relatifs à l'inscription
de faux formée devant les arbitres et aux incidens
criminels qui peuvent s'élever, pour lesquels ils sont
obligés de renvoyer les parties à se pourvoir ; à l'instruction devant les arbitres ; à la signature du jugement arbitral par chacun des arbitres, lequel jugement
n'est, dans aucun cas, sujet à l'opposition ; et à
la nomination du tiers-arbitre.

Dans le cas de partage, les arbitres divisés sont tenus de rédiger leur avis distinct et motivé, soit dans
le même procès-verbal, soit dans les procès-verbaux
séparés. *(Art.* 1017, *in fine.)*

Le tiers-arbitre est tenu de juger dans le mois du
jour de son acceptation..... Il est tenu de se conformer
à l'un des avis des autres arbitres. *(Art.* 1018.*)*

L'article 1018, qui exige que le tiers-arbitre se
range à l'avis de l'un des deux arbitres, doit être entendu en ce sens, que le tiers-arbitre est tenu d'adopter
l'avis de l'un des arbitres sur chacun des chefs de demande ou articles de compte qu'ils avaient à régler, et
non sur l'ensemble des divers chefs réunis. *Arrêt de
la Cour de Cassation* du 1er août 1825.

Les arbitres et tiers-arbitre doivent décider d'après
les règles du droit, à moins que le compromis ne leur

_____

(1) Voyez, ci-après, l'art. 1028.

donné pouvoir de prononcer comme amiables compositeurs. *(Art.* 1019.)

« Les arbitres ayant une fois donné leur sentence, ne peuvent plus la rétracter ni y rien changer (ce serait se déjuger, et les juges ne le peuvent point); car le compromis n'était que pour leur donner pouvoir de rendre une sentence; et il est fini quand ils l'ont rendue. Mais leur pouvoir n'est pas fini par une sentence interlocutoire, et ils peuvent interloquer différemment suivant le besoin. » DOMAT, *des Compromis*, section II, n° 4. Il s'est appuyé de la loi *Arbiter, etsi erraverit in sententiâ dicendâ, corrigere eam non potest. Leg.* 20, *ff. de Recept.* Quoique l'arbitre ait erré dans sa sentence, il ne peut pas la corriger.

Les arbitres n'ayant aucune partie de la puissance publique, leurs jugemens ne peuvent être exécutoires que revêtus du sceau de l'autorité publique, qui doit y être apposé par le magistrat compétent.

Le jugement arbitral est rendu exécutoire par une ordonnance du président du Tribunal de première instance dans le ressort duquel il a été rendu........ *(Art.* 1020 *du Code.)*

..... La connaissance de l'exécution du jugement appartient au tribunal qui a rendu l'ordonnance. *(Art.* 1021.)

Les jugemens arbitraux ne peuvent, en aucun cas, être opposés à des tiers. *Sunt res inter alios judicatæ. (Art.* 1022.)

L'art. 1023 est relatif à la compétence pour l'appel des jugemens arbitraux.

Les règles sur l'exécution provisoire des jugemens des tribunaux (portées aux art. 135, 157, 457 et 458 du Code) sont applicables aux jugemens arbitraux. *(Art.* 1024.)

Si l'appel est rejeté, l'appelant est condamné à la même amende (de dix francs) que s'il s'agissait d'un jugement des tribunaux ordinaires. *(Art.* 1025.)

La requête civile peut être prise contre les jugemens arbitraux, dans les délais, formes et cas désignés pour les jugemens des tribunaux ordinaires. — Elle est portée, devant le tribunal qui eût été compétent pour connaître de l'appel.

Ne peuvent cependant être proposés pour ouvertures, — 1° l'inobservation des formes ordinaires, si les parties n'en étaient autrement convenues; — 2° le moyen résultant de ce qu'il aurait été prononcé sur choses non demandées, sauf à se pourvoir en nullité, suivant l'article ci-après. *(Art.* 1026 *et* 1027.*)*

Il n'est besoin de se pourvoir par appel ni requête civile dans les cas suivans :

1°. Si le jugement a été rendu sans compromis ou hors des termes du compromis ; :

2°. S'il l'a été sur compromis nul ou expiré;

3°. S'il n'a été rendu que par quelques arbitres non autorisés à juger en l'absence des autres ;

4°. S'il l'a été par un tiers sans en avoir conféré avec les arbitres partagés ; .

5°. Enfin, s'il a été prononcé sur choses non demandées.

Dans tous ces cas, les parties se pourvoient par opposition à l'ordonnance d'exécution, devant le tribunal qui l'a rendue, et demandent la nullité de l'acte qualifié *jugement arbitral.*

Il ne peut y avoir recours en cassation que contre les jugemens des tribunaux, rendus soit sur requête civile, soit sur appel d'un jugement arbitral. *(Art.* 1028.*)*

FORMULE *de Procès-Verbal d'Arbitrage.*

L'an mil huit cent vingt-sept, le..., heures de. ., par-devant nous,.. (*noms, prénoms et qualité et demeure*), réunis dans le cabinet de M°..., l'un de nous, sont comparus le sieur... (*nom*, *prénoms t profession ou qualité, et demeure*) et le sieur... (*de même.*)

Lesquels nous ont remis les deux doubles (1) de leur compromis fait sous leurs signatures privées, le..., enregistré le..., par lequel ils nous ont nommé, savoir, le sieur... moi N... et le sieur... moi N... pour leurs arbitres, à l'effet de statuer sur les contestations nées, ou prêtes à naître entre eux, relativement à *tel* objet (*l'énoncer*) et en conséquence duquel compromis ils nous ont l'un et l'autre invités, et même requis de nous constituer en tribunal arbitral, afin de les entendre dans leurs demandes et défenses respectives, de les juger en premier ressort, s'étant réservé l'appel et autres moyens de pourvoi, *ou bien* de les juger en premier et dernier ressort, définitivement, irrévocablement, renonçant, ainsi qu'ils l'ont fait par ledit compromis, à se pourvoir contre notre jugement à intervenir, par appel, requête civile et cassation ; et ils ont l'un et l'autre signé, après lecture à eux faite de ce que dessus.

(*Les signatures des parties.*)

Auxquelles invitation et réquisition obtempérant, nous soussignés, nous sommes à l'instant constitués en tribunal arbitral, et avons en conséquence dit et ordonné que lesdits sieur... (*noms et prénoms*) établiraient devant nous leurs demandes respectives et moyens à l'appui, pour être par nous statué, *soit* en premier ressorti, *soit* en premier et dernier ressort, définitivement, aux termes du compromis, si nous nous trouvons d'accord, et pour, en cas de partage, le faire également, mais, audit cas, en y appelant un tiers-arbitre, soit choisi par nous, soit choisi par M. le président du tribunal, aux termes du compromis ; et nous avons signé.

(*Les signatures des arbitres.*)

Nous étant constitués en tribunal arbitral, le sieur... (*nom et prénoms*) a établi ses demandes ainsi qu'il suit... (*les énoncer*). Pour les justifier, il nous a remis *telles* pièces (*les énoncer également*). Et il a signé en cet endroit.

(*La signature du demandeur.*)

Et de suite le sieur .. (*nom et prénoms*) a dit pour ses défenses que... (*écrire ses réponses*), et il nous a remis *telles* pièces justificatives ; et il a signé.

(*La signature du défendeur.*)

Desquelles demandes, réponses et remises de pièces, nous, arbitres susdits et soussignés, avons donné acte aux parties, et avons dit, déclaré et ordonné que nous allions nous occuper de l'examen de leurs demandes, défenses, titres et pièces.

Lesdits sieur... et sieur... s'étant retirés, nous avons procédé de suite audit examen ; et, après avoir vaqué à ce que dessus jusqu'à *telle* heure de..., nous nous sommes ajournés à *tel* jour, *telle*

---

(1) L'un doit être joint à la minute du jugement qui sera déposée au greffe du tribunal pour obtenir l'ordonnance d'*exequatur*, s'il y a lieu, et l'autre reste aux mains des arbitres, parce qu'il constate leur pouvoir.

heure de... pour la continuation de notre travail; et nous avons signé:

(Les signatures des arbitres.)-

CONTINUATION du Procès-Verbal.

Et le... heures du..., nous, arbitres susdits et soussignés, réunis dans le cabinet de M°..., l'un de nous, reprenant notre examen, nous avons discuté *tel* point et *tel* point ; et nous avons rendu la décision qui suit :

Vu *tel* titre, *telle* pièce ; attendu que..., nous disons et ordonnons que... (*consigner la décision au procès-verbal.*)

Ayant ensuite examiné *tel* autre point, nous avons rendu *telle* autre décision. Attendu que..., nous disons et ordonnons que...

Après avoir vaqué à tout ce que dessus jusqu'à *telle* heure, nous nous sommes ajournés à *tel* jour, *telle* heure du..., pour la continuation de nos opérations, et nous avons signé.

(Les signatures.)

Nota. Il doit être dit chaque jour, et inscrit au procès-verbal, ce qui a été fait et décidé. S'il est survenu quelque incident, le procès-verbal en doit faire mention. S'il a été fait de nouvelles productions de pièces, on doit l'y énoncer, donner acte à la partie de la remise, ordonner la communication de ces pièces à l'autre partie, et dire ce qui a été résolu ultérieurement d'après ces pièces.

Chaque point de la contestation doit subir un examen particulier, et on doit déclarer dans le procès-verbal ce qui a été jugé sur chacun.

Si parmi les points en litige, quelques-uns sont restés soumis à l'examen et décision du tiers-arbitre, le procès-verbal doit contenir les avis de chacun des arbitres, avec leurs motifs, signés par eux, et ensuite le jugement du tiers-arbitre sur chacun des points contentieux, lequel jugement doit être conforme à l'avis de l'un des arbitres.

FORMULE du Jugement arbitral inséré au Procès-Verbal.

Et le... mil huit cent vint-sept...; heures du..., nous N... et N..., arbitres susdits et soussignés, nommés par compromis du.. , par les sieurs *tel* et *tel*, lequel a été dûment enregistré le.. , réunis dans le cabinet de M°..., l'un de nous, terminant nos opérations sur les

demandes et contestations à nous soumises par lesdits sieur *tel* et
tel, avons rendu le jugement qui suit ;

Vu *tel* titre *ou telle* pièce ;

Après avoir entendu les parties et examiné leurs demandes et
défenses recpectives ;

Considérant que... et que... ;

Attendu que... ;

Après avoir décidé *tel* et *tel* point, et après avoir, attendu notre
partage, soumis à M..., tiers-arbitre, *tels* et *tels* points, sur lesquels son avis a été conforme à celui de M°... ;

Il est résulté que le sieur... est débiteur envers le sieur... de la
somme de...

Pour être fait droit aux parties,

Nous condamnons le sieur..., à payer au sieur... ladite somme
de..., avec les intérêts à raison de cinq *ou* six pour cent par année,
attendu la nature de la créance civile *ou* commerciale, jusqu'au
parfait paiement, à compter de *tel* jour ;

Et condamnons ledit sieur... aux frais et dépens ; *ou bien* par la
raison que... (*l'énoncer*), nous compensons les dépens entre les
parties.

Et après que le sieur... a requis terme et délai pour payer ladite
somme de..., nous lui accordons terme et délai de six mois, *ou*
d'un an, en payant par tiers, *ou* par quart, *ou* par sixième, de
mois en mois, *ou* de deux mois en deux mois ; ordonnons qu'à défaut du premier ou de subséquens paiemens, ledit sieur... pourra
être contraint pour le tout *ou* pour le restant.

Nous disons et ordonnons que, si le sieur... (*le créancier*) est
obligé de poursuivre l'exécution du jugement, les frais d'expédition
du jugement, d'ordonnance d'*exequatur* ou d'exécution, seront à
la charge du sieur... (*le débiteur*), indépendamment des droits
d'enregistrement dont il est tenu.

La minute du présent jugement, s'il est exécuté de plein gré,
restera déposée à M°..., l'un de nous, qui en reste garant responsable ; et si l'exécution en doit être poursuivie, elle sera déposée au
greffe du Tribunal de première instance, par ledit M°..., l'un de
nous.

Seront les pièces produites remises à chaque partie.

Fait et jugé à..., les jour, mois et an susdits, par nous, arbitres sus-nommés et soussignés.

(*Les signatures des arbitres.*)

Nota adhuc. Si, au lieu de ne présenter que des
points de fait, les contestations présentent des points
de droit à juger, qui doivent se décider d'après les
lois, il doit être dit : « Vu *tel* article de *telle* loi, de *tel*
Code ; considérant que..., attendu que..., nous di-
sons et ordonnons....., ou bien seulement nous condamnons le sieur.... à payer au sieur...., etc.

Le Code de Procédure est terminé par des *disposi-tions générales*, dont l'objet, a dit M. Mallarmé dans son rapport, est de prévenir les abus qu'une longue expérience pouvait faire craindre de voir renaître ; de fixer le véritable sens de quelques articles qui pour-raient recevoir diverses interprétations, et enfin d'évi-ter aux parties des frais inutiles.

Aucune des nullités, amendes et déchéances pro-noncées dans le Code n'est comminatoire. *(Art.* 1029 *de ce Code.)*

Les art. 1030 et 1031 mettent à la charge des offi-ciers ministériels les actes et les procédures nuls et frustratoires, ou les soumettent à des amendes pour omission ou contravention, si la nullité n'est pas pro-noncée par la loi.

Les communes et les établissemens publics sont tenus, pour former une demande en justice, de se conformer aux lois administratives. (*Art.* 1032.)

La loi du 29 vendémiaire an v a prononcé que le droit de suivre les actions qui intéressent les com-munes est confié aux agens (aux maires) desdites com-munes, et, à leur défaut, à leurs adjoints.

Le jour de la signification ni celui de l'échéance ne sont jamais comptés pour le délai général fixé pour les ajournemens, les citations, sommations et autres actes faits à personne ou domicile : ce délai est aug-menté d'un jour à raison de trois myriamètres (six lieues communes) de distance ; et quand il y a lieu à voyage, ou envoi et retour, l'augmentation est du double. *(Art.* 1033.)

Les art. 1034 et 1035 sont relatifs aux sommations pour être présent aux rapports d'experts ; aux récep-tions de serment, de caution ; aux enquêtes, aux in-terrogatoires sur faits et articles, pour lesquels les juges peuvent commettre un tribunal voisin, ou même un juge de paix.

Les Tribunaux, suivant la gravité des circonstances, peuvent, dans les causes dont ils sont saisis, prononcer, même d'office, des injonctions, supprimer des écrits, les déclarer calomnieux, et ordonner l'impression et l'affiche de leurs jugemens. *(Art. 1036.)*

Aucune signification ni exécution ne peut être faite, depuis le 1er octobre jusqu'au 31 mars, avant six heures du matin et après six heures du soir; et depuis le 1er avril jusqu'au 30 septembre, avant quatre heures du matin et après neuf heures du soir; non plus que les jours de fête légale, si ce n'est en vertu de permission du juge, dans le cas où il y aurait péril en la demeure. (*Art.* 1037.)

L'art. 1038 oblige les avoués qui ont occupé dans les causes où il est intervenu des jugemens définitifs, à occuper sur l'exécution de ces jugemens.., L'art. 1039 veut que toutes significations faites à des personnes publiques préposées pour les recevoir, soient visées par elles sans frais sur l'original...

Tous actes et procès-verbaux du ministère du juge sont faits au lieu où siége le tribunal; le juge y est toujours assisté du greffier, qui garde les minutes et délivre les expéditions : en cas d'urgence, le juge peut répondre en sa demeure les requêtes qui lui sont présentées ; le tout, sauf l'exécution des dispositions portées au titre *des Référés.* (*Art.* 1040.)

TROISIÈME PARTIE.

DES MATIÈRES COMMERCIALES.

~~~~~~

PRÉLIMINAIRE.

———

Sans discerter préalablement sur l'utilité du commerce, que tout le monde reconnaît, sur les moyens les plus avantageux de le faire, que l'industrie et l'intérêt suggèrent à ceux qui s'y livrent, nous allons tout de suite nous occuper des matières commerciales, ou extraire du Code de Commerce les dispositions que nous croirons qu'il importe le plus aux praticiens et aux particuliers de connaître.

Le Code de Commerce est divisé en quatre livres, que nous placerons sous quatre Titres généraux, en mettant leurs titres sous des Chapitres, leurs Chapitres sous des Sections, leurs Sections sous des Paragraphes, ainsi que nous l'avons fait pour les Codes Civils et de Procédure.

~~~~~~

TITRE PREMIER.

DU COMMERCE EN GÉNÉRAL.

On appelle commerce, en général, l'usage des ventes et des échanges, pour faire passer à chacun les choses dont il a besoin.

CHAPITRE PREMIER.

Des Commerçans.

Sont commerçans ceux qui exercent des actes de commerce, et en font leur profession habituelle. (*Code de Commerce, art.* 1er.)

Celui qui ne fait qu'accidentellement des actes de commerce, n'est point commerçant ; mais cependant il se rend justiciable, pour ces actes, de la juridiction des tribunaux de commerce.

On verra au titre IV quels actes la loi répute *Actes de commerce*.

L'art. 487 du Code civil dispose : « Le mineur « émancipé qui fait un commerce est réputé majeur « pour les faits relatifs à ce commerce. »

Tout mineur émancipé de l'un et de l'autre sexe, *âgé de dix-huit ans accomplis*, qui veut profiter de la faculté que lui accorde l'art. 487 du Code civil, de faire le commerce, ne peut en commencer les opérations, ni être réputé majeur, quant aux engagemens par lui contractés pour faits de commerce, — 1° s'il n'a été préalablement autorisé par son père, ou par sa mère, en cas de décès, interdiction ou absence du père, ou, à défaut du père et de la mère, par une délibération du conseil de famille homologuée par le Tribunal civil ; — 2° si, en outre, l'acte d'autorisation n'a été enregistré et affiché au Tribunal de commerce du lieu où le mineur veut établir son domicile. (*Code de Commerce, art. 2.*)

La disposition de l'article précédent est applicable aux mineurs même non commerçans, à l'égard de tous les faits qui sont déclarés faits de commerce par les dispositions des art. 632 et 633. (*Art. 3.*)

La femme ne peut être marchande publique sans le consentement de son mari. (*Art. 4.*)

La Cour de cassation, par arrêt du 14 nov. 1820, a jugé que le consentement du mari à ce que sa femme soit marchande publique, peut s'induire de ce qu'il ne s'oppose pas au commerce que sa femme fait sous ses yeux ; en telle sorte qu'une autorisation expresse n'est pas nécessaire.

La femme, si elle est marchande publique, peut, sans l'autorisation de son mari, s'obliger pour ce qui concerne son négoce ; et, audit cas, elle oblige aussi son mari, s'il y a communauté entre eux.

Elle n'est pas réputée marchande publique, si elle ne fait que détailler les marchandises du commerce de son mari ; elle n'est réputée telle que lorsqu'elle fait un commerce séparé. (*Code de Commerce, art.* 5, *transcrit de l'art.* 220 *du Code civil.*)

Les mineurs marchands, autorisés comme il est dit ci-dessus (par leur père, ou mère, ou conseil de famille), peuvent engager ou hypothéquer leurs immeubles (afin que leurs engagemens ne soient point illusoires, et parce que la majorité fictive doit avoir l'étendue de la majorité réelle).

Ils peuvent même les aliéner, mais en suivant les formalités prescrites par les art. 457 et suivans (458 et 459) du Code civil. (*Code de Commerce, art.* 6, *développé.*)

L'art. 1308 du Code civil porte : « Le mineur com-« merçant, banquier ou artisan, n'est point restituable « contre les engagemens qu'il a pris à raison de com-« merce ou de son art. »

Les femmes marchandes publiques peuvent également engager, hypothéquer et aliéner leurs immeubles.

Toutefois leurs biens stipulés dotaux, quand elles sont mariées sous le régime dotal, ne peuvent être hypothéqués et aliénés que dans les cas déterminés et avec les formes réglées par le Code civil. (*Code de Commerce, art.* 7)

Voyez les art. 1554 à 1559 du Code civil, pour les cas et les formes dont parle cet art. 7.

FORMULE *d'Autorisation donnée par un Père ou une Mère à son Fils émancipé, pour faire le Commerce ou un Acte de commerce.*

Je, soussigné, *ou* soussignée, déclare autoriser et, par ces présentes, autorise *un tel* (*nom, prénoms et âge*), mon fils mineur, par moi émancipé, demeurant..., *ou une telle* (*de même*), ma fille mineure, par moi émancipée, à faire le commerce de... (*en énoncer la nature*), et à contracter et s'obliger en conséquence ;

Ou.bien, à faire telle opération de banque *ou* l'achat de *telles* denrées ou marchandises pour les revendre, *ou* l'entreprise de *telles* fournitures, *ou* l'entreprise de *telle* manufacture réputée acte de commerce par la loi, persuadé *ou* persuadée qu'il *ou* qu'elle le conduira avec sagacité, intelligence en capacité.

A..., le... mil huit cent vingt-sept.

> (*La signature*, *avec la profession ou qualité, et la demeure.*)

Pareille autorisation peut se donner devant notaires.

Nota. Il faut que cette autorisation soit sur papier timbré, et qu'elle soit enregistrée, pour avoir une date certaine et être affichée au Tribunal de commerce.

Le coût de l'enregistrement d'une autorisation pure et simple est de deux francs. (*Art.* 43 *de la loi du* 28 *avril* 1816.)

FORMULE *d'Autorisation à donner par le Conseil de famille pour le même objet.*

L'an mil huit cent vingt-sept, le..., par-devant nous... (*nom et prénoms*), juge de paix du canton de..., *ou* de l'arrondissement de..., département de..., assisté de notre greffier, se sont présentés les parens et amis de... (*les nom, prénoms, âge, qualité et demeure*), mineur, émancipé par délibération du conseil de famille, reçu par nous, le..., lesquels parens et amis sont nommés, qualifiés et domiciliés comme il suit :

1°. Le sieur...; 2° le sieur....; 3°....; 4°....; 5°...,; 6°....:

Lesquels nous ont déclaré que ledit mineur émancipé les ayant convoqués pour l'autoriser à faire *tel* commerce qu'il veut entreprendre, *ou telle* opération réputée acte de commerce par la loi, ils se sont rendus à son invitation ;

Qu'ils lui reconnaissent les facultés et capacités pour faire ledit commerce *ou* ladite opération; — qu'ils sont unanimement d'avis de l'autoriser et l'autorisent, par ces présentes, à exercer ledit commerce *ou* à faire ladite opération;

De laquelle déclaration nous leur avons donné acte ;

En conséquence, disons et déclarons qu'*un tel*, mineur émancipé, âgé de dix-huit ans révolus, est autorisé à faire le commerce de..., *ou telle* opération réputée acte de commerce par la loi ;

Et ont les parens et amis sus-nommés signé avec nous et notre greffier, à l'exception du sieur... et du sieur..., qui ont déclaré ne le savoir *ou* ne le pouvoir, les jour, mois et an que dessus.

> (*Les signatures.*)

FORMULE *du Consentement donné par le Mari à sa Femme pour qu'elle fasse le Commerce.*

Par-devant Mᵉ N... et son confrère, notaires royaux, résidans à..., département de..., soussignés, est comparu le sieur... (*nom, prénoms, âge* (1) , *profession et demeure*), lequel a dit et déclaré que la dame... (*prénoms, nom de famille et âge*), son épouse, demeurant avec lui, étant dans l'intention de faire *tel* commerce, et lui ayant demandé son consentement à cet effet , il consent à ce qu'elle fasse ledit commerce, et, en conséquence, contracte toutes obligations nécessaires ; et même engage, hypothèque ou aliène *tels* et *tels* immeubles lui appartenant , et par elle apportés en mariage, si le besoin de son commerce le requiert.

Dont acte, fait et passé en l'étude, à..., le... mil huit cent vingt-sept ; et a ledit sieur..., après lecture faite, signé avec les notaires.

(*Les signatures.*).

Nota. La même autorisation pourrait se donner par acte sous seing privé. Il y serait dit.

Je, soussigné, (*nom, prénoms, qualité et demeure*), dis et déclare que la dame... , mon épouse, demeurant avec moi, étant dans l'intention de faire *tel* commerce, et m'ayant demandé mon acquiescement à cette demande, je consens à ce qu'elle fasse ledit commerce, et, en conséquence, contracte toutes obligations nécessaires ; et même engage, hypothèque ou aliène *tels* et *tels* immeubles lui appartenant, et par elle apportés en mariage, si le besoin de son commerce le requiert, à... le... 1827.

(*La signature.*)

COROLLAIRE. — *Des Patentes.*

Quiconque exerce où veut exercer le commerce, l'industrie, les métiers ou professions non exceptés par la loi, est tenu de se munir d'une patente, et de payer les droits fixés pour la Classe du Tarif auquel il appartient, suivant la population de sa commune, ou, sans égard à cette population, pour le commerce, l'industrie, les métiers ou professions mis hors classe dans le tarif. (*Loi du 1ᵉʳ brum. an* VII, *sur les patentes, art.* 3.)

Les patentes sont prises dans les trois premiers mois de l'année pour l'année entière, sans qu'elles puissent être bornées à une partie de l'année.... (*Art.* 4.)

---

(1) Si le mari était mineur, il faudrait que l'autorisation fût donnée par le juge. (*Art.* 224, *Code civil.*)

Nul n'est obligé à prendre plus d'une patente, quelles que soient les diverses branches de commerce, profession ou industrie qu'il exerce ou qu'il veuille exercer. Dans ce cas, la patente est prise pour le commerce, profession ou industrie qui donne lieu au plus fort droit. (*Art.* 24.)

Telle est la nécessité pour le commerçant de se pourvoir d'une patente, qu'il ne peut former de demande en justice, ni y fournir aucune exception ou défense, ni faire aucun acte ou signification extrajudiciaire, pour tout ce qui serait relatif à son commerce, à sa profession ou à son industrie, sans qu'il soit fait mention en tête des actes de la patente prise, avec désignation de la date, du numéro et de la commune où elle a été délivrée, à peine d'une *amende de cinq cents francs*, tant contre lui que contre les fonctionnaires publics qui auraient fait ou reçu lesdits actes sans faire mention de la patente. (*Art.* 37.)

Celui qui a besoin de plusieurs expéditions de sa patente pour en justifier dans d'autres cantons que celui de son domicile, peut les requérir, sans autres frais que ceux du papier timbré. Il en est de même pour celui qui a perdu sa patente. (*Art.* 39.)

Les sous-préfets sont autorisés à faire descendre dans la classe immédiatement inférieure ou la suivante, ceux qui justifient l'impossibilité où ils sont d'acquitter les droits de leur classe, (*Art.* 40.)

CHAPITRE II.
Des Livres de Commerce.

TOUT commerçant est tenu d'avoir un libre *journal* qui *présente*, jour par jour, ses dettes actives et passives, les opérations de son commerce, ses négociations, acceptations ou endossemens d'effets, et généralement tout ce qu'il reçoit et paie, à quelque titre que ce soit; et qui *énonce*, mois par mois, les sommes employées à la dépense de sa maison; le tout indépendamment des autres livres usités dans le commerce, mais qui ne sont pas indispensables.

. Il est tenu de mettre en liasse les lettres missives qu'il reçoit, et de copier sur un registre celles qu'il envoie. (*Code de commerce*, art. 8.)

Il est tenu de faire, tous les ans, sous seing privé, un inventaire de ses effets mobiliers et immobiliers, et de ses dettes actives et passives, et de le copier, année par année, sur un registre spécial à ce destiné. (*Art.* 9.)

Les art. 10 et 11 sont relatifs aux visa et paraphe des livres par un des juges du Tribunal de commerce, ou par le maire ou un adjoint.

Les livres de commerce, régulièrement tenus peuvent être admis par le juge, pour faire preuve entre commerçans pour fait de commerce. (*Art.* 12.)

(Non admission en justice des livres régulièrement tenus : *art.* 13.)

La communication des livres et inventaires ne peut être ordonnée en justice que dans les affaires de successions, communauté, partage de société, et en cas de faillite. (*Art.* 14.)

(Représentation des livres qui, dans le cours d'une contestation, peut être ordonnée par le juge à l'effet d'en extraire ce qui concerne le différend : *art.* 15 *et* 16.)

Si la partie aux livres de laquelle on offre d'ajouter foi, refuse de les représenter, le juge peut déférer le serment à l'autre partie. (*Art.* 17.)

FORMULE du Livre-Journal.

D'abord le livre doit porter, en gros caractères, tant sur la couverture qu'en tête de la première page, ces mots : LIVRE-JOURNAL.

' Après ces mots, sur la première page, on met commencé le.... (*La date.*)

Dudit jour... (*Celui de la date.*)
Acheté de M... (*son nom, son commerce, sa fabrique ou sa manufacture, et sa demeure*) les marchandises ci-après, que je lui ai

payées comptant, *ou* moitié comptant, et l'autre moitié prise à crédit, savoir :

1°....; 2°....; 3°....; 4°.... (*Toutes les marchandises, avec le prix ensuite de chaque article, et le total du prix.*)

Par exemple, 20 paires de bas de coton à 1 fr. 50 c.,
3o fr., ci. . . . . 3o fr.

   10 douzaines de mouchoirs à 1 fr., 120 fr., ci. . . .   120

5o paires de gants à 1 fr., 5o fr., ci. 5o

6 douzaines de cravates de soie à 2 fr., 144 fr., ci. .   144

Total. . . . . . 344 fr.

Dudit jour.

Reçu de M... (*de tel pays*), les marchandises dont le détail suit, et qui me sont parvenues par *tel* voiturier, savoir :

1°....; 2°... ; 3°....; 4°....; 5°....; (*De même que ci-dessus, les marchandises par article, leur prix à la suite de chaque article, et le total au-dessous.*)

Dudit jour.

Vendu comptant à un particulier *telles* marchandises, à raison de *tel* prix.

Vendu de même au comptant à M... *telles* marchandises, à raison de *tel* prix.

Vendu à M...., à crédit, *telles* marchandises. (*Leur prix et le total des trois articles.*)

Par exemple : vendu comptant à M... 12 mouchoirs
à 3o sous, 18 fr., ci. . . . . 18 fr.

Vendu à M..., aussi comptant, 6 paires de bas à
2 fr., 12 fr., ci.   12

Vendu à crédit à M... 6 cravates de soie à 3 fr.,
18 fr., ci.   18

Total. . . . . . 48 fr.

Du... (*la date*).

J'ai reçu de M..., pour le montant d'un billet à
ordre qu'il m'avait souscrit, 200 fr., ci. . . . . 200 fr.

Dudit jour.

J'ai souscrit au profit de M... (*nom, profession et demeure*) un billet à ordre de 15o fr., payable le..., pour *telles* marchandises qu'il m'avait vendues, ci. .   15o

J'ai accepté une lettre de change de 200 fr. tirée par M..., de *tel* pays, payable le.., montant de *telles* marchandises qu'il m'avait expédiées le..., ci.   200

Ou bien, j'ai endossé au profit de M... une lettre de change de 3oo fr., que je lui ai passée, qui m'avait été transmise par M .., et payable le..., ci. 3oo

Du... (*la date*).

J'ai reçu à valoir sur la dot de mon épouse, de M... et de madame..., ses père et mère, la somme de 10,000 fr., ci. . . . . 10,000 fr.

Du... (la date).

J'ai reçu, pour ma part de la succession de tel parent, laquelle a été liquidée, la somme de 8,000 fr. ;
ci. 8,000

Du... (le dernier jour du mois).

J'ai fait le relevé de toutes les dépenses de ma maison, tant pour la nourriture que pour les autres besoins, pendant le mois: elles se montent à la somme
de 250 fr. ci. 250 fr.

On voit qu'un livre-journal est une sorte de procès-verbal qu'on fait soit même de toutes les opération de sa maison.

Formule du Livre des Inventaires annuels.

Il doit aussi porter les mots *Livre des Inventaires* sur la couverture et à la première page.

Les inventaires devant y être copiés, en ayant une *formule d'inventaire*, on aura celle du livre.

Inventaire général de tous mes effets mobiliers et immobiliers, et de mes dettes actives et passives.

Mobilier.

J'ai en magasin ou dans ma boutique :
1°. Perkale, 50 aunes, 100 fr., ci . . . . 100 fr.
2°. Mousseline, 100 aunes, 250 fr., ci. 250
3°. Toile de coton, 50 aunes, 125 fr., ci. 125
4°. Mouchoirs de Rouen, 20 douzaines, 480 fr., ci. 480.
5°.... 6°... 7°....

Additionner et énoncer le total. . . . . 955 fr.

J'ai en caisse, en or et en argent monnayé, la somme de..., ci. . . . .
J'ai pour mon usage et pour celui de ma famille, tant de couverts d'argent (*les énoncer et y fixer une valeur*), ci. . . . .

Immeubles

J'ai *telle* maison, composée de..., située rue, n°...,
estimée, lors du partage fait avec mes cohéritiers le. . 30,000
J'ai une autre maison avec jardin et *tant* d'hectares

ou d'arpens de terre, située à..., département de...,
que j'ai acquise le..., estimée 35,000 fr., ci..   35,000

Total *du prix des immeubles.* . . . .   65,000 fr.

DETTES ACTIVES, *tant bonnes que mauvaises et douteuses.*

Bonnes.

Il m'est dû, 1° par M..., suivant son billet à ordre,
payable le... , 500 fr., ci. . . . .   500 fr.
2°. Par M..., suivant une lettre de change à moi
transmise, payable le. . . . .
3°. Par M..., pour fournitures à lui faites, 300 fr.,
ci. . . . .   300 fr.

Additionner *et énoncer le* total. . , . .1,600 fr.

Douteuses.

4°. Par M...: *telle* somme pour fournitures à lui
faites à *telle* époque, ci. . . . .

Mauvaises.

5°. Par madame... *telle* somme, pour fournitures
que je lui ai faites le..., ci. . . . .

DETTES PASSIVES.

Je dois à M..., par billet payable le , *telle* somme,
ci. . . . .
A M..., pour marchandises qu'il m'a expédiées
le..., et auxquelles était jointe sa facture, montant
à..., ci. . . . .
A M..., par lettre de change qu'il a tirée sur moi,
telle somme, payable le..., ci. . .°. . . . .

Nota. On additionne les dettes passives; on les dé-
falque ensuite sur le total de l'actif, et on présente
ainsi sa situation.

RÉCAPITULATION.

Mobilier *tant*...
Argent comptant...
Immeubles...
Dettes actives...
Dettes passives...
Il me reste d'effectif *tant*.
Arrêté par moi , et déclaré sincère et véritable le... mil huit cent
vingt-sept.   (*La signature.*)

CHAPITRE III:

Des Sociétés.

On a vu, au chapitre IX du titre III de la première Partie, les dispositions relatives aux sociétés universelles et aux sociétés particulières, et on y a lu que ces dispositions ne s'appliquaient aux sociétés de commerce que dans les points qui n'ont rien de contraire aux lois et usages de commerce.

SECTION PREMIÈRE. — *Des diverses Sociétés de Commerce et de leurs Règles.*

Le contrat de société se règle par le droit civil, par les lois particulières au commerce, et par les conventions des parties. (*Code de Commerce*, art. 18.) (1).

Les sociétés de commerce se distinguent en quatre sortes : en sociétés en nom collectif, en sociétés en commandite, en sociétés anonymes, et en sociétés en participation.

La *société en nom collectif* est celle que contractent deux personnes ou un plus grand nombre, et qui a pour objet de faire le commerce sous une raison sociale.

Les noms des associés peuvent seuls faire partie de la raison sociale.

Les associés en nom collectif, indiqués dans l'acte de société, sont solidaires pour tous les engagemens de la société, encore qu'un seul des associés ait signé, pourvu que ce soit sous la raison sociale. (*Art.* 19 à 22, *ibid.*)

La *société en commandite* se contracte entre un ou plusieurs associés responsables et solidaires, et un ou plusieurs associés bailleurs de fonds; que l'on nomme *commanditaires ou associés en commandite.*

---

(1) Une société de commerce ne peut exister sans qu'il y ait perte à supporter en commun, ou profit à partager entre les associés. *Arrêt de la Cour de Cassation* du 4 juillet 1826.

Elle est réglée sous un nom social, qui doit être nécessairement celui d'un ou plusieurs des associés responsables et solidaires.

Lorsqu'il y a plusieurs des associés solidaires et en nom, soit que tous gèrent ensemble, soit qu'un ou plusieurs gèrent pour tous, la société est à la fois *société en nom collectif* à leur égard, et *société en commandite* à l'égard des simples bailleurs de fonds. (*Art.* 23 *et* 24, *ibid.*)

Le nom d'un associé commanditaire ne peut faire partie de la raison sociale.

L'associé commanditaire n'est passible de pertes que jusqu'à concurrence des fonds qu'il a mis ou dû mettre dans la société. (*Art.* 25 *et* 26.)

La Cour de Cassation, par arrêt du 14 février 1810, a jugé que le commanditaire n'est pas passible du rapport des intérêts de sa mise, qu'il a perçus de bonne foi en vertu du pacte social, et qu'il ne doit point, à raison de l'importance des pertes de la société, rapporter les bénéfices qu'il en a retirés précédemment.

L'associé commanditaire ne peut faire aucun acte de gestion, ni être employé pour les affaires de la société, même en vertu de procuration. (*Code de Commerce, art.* 27.)

En cas de contravention à la prohibition mentionnée dans l'article précédent, l'associé commanditaire est obligé *solidairement*, avec les associés en nom collectif, pour toutes les dettes et engagemens de la société. (*Art.* 28, *ibid.*)

Le *société anonyme* n'existe point sous un nom social : elle n'est désignée par le nom d'aucun des associés,

Elle est qualifiée par la désignation de l'objet de son entreprise. (1).

(1) Comme l'Entreprise des Messageries, la Banque de France, la Compagnie des Ponts des Arts et de la Cité, et autres Compagnies.

Elle est administrée par des mandataires à temps, révocables, associés ou non associés, salariés ou gratuits.

Les administrateurs ne sont responsables que de l'exécution du mandat qu'ils ont reçu.

Ils ne contractent, à raison de leur gestion, aucune obligation personnelle ni solidaire relativement aux engagemens de la société. (*Art.* 29 *à* 32.)

Les associés ne sont passibles que de la perte du montant de leur intérêt dans la société. (*Art.* 33.)

Le capital de la société anonyme se divise en actions, et même en coupons d'action d'une valeur égale.

L'action peut être établie sous la forme d'un titre au porteur.

Dans ce cas, la cession s'opère par la tradition du titre.

La propriété des actions peut être établie par une inscription sur les registres de la société.

Dans ce cas, la cession s'opère par une déclaration de transfert inscrit sur les registres, et signée de celui qui fait le transport ou d'un fondé de pouvoir.

Le capital des associés en commandite peut aussi être divisé en actions sans aucune autre dérogation aux règles établies pour ce genre de société. (*Art.* 34 *à* 36 *et* 38.)

La société anonyme ne peut exister qu'avec l'autorisation du Roi, et avec son approbation pour l'acte qui la constitue; cette approbation doit être donnée dans la forme prescrite pour les réglemens d'administration publique. (*Art.* 37.)

Les sociétés en nom collectif ou en commandite doivent être constatées par des actes publics ou sous signature privée, en se conformant, dans ce dernier cas, à l'art. 1327 du Code civil (qui veut que les actes soient faits en autant d'originaux qu'il y a de parties ayant un intérêt distinct....). (*Art.* 39.)

Les sociétés anonymes ne peuvent être formées que par des actes publics. (*Art.* 40.)

Aucune preuve par témoins ne peut être admise contre et outre le contenu dans les actes de société, ni sur ce qui serait allégué avoir été dit avant l'acte, lors de l'acte ou depuis, encore qu'il s'agisse d'une somme au-dessous de cent cinquante francs. (*Art.* 41.)

L'extrait des actes de société en nom collectif et en commandite doit être remis, dans la quinzaine de leur date, au greffe du tribunal de commerce de l'arrondissement dans lequel est établie la maison du commerce social, pour être transcrit sur le registre, et affiché pendant trois mois dans la salle des audiences.

Si la société a plusieurs maisons de commerce situées dans divers arrondissemens, la remise, la transcription et l'affiche de cet extrait doivent être faites au Tribunal de commerce de chaque arrondissement (1).

Ces formalités doivent être observées, à peine de nullité à l'égard des intéressés; mais le défaut d'aucune d'elles ne peut être opposé à des tiers par les associés. (*Art.* 42.)

L'extrait doit contenir — les noms, prénoms, qualités et demeures des associés autres que les actionnaires ou commanditaires, — la raison de commerce de la société, — la désignation de ceux des associés autorisés à gérer, administrer et signer pour la société, — le montant des valeurs fournies ou à fournir par actions ou en commandite, — l'époque où la société doit commencer, et celle où elle doit finir; (*Art.* 43.)

L'extrait des actes de société est signé, pour les actes publics, par les notaires; et pour les actes sous seing privé, par tous les associés, si la société est en

---

Un décret du 12 février 1814 (Bulletin n° 558), veut que tout extrait d'acte de société conforme à l'article 43 du Code soit, indépendamment de l'affiche, inséré dans les *Affiches judiciaires* et dans le *Journal du Commerce du département.*

nom collectif; et par les associés solidaires ou gérans, si la société est en commandite, soit qu'elle se divise ou ne se divise pas en actions. (*Art.* 44.)

L'ordonnance du Roi qui autorise les sociétés ano-nymes, doit être affichée avec l'acte d'association et pendant le même temps. (*Art.* 45.)

Toute continuation de société, après son terme expiré, doit être constatée par une déclaration des co-associés. — Cette déclaration, et tous actes portant dissolution de société avant le terme fixé pour sa durée par l'acte qui l'établit, tout changement ou retraite d'associés; toutes nouvelles stipulations ou clauses, tout changement à la raison de société, sont soumis aux formalités prescrites (pour la publicité) par les art. 42, 43 et 44, sous la peine de nullité du contrat de société à l'égard des intéressés, portée par le 3e alinéa de l'art. 42. (*Art.* 46.)

Indépendamment des trois espèces de sociétés en nom collectif, en commandite et anonyme, la loi reconnaît les *associations commerciales en participation.*

Ces associations sont relatives à une ou plusieurs *opérations de commerce*; elles ont lieu pour les objets, dans les formes, avec les proportions d'intérêt et aux conditions convenues entre les participans. (*Art.* 47 et 48.)

Les associations en participation peuvent être cons-tatées par la représentation des livres, de la correspon-dance, ou par la preuve testimoniale, si le tribunal juge qu'elle peut être admise.

Elles ne sont point sujettes aux formalités (d'actes préalables, de transcription sur les registres du Tribu-nal de commerce, et d'affiche pendant trois mois dans la salle des audiences du Tribunal de commerce) prescrites pour les autres sociétés. (*Art.* 49 et 50.)

Formule *d'un Acte de Société en Nom collectif.*

Nous, soussignés, *un tel* (nom, prénoms, âge, profession et de-meure) d'une part, et *un tel* (*de même*) d'autre part, établissan t

entre nous, par le présent acte, une société en nom collectif, à
pertes et à gains communs, avons fait les conventions qui suivent :.

Art. 1er. Notre société commence de cejourd'hui, *ou* commen-
cera le *tel jour*, et est contractée pour *tant* d'années, qui finiront
le...

Art. 2. Elle portera nos deux noms, et sera sous la raison *tel* et
tel.

Art. 3. La mise de chacun de nous en la société est de *telle*
somme ; formant conséquemment un capital de *telle* somme.

Art. 4. Sur ce capital seront prises la somme de..., pour achat
de marchandises de notre état; celle de..., pour achat de meubles
et ustensiles pour notre ameublement et notre commerce; et celle
de..., restera en caisse, pour les achats et les paiemens que nous
aurons à faire ultérieurement;

Ou bien, les marchandises que moi, *un tel*, possède, seront ma
mise de fonds, estimée la somme de...; et moi, *un tel*, verserai
dans la caisse de la société la somme de..., égale à la valeur desdites marchandises, pour augmenter le fonds de notre commerce,
et servir aux achats et paiemens ultérieurs.

Art. 5. La location que nous prendrons nous sera commune, et
le loyer en sera levé sur les fonds et produits de la société :

Ou bien, le logement que moi, *un tel*, occupe, et dans lequel
est notre établissement de commerce, nous sera commun, et le
loyer en sera pris sur les fonds et produits de notre société...

Art. 6. Le salaire des commis, si nous en prenons, et celui de
la domestique, *ou* des domestiques, seront payés sur la masse.

Art. 7. Si nous faisons des apprentis, le prix de leur apprentis-
sage sera versé dans la caisse, et appartiendra à la société.

Art. 8. Si l'un de nous vient à se marier, sa dépense et celle de
son épouse devenant plus considérable que celle de l'autre associé,
il sera prélevé chaque année par celui-ci, sur la masse de la société, la somme de... — Si tous deux nous venons à nous marier,
la dépense totale de la bouche, des lumières, du feu, et autres pa-
reilles, seront communes et prises sur la masse de la société.

Art. 9. Les enfans qui surviendront seront à la charge de leurs
père et mère, et les dépenses en seront payées séparément par
eux.

Art. 10. Il sera prélevé, chaque année, par chacun de nous,
sur la masse de la société, la somme de..., pour ses dépenses personnelles.

Art. 11. Chacun de nous renonce à faire un négoce particulier
pendant tout le temps de la société, et s'oblige à verser dans la
caisse tout ce qu'il retirera de son travail ou industrie.

Art. 12. Nous pourrons signer l'un et l'autre pour la société,
notre signature portant *tel* et *tel*.

Art. 13. Le livre-journal sera tenu par nous également, et vérifié chaque jour.

Art. 14. L'inventaire annuelle et sa transcription sur le livre seront faits alternativement par nous, chaque année, moi, *un tel*,
devant le faire le premier à la fin de la présente année.

Art. 15. Les lettres seront transcrites sur le livre de copie alternativement, par chaque mois de l'année, ou par chaque quinze jours, ou par chaque semaine; moi, *un tel*, devant les transcrire pendant le présent mois.

Art. 16. La caisse sera régie et administrée par nous alternativement, également chaque mois de l'année, *un tel* devant la tenir pendant le mois actuel.

Il sera alloué la diminution des espèces, s'il en arrive, et en ce cas, la perte sera supportée par la société.

Art. 17. Si celui de nous qui aura des enfans vient à décéder, la société sera continuée avec sa veuve et ses enfans, sous les conditions énoncées en l'art. 9 ci-dessus; — ou il sera libre à la veuve et à ses enfans de l'interrompre, à ce que la veuve sera tenue de faire connaître dans les quatre mois et demi accordés par la loi pour délibérer.

Art. 18. Lorsque la société finira, il sera fait inventaire de tout ce qui lui appartiendra, et le partage en sera fait par moitié.

Art. 19. Les dettes passives seront liquidées, et mises à la charge de chacun des associés, qui sera tenu d'en affranchir la société dans l'année du partage.

Art. 20. Le recouvrement des dettes actives sera fait à la diligence de celui à qui elles auront été transportées, sauf toutefois la récompense par l'autre associé du capital et des frais, en cas de perte totale ou de partie de la créance transportée.

Art. 21. Dans le cas où nous voudrions continuer la société à l'expiration du temps pour lequel elle est contractée par le présent acte, il en serait par nous rédigé un acte qui serait rendu public en la forme voulue par l'article 46 du Code de Commerce (rapporté ci-dessus.)

Art. 22. Si, pendant la société, ou lors de sa dissolution, il s'élève entre nous quelque contestation à son égard, elle sera terminée par des arbitres qui seront nommés par nous; et qui jugeront définitivement et en dernier ressort.

Fait double entre nous, sous nos signatures privées, à..., le.... mil huit cent vingt-sept.

(*Les signatures.*)

Nota. Les clauses qu'on vient de lire en la formule ci-dessus, sont toutes les clauses ordinaires : chacun est libre d'insérer dans son acte de société celles qu'il lui plaît, lorsqu'elles ne sont contraires ni aux lois ni aux bonnes mœurs.

Formule *de Déclaration de Continuation de Société.*

Nous, soussignés, dénommés et qualifiés en l'acte de société ci-dessus et des autres parts, déclarons continuer notre société aux mêmes clauses et conditions qui y sont stipulées, pendant l'espace de tant d'années; (*s'il y était fait quelques modifications, il y serait dit :*) avec la différence pourtant que *tel* article est supprimé, et changé en celui-ci (*le rédiger*), et qu'au lieu de *telle* clause portée en *tel* article, y est mise celle-ci (*la rédiger aussi.*)

Fait double entre nous, sous nos signatures privées, à..., le..., 1827.

(*Les signatures.*)

Formule de l'Extrait de l'Acte de Société en nom collectif à afficher pendant trois mois dans la Salle des Audiences du Tribunal de Commerce, conformément à l'art. 42 *du Code.*

D'un acte de société fait double, sous signatures privées, le..., entre *un tel* et *un tel*, il appert qu'ils ont formé une société en nom collectif, sous la raison social *tel* et *tel*; que la société est établie pour *tant* d'années (ou qu'elle a été continuée pendant *tant* d'années; s'il y a des modifications, elles sont énoncées), qui ont commencé le..., et finiront le..., que le fonds capital de la société est de *telle* somme; qu'ils doivent gérer en commun, et que leur signature doit porter *tel* et *tel*.

Les associés soussignés certifient le présent extrait sincère et véritable; à..., le... 1827.

(*Les signatures des deux associés, comme le veut l'art.* 44 *du Code.*)

FORMULE *d'un Acte de Société en commandite.*

Nous, soussignés..., *un tel* et *un tel* (*les noms, prénoms, professions et demeures*), avons établi et établissons, par le présent acte, une société en commandite pour *tel* commerce.

Art. 1er. La présente société est formée pour *tant* d'années, commençant le .., et devant finir le...

Art. 2. Elle sera sous la raison *un tel et compagnie*, et la signature sera conçue de cette sorte.

Art. 3. Le capital de la société est de *telle* somme, fournie par tiers par chacun des associés, pour être employée au profit du commerce projeté entre nous, ou établi déjà, et tenu par M...., dont le fonds fait l'apport en société.

Art. 4. Le sieur... (troisième nommé) n'est associé que comme commanditaire, et, en cette qualité, il ne sera pas tenu des dettes de la société au-delà de sa mise de fonds, ni son nom ne pourra point être mentionné dans les obligations de la société.

Art. 5. Celui-ci prélevera chaque année *telle* somme, à titre d'intérêt de son argent, et sans qu'elle puisse préjudicier aux profits qui seront partagés par égales portions entre les trois associés, à la fin de la société.

Art. 6. Nous, *un tel* et *un tel*, premiers nommés, associés solidaires, prélèverons chaque année, pour nos dépenses personnelles, la somme de... chacun, sans être tenu d'en faire raison à la société.

Art. 7. Chacun de nous, associés solidaires, renonce à faire un commerce particulier pendant tout le temps de la société, et s'oblige à ne travailler que pour le profit de ladite société.

Art. 8. La tenue des livres, l'administration de la caisse, la confection des inventaires annuels, sont les obligations communes de nous, *un tel et un tel*, associés solidaires.

Art. 9. Si l'un de nous vient à mourir, ou la société sera dissoute, ou elle sera continuée avec le sieur..., commanditaire; — en cas de décès de celui-ci, elle sera continuée avec ses héritiers ou ayant-cause, jusqu'à l'expiration du temps pour lequel elle est contractée.

Art. 10. A sa fin, il sera fait un inventaire estimatif de tous les effets quelconques lui appartenant, et la valeur du tiers en numéraire en sera remise audit sieur..., commanditaire, qui ne sera point obligé de recevoir ni effets ou billets, ni marchandises de la société. — Le recouvrement des créances actives sera poursuivi aux frais de la société, et le produit en sera partagé également.

Art. 11. Les dettes passives seront liquidées de suite et acquittées par nous, associés solidaires, à qui il sera laissé sommes suffisantes pour cela.

Art. 12. Si nous voulons continuer la société, il en sera fait par nous une déclaration (1) qui sera inscrite à la suite du présent acte, et qui sera rendue publique en la forme prescrite par le Code de Commerce.

Art. 13. En cas de contestations entre nous, pendant la durée ou lors de la dissolution de la société, elles seront jugées par des arbitres qui seront nommés par nous, et qui statueront définitivement et en dernier ressort.

Fait triple entre nous, sous nos signatures privées, à...; le .. 1827.

(*Les signatures, avec approbation d'écriture par ceux qui n'auront pas transcrit l'acte.*)

FORMULE *de l'Extrait de l'Acte de Société en Commandite à afficher dans la Salle des Audiences du Tribunal de Commerce.*

Il appert d'un acte de société fait triple, sous signatures privées, entre les sieurs *tel* et *tel* et une autre personne qui ne doit pas être nommée, qu'il a été formé, entre cette personne et les sus-nommés, une société en commandite pour *tel* commerce, sous la raison sociale *un tel et compagnie*; qu'elle doit durer *tant* d'années, à partir du... jusqu'à...; que le capital de ladite société est de *telle* somme; qu'elle doit être administrée par les associés solidaires *tel* et *tel*, et que les signatures porteront *un tel et compagnie.*

_____

(1) Voyez celle ci-dessus.

Le présent extrait certifié véritable, par nous associés solidaires soussignés, à..., le... 1827.

(*Les signatures des deux associés solidaires.*)

SECTION II. — *Des Contestations entre Associés, et de la manière de les décider.*

Toute contestation entre associés, et pour raison de la société, doit être jugée par des arbitres. (1)

Il y a lieu à l'appel du jugement arbitral ou au pourvoi en cassation, si la renouciation n'a pas été stipulée. — L'appel est porté devant la Cour royale. (*Code de Commerce, art.* 51 et 52.)

La nomination des arbitres se fait — par acte sous signatures privées, — par acte notarié, — par acte extrajudiciaire, — par un consentement donné en justice. (*Art.* 53, *ibid.*)

Le délai pour le jugement est fixé par les parties (2) lors de la nomination des arbitres : et, si elles ne sont pas d'accord sur le délai, il est réglé par les juges. (*Art.* 54.)

En cas de refus de l'un ou de plusieurs des associés de nommer des arbitres, les arbitres sont nommés d'office par le Tribunal de Commerce. (*Art.* 55.)

Les articles 56 et suivans sont relatifs à l'instruction devant et par les arbitres, et à la nomination du surarbitre pour juger en cas de partage (en se conformant à l'avis d'un des arbitres après avoir conféré avec eux, comme le veut l'art. 1018 du Code de Procédure, dont les dispositions sont générales en matière d'arbitrage.)

Le jugement arbitral est motivé; — il est déposé an greffe du Tribunal de commerce. — Il est rendu exécutoire sans aucune modification, et transcrit sur les registres, en vertu d'une ordonnance du président du

---

(1) On les appelle des arbitres *forcés.*
(2) Il peut excéder les trois mois fixés par l'art. 1907 du Code de Procédure.

tribunal, lequel est tenu de la rendre pure et simple, et dans le délai de trois jours du dépôt au greffe. (*Art.* 61.)

Les dispositions ci-dessus sont communes aux veuves, héritiers ou ayant cause des associés. (*Art.* 62.)

Si des mineurs sont intéressés dans une contestation pour raison d'une société commerciale, le tuteur ne peut renoncer à la faculté d'appeler du jugement arbitral. (*Art.* 63.)

Toutes actions contre les associés non liquidateurs, et leurs veuves, héritiers ou ayant-cause, sont *prescrites* cinq ans après la fin ou la dissolution de la société, si l'acte de société qui en énonce la durée, ou l'acte de dissolution, a été affiché et enregistré conformément aux articles 42, 43, 44 et 46, et si, depuis cette formalité remplie, la prescription n'a été interrompue, à leur égard, par aucune poursuite. (*Art.* 64.)

Voyez, à la deuxième Partie, au chapitre unique du titre III (*des Arbitrages*) du Livre II du Code de Procédure, les FORMULES du *Compromis*, du *Procès-verbal d'arbitrage* et du *Jugement arbitral*, qui peuvent être admises en matière d'arbitrage commercial.

CHAPITRE IV.

Des Séparations de Biens.

Le mariage en communauté de biens est une association entre le mari et la femme, qui procure un accroissement de crédit au mari, à raison de la dot qu'il en a reçue. Le négociant a le plus grand intérêt à ce que cette société soit maintenue.

Toute demande en séparation de biens doit être poursuivie, instruite et jugée conformément à ce qui est prescrit au Code civil, Livre III, titre V, chapitre II, section 3 (art. 1443 et suivans), et au Code de Procédure civile, deuxième Partie, Livre I, titre VIII (*des Séparations des biens*, art. 865 et suivans). (*Code de Commerce*, art. 65.)

Tout jugement qui prononce une séparation de corps (ou un (1) divorce) entre mari et femme dont l'un est commerçant, est soumis aux formalités (de publication). prescrites par l'article 872 du Code de Procédure civile ; à défaut de quoi les créanciers sont toujours admis à s'y opposer pour ce qui touche leurs intérêts, et à contredire toute liquidation qui en serait la suite. (Art 66, *ibid.*)

Les art. 67 et 68 sont relatifs à la transmission à faire par le notaire qui a reçu le contrat de mariage entre époux dont l'un est commerçant, de l'extrait de ce contrat au greffe du Tribunal de commerce et aux Chambres d'avoués et de notaires, comme le veut l'article 872 du Code de Procédure; et ce, à peine de 100 francs d'amende, même de destitution et de responsabilité envers les créanciers, s'il est prouvé que l'omission soit la suite d'une collision.

Tout époux séparé de biens, ou marié sous le régime dotal (il n'y a pas de communauté de biens), qui embrasserait la profession de commerçant postérieurement à son mariage, est tenu de faire pareille remise dans le mois du jour où il a ouvert son commerce, à peine, en cas de faillite, d'être puni comme banqueroutier frauduleux. (*Art.* 69, *ibid.*)

La même remise a dû être faite, sous les mêmes peines, dans l'année de la publication du Code, par tout époux séparé de biens ou alors sous le régime dotal, exerçant la profession de commerçant.

FORMULE de l'*Extrait du Contrat de Mariage des Epoux dont l'un se ferait commerçant, qui doit être exposé dans la Salle d'Audience du Tribunal de Commerce et dans les Chambres d'Avoués et de Notaires.*

Je, soussigné, certifie que, par contrat de mariage passé entre moi (*les nom et prénoms*); établi depuis huit jours marchand mercier à Paris, rue..., n°..., et la dame, mon épouse, ledit contrat de mariage, reçu par... et par..., notaires, le....., nous nous

_____

(1) « Le divorce est aboli. » (*Loi du 8 mai* 1816.)

sommes mariés séparés de biens, ou sous le régime dotal, et qu'ainsi nous ne sommes point en communauté de biens mon épouse et moi.

En foi de quoi j'ai signé le présent certificat, pour être rendu public aux termes du Code de Commerce; à Paris, ce... mil huit cent vingt-sept.

(*La signature.*)

CHAPITRE V.

Des Bourses de Commerce, Agens de Change et Courtiers.

LES dispositions de ce chapitre, qui ne donnent lieu à aucune formule, étant spéciales pour les agens de change et les courtiers de commerce, et les agens et les courtiers ne pouvant les ignorer, ou devant les étudier dans le Code, il est inutile que nous les reproduisions ici.

Le commerçant qui a fait faillite ne peut se présenter à la Bourse, jusqu'à ce qu'il ait obtenu sa réhabilitation. (*Art. 614 du Code.*)

CHAPITRE VI.

Des Commissionnaires.

NOUS aurions les mêmes observations à faire relativement aux dispositions concernant les commissionnaires, dont les devoirs et les droits, aux termes de l'article 92, sont déterminés par le Code civil, Livre III, titre XIII (*du Mandat*), et auxquels on donne commission d'acheter, de vendre et de recevoir dans leurs magasins *telles* et *telles* marchandises, de les expédier, etc.

Cependant nous devons rapporter quelques unes des dispositions concernant les commissionnaires qui font les transports par terre et par eau, et intéressant le commerce en général.

SECTION PREMIÈRE. — *Des Commissionnaires pour les Transports par terre et par eau.*

Le commissionnaire qui se charge d'un transport par terre ou par eau, est tenu d'inscrire sur son livre-journal la déclaration de la nature et de la quantité des marchandises, et, s'il en est requis, de leur valeur. (*Art.* 96 *du Code de Commerce.*)

Il est garant de l'arrivée des marchandises et effets, dans le délai déterminé par la lettre de voitures, hors les cas de la force majeure légalement constatée.

Il est garant des avaries, ou pertes des marchandises et effets, s'il n'y a stipulations contraire dans la lettre de voiture, ou force majeure.

Il est garant des faits du commissionnaire intermédiaire auquel il adresse les marchandises. (*Art.* 97, 98 *et* 99.)

La marchandise sortie du magasin du vendeur ou de l'expéditeur, voyage, s'il n'y a convention contraire, aux risques et périls de celui à qui elle appartient, sauf son recours contre le commissionnaire et le voiturier chargés du transport. (*Art.* 100.)

La *Lettre de voiture* forme un contrat entre l'expéditeur et le voiturier. (*Art.* 101.)

La lettre de voiture doit être datée. — Elle doit exprimer — la nature et le poids ou la contenance des objets à transporter, — le délai dans lequel le transport doit être effectué.

Elle indique — le nom et le domicile du commissionnaire par l'entremise duquel le transport s'opère, s'il y en a un, — le nom de celui à qui la marchandise est adressée, — le nom et le domicile du voiturier.

Elle énonce — le prix de la voiture, — l'indemnité due pour cause de retard.

Elle est signée par l'expéditeur ou le commissionnaire. Elle présente en marge les marques et numéros des objets à transporter.

La lettre de voiture est copiée par le commissionnaire sur un registre coté et paraphé, sans intervalle et de suite. (*Art.* 102.)

Les lettres de voiture sont soumises au droit fixe d'un franc d'enregistrement. — Il est dû par chaque personne à qui les envois sont faits. (*Loi du 22 frimaire an* VII, *art.* 68, § 1, n° 20.)

Elle doit être écrite sur du papier du timbre d'un franc. (*Loi du 6 prairial an* VII, *art.* 5.)

FORMULE *d'une Lettre de Voiture.*

Marseille, le... 1827.

— MONSIEUR,

Vous recevrez *tel* jour, par *un tel*, voiturier de cette ville, y demeurant, rue...., à vous adressé par moi (*nom, prénoms et demeure*), un ballot du poids de .., contenant *telle* quantité de marchandises, de *telle* sorte, marqué comme ci-contre : T. L. P., numérotée (*le n°*), lequel étant arrivé bien conditionné, en bon état et en temps dû, vous lui paierez, pour la voiture, la somme de... prix convenu ; et, au cas que ledit ballot ne vous soit pas rendu dans le délai fixé, il vous sera payé par lui la somme de... pour chaque jour de retard, suivant l'avis de...

Votre serviteur,

(*La signature du commissionnaire et sa demeure.*)

SECTION II. — *Du Voiturier.*

Le voiturier est garant de la perte des objets à transporter, hors le cas de force majeure.

Il est garant des avaries autres que celles qui proviennent du vice propre de la chose, ou de la force majeure.

Si, par l'effet de la force majeure, le transport n'est pas effectué dans le délai convenu, il n'y a pas lieu à indemnité contre le voiturier pour cause de retard. (*De vi majore nemo tenetur.*)

La réception des objets transportés et le paiement du prix de la voiture éteignent toute action contre le voiturier. (*Code de Commerce, art.* 103 à 105.)

L'article 106 règle la marche à suivre par le Tribunal de commerce en cas de refus ou de contestation

pour la réception des objets transportés. Il dispose :
— « En cas de refus ou contestation pour la réception des objets transportés, leur état est vérifié et constaté par des experts nommés par le président du Tribunal de commerce, ou, à son défaut, par le juge de paix, et par ordonnance au pied d'une requête. — Le dépôt ou sequestre, ou ensuite le transport dans un dépôt public, peut en être ordonné. — La vente peut en être ordonnée en faveur du voiturier jusqu'à concurrence du prix de la voiture. »

Les dispositions ci-dessus sont communes aux maîtres de bateaux, aux entrepreneurs de diligences et voitures publiques. (*Art.* 107.)

Toutes actions contre le commissionnaire et le voiturier à raison de la perte ou de l'avarie des marchandises sont *prescrites* après six mois pour les expéditions faites dans l'intérieur de la France, et après un an pour celles faites à l'étranger ; le tout à compter, pour les cas de perte, du jour où le transport des marchandises aurait dû être effectué ; et pour les cas d'avaries, du jour où la remise des marchandises aura été faite, sans préjudice des cas de fraude ou d'infidélité. (*Art.* 108.)

FORMULE *de Requête à présenter en cas de Refus ou contestation pour la Réception des Objets transportés.*

A M. le président du Tribunal de commerce,

Ou à M. le juge de paix du canton de..., département de...

N... (nom, *prénoms, profession et demeure*) a l'honneur de vous exposer que, par l'entremise de..., voiturier demeurant à..., il lui a été expédié par le sieur..., négociant à..., *telles* et *telles* marchandises (*les détailler*), qui viennent de lui être amenées à l'instant ; qu'à la première inspection des caisses et ballots les contenant, il s'est aperçu qu'elles étaient gâtées et avariées, et qu'il a refusé de les recevoir. Il vous demande, M. le président, *ou* M. le juge de paix, qu'il vous plaise nommer des experts pour vérifier et constater l'état desdites marchandises, afin que, sur le rapport desdits experts, il soit ultérieurement statué ce qu'il appartiendra ; et vous ferez justice.

(*La signature*, avec l'indication de la profession et de la demeure si elle n'a été donnée en tête de la requête.)

. .Vu la requête, ci-dessus à nous présentée , nous nommons *tel* et *tel* experts pour vérifier et constater l'état desdites marchandises amenées au sieur... (l'exposant), par *un tel*, voiturier. Fait... à..., le... mil huit cent vingt-sept.

(La signature du président du Tribunal de commerce , ou du juge de paix.)

Formule do Rapport des Experts.

Le... mil huit cent vingt-sept , nous, *un tel*, *un tel* et *un tel* (*nom*, *prénoms*, *profession et demeures*), tous trois nommés par ordonnance de M. le président du Tribunal de Commerce séant à..., ou de M. le juge de paix du canton de... , département de..., en date du... 1827, dûment enregistrée le... , par..., à l'effet de vérifier et constater l'état des marchandises amenées par *un tel*, voiturier, au sieur... , négociant , demeurant..., qui a refusé de les recevoir , parce qu'il a jugé qu'elles étaient gâtées et avariées, ayant préalablement prêté serment entre les mains de M. le président du Tribunal, *ou* de M. le juge de paix , de bien et fidèlement remplir la mission à nous confiée, nous sommes transportés au domicile dudit sieur..., où étant nous avons trouvé les caisses et ballots contenant lesdites marchandises à la porte dudit sieur..., et la voiture d'*un tel* encore auprès ; et en présence dudit sieur... et du voiturier, ayant fait ouvrir par... lesdites caisses et ballots , nous avons vu et examiné les marchandises, qui étaient bien celles énoncées en la lettre de voiture qui nous a été représentée. Nous avons reconnu que les marchandises étant en *telle* caisse , marquée... , et numérotée... (*dire comment elle est marquée et numérotée*) , et qui sont... (*expliquer la nature des marchandises*), sont dans *tel* état (*expliquer aussi bien exactement en quel état elle se trouvent*); que celles étant dans *tel* ballot , marqué... et numéroté... (*de même*) sont en *tel* état (*s'il y a avarie, dire ce qui a pu la causer*); et nous avons estimé que le dommage causé auxdites marchandises pouvait s'élever à la somme de... que le sieur... , négociant , à qui elles ont été adressées, peut être en droit de retenir.

En foi de quoi nous avons rédigé le présent procès-verbal, à... , le... mil huit cent vingt-sept.

(Les signatures des trois experts.)

(Même requête et même opération s'il s'agissait de constater un déficit de marchandise au lieu d'avaries : il n'y aurait que les mots à changer.)

CHAPITRE VII.

Des Achats et Ventes, ou de la manière de les constater.

LES achats et ventes se constatent, — par actes publics, — par actes sous signatures privées, — par le bordereau ou arrêté d'un agent de change ou courtier, dûment signé par les parties, — par une facture acceptée, — par la correspondance, — par les livres des parties, — et par la preuve testimoniale, dans le cas où le tribunal croit devoir l'admettre. (*Code de Commerce, article* 109 *et unique sur cet objet.*)

FORMULE d'Acte de Vende et d'Achat de Marchandises.

Nous, soussignés, un tel (*nom, profession et demeure*), d'une part, et *un tel* (*de même*) d'autre part, sommes convenus de ce qui suit :

Moi, *un tel*, vends à M..., qui les achète, *telles* et *telles* marchandises, énoncées en *telle* lettre de voiture à moi adressée le..., par..., et qui sont en route, et devant arriver par *tel* voiturier, *ou* qui naviguent sur *tel* vaisseau, parti le... de *tel* endroit, et devant arriver à *tel* port, pour le prix et somme de..., qui me sera payé de *telle* manière (*l'énoncer*) ;

Et moi, *un tel*, achète de M... les marchandises sus-mentionnées, pour le prix de..., payable comme il vient d'être dit.

Il est reconnu entre nous que lesdites marchandises voyagent, à compter de ce jourd'hui, aux risques et périls de moi, acheteur; mais sous la condition formelle et de droit de la nullité du présent marché, s'il était légalement constaté que lesdites marchandises avaient péri, par quelque cause que ce fût, avant cejourd'hui.

Fait double entre nous, sous nos signatures privées, à..., le... mil huit cent vingt-sept.

(*Les signatures.*)

Nota. S'il n'était vendu qu'une partie des marchandises, un tiers, un quart, un sixième, l'acte l'énoncerait, et il n'y aurait de différence que dans cette énonciation et dans la stipulation du prix.

Voyez à la première Partie, Livre III, le chap. VI *de la Vente,* sur les choses qui peuvent ou non être vendues.

CHAPITRE VIII.

Des Achats et Ventes, où de la Manière de les constater.

SECTION PREMIÈRE. — De la Lettre de Change, de sa Forme, de la Provision; de l'Acceptation, de l'Echange, de l'Endossement, du Paiement, des Protéts, etc.

La lettre de change est un moyen de compensation de paiemens d'un lieu à un autre, une valeur de crédit. Qui ne sait quel service rendent au commerce les lettres de change.

La lettre de change est tirée d'un lieu sur un autre. — Elle est datée.

Elle énonce — la somme à payer, le nom de celui qui doit payer, — l'époque et le lieu où le paiement doit s'effectuer, — la valeur fournie en espèces, en marchandises, en compte, ou de toute autre manière.

Elle est à l'ordre d'un tiers; ou à l'ordre du tireur lui-même.

Si elle est par première, deuxième, troisième, quatrième, etc.; elle l'exprime. (*Code de Commerce, art.* 110.)

Une lettre de change peut être tirée sur un individu, et payable au domicile d'un tiers. — Elle peut être tirée par ordre et pour le compte d'un tiers. (*Art.* 111.)

Sont réputées simples promesses toutes lettres de change contenant supposition, soit de nom, soit de qualité, soit de domicile, soit des lieux où elles *sont* tirées ou dans lesquels elles *sont* payables. (*Art.* 112.)

La signature des femmes, et des filles non négociantes ou marchandes publiques sur lettres de change, ne vaut, à leur égard, que comme simple promesse. (*Art.* 113.)

Les lettres de change souscrites par des mineurs non négocians sont nulles à leur égard, sauf les droits respectifs des parties, conformément à l'article 1312 du Code civil. (*Art.* 114.)

Cet article 1312 du Code civil, porte :

« Lorsque les mineurs, les interdits ou les femmes
« mariées sont admis, en ces qualités, à se faire resti-
« tuer contre leurs engagemens, le remboursement
« de ce qui aurait été, en conséquence de ces engage-
« mens, payé pendant la minorité, l'interdiction ou le
« mariage, ne peut en être exigé, à moins qu'il ne soit
« prouvé que ce qui a été payé a tourné à leur profit. »
— (Si la loi ne veut pas qu'ils soient lésés, elle ne veut pas non plus qu'ils s'enrichissent aux dépens d'autrui. »

Formule d'une *Lettre de Change.*

De Marseille, le... 1829. Bon pour 1,000 fr.

Monsieur,

Le..., *tel* jour, il vous plaira payer, par cette première lettre de change (*si c'est une deuxième, une troisième, quatrième, etc., on l'exprime ainsi :* par cette deuxième, *ou* troisième, *ou* quatrième lettre de change, la première n'ayant pas été payée, *ou ayant été* adérée), à M..., négociant de votre ville, la somme de mille francs, valeur reçue de lui en espèces qu'il m'a remises ce jourd'hui (*ou* en marchandises qu'il m'a fournies, *ou* en compto, *ou* de toute autre manière), et que vous passerez en compte, suivant l'avis de

Votre serviteur,

(*La signature, la profession et la demeure de ce tireur.*)

A M..., négociant à Lyon, rue...

Formule d'une *Lettre de Change tirée sur un individu, et payable au domicile d'un tiers.*

De Paris, le... 1827. Bon pour 600 fr.

Monsieur,

Le... prochain, il vous plaira payer, par cette première lettre de change, à M. Lebon, demeurant en votre ville, la somme de six cents francs, valeur reçue de lui en compte *ou* autrement, et que vous me passerez en compte, sans autre avis de

Votre serviteur,

(*La signature, la profession et la demeure.*)

A M. Lebreton, marchand mercier à Sens.

Nota. M. Lebreton accepte cette lettre de change, met au domicile de qui elle doit être payée, et mentionne la somme, ainsi qu'il suit :

« Accepté pour la somme de six cents francs, payable chez M..., négociant *ou* banquier à Sens, rue...

FORMULE *d'une Lettre de Change tirée par ordre et pour le compte d'un tiers.*

De Brest, le..., 1827. Bon pour 1,500 fr.

Le vingt avril prochain, *ou à deux mois de date,* il vous plaira payer, par cette première lettre de change, à l'ordre de M. Toret, la somme de quinze cents francs, que vous passerez au compte de M. Lebrun, suivant l'avis de

Votre serviteur,

Sergent, négociant, demeurant rue...

A M. Lerouge, négociant à Melun, rue...

§ Ier. *De la Provision et de l'Acceptation soit simple, soit par intervention.*

La provision doit être faite par le tireur, ou par celui pour le compte de qui la lettre de change est tirée, sans que le tireur pour compte d'autrui cesse d'être personnellement obligé envers les endosseurs et le porteur *seulement.* (*Art.* 115 *du Code, modifié par l'art.* 1er *de la loi du* 19 *mars* 1817. *Bull.* n° 144.)

Le mot *seulement* empêche qu'on n'y enveloppe aussi l'accepteur, et il ôte toutes les incertitudes que la disposition de l'article du Code faisait naître. *Rapport de M. de Sèze à la chambre des Pairs.*

Il y a provision si, à l'échéance de la lettre de change, celui sur qui elle est fournie est redevable au tireur, ou à celui pour le compte de qui elle est tirée, d'une somme au moins égale au montant de la lettre de change. (*Art.* 116 *du Code.*)

L'acceptation suppose la provision.

Elle en établit la preuve à l'égard des endosseurs... (*Art.* 117.)

Le tireur et les endosseurs d'une lettre de change sont garans solidaires de l'acceptation et du paiement à l'échéance. (*Art.* 118.)

Le refus d'acceptation est constaté par un acte que l'on nomme *protêt faute d'acceptation.* (*Art.* 119.)

Lors du protêt faute d'acceptation, la lettre de change peut être acceptée par un tiers *intervenant* pour le tireur ou pour l'un des endosseurs. — L'intervention est mentionnée dans l'acte de protêt ; elle est signée par l'intervenant. (*Art.* 126.)

Les articles intermédiaires traitent de la caution à fournir par les endosseurs et le tireur sur la notification du protêt faute d'acceptation, de l'obligation de celui qui accepte une lettre de change, d'en payer le montant, de la forme de l'acceptation, qui peut être exprimée par le seul mot *accepté*, et qui doit être signée et datée, et de l'époque à laquelle doit être donnée l'acceptation (à la présentation, ou au plus tard dans les vingt-quatre heures de la présentation).

L'art. 127 oblige l'intervenant à notifier sans délai son intervention à celui pour qui il est intervenu.

Le porteur de la lettre de change conserve tous ses droits contre le tireur et les endosseurs, à raison du défaut d'acceptation par celui sur qui la lettre était tirée, nonobstant toutes acceptations par intervention. (*Art.* 128.)

§ II. *De l'Echéance.*

Une lettre de change peut être tirée à vue,

A un ou plusieurs jours ⎫
A un ou plusieurs mois ⎬ de vue ;
A une ou plusieurs usances ⎭

A un ou plusieurs jours ⎫
A un ou plusieurs mois ⎬ de date ;
A une ou plusieurs usances ⎭
A jour fixe ou à jour déterminé,
En foire. (*Art.* 129.)

La lettre de change à vue est payable à présentation. (*Art.* 130.)

L'échéance d'une lettre de change
A un ou plusieurs jours ⎫
A un ou plusieurs mois ⎬ de vue ;
A une ou plusieurs usances ⎭

est fixée par la date de l'acceptation, ou par celle du protèt faute d'acceptation. (*Art.* 131.)

L'*usance* est de trente jours, qui courent du lendemain de la date de la lettre de change.

Les mois sont tels qu'ils sont fixés par le calendrier grégorien. (*Art.* 132.)

Une lettre de change payable en foire est échue la veille du jour fixé pour la clôture de la foire, ou le jour de la foire, si elle ne dure qu'un jour. (*Art.* 133.)

Si l'échéance d'une lettre de change est à un jour férié légal, elle est payable la veille. (*Art.* 134.)

Tous les délais de grâce, de faveur, d'usage ou d'habitude locale, pour le paiement des lettres de change, sont abrogés. (*Art.* 135.)

FORMULE *d'une Lettre de Change à vue, ou à tant de jours de vue, ou de date, ou d'usances, etc.*

De Rouen, le... 1857. Bon pour 800 fr.

Monsieur ;

A vue, *ou* à quinze jours de vue, *ou* à trente jours de date, *ou* à *tant* de mois, *ou* à trois usances, il vous plaira payer, par cette seconde lettre de change, la première ayant été adirée, à M..., négociant de votre ville, y demeurant rue..., n°..., ou à son ordre, la somme de huit cents francs, valeur reçue de lui en marchandises qu'il m'a fournies, *ou* autrement, et que vous passerez en compte, suivant l'avis de

Votre serviteur,

(*Là signature, la profession et la demeure.*)

A monsieur... négociant à Lille.

§ III. *De l'Endossement, de l'Aval et de la Solidarité.*

La propriété d'une lettre de change se transmet par la voie de l'endossement. (*Code de Commerce, art.* 136.)

L'endossement est daté. — Il exprime la valeur fournie. — Il énonce le nom de celui à l'ordre de qui il est passé. (*Art.* 137.)

Si l'endossement n'est pas conforme aux dispositions de l'article précédent, il n'opère pas le transport ; il n'est qu'une procuration. (*Art.* 138.)

Il est défendu d'antidater les ordres, à peine de faux. (*Art.* 139.)

Une lettre de change fait foi de sa date, même contre les tiers, jusqu'à inscription de faux. (*Code civil, art.* 1328.; Code de Commerce, art. 139.) — L'art. 1341 du Code civil, qui prohibe, dans certains cas, la preuve testimoniale, ne s'applique pas aux matières commerciales. *Arrêt de la Cour de Cassation* du 18 juin 1825.

Formule *d'Endossement.*

Payez pour moi le contenu de l'autre part, à M...., *ou plutôt*, payez à l'ordre de M..., valeur reçue de lui, *ou* comptant, *ou en* marchandises, *ou en* compte, à..., ce.. 1827.

   (*La signature, la profession et la demeure.*)

Formule *d'une Quittance à la suite du dernier endossement.*

Pour acquit, à... ce...

   (*La signature, la profession et la demeure.*)

Le paiement d'une lettre de change, indépendamment de l'acceptation et de l'endossement, peut être garanti par un aval (1). (*Art.* 141 *du Code.*)

_____

(1) Aval signifie *faire valoir.*

Cette garantie est fournie par un tiers, sur la lettre même, ou par acte séparé (1). (*Art.* 142.)

Tous ceux qui ont signé, accepté ou endossé une lettre de change, sont tenus à la garantie *solidaire* envers le porteur.

Le donneur d'aval est tenu *solidairement* et par les mêmes voies que les tireurs et endosseurs, *sauf* les conventions différentes des parties. (*Articles* 140 *et* 142.)

§ IV. *Du Paiement.*

Une lettre de change doit être payée dans la monnaie qu'elle indique. (*Art.* 143.)

Une lettre de change ne peut être payée en billets de banque (si ce n'est du consentement du porteur), ces billets n'étant que de simple confiance. *Avis du Conseil d'État du* 12 *frimaire an* xiv, *approuvé le* 30.

Celui qui paie une lettre de change avant son échéance est responsable de la validité du paiement.

Celui qui paie une lettre de change à son échéance et sans opposition, est présumé valablement libéré. (*Art.* 144 *et* 145 *du Code.*)

Le porteur d'une lettre de change ne peut être contraint d'en recevoir le paiement avant l'échéance. (*Art.* 146.)

Les paiemens faits à compte sur le montant d'une lettre de change sont à la décharge du tireur et des endosseurs.

Le porteur est tenu de faire protester la lettre de change pour le surplus. (*Art.* 156.)

(Les articles intermédiaires sont relatifs à la procédure à suivre relativement aux lettres de change égarées ou perdues.)

_____

(1) Il peut se mettre en ces termes : « Je m'oblige à payer la somme de... portée en la lettre de change, en cas que ladite lettre de change ne soit pas acquittée. A..., le... 1827.

(*La signature.*)

Les juges ne peuvent accorder aucun délai pour le paiement d'une lettre de change (1). (*Art.* 157.)

Une lettre de change *protestée* peut être payée par tout *intervenant* pour le tireur et pour l'un des endosseurs.

L'intervention et le paiement sont constatés dans l'acte de protêt ou à la suite de l'acte. (*Art.* 158.)

L'article 159 est relatif aux droits de celui qui a payé une lettre de change par intervention.

§ V. *Des Droits et Devoirs du Porteur d'une Lettre de Change.*

Le porteur d'une lettre de change doit en exiger le paiement le jour de son échéance. (*Art.* 161.)

L'art. 160 fixe le délai dans lequel doit l'exiger le porteur d'une lettre de change tirée du continent et des îles de l'Europe, et payable dans les possessions européennes de la France.

Le refus de paiement doit être constaté le lendemain du jour de l'échéance, par un acte que l'on nomme *protêt faute de paiement.*

Si ce jour est un jour férié légal, le protêt est fait le jour suivant. (*Art.* 162.)

Le porteur n'est dispensé du protêt faute de paiement, ni par le protêt faute d'acceptation, ni par la mort ou faillite de celui sur qui la lettre de change est tirée. — Dans le cas de faillite de l'accepteur avant l'échéance, le porteur peut faire protester, et exercer son recours. (*Art.* 163.)

Les articles 164 et suivans traitent de l'action en garantie que peut exercer le porteur d'une lettre de change protestée faute de paiement, et des délais dans lesquels doivent être signifiés les protêts, à peine de

---

(1) Ils ne peuvent pas non plus en accorder pour le paiement d'un billet à ordre (*art.* 187 *du Code*), sauf les exceptions portées en cet article 187.

déchéance contre les endosseurs, et de déchéance des endosseurs vis-à-vis de leurs cédans.

Indépendamment des formalités prescrites pour l'exercice de l'action en garantie, le porteur d'une lettre de change protestée faute de paiement peut, en obtenant la permission du juge (au bas d'une requête *ad hoc*), saisir conservatoirement les effets mobiliers des tireurs, accepteurs et endosseurs. (*Art.* 172.)

§ VI. *Des Protêts.*

Le protêt est une sommation que l'on fait à celui sur qui une lettre de change est tirée, pour l'obliger à l'accepter ou à la payer, avec protestation de tous dommages et intérêts, et de renvoyer la lettre au tireur, JOUSSE, en son *Commentaire sur l'art.* 2 *du titre* V *de l'ordonnance de* 1673.

Les protêts faute d'acceptation ou de paiement sont faits par deux notaires, ou par un notaire et deux témoins, ou par un huissier et deux témoins. (*Art.* 173.)

Le même article dit à qui ils doivent être signifiés.

L'article 174 énonce ce que doit contenir le protêt.

Nul acte, de la part du porteur de la lettre de change, ne peut suppléer l'acte de protêt, hors le cas de la perte de la lettre de change, prévu par les art. 150 et suivans. (*Art.* 175.)

Les notaires et les huissiers sont tenus, à peine de destitution, dépens, dommages et intérêts envers les parties, de laisser copie exacte des protêts, et de les inscrire en entier, jour par jour, et par ordre de dates, dans un registre particulier, coté, paraphé, et tenu dans les formes prescrites pour les répertoires. (*Art.* 176.)

La Cour de Cassation, par arrêt rendu le 24 vendémiaire an XII, dans l'affaire Vaurabais contre Chardon, a jugé que le protêt ne pouvait point être dénoncé par voie de correspondance (par lettres missives).

Les notaires et les huissiers sont trop familiers avec

les protêts, et en signifient trop souvent, pour que nous ayons besoin d'en donner ici des *formules*.

§ VII. *Du Rechange.*

Le rechange s'effectue par une retraite.

La retraite est une nouvelle lettre de change, au moyen de laquelle le porteur se rembourse sur le tireur, ou sur l'un des endosseurs, du principal de la lettre protestée, de ses frais et du nouveau change qu'il paie. (*Art.* 177 *et* 178 *du Code.*)

L'art. 179 dit comment le rechange se règle à l'égard du tireur et à l'égard des endosseurs.

La retraite est accompagnée d'un compte de retour, — comprenant le principal de la lettre de change protestée, les frais du protêt et autres frais légitimes;...., énonçant......, certifié par un agent de change......, accompagné!...., etc. (*Art.* 180 *et* 181.)

Il ne peut être fait plusieurs comptes de retour sur une même lettre de change.

Le compte de retour est remboursé d'endosseur à endosseur respectivement, et définitivement par le tireur.

Les rechanges ne peuvent être cumulés. Chaque endosseur n'en supporte qu'un seul, ainsi que le tireur. (*Art.* 182 *et* 183.)

L'intérêt du principal de la lettre de change protestée, faute de paiement, *est dû* à compter du jour du protêt.

L'intérêt des frais de protêt, rechange et autres frais légitimes, n'est dû qu'à compter du jour de la demande en justice. (*Art.* 184 *et* 185.)

Il n'est point dû de rechange, si le compte de retour n'est pas accompagné des certificats d'agens de change ou de commerçans, prescrits par l'art. 181. (*Art.* 186.)

SECTION II. — *Du Billet à ordre.*

Toutes les dispositions relatives aux lettres de change, et concernant — l'échéance, — l'endossement, — la solidarité, — l'aval, — le paiement, — le paiement par intervention, — le protêt, — les devoirs et droits du porteur, — le rechange ou les intérêts, — sont applicables aux billets à ordre, sans préjudice des dispositions relatives aux cas prévus par les articles 636, 637 et 638. (*Art.* 187.)

Il n'y a que les dispositions concernant la forme de la lettre de change, la provision et l'acceptation, soit simple, soit par intervention, qui ne soient point applicables au billet à ordre.

Le billet à ordre est daté. — Il énonce la somme à payer, — le nom de celui à l'ordre de qui il est souscrit, — l'époque à laquelle le paiement doit s'effectuer, — la valeur qui a été fournie en espèces, en marchandises, en compte, ou de toute autre manière. (*Article* 188.)

FORMULE *d'un Billet à ordre.*

Bon pour 800 fr.

Au premier juin mil huit cent vingt-sept, je paierai à M.... ou à son ordre, la somme de huit cents francs, valeur reçue de lui en espèces qu'il m'a remises cejourd'hui (*ou en compte, ou en marchandises, ou autrement*) ; à..., ce.... décembre mil huit cent vingt-six.

Bon pour la somme de 800 fr.

(*La signature, la profession et la demeure.*)

FORMULE *de l'Ordre ou Endossement d'un Billet à ordre.*

Payez à l'ordre de M...., valeur reçue comptant en espèces, ou en marchandises¹, *ou en compte*, *ou autrement*; à...., le... 1827.
(*La signature, la profession et la demeure.*)

La quittance se met ainsi que sur la lettre de change, en ces seuls mots : POUR ACQU.T; à....
cc....

(*La signature, la profession et la demeure.*)

SECTION III. — *De la Prescription.*

Toutes actions relatives aux lettres de change, et à ceux des billets à ordre souscrits par des négocians, marchands ou banquiers, ou pour faits de commerce, se prescrivent par cinq ans, à compter du jour du protêt, ou de la dernière poursuite juridique, s'il n'y a eu condamnation, ou si la dette n'a été reconnue par acte séparé.

Néanmoins les prétendus débiteurs sont tenus, s'ils en sont requis, d'affirmer sous serment, qu'ils ne sont plus redevables; et leurs veuves, héritiers ou ayant-cause, qu'ils estiment de bonne foi qu'il n'est plus rien dû. (*Art.* 189 *et unique du Code sur cet objet.*)

TITRE II.

DU COMMERCE MARITIME.

LE Code de Commerce, depuis l'art. 190 jusques et compris l'art. 436, traite de tout ce qui est relatif au commerce maritime, qui est un objet particulier, qui n'est point compris dans les dispositions concernant le commerce en général, et qui, sous la législation antérieure au Code, était aussi placé dans une catégorie particulière, et faisait la matière de l'ordonnance de 1681.

Le commerce maritime n'étant guère fait que par des armateurs, des banquiers, des négocians, à qui il est bien connu, nous allons nous borner à donner une simple idée des manières qui sont traitées dans cette partie du Code.

La loi, dont les dispositions ont généralement pour but de prévenir et de terminer les difficultés qui pourraient naître entre particuliers, statue, dans différens titres, sur les divers objets qui seraient susceptibles de donner lieu à des contestations.

Dans le titre Ier, Livre II du Code, il est traité *des Navires et autres bâtimens de mer*, dont la nature y est déterminée.

Les navires et autres bâtimens de mer sont *meubles*; néanmoins ils sont affectés aux dettes du vendeur, et spécialement à celles que la loi déclare privilégiées. (*Art.* 190 *du Code.*)

Il est dit (*art.* 191) quelles sont les dettes privilégiées (*art.* 192 *et suivans*), comment s'exercent les privilèges, comment il s'éteignent, par quel acte doit être faite la vente volontaire d'un navire, dont la vente volontaire, lorsqu'il voyage, ne préjudicie pas aux créanciers du vendeur.

Il est traité, dans les titres II et suivans, *de la Saisie et Vente des navires* : conséquemment de toutes les formalités à remplir à cet égard ; des effets ou résultats de la vente, notamment de la collocation et distribution des deniers, etc.;

Des Propriétaires des navires : de leur responsabilité pour les frais de leurs préposés; de leurs droits envers ceux-ci ;

Du capitaine, maître ou patron du navire, ou autre bâtiment de mer; de ses droits, de ses devoirs, de sa responsabilité; de ce qui lui est permis, de ce qui lui est défendu; (1)

_____

(1) Le Roi a rendu, le 1er novembre 1826, l'ordonnance qui suit, insérée au Bulletin des Lois, n° 124

*De l'Engagement et des Loyers des Matelots et gens
de l'équipage :* comment ils sont constatés, de leur
solde pour les voyages, ou lorsqu'ils sont faits prisonniers; de leur rachat; de leur pansement; des choses
qui sont affectées au paiement de leurs loyers, lesquelles
dispositions sont déclarées communes aux officiers et à
tous autres gens de l'équipage;

Des Chartes-parties, Affrétemens ou Nolissemens,
actes constatant les conventions pour le louage des navires et bâtimens de mer : de la forme de ces actes, de
ce qui est réglé par l'usage à défaut de convention;
des objets qui répondent et sont affectés à l'exécution
des conventions;

Du Connaissement ou *Police de chargement* (qui est
la reconnaissance que le capitaine, maitre ou patron
donne des marchandises chargées sur le navire) : de
sa forme, de la foi qu'il fait entre les parties intéressées
au chargement, et entre elles et les assureurs;

Du Fret ou Nolis, ou *du Loyer d'un navire ou autre bâtiment de mer* : comment et par quel acte il est
réglé, pour quels objets il a lieu; quelle est l'obligation de l'affréteur qui ne charge pas la quantité de marchandises portée par la charte-partie, ou en charge
plus; — quelle est la peine du capitaine qui déclare le
navire d'un plus grand port qu'il n'est; des cas où

Art. 1er. Dans les ports où il n'y a pas de Tribunal de commerce,
les procès-verbaux de visite (de navires) dressés en exécution de
l'art. 225 du Code de Commerce, pourront être reçus par le juge
de paix du canton.

Art. 2. Les capitaines pourront, dans les vingt-quatre heures de
la remise des procès-verbaux, s'en faire délivrer un extrait par le
greffier de la justice de paix.

Art 3. À l'expiration du terme fixé par l'article précédent, le juge
de paix sera tenu d'envoyer les procès-verbaux au président du Tribunal de commerce le plus voisin, et le dépôt en sera fait au greffe
de ce Tribunal.

Art 4. Notre garde des sceaux, ministre secrétaire d'Etat au département de la justice, et nos ministres secrétaires d'Etat aux départemens de la marine et de l'intérieur sont chargés, chacun en ce
qui le concerne, de l'exécution de la présente ordonnance,

le navire est arrêté au départ ; où il a besoin d'être radoubé ; où il était hors d'état de naviguer lorsqu'il a été loué ; où il y a interdiction de commerce avec le pays où il devait se rendre ; ou il est arrêté pendant le voyage par ordre d'une puissance ; où il fait naufrage : de la contribution pour le rachat des marchandises ; des droits et priviléges du capitaine pour son fret ;

Des Contrats à la grosse aventure ou à Retour de voyage (par lesquels le prêteur court des risques pour les sommes qu'il a prêtées sur le navire jusqu'à son retour, et n'a de profit qu'en cas d'heureuse arrivée) : par quels actes ils sont faits ; ce qu'ils doivent énoncer ; enregistrement auquel ils sont soumis ; de leur négociation par l'endossement ; des objets sur lesquels peuvent être affectés les emprunts à la grosse ; quand peuvent être déclarés nuls ces emprunts ; à qui ne peuvent être faits ces prêts à la grosse ; sur quels objets ils ont ou non privilége ; comment est réglé le temps des risques ; comment les prêteurs contribuent aux avaries ; comment est partagé le produit des effets sauvés du naufrage, en cas de prêt à la grosse et d'assurance sur le même navire ;

Des Assurances : du contrat d'assurance, de sa forme et de son objet ; que la même police peut contenir plusieurs assurances ; que l'assurance peut être faite en temps de paix ou en temps de guerre, avant ou pendant le voyage du navire ; du droit de l'assureur de faire vérifier et estimer les objets ; quand commencent et finissent les risques ; des obligations du capitaine pour les marchandises qui lui appartiennent ; du droit de l'assuré si l'assureur tombe en faillite, et respectivement ; de la cause de nullité du contrat d'assurance ; des obligations de l'assureur et de l'assuré respectivement qu'elles pertes et dommages sont aux risques des assureurs ; de celles qui n'y sont pas ; quand ils sont déchargés des risques ; qu'elle assurance est nulle ou valable ; quand l'assuré paie à l'assureur une double prime ;

Du Délaissement des objets assurés : des cas ou il peut être fait ; qu'il ne peut être partiel ni conditionnel, et à quels effets il s'étend ; délais dans lesquels il doit être fait ; quels voyages sont réputés de long cours ; obligation de l'assuré en faisant le délaissement quand il est privé des effets de l'assurance ; quand il doit travailler au recouvrement des effets naufragés ; signification qui doit être faite à l'assureur avant qu'il puisse être poursuivi pour le paiement des sommes assurées ; effet du délaissement valablement fait ; du délaissement pour innavigabilité du navire, et du louage d'un autre navire ;

Des Avaries : quelles dépenses et quels dommages sont réputés avaries ; des avaries grosses ou communes, ou particulières ; des avaries simples ; quelles elles sont ; par quels objets et par quelles personnes elles sont supportées ; quelle demande pour avaries n'est pas recevable, de quelles avaries la clause *franc d'avaries* affranchit les assureurs ;

Du Jet (des marchandises et effets en mer) *et de la Contribution* (aux avaries communes) : quelles marchandises et effets sont jetés les premiers dans le cas de nécessité ; comment ils sont estimés ; de la répartition pour le paiement des pertes et dommages ; comment les marchandises contribuent aux dommages ou au jet ; quelles choses n'y contribuent pas ; du privilége du capitaine et de l'équipage sur les marchandises ou le prix pour le montant de la contribution ; restitution que sont tenus de faire les propriétaires des effets jetés et recouvrés ;

Des Prescriptions — de l'action en délaissement, — de l'action dérivant d'un contrat à la grosse ou d'une police d'assurance, — des actions pour frais de navire, pour fournitures faites aux matelots et au navire, pour salaires d'ouvriers, pour ouvrages faits et pour délivrance des marchandises ; quand il ne peut pas y avoir prescription ;

Et des Fins de non recevoir : quelles actions sont

non recevables contre le capitaine et les assureurs, contre l'affréteur; délai dans lequel doivent être faites les réclamations à peine de nullité.

On voit qu'au moyen de cette analyse rapide, il serait facile de retrouver les dispositions du Code dont on aurait besoin; et aussi qu'il eût été impossible de détacher et de reproduire des dispositions sans être obligé en quelque sorte de reproduire ou de transcrire les autres. Nous avons mis le lecteur sur la voie, et il ne lui reste plus, pour ainsi dire, qu'à chercher les propres expressions du Code.

TITRE III.

DES FAILLITES ET DES BANQUEROUTES.

Dispositions générales.

On distingue entre la faillite et la banqueroute.

Tout commerçant qui cesse ses paiemens est en état de faillite.

Tout commerçant failli qui se trouve dans l'un des cas de faute grave ou de fraude, prévus par la présente loi, est en état de banqueroute. (*Code de Commerce*, *art.* 437 *et* 438.)

Il y a deux espèces de banqueroutes :

La banqueroute simple; elle est jugée par les Tribunaux correctionnels ;

La banqueroute frauduleuse; elle est jugée par les Cours d'assises. (*Art.* 439, *ibidem.*)

CHAPITRE PREMIER.

De la Faillite; de son Ouverture et de l'Apposition des Scellés chez le Failli.

SECTION PREMIÈRE. — *De l'Ouverture de la Faillite*,

L'ouverture est la cessation de paiemens,

Tout failli est tenu, dans les trois jours de la cessation de paiemens, d'en faire la déclaration au greffe du Tribunal de commerce; le jour où il a cessé ses paiemens est compris dans ces trois jours.

En cas de faillite d'une société en nom collectif, la déclaration du failli contient le nom et l'indication du domicile de chacun des associés solidaires. (*Code de Commerce, art.* 440.)

L'ouverture de la faillite est déclarée par le Tribunal de commerce : son époque est fixée, soit par la retraite du débiteur, soit par la clôture de ses magasins, soit par la date de tous actes constatant le refus d'acquitter ou de payer des engagemens de commerce.

Tous les actes ci-dessus mentionnés ne constatent néanmoins l'ouverture de la faillite que lorsqu'il y a cessation de paiemens ou déclaration du failli. (*Article* 441.)

Le refus fait par un négociant d'acquitter une obligation qu'il prétend être nulle ne le constitue point en état de faillite, lorsque depuis il a continué ses paiemens. (*Arrêt de la Cour de Cassation du* 29 mars 1825.)

Le failli, à compter du jour de la faillite, est dessaisi, de plein droit, de l'administration de tous ses biens. (*Art.* 442.)

Nul ne peut acquérir privilége ni hypothèque sur les biens du failli, dans les dix jours qui précèdent l'ouverture de la faillite. (*Art.* 443.)

(Nullité des actes translatifs de propriété immobilières faites par le failli dans les dix jours qui précèdent la faillite; — annulabilité des actes de même genre à titre onéreux; — fraude présumée des actes ou engagemens pour faits de commerce; contractés dans ces dix jours; — nullité en cas de fraude de la part des autres contractans; — rapport des sommes payées dans ces dix jours pour dettes commerciales non échues, *art.* 444, 445 *et* 446.)

Tous actes ou paiemens faits en fraude des créanciers sont nuls. (*Art.* 447.)

L'ouverture de la faillite rend exigibles les dettes passives non échues : à l'égard des effets de commerce par lesquels le failli se trouve être l'un des obligés, les autres obligés ne sont tenus que de donner caution pour le paiement, à l'échéance, s'ils n'aiment mieux payer immédiatement. (*Art.* 449.)

SECTION II. — *De l'Apposition des Scellés chez le Failli.*

Dès que le Tribunal de commerce a connaissance de la faillite, soit par la déclaration du failli, soit par la requête de quelque créancier, soit par la notoriété publique, il ordonne l'apposition des scellés : expédition du jugement est sur-le-champ adressée au juge de paix.

Le juge de paix peut aussi apposer les scellés (d'office) sur la notoriété publique. (*Art.* 449 *et* 450.)

Les scellés sont apposés sur les magasins, comptoirs, caisses, portefeuilles, livres, registres, papiers, meubles et effets du failli.

Si la faillite est faite par des associés réunis en société collective, les scellés sont apposés, non-seulement dans le principal manoir de la société, mais dans le domicile séparé de chacun des associés solidaires. (*Art.* 451 *et* 452.)

Dans tous les cas, le juge de paix adresse, sans délai, au Tribunal de commerce, le procès-verbal de l'apposition des scellés. (*Art.* 453.)

CHAPITRE II.

De la Nomination du Juge-Commissaire, et des Agens de la Faillite, et de leurs Fonctions.

Les art. 454 à 465 sont relatifs à la nomination du

juge-commissaire et des agens de la faillite, et règlent leurs attributions respectives.

Le Tribunal de commerce, par le jugement de la déclaration d'ouverture de la faillite, ordonne ou le dépôt de la personne du failli dans la maison d'arrêt pour dettes, ou la garde de sa personne par un officier de police ou de justice, ou par un gendarme. — Il ne peut, en cet état, être reçu contre le failli d'écrou ou recommandation en vertu d'aucun jugement du Tribunal de commerce. (*Art.* 455.)

Le juge-commissaire fait au Tribunal de commerce le rapport de toutes les contestations que la faillite peut faire naître, et qui sont de la compétence de ce Tribunal. — Il est chargé spécialement d'accélérer la confection du bilan, la convocation des créanciers, et de surveiller la gestion de la faillite.... (*Art.* 458.)

Les agens nommés par le Tribunal de commerce gèrent la faillite sous la surveillance du commissaire, jusqu'à la nomination des syndics : leur gestion provisoire ne peut durer que quinze jours. (*Art.* 459.)

Ils requièrent le juge de paix de procéder à l'apposition des scellés, s'ils n'ont été apposés.... Les livres du failli leur sont remis, ainsi que les effets de portefeuille qui sont à courte échéance ou susceptibles d'acceptation, pour qu'ils en fassent le recouvrement.... Ils reçoivent les autres sommes dues au failli.... On leur remet les lettres adressées au failli.... Ils font retirer et vendre les denrées et marchandises sujettes à dépérissement prochain.... Ils versent toutes les sommes reçues dans une caisse à deux clefs. (*Art.* 462 à 465.)

CHAPITRE III.

Des premières Dispositions relatives au Failli, et du Bilan.

SECTION PREMIÈRE. — *Dispositions relatives au Failli.*

Après l'apposition des scellés, le commissaire rend

compte au tribunal de l'état apparent des affaires du failli, et peut proposer sa mise en liberté pure et simple, avec sauf-conduit provisoire de sa personne, — ou sa mise en liberté avec sauf-conduit, en fournissant caution de se représenter, sous peine de paiement d'une somme que le tribunal arbitrera, et qui tournera, le cas advenant, au profit des créanciers. (*Art.* 466.)

Le failli peut présenter sa demande au tribunal à l'effet d'obtenir un sauf-conduit, si le commissaire ne l'a point proposé. (*Art.* 467.)

Si le failli a obtenu un sauf-conduit, les agens l'appellent auprès d'eux pour clore et arrêter les livres en sa présence. — S'il ne se rend pas à l'invitation, il est sommé de comparaître. — S'il ne comparaît pas quarante-huit heures après la sommation, il est réputé s'être absenté à dessein (1).

— Il peut néanmoins comparaître par fondé de pouvoir, s'il propose des empêchemens jugés valables par le juge-commissaire. (*Art.* 468.)

S'il n'a point obtenu de sauf-conduit, il comparaît par un fondé de pouvoir, à défaut de quoi, il est réputé s'être absenté à dessein. (*Art.* 469.)

— Voyez la note sur l'article précédent.

Le sauf-conduit accordé au failli doit avoir son effet et durer tant que les opérations de la faillite ne sont pas terminées, ou tant qu'il n'a pas été révoqué. — Le porteur du sauf-conduit n'est pas obligé de prouver que les opérations de la faillite ne sont pas terminées, la preuve est à la charge de ceux qui prétendent qu'elles le sont. — *Arr. de la Cour roy. de Paris, du 12 fév.* 1817, *affaire Michelet contre le sieur Hureau,* l'un de ses créanciers, ordonnant la mise en liberté de Michelet, et déclarant son emprisonnement nul. — Supplément au dixième cahier du *Journal des Audiences,* de 1817.

_____

(1) Dans ce cas, il pourrait être poursuivi comme banqueroutier simple devant le Tribunal de police correctionnelle, et être déclaré tel. (*Art.* 587 *du Code.*)

Section II. — *Du Bilan et de sa Forme.*

Le failli qui, avant la déclaration de sa faillite, a préparé son bilan, ou état passif et actif de ses affaires, et qui l'a gardée par-devers lui, le remet aux agens dans les vingt-quatre heures de leur entrée en fonctions. (*Art.* 470.)

Le bilan doit contenir l'énumération et l'évaluation de tous les effets mobiliers et immobiliers du débiteur, l'état des dettes actives et passives, le tableau des profits et des pertes; le tableau des dépenses; le bilan doit être certifié véritable, daté et signé par le débiteur. (*Art.* 471.)

Un concordat passé entre un failli et la majorité de ses créanciers, n'est pas obligatoire pour un créancier que le failli aurait omis de porter sur son bilan. (*Arrêt de la Cour de Cassation* du 17 janvier 1826.)

Les art. 472 à 475 indiquent les moyens de parvenir à faire un bilan quand il n'a point été donné ni par le failli, ni par un fondé de pouvoir, ou qu'il est décédé après l'ouverture de sa faillite.

Formule *d'un Bilan.*

État actif et passif de mes affaires, que moi N.... (*les noms, prénoms, profession et demeure*), présente à mes créanciers (1).

Actif.

Je possède :

Immeubles.

Une maison, située à Paris, rue..., n⁰...., estimée. .	30,000 fr
Une autre maison, située rue..., n⁰..., estimée. . .	25,000
Total des immeubles.	55,000 fr.

---

(1) *L'actif est au verso et le passif au recto, en regard.*

Mobilier.

En argent.	15,000
Vaisselle d'argent, *tel poids*, par exemple.	800
Meubles méublans (*les détailler tous*).	4,000
Marchandises (*les dé ailler également*).	50,000
En lettres de change, sur *tel*, *tel et tel*.	9,000
En plusieurs billets et promesses de *tel*, *tel et tel*. .	6,000

Créances douteuses.

Plusieurs billets et arrêtés de mémoires (*les détailler*), montant ensemble à	5,000
Plusieurs créances sur... (*énoncer sur quelles personnes*), telles qu'elles sont portées au livre-journal, montant ensemble à.	8,000

Créances mauvaises, et qu'on peut estimer perdues.

En plusieurs obligations, billets et promesses, souscrits par *tel*, *tel et tel*.	7,000
	104,800 fr.

PASSIF.

Je dois,

Dettes privilégiées sur les immeubles.

Au sieur..., vendeur de la maison située rue .., n°.., ce qui lui reste dû sur le prix	6,000
Au sieur.., ce qui lui reste aussi dû sur le prix de la maison située rue..., n°.	7,000
A la dame.., veuve du sieur.., maçon, pour travaux faits par son mari dans lesdites deux maisons, d'après devis et marchés	5,000
Au sieur..., charpentier, également pour travaux dans lesdites deux maisons.	3,000
Total des dettes privilégiées. . . .	21,000 fr.

Des dettes hypothécaires.

A la dame..., mon épouse, pour sa dot et ses reprises matrimoniales.	40,000
Aux sieurs *tel et tel*, par obligations notariées, en date des.	15,000
Aux sieurs *tel et tel*, qui ont obtenu jugement au Tribunal de commerce, le.	10,000
Total des dettes hypothécaires non privilégiées.	65,000 fr.

Dettes privilégiées sur les meubles.

Au sieur..., propriétaire de la maison que j'habite, rue..., pour une année de loyer. 1,500

Au sieur..., mon commis, pour une année de ses appointemens. 800

Créances portées au livre-journal sur.... (énoncer les personnes.). 500

. . Total du mobilier. . . . . 105,300 fr.

Les bénéfices faits sur le commerce depuis mon établissement se montent à 30,000 fr., et sont portés pour. . . . . mémoire.

Pertes faites par les banqueroutes des sieurs *tel*, *tel* et *tel* (*les détailler*), 60 000 fr., et sont portées pour . . . . mémoire.

Pertes faites sur *tels* navires expédiés pour Saint-Domingue et pour la Martinique, qui ont péri *tels* et *tels* jours, 80,000 fr., et son portés pour. . . . mémoire.

Les dépenses de ma maison pour moi et pour ma famille, pendant douze an, se montent à 36,000 francs, et sont portés pour. . . . . mémoire.

Tels, *tels* et *tels* créanciers, sont nantis de *tels* gages (*les spécifier*) pour le montant de leurs créances, pourquoi ils ne sont portés que pour. . . . . . . mémoire.

Relevé de l'Actif.

En immeubles. 55,000 fr.
En mobilier. 105, 300

Total de l'actif. . . . . . 160,300 fr.

Je certifie le présent bilan sincère et véritable; à..., ce... mil huit cent vingt-sept.

A *une telle*, ma domestique, pour une année de ses gages. 500

Au sieur..., boulanger, pour six mois de fournitures. 400

Au sieur..., boucher (*de même*). 450

Au sieur..., maître de pension de mes enfans . . . 1,000

Total des priviléges sur les meubles. . 4,450 fr.

Dettes chirographaires , tant par lettres de change revenues protestées , que par billets et promesses.

Au sieur..., par lettre de change revenue protes-
tée. . . . .   5,000 fr.
Aux sieurs *tel, tel, tel* et *tel*, par billets et promes-
ses (*énoncer chaque dette.*).   45,000

. . . .   Total des dettes. . . . . .   50,000 fr.

Dettes qui se trouvent sur les livres, et qui sont justifiées.

Aux sieurs *tel, tel, tel* et *tel* (*les énoncer tous séparé-*
ment). . . . .   27,000 fr

Dettes litigieuses.

Au sieur .. (*les nom et demeure*). . . . .   2,000 fr
Au sieur (*de même*).   800

Total. . . . . .   29,800 fr.

RELEVÉ DU PASSIF

Privilége sur les immeubles. . . . .   21,000 fr.
Hypothèques.   65,000
Priviléges sur les meubles.   4,450
Dettes chirographaires par titres.   50,000
Dettes sans titres, justifiées et litigieuses.   29,800

Total du passif. . . . . .   170,250 fr.
(*La signature du failli.*)

CHAPITRE IV.

Des Syndics provisoires et de leurs Opérations.

LES art. 476 et suivans traitent de la nomination des syndics provisoires par les créanciers réunis en présence du juge-commissaire ; les art. 481 à 483, de la cessation des fonctions des agens et des indemnités qui leur sont payées, quand ils n'ont point été pris parmi les créanciers.

Les art. 486 et suivans, relatifs aux opérations des syndics provisoires, traitent de la levée des scellés par le juge de paix, de l'inventaire fait par les syndics à mesure que les scellés sont levés, de la vente des marchandises et meubles, et des recouvremens (avec l'aide du failli s'il a obtenu un sauf conduit), du versement des deniers, à la déduction des dépenses et frais, dans une caisse à double serrure; des actes conservatoires pour la conservation des droits du failli sur ses débiteurs, à faire par les syndics provisoires; de la vérification par eux des diverses créances, sous la surveillance du juge-commissaire; de l'admission des créances vérifiées au passif de la faillite, et des délais à accorder pour la vérification aux créanciers qui n'auraient pas pu se présenter.

A défaut de comparution et affirmation de créances dans le délai fixé par le jugement, les défaillans ne sont pas compris dans les réparations à faire. — Toutefois la voie de l'opposition leur est ouverte jusqu'à la dernière distribution des deniers inclusivement, mais sans que les défaillans, quand même ils seraient inconnus, puissent rien prétendre aux répartitions consommées. (*Art.* 513 *du Code.*)

CHAPITRE V.

Des Syndics définitifs et de leurs Fonctions.

Ils convoquent les créanciers dont les créances ont été admises au passif de la faillite.

Le failli est appelé à l'assemblée : il doit s'y présenter en personne, s'il a obtenu un sauf-conduit; et il ne peut s'y faire représenter que pour des motifs valables et approuvés par le juge-commissaire.

Les syndics rendent compte de l'état de la faillite, des formalités qui y ont été remplies, et des opérations qui ont eu lieu : le failli est entendu.

Le juge-commissaire tient procès-verbal de ce qui a été dit et décidé dans cette assemblée. (*Art.* 514 *à* 518.)

CHAPITRE VI.

Du Concordat.

Il ne peut être consenti de traité (ou concordat) entre les créanciers délibérans et le débiteur failli qu'après l'accomplissement des formalités prescrites.

Ce traité ne s'établit que par le concours d'un nombre de créanciers formant la majorité, et représentant, en outre, par leurs titres de créances vérifiées, les trois quarts de la totalité des sommes dues, selon l'état des créances vérifiées et enregistrées, conformément à la section 4 du chapitre 7 du Code; le tout à peine de nullité. (*Art.* 519.)

Les créanciers hypothécaires inscrits et ceux nantis d'un gage n'ont point de voix dans les délibérations relatives au concordat. (*Art.* 520.)

Si l'examen des actes, livres et papiers du failli donne quelque présomption de banqueroute, il ne peut être fait aucun traité entre le failli et les créanciers, à peine de nullité : le commissaire veille à l'exécution de la présente disposition. (*Art.* 521.)

Le concordat, s'il est consenti, est, à peine de nullité, signé séance tenante : si la majorité des créanciers présens consent au concordat, mais ne forme pas les trois quarts en somme, la délibération est remise à huitaine pour tout délai. (*Art.* 522.)

Les articles suivans concernent les créanciers opposans au concordat, qui sont tenus de faire signifier leur opposition aux syndics et au failli dans huitaine pour tout délai; l'homologation du concordat; et l'effet de son homologation; la reddition du compte définitif par les syndics provisoires au failli, en présence du commissaire, et la remise par eux au failli de l'universalité de ses biens, livres, papiers et effets, dont il leur donne décharge. (*Art.* 523, 524 *et* 525.)

FORMULE *d'un Concordat sous signatures privées.*

···Le... mil huit cent vingt-sept, entre les soussignés... 1°..., 2°...,
3°..., 4°..., etc., *jusqu'à* 10° (*les noms, prénoms, professions et
demeures de tous les créanciers* d'une part, et le sieur... (*nom, prénoms, profession et demeure*) d'autre part, a été fait le traité ou
concordat qui suit :

Le sieur... ayant fait connaître aux créanciers ci-dessus dénommés l'état véritable de sa situation par le bilan qu'il leur a soumis
le..., et ceux-ci reconnaissant la probité et l'exactitude en affaires
dudit sieur... ; voyant que son passif n'excède que de *telle* somme
son actif ; prenant en considération les malheurs qu'il a éprouvés et
les pertes qu'il a faites par les faillites des sieurs *tels* et *tels* (*les
énoncer*) ; voulant venir à son secours comme il est venu au secours
de ceux-là, et user envers lui de la même indulgence dont il a usé
envers eux; accueillant sa demande, *ou* de ne payer ce qu'il rede-
vra qu'en *tant* de termes, qui ne commenceront à courir que de
telle époque, et se prolongeront jusqu'à *telle* autre, *ou* de lui faire
remise de *tant* (*soit* du quart, *soit* du tiers) pour recevoir dans
tels délais le montant de leurs créances, réduites du quart, *ou* du
tiers, ont déclaré accepter sa proposition de lui faire la remise, *ou*
du quart, *ou* du tiers, afin de toucher dans *tel* délai le montant de
leurs créances, et en conséquence acceptent les deux tiers, *ou* les
trois quarts de leurs dites créances, consentant et reconnaissant ledit sieur... qu'à défaut d'accomplissement de sa promesse, le présent concordat sera regardé comme nul, non fait et non avenu.

Le sieur..., remerciant MM. ses créanciers de leur bienveillance
pour lui, promet et s'engage à leur payer, dans les délais ci-dessus énoncés, avec la plus scrupuleuse exactitude, leurs créances
qu'ils ont consenti à réduire du tiers, *ou* du quart; reconnaît qu'à
défaut d'accomplissement de sa promesse, le présent concordat sera
regardé comme non fait et non avenu, et qu'ils pourront reprendre
toutes les poursuites contre lui.

Fait décuple, sous signatures privées, entre lesdits sieurs...,
créanciers, et ledit sieur...; à.. , les jour, mois et an que dessus.

(*Les signatures de toutes les parties sur chaque
original*, avec approbation d'écriture, par
ceux qui n'ont point transcrit l'acte.)

CHAPITRE VII.

De l'Union des Créanciers.

QUAND il n'intervient point de traité ou concordat,
les créanciers assemblés forment, à la majorité individuelle des créanciers présens, un contrat d'union; ils
nomment un ou plusieurs syndics définitifs, qui doi-

vent représenter la masse des créanciers.... (*leurs fonctions.*) (*Art.* 527 *et* 528.)

Dans tous les cas, il est, sous l'approbation du
commissaire, remis au failli et à sa famille les vêtemens, hardes et meubles nécessaires à l'usage de leurs
personnes. — Cette remise est faite sur la proposition
des syndics, qui en dressent l'état. (*Art.* 529.)

Droit qu'a le failli de demander, à titre de secours,
une somme sur ses biens, s'il n'existe pas de présomption de banqueroute. (*Art.* 530.)

Déclaration par le Tribunal de commerce et le failli
est ou non excusable et susceptible d'être réhabilité;
et en cas de refus du Tribunal, renvoi du failli en
prévention de banqueroute devant le juge d'instruction.
(*Art.* 531.)

Les art. 532 et suivans traitent des *différentes espèces de créanciers*, soit chirographaires, soit nantis de
gages, soit garantis par des cautionnemens; soit hypothécaires, et *de leurs droits* en cas de faillite. Ils traitent aussi *des droits des femmes* des faillis, qu'elles
soient mariées sous le régime dotal, qu'elles soient séparées de biens, ou qu'elles soient communes en
biens.

Les art. 558 et suivans règlent la *répartition entre
les créanciers*, la *liquidation du mobilier*, et le *mode de
vente des immeubles du failli.*

CHAPITRE VII.

De la Cession des Biens par le Failli.

LA cession de biens est l'abandon qu'un débiteur
fait de tous ses biens à ses créanciers, lorsqu'il se
trouve hors d'état de payer ses dettes, dit l'article 1265
du Code civil.

La cession de biens par le failli, est volontaire ou
judiciaire.

Les effets de la cession volontaire (c'est-à-dire acceptée volontairement par les créanciers) se déter-

minent par les conventions entre le failli et les créanciers.

La cession judiciaire (que les créanciers ne peuvent refuser, si ce n'est dans les cas exceptés par la loi, qu'on va lire ci-après) n'éteint point l'action des créanciers sur les biens que le failli peut acquérir par la suite : elle n'a d'autre effet que de soustraire le débiteur à la contrainte par corps. (*Code de Commerce*, *art.* 566, 567 *et* 568, *transcrits des articles* 1266 *à* 1270 *du Code civil.*)

Les art. 569 et suivans règlent les formalités à remplir par le failli qui est dans le cas de réclamer la cession judiciaire ; et les effets du jugement qui l'admet au bénéfice de cession.

Ne peuvent être admis au bénéfice de cession, — 1° les stellionnaires, les banqueroutiers frauduleux, les personnes condamnées pour fait de vol ou d'escroquerie, ni les personnes comptables : — 2° les étrangers, les tuteurs, administrateurs ou dépositaires. (*Art.* 575.)

La *revendication*, les marchandises et effets qui peuvent être revendiqués, et les cas où les syndics des créanciers peuvent admettre la revendication, sont l'objet des art. 576 à 585.

CHAPITRE IV.

Des Banqueroutes.

Section première. — *De la Banqueroute simple.*

Peut être poursuivi comme banqueroutier simple, et peut être déclaré tel, le failli qui se trouve dans l'un ou plusieurs des cas suivans, savoir :

1°. Si les dépenses de sa maison, qu'il est tenu d'inscrire mois par mois sur son livre-journal, sont jugées excessives ;

2°. S'il est reconnu qu'il a consommé de fortes sommes au jeu, ou à des opérations de pur hasard ;

3°. S'il résulte de son dernier inventaire que son actif, étant de cinquante pour cent au-dessous de son passif, il a fait des emprunts considérables, et s'il a revendu des marchandises à perte ou au-dessous du cours;

4°. S'il a donné les signatures de crédit ou de circulation pour une somme triple de son actif, dans son dernier inventaire. (*Art.* 586.)

Peut être poursuivi comme banqueroutier simple, et être déclaré tel.

Le failli qui n'a pas fait au greffe la déclaration (de cessation de paiemens) prescrite par l'art. 440.

Celui qui, s'étant absenté, ne s'est pas présenté en personne aux agens et aux syndics dans les délais fixés, et sans empêchement légitime;

Celui qui présente des livres irrégulièrement tenus, sans néanmoins que les irrégularités indiquent de fraude, ou qui ne les présente pas tous;

Celui qui, ayant une société, ne s'est pas conformé à l'art. 440 (pour la déclaration de cessation de paiemens). (*Art.* 587.)

Sur la demande de qui et aux frais de qui sont dirigées contre le failli les poursuites en banqueroute simple, devant le Tribunal de police correctionnelle, et que doit prononcer le jugement qui déclare qu'il y a banqueroute simple, c'est ce que déterminent les articles 588 à 592.)

SECTION II. — *De la Banqueroute frauduleuse.*

Est déclaré banqueroutier frauduleux tout commerçant failli qui se trouve dans un ou plusieurs des cas suivans, savoir :

1°. S'il a supposé des dépenses ou des pertes, ou ne justifie pas de l'emploi de toutes ses recettes;

2°. S'il a détourné aucune somme d'argent, aucune dette active, aucunes marchandises, denrées ou effets mobiliers;

3°. S'il a fait des ventes, négociations ou donations supposées ;

4°. S'il a fait des dettes passives et collusoires entre lui et des créanciers fictifs, en faisant des écritures simulées, ou en se constituant débiteur, sans cause ni valeur, par des actes publics ou par des engagemens sous signature privée ;

5°. Si, ayant été chargé d'un mandat spécial, ou constitué dépositaire d'argent, d'effets de commerce, de denrées ou marchandises, il a, au préjudice du mandat ou du dépôt, appliqué à son profit les fonds ou la valeur des objets sur lesquels portait soit le mandat, soit le dépôt ;

6°. S'il a acheté des immeubles ou des effets mobiliers à la faveur d'un prête-nom ;

7°. S'il a caché ses livres (*Art.* 593.)

Peut être poursuivi comme banqueroutier frauduleux, et être déclaré tel.

Le failli qui n'a pas tenu de livres, ou dont les livres ne présentent pas sa véritable situation active et passive ;

Celui qui ayant obtenu un sauf-conduit, ne se serait pas représenté à justice. (*Art.* 594.)

Par qui et quand le failli est poursuivi en banqueroute frauduleuse ; devant la Cour d'assises ; quelles peines sont portées contre lui en cas de condamnation ; quelles personnes peuvent être déclarées ses complices, ce que doit prononcer l'arrêt qui les condamne comme telles, et affiche et publication de ces arrêts, ce sont là les objets des art. 595 à 599.

Ce qui concerne l'administration des biens du failli en cas de condamnation pour banqueroute est réglé par les art. 600 à 603.

CHAPITRE X.

De la Réhabilitation du Failli.

L'ARTICLE 626 veut que, lorsque le Tribunal de commerce homologue le concordat du failli avec ses créanciers, il le déclare excusable et susceptible d'être réhabilité.

Les articles 604 et suivans déterminent les formalités qui doivent être remplies par le failli devant la Cour royale pour obtenir sa réhabilitation, et celles que doivent remplir les créanciers qui, n'ayant point été payés intégralement de leurs créances en capital, intérêts et frais, forment opposition à la réhabilitation.

Ne sont point admis à la réhabilitation, les stellionataires, les banqueroutiers frauduleux, les personnes condamnées pour fait de vol ou d'escroquerie, ni les personnes comptables, telles que les tuteurs, administrateurs ou dépositaires qui n'auraient pas rendu ou apuré leurs comptes. (*Art.* 612.)

Peut être admis à la réhabilitation le banqueroutier simple qui a subi le jugement par lequel il a été condamné. (*Art.* 613.)

Nul commerçant failli ne peut se présenter à la Bourse à moins qu'il n'ait obtenu sa réhabilitation. (*Art.* 614.)

FORMULE d'une Demande en Réhabilitation.

A MM. les présidens et conseillers à la Cour Royale séant à..., N... (*les nom, prénoms, profession et demeure*) a l'honneur de vous exposer qu'ayant eu le malheur de faillir, il a fait avec ses créanciers un concordat, homologué le..., par le Tribunal de commerce séant à..., et qu'en lui accordant l'homologation par son jugement, le tribunal l'a déclaré excusable et susceptible d'être réhabilité;

Que, depuis, il a eu le bonheur d'acquitter tous ses créanciers en principal, intérêts et frais, et qu'il ne leur doit plus rien.

L'exposant demande à la Cour, qu'après avoir pris tous les renseignemens voulus par la loi, dans les formes requises, il lui plaise déclarer qu'il est réhabilité, et remis au même et semblable état où il était avant sa faillite.

Et pour justifier l'acquittement de tous ses créanciers, il joint à la présente requête leurs quittances et décharges, au nombre de *tant* de pièces.

(La signature de l'exposant et celle d'un avoué à la Cour Royale.)

~~~~~~

TITRE IV.

DE LA JURIDICTION COMMERCIALE.

INUTILE de rapporter ici le titre 1er du Code, traitant de l'organisation des tribunaux de commerce, et comprenant depuis l'art. 615 jusqu'à l'article 630. Il ne regarde que sous des rapports très-éloignés les intérêts des particuliers. Quant aux praticiens, ils doivent le lire dans le Code lui-même. Arrivons à ce que les uns et les autres ont plus besoin de connaître, c'est-à-dire aux contestations et aux actes de commerce qui sont dévolus aux tribunaux de commerce, et sur lesquels ils peuvent prononcer la contrainte par corps.

CHAPITRE PREMIER.

De la Compétence des Tribunaux de Commerce.

LES tribunaux de commerce connaissent, — 1° de contestations relatives aux engagemens et transactions entre négocians, marchands et banquiers; — 2° entre *toutes* personnes, des contestations relatives aux actes de commerce. (*Art.* 630.)

La Cour de Cassation a jugé que les tribunaux de commerce ne pouvaient connaître d'une question de propriété mobilière et immobilière (*arrêt du* 13 *août* 1806), et qu'ils pouvaient encore moins connaître d'une question d'état, même élevée incidemment ou par voie d'exception. (*Arrêt du* 13 *juin* 1806.)

Il est plusieurs autres arrêts sur la compétence des tribunaux de commerce qu'on peut lire dans la *Jurisprudence du Droit français.*

26.

La loi répute actes de commerce (dont doivent connaître les tribunaux de commerce.)

Tout achat de denrées et marchandises pour les revendre, soit en nature, soit après les avoir travaillées et mises en œuvre, ou même pour en louer simplement l'usage;

Toute entreprise de manufacture, de commission, de transport par terre ou par eau;

Toute entreprise de fournitures (1), d'agences, bureaux d'affaires, etablissemens de vente à l'encan, de spectacles publics;

Toutes opérations de change, banque et courtage;

Toutes les opérations de banques publiques;

Toutes obligations entre négocians, marchands et banquiers;

Entre *toutes* personnes, les lettres de change, ou remises d'argent faites de place en place (*Art.* 632.)(2).

La loi répute pareillement actes de commerce,

Toute entreprise de construction et tous achats, ventes et reventes de bâtimens pour la navigation intérieure et extérieure;

Toutes expéditions maritimes;

Tout achat ou vente d'agrès, apparaux et avitaillemens;

Tout affrétement ou nolissement, emprunt ou prêt à la grosse; toutes assurances et autres contrats concernant le commerce de mer;

Tous accords et conventions pour salaires et loyers d'équipages;

_____

(1) Même du service des convois et des pompes funèbres. (*Arrêt de la Cour de Cassation du* 9 *janvier* 1810)

(2) En matière commerciale, la preuve testimoniale et les présomptions sont admissibles lorsque la loi ne les a pas formellement exclues. Ainsi, le paiement d'un billet souscrit pour une opération de banque, peut se prouver par les registres du souscripteur du billet. *Arr. de la Cour de Cassation*, du 24 mars 1825.

Tous engagemens de gens de mer, pour le service des bâtimens de commerce. (*Art.* 633.)

Les tribunaux de commerce connaissent également, — 1° des actions contre les facteurs, commis des marchands ou leurs serviteurs, pour le fait seulement du trafic du marchand auquel ils sont attachés ; — 2° des billets faits par les receveurs, payeurs, percepteurs ou autres comptables des deniers publics. (*Art.* 634.)

Ils connaissent enfin — 1° du dépôt du bilan et des registres du commerçant en faillite, de l'affirmation et de la vérification des créances ; — 2° des oppositions au concordat, lorsque les moyens de l'opposant sont fondés sur des actes ou opérations dont la connaissance est attribuée par la loi aux juges des tribunaux de commerce ; — dans tous les autres cas, ces oppositions sont jugées par les tribunaux civils ; — en conséquence, toute opposition au concordat doit contenir les moyens de l'opposant, à peine de nullité ; — 3° de l'homologation du concordat entre le failli et ses créanciers ; — 4° de la cession de biens faite par le failli pour la partie qui en est attribuée aux tribunaux de commerce par l'art. 901 du Code de Procédure civile (1). (*Art.* 635.)

Lorsque les lettres de change ne sont réputées que simples promesses, aux termes de l'article 112 du Code, ou lorsque les billets à ordre ne portent que des signatures d'individus non négocians, et n'ont pas pour occasion des opérations de commerce, trafic, banque, change ou courtage, le Tribunal de commerce est tenu de renvoyer au Tribunal civil, s'il en est requis par le défendeur. (*Art.* 636.)

Lorsque ces lettres de change et les billets à ordre portent en même temps des signatures d'individus négocians et d'individus non négocians, le Tribunal de commerce en connaît; mais il ne peut prononcer la contrainte par corps contre les individus non négo-

_____

(1) Ils ne connaissent pas de l'exécution de leurs jugemens.

cians, à moins qu'ils ne se soient engagés à l'occasion d'opérations de commerce, traite, change, banque ou courtage (1). (*Art.* 637.)

Ne sont point de la compétence des tribunaux de commerce, les *actions intentées* contre un propriétaire, cultivateur ou vigneron, pour vente de denrées provenant de son crû; les actions intentées contre un commerçant, pour paiement de denrées et marchandises achetées pour son usage particulier.

Néanmoins les billets souscrits pour un commerçant sont censés faits pour son commerce, et ceux des receveurs, payeurs, percepteurs, ou autres comptables de deniers publics, sont censés faits pour leur gestion, lorsqu'une autre cause n'y est point énoncée (2). (*Art.* 638.)

Les tribunaux de commerce jugent en dernier ressort, — 1° toutes les demandes dont le principal n'excède pas la valeur de mille francs ; — 2° toutes celles où les parties justiciables de ces tribunaux, et usant de leurs droits (3), ont déclaré vouloir être jugées définitivement et sans appel. (*Art.* 639.)

L'art. 640 confère aux tribunaux civils l'exercice des fonctions et la connaissance des matières attribuées aux juges de commerce par la présente loi ; dans les arrondissemens où il n'y a pas de tribunaux de commerce.

L'instruction, dans ce cas, a eu lieu dans la même forme que devant les tribunaux de commerce, et les jugemens produisent le même effet. (*Art.* 641.)

---

(1) Le Tribunal de commerce peut accorder au débiteur le délai de grâce lorsque le billet à ordre est dû par un non-commerçant. (*Arr. de la Cour de Cassation*, du 31 juillet 1817.)

(2) L'auteur d'un livre qui le vend lui-même, ne peut être réputé marchand, et, comme tel, justiciable du Tribunal de commerce. (*Arr. de la Cour Royale de Paris*, du 4 novembre 1809, affaire Balant contre Vieillard.)

(3) Ne le pourraient pas les mineurs, les interdits et les femmes en puissance de mari.

CHAPITRE II.

De la Forme de procéder devant les Tribunaux de commerce, et sur l'Appel devant les Cours royales.

La forme de procéder devant les tribunaux de commerce est suivie telle qu'elle est réglée par le titre XXV du Livre II de la première partie du Code de Procédure civile (1); et les articles 156, 158 et 159 de ce même Code, relatifs aux jugemens par défaut rendus par les tribunaux inférieurs, sont applicables aux jugemens par défaut rendus par les tribunaux de commerce.

Quant aux appels des jugemens des tribunaux de commerce, ils sont portés devant les Cours royales dans le ressort desquelles ces tribunaux sont situés. (*Art.* 642, 643 et 644.)

Les art. 645 à 648 règlent les délais pendant lesquels les appels peuvent être interjetés, et la forme de procéder devant les Cours royales sur ces appels, qui sont instruits et jugés comme appels de jugemens rendus en matière sommaire.

Dans notre seconde Partie, après le chapitre *des Matières sommaires* et avant le titre *des Tribunaux d'appel ou des Cours royales,* nous avons remis à parler ici de la *procédure devant les tribunaux de commerce,* qui aurait pu être présentée dans le chapitre IV du titre II. Nous allons en donner les dispositions que nous croirons devoir être plus particulièrement rapportées, en nous bornant à la simple analyse des autres.

Préalablement nous allons transcrire les art. 156, 158 et 159 du Code de Procédure, que l'article 643 du

---

(1) Nous la joignons ici.

Code de Commerce, déclare applicables aux jugemens par défaut rendus par les tribunaux de commerce.

Tous jugemens par défaut contre une partie qui n'a pas constitué d'avoué, sont signifiés par un huissier commis soit par le tribunal, soit par le juge du domicile du défaillant que le tribunal a désigné ; ils sont exécutés dans les six mois de leur obtention, sinon sont réputés non avenus. (*Code de Procédure, art. 156.*)

Si le jugement est rendu contre une partie qui n'a pas d'avoué, l'opposition est recevable jusqu'à l'exécution du jugement. (*Art. 158 du même Code.*)

Le jugement est réputé exécuté, lorsque les meubles saisis ont été vendus, ou que le condamné a été emprisonné ou recommandé, ou que la saisie d'un ou de plusieurs de ses immeubles lui a été notifiée, ou que les frais ont été payés, ou enfin lorsqu'il y a quelque acte duquel il résulte nécessairement que l'exécution du jugement a été connue de la partie défaillante : l'opposition formée dans les délais ci-dessus et dans des formes ci-après prescrites, suspend l'exécution, si elle n'a pas été ordonnée nonobstant opposition. (*Art. 159, ibid.*)

(Les art. 160 et 161 indiquent comment doit être formée l'opposition, lorsque le jugement a été rendu contre une partie avec un avoué. L'article 162 dit comment elle peut être formée lorsqu'il a été rendu contre une partie qui n'a pas d'avoué, conséquemment par le Tribunal de commerce, où les avoués ne postulent pas.)

Lorsque le jugement a été rendu contre une partie n'ayant pas d'avoué, l'opposition peut être formée soit par acte extrajudiciaire, soit par déclaration (que l'huissier exécutant doit recevoir) sur les commandemens, procès-verbaux de saisie ou d'emprisonnement, ou tout autre acte d'exécution. (*Art. 162, ibid.*) — Le surplus de l'article est relatif à la procédure devant les Tribunaux civils. — Voyez ci-après l'article 438 de ce Code pour la réitération de l'opposition dans les trois jours.

Si l'opposition n'a pas été régulièrement formée, on peut, tant que le jugement, quoique signifié, ne doit être réputé exécuté, former une seconde opposition régulière, de même qu'il est permis de réitérer, dans le délai légal, un acte d'appel si le premier était nul. (*Arrêt de la Cour de Cassation* du 18 avril 1811.)

Procédure devant les Tribunaux de Commerce.

La procédure devant les tribunaux de commerce se fait sans le ministère d'avoué.(*Code de Proc.*, art. 414.)

Toute demande doit y être formée par exploit d'ajournement, suivant les formalités prescrites (art. 61) au titre des *Ajournemens*. (*Art.* 415, *ibid.*)

Le délai est au moins d'un jour. (*Art.* 416.)

Dans les cas qui requièrent célérité, le président du tribunal peut permettre d'assigner, même de jour à jour et d'heure à heure, et de saisir les effets mobiliers : il peut, suivant l'exigence des cas, assujettir le demandeur à donner caution, ou à justifier de solvabilité suffisante. Ses ordonnances sont exécutoires nonobstant opposition ou appel. (*Art.* 417.)

Les art. 418 et 419 sont relatifs aux assignations dans les affaires maritimes. — Toutes assignations données à bord à la personne assignée sont valables, dit le 419°.

Le demandeur peut assigner, à son choix, — devant le tribunal du domicile du défendeur ; — devant celui dans l'arrondissement duquel la promesse a été faite et la marchandise livrée; — devant celui dans l'arrondissement duquel le paiement devait être effectué. (*Art.* 420.)

Les parties sont tenues de comparaître en personne, ou par le ministère d'un fondé de procuration spéciale (1) (qui peut être sous seing privé, mais qui doit être enregistrée.) (*Art.* 421.)

_____

(1) Il y a à Paris des *agréés* au Tribunal de commerce que ce

.·. (L'art. 422 concerne l'élection de domicile que peuvent faire les parties qui ont comparu à la première audience, s'il n'a point été rendu jugement définitif à cette audience.)

.·. L'art. 423 dispense les étrangers assignés en matière de commerce de fournir les cautions de payer les frais et dommages-intérêts auxquelles ils pourraient être condamnés, du *judicátum solvi.*

.·. Si le tribunal est incompétent à raison de la matière (1), il renvoie les parties, encore que le déclinatoire n'ait pas été proposé. — Le déclinatoire pour toute autre cause ne peut être proposé que préalablement à toute autre défense. (*Art.* 424.)

Les art. 425 et suivans traitent du jugement au fond en cas de rejet du déclinatoire, de l'assignation en reprise d'instance ou par action nouvelle à donner aux veuves et aux héritiers des justiciables, du renvoi devant les juges qui en doivent connaître en cas de méconnaissance d'une pièce produite, de dénégation ou d'arguation de faux de cette pièce ; du droit du tribunal d'ordonner même d'office la comparution et audition des parties en personne ; du renvoi devant des arbitres pour examen de comptes, pièces, registres, ou pour visite ou estimation d'ouvrage ou marchandises ; des preuves par témoins ou des enquêtes, et des formalités à observer dans la rédaction et l'expédition des jugemens.

Les art. 434 et 435 disposent relativement aux jugemens par défaut à prononcer contre le demandeur qui ne se présente pas et contre le défendeur qui ne comparaît pas, et à la signification du jugement par défaut, qui ne peut être faite que par un huissier commis à cet effet par le tribunal.

Tribunal accrédite, et à qui la remise de l'assignation peut valoir procuration.

(1) Une question d'état, une demande en partage de succession, ne seraient pas de sa compétence.

L'opposition n'est plus recevable après la huitaine du jour de la signification.

Elle doit contenir les moyens de l'opposant, et assignation dans le délai de la loi, et être signifiée au domicile élu. (*Art. 436 et 437.*)

L'opposition faite à l'instant de l'exécution, par déclaration sur le procès-verbal de l'huissier, arrête l'exécution; à la charge, par l'opposant, de la réitérer dans les trois jours, par exploit contenant assignation; passé lequel délai, elle est censée non avenue. (*Art. 438.*)

Les art. 439, 440 et 441 sont relatifs à l'exécution provisoire des jugemens nonobstant l'appel, avec ou sans caution dans les cas déterminés, à la présentation de la caution, et à sa réception par le tribunal.

Les Tribunaux de commerce ne connaissent pas de l'exécution de leurs jugemens (la connaissance en appartient aux tribunaux ordinaires ou civils. (*Art. 442 du Code de Procédure.*)

FORMULE *de l'Opposition au Jugement par défaut fait par Acte judiciaire.*

L'an mil huit cent vingt-sept, le..., à la requête du sieur..., (nom, prénoms, profession et demeure), pour lequel domicile est élu en sa demeure sus-énoncée, j'ai... (nom et prénoms), huissier, reçu à tel tribunal, immatriculé le..., patenté sous le n°..., demeurant..., soussigné,

Signifié, déclaré et notifié au sieur... (nom, profession et demeure), en son domicile, en parlant à...,

Que le sieur... est opposant et s'oppose formellement par ces présentes à l'exécution du jugement surpris contre lui par défaut de..., au Tribunal de commerce séant à...; et, pour voir réformer ledit jugement, j'ai, à la même requête que ci-dessus, donné assignation, audit sieur..., en parlant comme dessus, à comparaître le... neuf ou dix heures du matin à l'audience et par-devant MM. les juges du même Tribunal de commerce, séant à..., pour, attendu que... (énoncer les motifs), voir décharger le sieur... des condamnations prononcées contre lui par défaut par le jugement sus-daté, le voir renvoyer de la demande formée contre lui, et se voir en outre le sieur..., condamner aux frais et dépens, et à ce qu'il n'en ignore, je lui ai, eu sondit domicile, en parlant comme dessus, laissé copie du présent, dont le coût est de...

(*La signature de l'huissier.*)

QUATRIÈME PARTIE.

DES MATIÈRES CRIMINELLES.

PRÉAMBULE.

Nous ne suivons pas, dans cette quatrième Partie, les Codes d'Instruction criminelle et pénal, titre à titre, chapitre à chapitre, section à section, comme nous avons suivi, dans les trois premières, les Codes Civil, de Procédure et de Commerce; nous n'en prendrons que les dispositions que nous croirons devoir être rapportées comme regardant principalement les particuliers, et les textes que nous présenterons seront puisés dans l'édition officielle faite d'après les modifications apportées au Code d'Instruction criminelle et au Code Pénal, par la loi du 28 avril 1832. Pourquoi en effet transcririons-nous les dispositions relatives aux fonctions des gardes champêtres, des gardes forestiers, des commissaires de police, d'officiers de gendarmerie, des préfets, des juges d'instruction, des procureurs du Roi, des chambres du conseil, des procureurs généraux, des présidens des cours d'assises, des chambres des mises en accusation, des Cours d'assises elles-mêmes, de la Cour de Cassation; à l'examen des accusés devant les cours; aux différens crimes; aux différens délits; aux peines qui leur sont applicables, etc., etc. ? Reproduire les dispositions qui se rapportent surtout aux particuliers, et qu'ils ont le plus besoin de connaître, voilà ce que nous croyons de notre devoir de leur donner. Ainsi nous userons de la liberté qui nous sera nécessaire à cet égard. Néanmoins nous aurons l'attention de les mettre toujours sur la voie, en citant numériquement les articles des Codes, et en observant l'ordre de leurs numéros.

LIVRE PREMIER.

INSTRUCTION CRIMINELLE.

~~~~~~~~~~~~~~~~~~~~~~~~~~~~~~~~~~~~~~~

PRÉLIMINAIRE.

La punition des contraventions, des délits et des crimes est l'objet du Code criminel.

La *contravention* est une faute légère, une infraction à une loi de simple police, qui cependant, entraîne une amende, et peut entraîner un emprisonnement, et qui est portée aux Tribunaux de police.

Le *délit* est un fait grave, qui entraîne contre le délinquant une amende plus forte, souvent un emprisonnement, et qui est porté à la police correctionnelle.

Le *crime* est une atteinte à l'ordre public, un attentat troublant l'harmonie de la société, qui emporte contre le coupable une peine afflictive ou infamante, et qui est du ressort des Cours d'assises.

L'article 1er du Code pénal dispose ainsi :

L'infraction que les lois punissent des peines de police est une *contravention*.

L'infraction que les lois punissent des peines correctionnelles est un *délit*.

L'infraction que les lois punissent d'une peine afflictive ou infamante est un *crime*.

Pour que les punitions soient infligées, il faut que les formalités requises pour constater les fautes, et convaincre les coupables aient été remplies. Ces formalités sont énoncées dans les parties du Code, relatives à l'instruction criminelle.

En général, dit Pothier, article Préliminaire, du *Traité de la Procédure criminelle*, la forme dans laquelle on poursuit la réparation, tant publique que particulière, des crimes et délits contre ceux qui les ont commis, s'appelle *procédure ou instruction criminelle*.

DISPOSITIONS PRÉLIMINAIRES.

L'action pour l'application des peines n'appartient qu'aux fonctionnaires auxquels elle est confiée par la loi.

L'action en réparation du dommage causé par un crime, par un délit ou par une contravention, peut être exercée par tous ceux qui ont souffert de ce dommage. (*Code d'Inst. crim. art.* 1ᵉʳ.)

L'action publique pour l'application de la peine s'éteint par la mort du prévenu.

L'action civile, pour la réparation du dommage, peut être exercée contre le prévenu et contre ses représentans.

L'une et l'autre action s'éteignent par la prescription, ainsi qu'il est réglé au Livre II, titre VII, chapitre V *de la Prescription*, (*Même Code, art.* 2.)

L'action civile peut être poursuivie en même temps et devant les mêmes juges que l'action publique.

Elle peut aussi l'être séparément; dans ce cas l'exercice en est suspendu, tant qu'il n'a pas été prononcé définitivement sur l'action publique intentée avant ou pendant la poursuite de l'action civile. (*Art.* 3, *ibid.*)

La renonciation à l'action civile ne peut arrêter ni suspendre l'exercice de l'action publique. (*Art.* 4, *ibid.*)

(Les art. 5, 6 et 7 sont relatifs à la poursuite et punition en France des crimes attentatoires à la sûreté de l'Etat,..., commis par tout Français hors du territoire de France, ou par les étrangers qui seraient auteurs ou complices des mêmes crimes, qui seraient arrêtés en France, ou dont le gouvernement obtiendrait l'extradition, et des crimes commis hors du territoire du royaume par un Français contre un Français.

TITRE PREMIER.

DE LA POLICE JUDICIAIRE ET DES OFFICIERS QUI L'EXERCENT.

SECTION PREMIÈRE. — *Objet de la Police judiciaire, et par quels officiers elle est exercée.*

LA police judiciaire recherche les crimes, les délits et les contraventions, en rassemble les preuves, et en livre les auteurs aux tribunaux chargés de les punir. (*Art.* 8 *du Code.*)

La police judiciaire est exercée, sous l'autorité des Cours royales, et suivant les distinctions établies, — par les gardes champêtres et les gardes forestiers; — par les commissaires de police; — par les maires et adjoints de maire; — par les procureurs du Roi et leurs *substituts*; — par les juges de paix; — par les officiers de gendarmerie; — par les commissaires généraux de police, — et par les juges d'instruction. (*Art.* 9, *ibid.*)

Les préfets des départemens, et le préfet de police à Paris, peuvent faire personnellement, ou requérir les officiers de police judiciaire, chacun en ce qui le concerne, de faire tous actes nécessaires à l'effet de constater les crimes, délits et contravention, et d'en livrer les auteurs aux tribunaux chargés de les punir. (*Art.* 10, *ibid.*)

Les articles suivans règlent les fonctions des maires, des adjoints de maire, des commissaires de police, des gardes champêtres et forestiers, des procureurs du Roi et de leurs substituts, relativement à la police judiciaire; des officiers de police auxiliaires du procureur du Roi (qui sont les juges de paix, les officiers de gendarmerie, les commissaires généraux de police, les maires, les adjoints et les commissaires de police), ainsi que des juges d'instruction.

Section II. — Des Plaintes.

Toute personne qui se prétend lésée par un crime ou un délit, peut en rendre plainte, et se constituer partie civile devant le juge d'instruction, soit du lieu du crime ou délit, soit du lieu de la résidence du prévenu, soit du lieu où il peut être trouvé.

Dans les matières du ressort de la police correctionnelle, la partie lésée peut s'adresser directement au Tribunal correctionnel, dans la forme déterminée.

Les plaignans ne sont réputés partie civile s'ils ne le déclarent formellement, soit par la plainte, soit par acte subséquent.... *(Art. 63, 64 et 66 du Code.)*

Les plaignans peuvent se porter partie civile en tout état de cause jusqu'à la clôture des débats, mais, en aucun cas, leur désistement après le jugement ne peut être valable; quoiqu'il ait été donné dans les vingt-quatre heures de leur déclaration qu'ils se portent partie civile. *(Art. 67.)*

Toute partie civile qui ne demeure pas dans l'arrondissement communal où se fait l'instruction, est tenue d'y élire domicile par acte passé au greffe du tribunal (à peine de ne pouvoir opposer le défaut de signification des actes qui auraient dû lui être signifiés). *(Article 68.)*

L'art. 65 dit que les dispositions de l'art. 31, concernant les dénonciations, sont communes aux plaintes. — Aux termes de cet art. 31, les dénonciations sont rédigées par les dénonciateurs ou par leurs fondés de pouvoir spécial.

FORMULE *de Plainte dressée par la Partie ou par son Fondé de pouvoir spécial.*

A M. le juge d'instruction au Tribunal de première instance séant..., *ou à* M. le procureur du Roi près ce Tribunal, *ou à* M. le juge de paix du canton de..., *ou à* M. le maire de la commune de... arrondissement de... département de...

N... (*nom, prénoms, profession ou qualité et demeure*), ou N...
(*de même*), au nom et comme fondé de la procuration du sieur...,
passée devant notaires, à..., en présence de témoins, ou sous
seing privé, en date du..., dûment enregistré, expose que ce
matin, ou hier, ou cette nuit, ou tel jour, à telle heure, le sieur...
a traversé son champ ensemencé avec sa charrette, et lui a occasioné *tel* dégât, ou qu'un *tel* l'a injurié dans la rue, l'a outragé,
et a été jusqu'à lever la canne sur lui, et le frapper, ou qu'un ou
deux, ou plusieurs individus à lui inconnus, à l'exception d'un
seul, qui se nomme... (*énoncer le nom, la profession et la demeure*), se sont introduits dans sa maison, située à..., qu'ils ont
crocheté la serrure de la porte qui conduit à.., et ont brisé une
armoire fermant à clef, dans une chambre à *tel* étage, ou au rez-
de-chaussée, donnant sur...; que, sur le bruit occasioné par les
effractions de ces individus, les nommés *tel* et *tel*, tous deux au
service du plaignant, sont descendus, et ont rencontré lesdits individus, emportant des paquets et autres objets qu'ils n'ont pu distinguer; que, un *tel* leur ayant demandé pourquoi ils se trouvaient
à cette heure dans ladite maison, l'un d'eux, qu'il n'a pu connaître, lui a présenté ainsi qu'à l'autre domestique un pistolet, les
menaçant de les tuer s'ils jetaient le moindre cri (*s'il avait tiré ses
pistolets, blessé ou tué quelqu'un; on l'énoncerait, et l'on rendrait
compte de toutes les circonstances : pourquoi il serait fait examen
et rapport par un ou deux officiers de santé, ou docteurs en chirurgie*); que ce n'est qu'après l'évasion des voleurs qu'ils ont pu appeler, que le sieur... a suivi d'un peu loin ces individus, pour voir en
quel lieu ils se retiraient, et qu'il les a vu entrer dans *telle* maison,
où demeure celui qui a été reconnu.

N... en son nom, ou au nom et comme fondé de la procuration
du sieur ...vous rend plainte des faits ci-dessus énoncés, pour la
poursuite et la réparation desquels il déclare se rendre, ou se réserve de se rendre partie civile, ou intervenante, dont il offre d'affirmer et affirme dès à présent la vérité, et qui seront attestés par
les témoins, le sieur... et le sieur..., ou les nommés *tel* et *tel* (*donner leurs noms, professions et demeures*). — Il vous demande acte
de ladite plainte, de la remise qu'il vous en fait, et vous requiert
d'agir conformément à la loi. Il conclut dès à présent à ce qu'il lui
soit alloué *telle* somme pour dommages et intérêts, ou il se réserve
de conclure pour ses dommages et intérêts.

Fait à..., le... mil huit cent vingt-sept.

(*La signature au recto de chaque feuillet,
si on ne signe pas à chaque page, et
surtout à la fin de la plainte.*)

SECTION III. — De l'Audition des Témoins.

Toute personne citée pour être entendue en témoignage, est tenue de comparaître et de satisfaire à la
citation; sinon elle peut y être contrainte par le juge

d'instruction, qui, à cét effet, sur les conclusions du
procureur du Roi, sans autre formalité ni délai, et
sans appel, prononce une amende qui n'excède pas
cent francs, et peut ordonner que la personne citée
sera contrainte par corps à venir donner son témoignage. *(Art. 80 du Code.)*

Le témoin ainsi condamné à l'amende, sur le premier
défaut, et qui, sur la seconde citation, produit devant
le juge d'instruction des excuses légitimes, peut, sur
les conclusions du procureur du Roi, être déchargé de
l'amende. *(Art. 81, ibid.)*

Les articles suivans sont relatifs au transport du
juge d'instruction en la demeure des témoins, lorsqu'il
est constaté, par un certificat d'un officier de santé,
qu'ils se trouvent dans l'impossibilité de comparaître
sur la citation qui leur a été donnée, et, si les témoins
habitent hors du canton, à la commission du juge de
paix de leur habitation, à l'effet de recevoir leur déposition, et aux formalités subséquentes.

L'art. 236 du Code pénal dispose : « Les témoins
qui ont allégué une excuse reconnue fausse sont condamnés, outre les amendes prononcées pour la non-
comparution, à un emprisonnement de six jours à
deux mois. »

Le juge d'instruction peut décerner des mandats
d'amener contre les témoins qui refusent de comparaître sur la citation à eux donnée, conformément à
l'art. 80, et sans préjudice de l'amende portée en cet
article. *(Art. 92 du Code.)*

Section IV. — *Des Mandats de Comparution, d'Amener, de Dépôt et d'Arrêt.*

Les art. 98 et suivans traitent des formalités des
mandats de comparution, d'amener, de dépôt et
d'arrêt.

Le mandat d'arrêt, indépendamment du nom, de la
désignation de celui contre qui il est décerné, de la
signature et du sceau de celui qui le décerne (forma

lités requises pour les mandats de comparution, d'a-
mener et de dépôt), contient l'énonciation du fait
pour lequel il est décerné, et la citation de la loi qui
déclare que ce fait est un crime ou délit. *(Art. 96.)*

Les art. 97 et 111 concernent l'exécution des différens mandats de comparution, d'amener, de dépôt et
d'arrêt.

L'inobservation des formalités prescrites pour les
mandats de comparution, d'amener, de dépôt et d'arrêt, est toujours punie d'une amende de 50 francs au
moins contre le greffier, et, s'il y a lieu, d'injonction
au juge d'instruction et au procureur du Roi, même
de prise à partie s'il y échet (mais les mandats ne sont
pas nuls, pour ne pas prolonger davantage la détention du prévenu). *(Art. 112.)*

SECTION V. — *De la Liberté provisoire et du Cautionnement.*

La liberté provisoire (sous caution et à charge de se
représenter) ne peut jamais être accordée au prévenu
lorsque le titre de l'accusation emporte une peine afflictive ou infamante.

Si le fait n'emporte pas une peine afflictive ou infamante, mais seulement une peine correctionnelle, la
chambre du conseil peut, sur la demande du prévenu,
et sur les conclusions du procureur du Roi, ordonner
que le prévenu sera mis provisoirement en liberté;
moyennant caution solvable de se représenter à tous
les actes de la procédure, et pour l'exécution du jugement, aussitôt qu'il en sera requis.

La mise en liberté provisoire avec caution peut être
demandée et accordée en tout état de cause.

Néanmoins, les vagabonds et les repris de justice
ne peuvent, en aucun cas, être mis en liberté provisoire. *(Art. 113, 114 et 115 du Code.)*

La demande en liberté provisoire doit être notifiée
à la partie civile, à son domicile ou à celui qu'elle a

élu (afin qu'elle puisse discuter la caution). (Article 116.)

Il est traité, dans les art. 117 et suivans, de la discussion de la caution, de la quotité du cautionnement, de la soumission à faire par la caution, de l'affectation du cautionnement au paiement des réparations civiles, des frais, des amendes, et de la poursuite pour le paiement du cautionnement

Outre les poursuites contre la caution pour le paiement du cautionnement, s'il y a lieu, le prévenu est saisi et écroué dans la maison d'arrêt, en exécution d'une ordonnance du juge d'instruction. (Art. 125.)

L'art. 124 venait de dire : « Le prévenu n'est mis en liberté provisoire sous caution, qu'après avoir élu domicile dans le lieu où siège le Tribunal correctionnel, par acte reçu au greffe de ce tribunal. »

Le prévenu qui aurait laissé contraindre sa caution au paiement, ne serait plus, à l'avenir, recevable, en aucun cas, à demander de nouveau sa liberté provisoire, moyennant caution. (parce qu'il aurait prouvé qu'il est indigne d'être cautionné, ainsi que de la confiance de la loi). (Art. 126.)

Le rapport du juge d'instruction à la chambre du conseil, la mise en liberté du prévenu si le fait ne présente ni crime, ni délit, ni contravention, ou sa traduction soit devant le Tribunal de police, si le fait est un délit de nature à être puni de peines correctionnelles; soit sa mise en état d'arrestation ou son incarcération et son renvoi devant la chambre des mises en accusation, si la chambre du conseil est d'avis que le fait est de nature à être puni de peines afflictives ou infamantes, et que la prévention contre l'inculpé est suffisamment établie, pour quoi il est décerné contre lui par la chambre du conseil une ordonnance de prise de corps; et le jugement de l'opposition, soit de la partie civile, soit du procureur du Roi, à la mise en liberté du prévenu lorsqu'elle a été ordonnée, sont les sujets des articles 127 à 136.

TITRE II.

Lorsque les officiers de police judiciaire ont rempli toutes les obligations dont ils sont tenus, et qui sont tracées dans le premier Livre (ou Titre) du Code; lorsque la nature du fait, objet d'une plainte, est constatée : lorsque le juge d'instruction a fait son rapport, les personnes inculpées passent des mains de la police judiciaire dans celles de la justice, c'est-à-dire au tribunal auquel leur affaire est attribuée : en ce sens *justice* veut dire *juridiction*.

CHAPITRE PREMIER.

Des Tribunaux de simple Police.

On considère comme contravention de police simple les faits qui, d'après les dispositions du quatrième Livre du Code pénal (art. 471 à 483), peuvent donner lieu, soit à 15 francs d'amende ou au-dessous, soit à 5 jours d'emprisonnement ou au-dessous, qu'il y ait ou non confiscation des choses saisies, et quelle qu'en soit la valeur. (*Code d'Instruction criminelle, art.* 137.)

La connaissance des contraventions de police est attribuée au juge de paix et au maire, suivant les règles et les distinctions ci-après établies. (*Art.* 138.)

SECTION PREMIÈRE. — *Du Tribunal du Juge de paix comme Juge de Police.*

Les juges de paix connaissent exclusivement,

1°. Des contraventions commises dans l'étendue de la commune chef-lieu du canton;

2°. Des contraventions dans les autres communes de leur arrondissement, lorsque, hors le cas où les coupables auront été pris en flagrant délit, les contraventions ont été commises par des personnes non do-

miciliées ou non présentes dans la commune, ou lorsque les témoins qui doivent déposer n'y sont pas rési-
dens ou présens;

3°. Des contraventions à raison desquelles la partie
qui réclame conclut, pour ses dommages et intérêts, à
une somme indéterminée ou à une somme excédant
15 francs;

4°. Des contraventions forestières poursuivies à la
requête des particuliers (1);

5°. Des injures verbales;

6°. Des affiches, annonces, ventes, distributions ou
débits d'ouvrages, écrits ou gravures contraires aux
mœurs;

7°. De l'action contre les gens qui font le métier de
deviner et pronostiquer, ou d'expliquer les songes.
(Art. 139.)

Les juges de paix connaissent aussi, mais concurremment avec les maires, de toutes autres contraventions commises dans leur arrondissement. (Art. 140.)

Dans les communes dans lesquelles il n'y a qu'un
juge de paix, il connaît seul des affaires attribuées à
son tribunal. (Art. 141.)

Les greffiers et les huissiers de la justice de paix
font le service pour les affaires de police. (Même article 141.)

Il est dit, dans les art. 142 et suivans, comment est
fait le service dans les communes divisées en deux
justices de paix ou plus, par qui y sont remplies les
fonctions du ministère public (2), à la requête de qui
sont faites les citations pour contraventions de police,
par qui elles sont notifiées, à moins que les parties ne

____

(1) C'est le Tribunal de police correctionnelle qui connaît de
celles poursuivies à la requête de l'administration forestière. (Article 179.)

(2) Par le commissaire de police du lieu où siège le Tribunal, et
en cas d'empêchement où s'il n'y en a pas, par le maire ou son
adjoint.

comparaissent volontairement et sur un simple avertissement, et quel délai comportent les citations.

Avant le jour de l'audience, le juge de paix peut,
sur la réquisition du ministère public ou de la partie
civile (mais non d'office), estimer ou faire estimer les
dommages, dresser ou faire dresser des procès-verbaux, faire ou ordonner tous actes requérant célérité.
(Art. 148.)

Si la personne citée ne comparaît pas au jour et à
l'heure fixés par la citation, elle est jugée par défaut.
(Art. 149.)

Les articles suivans traitent de l'opposition au jugement par défaut, et de sa forme.

La personne citée comparaît par elle-même ou par
un fondé de procuration spéciale. *(Art. 152.)*

L'art. 153 règle la tenue de l'audience ou l'ordre
dans lequel s'y fait l'instruction des causes.

L'instruction de chaque affaire est publique, à peine
de nullité. *(Même art. 153.)*

Le jugement d'un Tribunal de police est nul, s'il ne
constate pas que l'instruction faite devant le tribunal a
été publique, et que le jugement lui-même a été rendu
et prononcé publiquement. — Il ne suffit pas qu'un
Tribunal de police insère dans son jugement les premières et les dernières expressions des lois qu'il a ci-
tées, il doit transcrire le texte entier de la loi appliquée. *Arrêt de la Cour de Cassation (section crimin.)*
du 27 août 1825, affaire du ministère public contre
Nol, rendu vu les articles 153 et 163 du Code, et rapporté au 11e cahier, page 443, du *Journal des Audiences* de 1825.

Les contraventions sont prouvées, soit par procès-
verbaux ou rapports, soit par témoins, à défaut de
procès-verbaux et rapports, ou à leur appui.

Nul n'est admis, a peine de nullité, à faire preuve
par témoins outre ou contre le contenu aux procès-
verbaux ou rapports des officiers de police ayant reçu

de la loi le pouvoir de constater les délits ou les contraventions jusqu'à inscription de faux. (*Art.* 154.)

Les art. 155 et suivans sont relatifs à l'audition des témoins, à ceux qui ne peuvent être appelés ni reçus en témoignage, à l'amende et même à la contrainte par corps qu'encourent les témoins qui ne satisfont pas à la citation, sauf les excuses que peuvent produire sur la seconde citation ceux qui n'ont pas pu se rendre à la première, ce qui peut les faire décharger de l'amende.

Si le fait est un délit qui emporte une peine correctionnelle ou plus grave, le tribunal renvoie les parties devant le procureur du Roi.

Si le prévenu est convaincu de contravention de police, le tribunal prononce la peine, et statue par le même jugement sur les demandes en restitution et en dommages et intérêts. (*Art.* 160 *et* 161.)

La partie qui succombe est condamnée aux frais, même envers la partie publique. — Les dépens sont liquidés par le jugement.

Le ministère public et la partie civile poursuivent l'exécution du jugement, chacun en ce qui le concerne. (*Art.* 162 *et* 165.)

Les deux articles intermédiaires sont relatifs à la forme du jugement, et à la signature de sa minute dans les vingt-quatre heures.

FORMULE *d'une Citation devant le Tribunal de simple police.*

L'an mil huit cent vingt-sept, le..., à la requête de M... commissaire de police, *ou* maire, *ou* adjoint de la commune de..., remplissant les fonctions du ministère public près le Tribunal de police, et qui fait élection de domicile en sa demeure, sise a... ; *ou bien*, à la requête du sieur... (*nom*, *prénoms*, *profession et demeure*), qui fait élection de domicile en sa demeure sus-désignée, j'ai... (*nom et prénoms*), huissier à la justice de paix du canton de..., *ou de tel* arrondissement de..., département de..., reçu audit Tribunal, immatriculé le..., patenté le..., sous le n°... demeurant... soussigné,

Cité le sieur..., *ou* la dame... (*les nom*, *profession et demeure*), en sondit domicile, en parlant à...

A comparoir et se trouver le..., heures de..., à l'audience et par-devant M!. , juge de paix (1), tenant l'audience du Tribunal de police en *tel* lieu, situé... (2), pour répondre sur et aux fins de la plainte de contravention rendue contre lui par... (*nom , prénoms , profession et demeure du plaignant*), ou bien sur et aux fins du pro-cès-verbal de contravention dressé contre lui par... (*le commissaire de police* ou *le maire* , ou *l'adjoint* , ou *le garde forestier particu-lier*, ou *le garde champêtre*, le *tel* jour, à peine de se voir condamné par défaut, et de voir les conclusions qui seraient prises contre lui, ou contre elle adjugées, ou bien à peine de voir adjugées les conclu-sions qui seraient prises par le sieur..., et qui tendent à ce que... (*les énoncer*); et à ce que ledit sieur..., ou ladite dame... n'en ignore, je lui ai, en sondit domicile, en parlant comme dessus, laissé copie de la présente citation , dont le coût est de... y compris mon transport à sa demeure , distant de la mienne de *tant* de kilo-mètres , les jour , mois et an que dessus.

(*La signature de l'huissier.*)

SECTION II. — *De la Juridiction des Maires comme Juges de police.*

Les maires de communes non chefs-lieux de canton connaissent, concurremment avec les juges de paix, des contraventions commises dans l'étendue de leur commune, par les personnes prises en flagrant délit (3), ou par des personnes qui résident dans la commune ou qui y sont présentes, lorsque les témoins y sont aussi résidans ou présens, et lorsque la partie récla-mante conclut pour ses dommages-intérêts à une somme déterminée, qui n'excède pas celle de 15 francs. Ils ne peuvent *jamais* connaître des contraventions attribuées exclusivement aux juges de paix par l'art. 139 (qu'on a lu ci-dessus), ni d'aucune des matières

---

(1) Si c'était à l'audience tenue par le maire , il serait dit : *Par-devant M. le maire.*

(2) *Ou* à la maison commune si elle est tenue par le maire.

(3) « Le cas de *flagrant délit* est , lorsqu'un crime (un délit , une contravention) vient de se commettre ; et que le corps de délit est exposé à la vue de tout le monde : comme lorsqu'une maison vient d'être incendiée, un mur percé , ou qu'un homme vient d'être tué ou blessé , ou s'il arrive une émotion populaire, etc. Dans ces cas, les témoins sont encore sur les lieux. » JOUSSE, sur l'art. 4 du titre IV de l'ordonnance de 1670.

dont la connaissance est attribuée aux juges de paix
considérés comme juges civils. *(Code d'Instruction cri-*
minelle, art. 166.)

Le ministère public est exercé auprès du maire, dans
les matières de police, par l'adjoint; en l'absence de
l'adjoint, ou lorsque l'adjoint remplace le maire comme
juge de police, le ministère public est exercé par un
membre du conseil municipal, qui est désigné à cet
effet par le procureur du Roi, pour une année entière.
(Art. 167, *ibid.)*

(L'art. 168 dit par qui sont exercées les fonctions
de greffier des maires dans les affaires de police.)

Le ministère des huissiers n'est pas nécessaire pour
les citations aux parties (1); elles peuvent être faites
par un avertissement du maire, qui annonce au défendeur le fait dont il est inculpé, le jour et l'heure
où il doit se présenter.

Il en est de même des citations aux témoins; elles
peuvent être faites par avertissement qui indique le
moment où leur déposition sera reçue. *(Art.* 169 *et*
170, *ibid.)*

Le maire donne son audience dans la maison commune; il entend publiquement les parties et les témoins.

Sont au surplus observées les dispositions des art.
149, 150, 151, 153 à 160, concernant l'instruction
et les jugemens au tribunal du juge de paix.(*Art.* 171.)

FORMULE *d'un Avertissement.*

-MONSIEUR,

Vous êtes averti que vous devez vous rendre *tel* jour, à *telle*
heure, au Tribunal de police, tenu à la maison commune, *ou à la*
mairie, pour répondre sur l'inculpation qui vous est faite de *telle*
contravention, *ou bien, si c'est à un témoin*, pour y être entendu,
et donner votre déclaration sur *telle* inculpation faite à *un tel* (il é-
noncer et dire par qui elle est faite.) (*La signature du maire.*)

_____

(1) Elle ne seraient pas nulles.

SECTION III. — De l'Appel des Jugemens de police.

Les jugemens rendus en matière de police peuvent être attaqués par la voie de l'appel (seulement) lorsqu'ils prononcent un emprisonnement, ou lorsque les amendes, restitutions ou autres réparations civiles, *excèdent* la somme de 5 francs outre les dépens.

L'appel est suspensif. *(Art.* 172 *et* 173 *du Code.)*

L'appel des jugemens rendus par le Tribunal de police est porté au Tribunal correctionnel. — Il est interjeté dans les dix jours de la signification de la sentence à personne ou domicile. — Il est suivi et jugé dans la même forme que les appels des sentences des justices de paix. *(Art.* 174.*)*

(Les deux articles suivans autorisent la réaudition des témoins, et règlent l'ordre à observer pour l'instruction des causes et la forme des jugemens.)

Le ministère public et les parties peuvent, s'il y a lieu, se pourvoir en cassation contre les jugemens rendus en dernier ressort par le Tribunal de police..... *(Art.* 177, *ibid.)*

L'art. 178 enjoint aux juges de paix et aux maires de transmettre, au commencement de chaque trimestre, au procureur du Roi l'extrait des jugemens qui ont prononcé la peine d'emprisonnement.

CHAPITRE II.

Des Tribunaux en Matière correctionnelle.

LES Tribunaux de première instance en matière civile connaissent en outre (de leurs attributions en matière civile ou comme juges d'appel des Tribunaux de police), sous le titre de Tribunaux correctionnels, de tous les délits forestiers, poursuivis à la requête de l'administration, et de tous les délits dont la peine excède cinq jours d'emprisonnement et quinze francs d'amende. *(Art.* 179 *du Code.)*

28

Ces tribunaux peuvent, en matière correctionnelle, prononcer au nombre de trois juges. *(Art.* 180.*)*

Les articles suivans concernent le respect dû à ces tribunaux, la manière dont ils peuvent être saisis des affaires.

Ils en sont saisis particulièrement par la citation donnée directement au prévenu et aux personnes civilement responsables du délit par la partie civile.

Cette partie fait, par l'acte de citation, élection de domicile dans la ville où siége le tribunal; la citation énonce les faits et tient lieu de plainte. *(Articles* 182 *et* 183.*)*

Il y a au moins un délai de trois jours, outre un jour par trois myriamètres (six lieues communes) entre la citation et le jugement, à peine de nullité de la condamnation qui serait prononcée par défaut contre la personne citée.... *(Art.* 184.*)*

Dans les affaires relatives à des délits qui n'entraînent pas la peine d'emprisonnement, le prévenu peut se faire représenter par un avoué; le tribunal peut néanmoins ordonner sa comparution en personne.

Si le prévenu ne comparaît pas, il est jugé par défaut. *(Art.* 185 *et* 186.*)*

Il est traité, dans les articles suivans, de l'opposition à ce jugement; de la preuve des délits; de l'instruction qui doit être publique, à peine de nullité (*Art.* 190); du renvoi, de la poursuite ou de la condamnation suivant que le fait n'est pas ou est un délit; de la traduction devant le juge d'instruction si le fait est de nature à mériter une peine afflictive ou infamante; du jugement de condamnation; de sa forme, de sa signature, de son exécution à la requête du ministère public et à celle de la partie civile, chacun en ce qui le concerne; de l'appel des jugemens devant les tribunaux auxquels ils sont attribués par les art. 200 et 201; de ceux qui ont droit d'appeler (*art.* 202); des dix jours dans lesquels les parties doivent appeler (*art.* 203), sinon elles sont déchues; de la requête contenant les moyens d'ap-

pel qui peut être remise au greffe du tribunal qui a
rendu le jugement ; du délai dans lequel doit appeler
le ministère public près le tribunal ou la cour qui doit
connaître de l'appel ; du renvoi des pièces au greffe de
ce tribunal ou de cette cour ; des jugemens par défaut
sur l'appel ; de l'opposition à ces jugemens ; de l'appel
qui doit être jugé à l'audience sur le rapport fait par
l'un des juges ; de l'instruction à l'audience, et du jugement soit qu'il confirme, soit qu'il annulle celui de
première instance.

Les nullités en matière criminelle sont d'ordre public, et ne peuvent être couvertes par le fait des parties.
— Le prévenu qui n'a point excipé en première instance de la nullité du procès-verbal qui lui était opposé, n'est point non recevable, par son silence, à la
proposer soit en cause d'appel, soit même devant la
Cour de Cassation. *Arrêt de la section criminelle* du
25 octobre 1824, affaire de la *femme Bastien* et con-
sorts, rapportée au 6ᵉ cahier, page 228, de la *Jurisprudence de la Cour de Cassation* de 1825, par Sirey.

La partie civile, le prévenu, la partie publique, les
personnes civilement responsables du délit peuvent se
pourvoir en cassation contre le jugement (qui est devenu définitif et en dernier ressort.) *Art.* 216.

Le délai pour se pourvoir ou déclarer au greffe
qu'on se pourvoit en cassation, est de trois jours.(*Art.*
373 *du même Code.*)

Il est sursis pendant ces trois jours et jusqu'après
l'arrêt de la Cour de Cassation, à l'exécution du jugement ou de l'arrêt attaqué par le pourvoi. (*Même art.*
373.)

COROLLAIRE.

L'art. 335 du Code consacre la règle que, pour la
défense, l'accusé ou son conseil ont toujours la parole
les derniers ; qu'ils peuvent répliquer à la partie civile
et au procureur général.

La règle qui veut que l'accusé ou son conseil aient

toujours la parole les derniers, s'applique non-seulement à la dernière période de l'examen ou des débats,
pendant laquelle la partie civile ou son conseil et le
ministère public sont entendus, mais encore *à tous les
incidens* qui peuvent s'élever dans le cours des débats,
et qui peuvent intéresser la défense ou la justification
de l'accusé, tel que celui qui consisterait à demander
l'arrestation d'un témoin, et cela, soit que ces incidens
doivent être terminés par une ordonnance du président
de la Cour d'Assises, soit qu'ils doivent l'être par un
arrêt. *Arrêt de la Cour de Cassation (Chambre criminelle)* du 5 mai 1826, affaire de Renault et autres
contre le ministère public, rapporté au 9e cahier,
page 359, du *Journal des Audiences* de 1826.

CHAPITRE III.

Des Affaires qui doivent être soumises au Jury, et des Jurés.

DROITS ET DEVOIRS DES JURÉS

DEPUIS LES DERNIÈRES LOIS QUI ONT MODIFIÉ LE CODE
D'INSTRUCTION CRIMINELLE DE 1808.

Institution du Jury.

La loi du 16 septembre 1791 a importé en France
l'institution du Jury établie chez nos voisins depuis
plusieurs siècles. Cet événement, si remarquable par la
révolution qu'il opérait dans notre législation criminelle, fut alors attribué à un esprit d'imitation, et l'on
ne vit pas que ce que l'on regardait comme une innovation n'était en effet qu'un retour à nos anciennes
lois, tombées par le temps en désuétude, puis accueil-
lies, conservées, perfectionnées par les Anglais, aux-

quels nous ne fîmes que revendiquer le dépôt qu'ils avaient reçu de nous (1).

Quelle que soit au surplus l'origine de cette institution, quarante années d'existence commencent à lui faire prendre racine dans nos mœurs ; la Charte la placé au rang de nos lois fondamentales ; son maintien devient désormais une nécessité. Nous croyons donc que c'est nous rendre utiles à la société que de chercher à familiariser tous ses membres avec les droits qu'ils tiennent de ce nouvel ordre de choses, les droits qu'il les appelle à remplir, et l'esprit qui doit les animer dans cette magistrature temporaire dont chaque citoyen se trouve aujourd'hui revêtu.

Distinction entre le juge et le juré.

Il ne faut pas que ce terme de magistrature fasse confondre des fonctions qui, d'après la loi, doivent rester constamment séparées : celles du juge et celles du juré. Tous deux concourent à un même but, mais avec des attributions distinctes. Le caractère du juge est permanent, ses décisions s'appuient sur le texte précis de la loi ; devant elle se tait son opinion particulière, s'anéantissent ses impressions personnelles. Aussi doit-il consacrer sa vie entière à étudier cette loi, à se pénétrer de son esprit, à le commenter, à l'interpréter par la jurisprudence, qui devient son guide à défaut d'une disposition favorable.

Le caractère du juré, au contraire, est purement temporaire ; ses pouvoirs ne s'étendent pas au-delà des affaires qui lui sont dévolues par le sort ; mais rien n'enchaîne son opinion, ni la loi, ni la jurisprudence. Son seul guide, c'est sa propre conviction ; c'est là seulement qu'il puise les motifs de se déterminer. Les impressions dont le juge doit se défendre, comme application de la loi, le juré peut s'y abandonner

_____

(1) *Voyez* Ducange, Dutiller, Beaumanoir,

comme appréciateur, du fait; elles peuvent l'aider à
trouver la vérité et à la proclamer par sa déclaration (1).

Cette distinction une fois établie nous servira bientôt à tracer la ligne de démarcation qui existe entre les
devoirs des juges et des jurés. Mais avant de considé-
rer ceux-ci dans l'exercice de leurs fonctions, l'ordre
des idées exige que nous nous occupions d'abord du
mode de formation et de convocation du jury.

Il ne sera pas inutile de commencer par faire remarquer la différence de pensée qui a présidé, sous ce rapport, au Code d'instruction criminelle et à la loi du 2
mai 1827. On voit, dans certaines dispositions du premier, une circonspection qui tient de la méfiance;
l'autre paraît avoir eu pour principe que la plus sage
des précautions était peut-être de n'en prendre aucune.

Formation du jury, suivant le Code d'instruction cri-minelle.

Le Code d'instruction criminelle admettait dans la
classe des jurés les fonctionnaires de l'ordre administratif à la nomination du Roi ; et les employés des administrations jouissant d'un traitement de quatre mille
francs (Article 382.)

L'article 386 allait encore plus loin : il investissait
chaque préfet du droit d'accorder, sous l'approbation
du ministre de l'intérieur, l'autorisation de remplir
les fonctions de juré à *ceux qui en feraient la demande,*
bien qu'ils ne fussent pas dans les classes désignées à
cet effet par l'article 382.

Les préfets étaient encore chargés (art. 387) de
former la liste des jurés, et cela quinze jours seulement avant l'ouverture de la session.

Sa Majesté (art. 391) *se réservait de donner aux*

----

(1) C'est cette déclaration que les Anglais appellent verdict; *de vere dictum.*

jurés qui auraient montré un zèle louable des témoi-
gnages honorables de sa satisfaction.

Il suffit d'avoir cité ces articles pour, signaler les cri-
tiques auxquelles ils ont pu donner naissance :

En matière de jugement, les témoignages de la satisfaction de l'autorité sont moins honorables que sus-
pects ; le zèle qui *reçoit* des récompenses, paraît moins
louable qu'intéressé. Il était urgent d'ôter tout prétexte, on ne dira pas à la corruption, mais au soup-
çon qu'elle pût exister. C'est ce qu'a senti plus tard le
législateur, et c'est dans ce but qu'a paru la loi du 2
mai 1827 ; l'influence et toute possibilité d'influence
de la part du pouvoir se trouvent par elle entièrement
écartées.

Formation du jury suivant la loi du 2 mai 1827.

Aux termes de cette loi, les jurés ne sont plus
choisis par les préfets au moment de chaque session;
ils sont tirés au sort, en audience publique, par le
premier président de la Cour royale (art. 9, loi du 2
mai 1827.)

C'est la loi seule qui détermine aujourd'hui les conditions nécessaires pour faire partie du jury (art. 7,
ibid.) Les exceptions ne dépendent plus de l'autorité.

Il est résulté de ces changemens une amélioration
incontestable dans l'institution : plus de garanties pour
l'accusé, plus d'indépendance pour le jury. Mais se-
rait-il vrai que ces changemens fussent insuffisans, et
la nouvelle loi mérite-t-elle qu'on lui adresse le reproche de laisser encore trop d'ouverture à l'arbitraire?

Choix des jurés par le préfet au commencement de
l'année.

Le prétexte qui sert de base à ce reproche est tiré
de l'article 7 ; il dispose que le 30 septembre de chaque année les préfets dresseront la liste générale pour
le service du jury de l'année suivante, liste qui ne

pourra excéder *trois cents* dans les départemens , et sera composé de *quinze cents* pour le département de la Seine.

Examinons maintenant cette question.

Et d'abord , disons-le franchement , dans le cas de l'article 7 , les jurés ne sont point désignés par la voie du sort ; ils sont nommés , c'est-à-dire *choisis* par le préfet. C'est ce choix qui choque certains esprits ; mais leur crainte est-elle fondée sur un motif raisonnable ? Que l'on fasse attention aux circonstances dans lesquelles le choix est fait.

La liste est dressée pour *l'année entière* trois mois avant quelle ait commencé : impossible donc que les individus portés sur cette liste aient été choisis dans la prévoyance de telle ou telle affaire ; le préfet ne saurait agir en vue, ni d'une accusation qui n'existe pas encore, ni d'un jury que le hasard seul déterminera. Mais, ajoute-t-on, et c'est là surtout que se retranche l'objection, l'effet du tirage au sort voulu par la loi est anéanti par le choix préalable du préfet, choix dont la direction peut être telle, qu'il soit facile d'en calculer à l'avance tous les résultats. Cet argument, comme on l'a déjà senti, s'applique spécialement aux matières politiques ; c'est une raison de plus pour l'examiner avec attention.

Tous les citoyens sont égaux en droits : c'est le principe. Le sont-ils dans le fait, et principalement lorsqu'il s'agit de capacité, de probité, de moralité ? Non ; sans doute : et ces qualités cependant sont celles qui devront offrir le plus de garantie sur la composition des élémens du jury. Or, le hasard sera-t-il, sous ce rapport, un meilleur juge que le magistrat ? Le paiement du cens déterminé, c'est-à-dire la capacité légale sera-t-elle suffisante pour relever un individu de cette indignité morale dont le frapperait une profession infâme, une perversité notoire ; et le magistrat qui, par respect pour la pudeur publique, écartera cet homme des honorables fonctions de jury, aura-t-il forfait à ses

devoirs ? la morale et la loi ne sont-elles pas indivisibles ? Sans doute il ne faut pas que , sous le voile de
cette considération , des citoyens soient écartés pour
des nuances d'opinions plus ou moins en opposition
avec le système de gouvernement ; mais pour éviter l'a-
bus de l'action , faudra-t-il en proscrire l'exercice , et
cette action devra-t-elle exciter notre défiance par cela
seul que l'intelligence y aura présidé ? La raison re-
pousse une pareille conséquence : il y a plus , les faits
eux-mêmes en démontrent l'impossibilité. Que l'on
consulte les registres de la Cour d'assises de la Seine ,
et l'on se convaincra du peu d'influence du mode actuel de la formation du jury sur ses décisions. Que
quelques-unes aient été considérées comme trop indul-
gentes , d'autres ont été regardées comme trop sévères ,
et pourtant elles émanaient de jurés faisant partie de
la liste de la même année , souvent du même trimestre
ou de la même session. Cette diversité prouve au moins
une chose , c'est la parfaite indépendance du jury ,
c'est que l'autorité , qu'elle qu'ait été la pensée qui a
dirigé ses choix , ne fait rien , ne peut rien sur l'opinion. Celle-ci devient en quelque sorte insaisissable par
sa mobilité. Ce n'est donc pas sur un si frêle appui
que le gouvernement peut espérer de se soutenir , mais
sur la probité , sur l'honneur , qui ne changent jamais,
et qui n'appartiennent exclusivement à aucun parti.

Convocation du jury.

Ainsi le jury jouit d'une indépendance collective , et
qu'il exerce après sa formation ; mais il ne s'ensuit pas
que chaque juré ait une indépendance individuelle , et
qu'il ait la faculté d'accepter où de refuser les fonctions
auxquelles il est appelé. Sous ce rapport , la loi a dû
être impérative ; l'intérêt général ne pouvait être exposé aux chances de la bonne ou mauvaise volonté des
particuliers, et l'exercice de leur liberté devant être précédé d'un acte d'obéissance, le jury est une sorte de
conscription judiciaire. C'est par cette raison que l'ar-

ticle 396 du Code d'instruction criminelle prononce
une amende contre le juré qui ne se rend pas à son
poste.

Amende contre les jurés qui ne se rendent pas à leur poste.

Pour la première fois, de cinq cents francs ;
Pour la seconde, de mille francs ;
Pour la troisième, de quinze cents francs, avec cette
circonstance de plus pour cette dernière fois, qu'il
sera déclaré incapable d'exercer à l'avenir les fonctions
de juré.

Cet arrêt est imprimé et affiché à ses frais.

Classes destinées à fournir les jurés.

L'art. 382 du Code d'instruction criminelle qui dé-
signait les classes dans lesquelles les jurés devaient être
pris est remplacé par les art. 2 et 7 de la loi du 2 mai
1827.

Aux termes de ces articles, la liste dressée pour le
service du jury se compose :

1° Des électeurs de leur département ayant trente ans
accomplis ;

2° Des officiers des armées de terre et de mer en retraite, qui jouissent d'une pension de 1,200 francs au
moins, et domiciliés réellement depuis cinq ans dans
le département ;

3° Des docteurs et licenciés de l'une ou de plusieurs
des facultés de droit, des sciences et des lettres ; des
docteurs en médecine ;

Des membres et correspondans de l'Institut ;

Des membres des autres sociétés savantes reconnues
par le roi ;

4° Des notaires après trois ans d'exercice de leurs
fonctions ;

Les licenciés de l'une des facultés de droit, des
sciences et des lettres qui ne seraient pas inscrits sur

le tableau des avocats et des avoués près les cours et tribunaux, ou qui ne seraient pas chargés de l'enseignement de quelqu'une des matières appartenant à la faculté où ils auront pris leur licence, ne seront portés sur la liste qu'après qu'ils auront justifié qu'ils ont, depuis dix ans, un domicile réel dans le département.

L'art. 8 ajoute : Nul ne sera porté deux ans de suite sur la liste; mais, d'après l'art. 11, dans les cas d'assises extraordinaires, ils pourront y être placés deux fois dans la même année.

Quelles sont les personnes dispensées ou excusées du service du jury.

Quant aux dispenses précédemment accordées, la loi de 1827 gardant le silence à cet égard, elles continuent d'être réglées par les art. 383 et suivans du Code d'instruction criminelle.

Ainsi, nul ne peut être juré dans la même affaire où il aura été officier de police judiciaire, témoin, interprète, expert ou partie, à peine de nullité. (383.)

Les fonctions de juré sont incompatibles avec celles de ministre, préfet, sous-préfet, juge, procureur général, procureur du roi, et de leurs substituts.

Elles le sont également avec celles du ministre d'un culte quelconque. (384).

Les conseillers d'état chargés d'une partie d'administration, les commissaires du roi près les administrations ou régies, les septuagénaires seront dispensés, s'ils le requièrent.

Enfin, et aux termes de l'art. 6 de la constitution de l'an VIII, l'exercice des droits de citoyen étant suspendu par la faillite, le débiteur en cet état ne peut être juré.

Au texte précis de ces articles, il faut ajouter les décisions diverses intervenues sur quelques-unes des difficultés que son exécution a fait naître.

Ainsi, la cour de cassation a décidé que la parenté

des jurés entre eux n'était pas un motif de nullité ou
d'exclusion.

En effet, dit l'arrêt, ils n'ont pas le caractère public
de juges. La loi ne met pas au nombre des empêchemens celui qui résulterait de leur parenté, et il n'est
pas permis de supposer des incompatibilités que la loi
n'a pas établies. (Arrêt du 9 mai 1816.)

1° Les maires peuvent être jurés. (Arrêt de cassation, 9 août, 25 octobre, 14 novembre 1811, 28 mai
1812.)

2° Mais non les juges des tribunaux de commerce.
(Arrêt de la même cour, 31 janvier 1812.)

3° Le référendaire à la chambre des comptes, au
contraire, peut être juré.

En effet, les membres de cette cour ne sont pas des
juges, mais bien des fonctionnaires de l'ordre administratif. (Arrêt de la cour de cassation, février 1831.)

5° Les pairs et les députés ne sont pas non plus affranchis des jurés *par leur seule qualité.* C'est ainsi
qu'il faut entendre l'arrêt de la Cour de cassation qui
a rejeté le 16 juin 1831 le pourvoi d'un pair de
France contre un arrêt de la Cour d'assises de Versailles
qui avait ordonné qu'il ferait partie du jury. Mais les
chambres n'étaient pas assemblées lors de l'exemption
demandée par ce pair ; et cette exemption ne pourrait
être refusée pendant la convocation des chambres au
pair ou au député qui fonderait sa réclamation non sur
sa seule qualité, mais sur l'exercice actuel de ses
fonctions.

Tirage du Jury par le premier Président.

Le tirage dont nous avons parlé plus haut se fait par
le premier président dix jours au moins avant l'ouverture des assises, et voici de quelle manière :

Le préfet a dû lui envoyer, si c'est dans les départemens, une liste de trois cents noms; si c'est à Paris,
une liste de quinze cents noms.

Jurés Titulaires.

Tous ces noms sont extraits de la liste générale des membres des colléges électoraux de département. Le premier président tire trente-six noms d'une première urne. Ils forment la liste des jurés titulaires.

Jurés Supplémentaires.

La seconde urne ne comprend que les noms des individus portés sur la liste du préfet, et résidans dans la ville où se tiennent les assises.

On en tire quatre noms; ce sont les jurés supplémentaires.

Huit jours au moins avant les assises, le préfet doit notifier à chaque juré et sa nomination et le jour de l'ouverture des assises. (Code d'instruction criminelle, art. 389.)

Cette notification a pour effet de constituer en faute le juré qui ne se rendrait pas à son poste. Il ne peut dès-lors éviter l'amende portée en l'art. 396 du Code d'instruction criminelle qui, en justifiant qu'il est compris des exceptions dont il a déjà été parlé, ou qu'il s'est trouvé dans l'impossibilité de se rendre au jour indiqué. Si le motif par lui allégué dans ce cas repose sur une maladie, le certificat de l'officier de santé qu'il devra produire sera revêtu de la légalisation du juge de paix.

Jour des Assises. — Formalités qui précèdent l'Audience.

Au jour indiqué pour les assises, la cour procède en la salle d'audience à l'appel des jurés. (399.)

Elle constate le nombre des absens; et statue sur la validité de leurs excuses.

Elle rentre à la chambre du conseil, où l'appel des jurés non dispensés est fait en leur présence, en présence de l'accusé et du procureur général.

29

Le nom de chaque juré répondant à l'appel, est déposée dans une urne.

Le président agite ces noms et procède au tirage par le sort.

C'est dans ce moment, et à mesure qu'un nom sort de l'urne, que l'accusé, premièrement, et le procureur général ensuite, peuvent récuser tels jurés qu'ils jugeront à propos, mais sans exposer les motifs de leur récusation.

Le jury est formé à l'instant où il est sorti de l'urne douze noms de jurés non récusés. (399.)

Audience.

Les jurés (309) vont aussitôt se placer dans la salle d'audience, dans l'ordre désigné par le sort, sur des siéges séparés du public, des parties et des témoins, en face de celui qui est destiné à l'accusé.

La cour prend immédiatement séance. (309).

Serment des Jurés.

Après avoir demandé ses nom, âge et profession à l'accusé, le président invite les jurés à se lever pour recevoir leur serment. Il en prononce la formule, et chacun des jurés appelés successivement par lui, répondra en levant la main : Je le jure. (310—512.)

Débats.

Les débats s'ouvrent après la lecture de l'acte d'accusation : ils se composent de l'audition des témoins, tant à charge qu'à décharge, des plaidoiries de la partie civile, du ministère public et du défenseur de l'accusé.

Ils se déterminent par la déclaration de la clôture des débats faite par le président, au moment où il va faire son résumé.

Les débats constituent à eux seuls tout le procès criminel. La procédure antérieure est pour le jury comme si elle n'avait jamais existé. Les dispositions écrites ne doivent point être lues, et si dans certains cas il peut lui en être donné connaissance par le président, en vertu de son pouvoir discrétionnaire, elles ne restent plus que comme simples renseignemens. Elles manquent en effet de la condition légale qui peut seule leur imprimer le caractère de témoignage, *de la formalité du serment.* L'attention des jurés doit donc revenir d'autant plus scrupuleuse, qu'elle servira seule à opérer leur conviction, et elle s'exercera avec d'autant plus d'utilité, qu'elle variera sa direction suivant les diverses périodes des débats que nous venons d'indiquer.

Audition des Témoins.

L'acte d'accusation a exposé les faits. Jusque-là, il n'existe encore aucun préjugé sur la question de culpabilité. La mise en accusation n'a eu besoin de s'appuyer que sur des *indices graves* (art. 221 du Code d'instruction criminelle) La condamnation, au contraire, ne peut être prononcée que sur des preuves. C'est pour les obtenir qu'il est procédé à l'audition des témoins.

Cette partie des débats est la plus intéressante et la plus animée. Lorsqu'un crime a été commis, quel qu'ait été le soin de son auteur de se soustraire à tous les regards, le hasard ou des circonstances dont il n'a pas été le maître, ont pu déjouer toutes ces précautions. Il a pu être vu au moment même de la perpétration. Il est possible aussi qu'il ait été remarqué avant ou après le délit, sur le lieu, ou à peu de distance du lieu où il a été commis; qu'il ait pris la fuite, à l'approche d'individus dont il craignait d'être reconnu; qu'il résulte enfin des dispositions distinctes sur chaque fait particulier, une telle concordance, qu'elles se prêtent un

_____

(1) Art. 231 du Code d'Instr. crim.

mutuel appui, et démontrent jusqu'à l'évidence le
crime qu'il s'agit de prouver. On peut juger par là du
degré d'attention qu'il est nécessaire d'apporter à l'audition des témoins. C'est par leurs dépositions que le
jury se voit en quelque sorte transporté sur le théâtre
même du crime. Tout devient par lui un sujet d'examen
profond. La moralité du témoin, son attitude, l'expression naturelle ou passionnée de son langage, l'accord ou la contradiction qui se fait remarquer entre son
témoignage et les autres; ses réponses aux interpellations de l'accusé, à celles du président, des jurés, etc.
Telles sont les principaux élémens qui doivent servir à
résoudre la grave question qui fait l'objet des débats.

Interpellations des Jurés.

Nous venons de parler des interpellations qui peuvent
être faites par les jurés. C'est un droit, en effet, qu'ils
tiennent de la loi (art. 319 du Code d'instruction criminelle); et l'exercice qu'ils en font est la preuve d'une
attention louable et scrupuleuse. Ils doivent cependant
éviter de s'y livrer sans une nécessité reconnue. S'ils
peuvent prendre part aux débats, ils se rappelleront
que le président les dirige. Celui-ci connaît tous les
faits à l'avance. Il est plus en état de juger de la nature
et de l'opportunité des questions à adresser. La vérité
ne peut luire tout-à-coup ; c'est la réunion de tous ses
rayons qui la rend sensible, et chacun d'eux exige un
soin particulier. Telle est la principale fonction du
président.

Chaque juré se mettra donc en garde contre cette
impatience, si naturelle d'ailleurs, qu'excitera dans son
esprit le désir d'obtenir des éclaircissemens dont le moment peut-être n'est pas encore venu. Il prendra note
des observations que les débats lui suggéreront ; et
pour qu'elles deviennent utiles, il tâchera qu'elles ne
soient pas intempestives.

Plaidoiries.

L'humanité du législateur s'est manifestée dans l'ordre qu'il a établi pour les plaidoiries.

La partie civile prend d'abord la parole. Elle agit dans un intérêt particulier. Son langage est souvent celui de la passion.

Après elle, vient le ministère public. Organe de la société, il la défend, mais sans violence, comme sans faiblesse.

Le défenseur de l'accusé s'adressera à tous les sentimens nobles et généreux. Si pendant les débats l'accusation a un double appui, la loi dispose en faveur de l'accusé des impressions dernières, et l'on sait qu'elles ne sont pas les moins puissantes. La voix de l'humanité se fait entendre après celle de la justice, ou plutôt toutes les deux se réunissent et confondent leurs effets sur l'esprit du jury.

Résumé du président. — Art. 335, *code d'inst. crim.*

Les plaidoiries terminent les débats; à partir de leur clôture, les jurés ne peuvent plus, sous aucun prétexte, demander la parole. Cependant leur attention devient encore nécessaire. Tous les renseignemens acquis par les dépositions des témoins, les conséquences qui en ont été tirées pour ou contre l'accusation, les preuves qui ont été fortifiées ou affaiblies, se reproduisent dans le tableau fidèle et rapide que le président doit leur retracer des débats qui ont eu lieu devant eux. Ce résumé, qui doit présenter les masses plutôt que les détails, a pour but de faciliter le travail dont les jurés auront à s'occuper, en appuyant particulièrement sur les points principaux qui vont être soumis à leur délibération.

Ce résumé est suivi de la lecture, faite par le président, des questions qui doivent être posées d'une manière conforme à l'acte d'accusation.

Elles sont remises aux jurés dans la personne de leur chef, ainsi que l'acte d'accusation, les procès-verbaux qui constatent le délit, les interrogatoires de l'accusé, et les pièces du procès, autres que les déclarations écrites des témoins. (*Art.* 341 *du Code d'instruction criminelle.*)

Majorité de plus de sept voix, nécessaire en cas de décision contre l'accusé.

Il les avertit en même temps (loi du 26 février 1831):

1° Que leur décicion *contre* l'accusé ne peut se former qu'à la majorité *de plus de sept voix.*

2° Que leur déclaration, dans le cas où elle est rendue contre l'accusé, doit constater l'existence de cette *majorité de plus de sept voix*, sans que le nombre de voix puisse être exprimé.

Il ne sera pas inutile de nous arrêter un moment sur l'innovation introduite dans les pouvoirs du jury par cette loi du 26 février 1831, qui remplace aujourd'hui les articles 341 et 351 du Code d'instruction criminelle.

Le Code d'instruction criminelle avait bien établi la séparation des fonctions des jurés, simples appréciateurs du fait, de celles des juges, applicateurs de la loi; mais la règle qui prescrivait cette séparation recevait exception dans le cas prévu par l'article 351, celui où l'accusé n'était déclaré coupable du fait principal qu'à la majorité de sept voix. Les juges devaient alors délibérer entr'eux *sur le fait.*

Aujourd'hui les jurés *demeurent exclusivement chargés de la décision du fait.* Les juges n'y peuvent plus coucourir.

Mais, pour que ce changement ne portât point de préjudice à l'accusé, il était indispensable d'augmenter le nombre des voix nécessaires à la majorité, dans le cas de déclaration contre l'accusé. En effet nous avons vu que, sous l'empire du Code, la majorité de sept n'entraînait aucune décision: elle ne produisait d'autre

effet que de transporter aux juges le droit qui n'avait
pas été complétement exercé par les jurés. Il est donc
juste que la majorité des jurés, lorsqu'elle devra provoquer une condamnation, soit plus forte que la majorité dont le résultat laissait les choses dans l'indécision.
Aussi la loi exige-t-elle qu'en ce cas cette majorité soit
au moins de huit.

La seconde disposition de cette même loi ne doit pas
être moins strictement observée. Ce qu'il importe seulement de constater, c'est que la majorité contre l'accusé a excédé sept voix; mais lorsque *la décision lui
est favorable, le jury doit s'abstenir d'exprimer le
nombre des voix.* On en sent la raison; la déclaration
de non culpabilité par cinq voix a la même force que
la déclaration faite à l'unanimité; l'acquittement est
à l'instant prononcé; mais il ne faut pas qu'il y ait
deux sortes d'acquittemens, et c'est ce qui ne manquerait pas d'arriver, si l'on pouvait établir une comparaison entre un acquittement et l'autre par la connaissance du nombre des voix d'après lequel ils auraient
été obtenus. Ou distinguerait bientôt des degrés dans
l'innocence comme dans la culpabililité, et l'individu
qui, après avoir été soumis à la pénible épreuve d'une
procédure criminelle, en serait sorti triomphant, se
verrait néanmoins condamné par l'opinion publique à
vivre éternellement entre la réhabilitation et le soup-
çon, dans une sorte d'état mixte, qui s'aggraverait
d'autant plus qu'un plus petit nombre de voix aurait
prononcé son acquittement.

Délibération du Jury.

Les questions étant remises aux jurés, ils se rendent
dans leur chambre pour y délibérer.

Leur chef est le premier juré sorti par le sort, ou celui qui sera désigné par eux, et du consentement de ce
dernier. (*Art.* 342.)

Il leur fait lecture de l'instruction énoncée en l'article 342 du code d'instruction criminelle, qui sera en

outre affichée en gros caractères dans le lieu le plus apparent de leur chambre.

343. Les jurés ne pourront sortir de leur chambre qu'après avoir formé leur déclaration.

L'entrée ne pourra en être permise pendant leur délibération, pour quelque cause que ce soit, que par le président et par écrit.

Le juré contrevenant pourra être puni d'un emprisonnement de vingt-quatre heures.

344. Les jurés délibéreront sur le fait principal, et ensuite sur chacune des circonstances.

Signification du mot délibérer.

Les jurés *délibéreront*, dit la loi. Il devront donc, d'après la véritable acception de ce mot, exposer les questions et *discuter* les raisons pour et contre. On voit qu'il ne s'agit pas seulement de voter, c'est-à-dire de donner son suffrage ; opération qui pourrait se faire secrètement, en déposant sa boule dans l'urne, mais qui ne doit jamais avoir lieu qu'après l'épuisement de la discussion, et lorsqu'il ne reste plus qu'à recueillir les voix.

Mode de délibération.

Mais quel sera le mode de délibération ? La loi garde un silence complet sur ce point, dont l'importance nous paraît digne cependant de fixer notre attention.

En matière civile, les juges opinent à leur tour, en commençant par le dernier reçu. Cette sage disposition a pour but de neutraliser l'influence naturelle et presque inévitable que l'expérience ou l'âge des magistrats les plus anciens exercerait sur les plus jeunes. La déférence, dans ce cas, serait une espèce de forfaiture. Le juge doit avoir une opinion à lui ; il peut en changer sans doute, mais par la discussion ; céder à la force de la raison, ce n'est pas perdre son indépendance, c'est en user.

Ces réflexions nous paraissent s'appliquer également

áux jurés. Leur tour ne peut être fixé par l'ordre de
leur ancienneté comme celui des juges, mais il ne faut
pas non plus qu'il soit arbitraire. La nature de la composition du jury devient la source d'une foule d'iné-
galités et par conséquent d'influences inconnues dans
l'ordre judiciaire. Qu'un fermier, qu'un artisan ayant
acquis quelque aisance à force de travail et d'économie,
viennent à siéger à côté d'un jurisconsulte, d'un ancien administrateur, d'un membre de l'une des deux
chambres législatives, ne voit-on pas que leur opinion
sera comme entraînée par celle qu'auront commencé à
émettre des hommes dont ils ne peuvent se dissimuler
la supériorité? Il serait donc à désirer qu'un mode uniforme fût adopté et que le chef du jury recueillit toujours les voix, suivant l'ordre que le sort a fixé entre
les jurés. Le hasard sans doute pourrait reproduire les
inconvéniens qu'il s'agit d'éviter ; mais ces combinai-
sons seraient au moins les seules que l'on aurait à redouter, et toute critique serait mal fondée, puisque
l'on se tiendrait renfermé dans le cercle tracé par la
loi.

Fait principal.

La délibération, ajoute l'article, portera sur le fait
principal, et ensuite sur chacune des circonstances.

Le fait principal s'entend de ce qui constitue soit le
crime, soit le simple délit considéré en lui-même, et
abstraction faite de ce qui peut en aggraver la nature.

Ainsi, l'acte d'accusation portera qu'un individu
est accusé d'avoir commis un vol au préjudice d'autrui,
de complicité avec une autre personne, à l'aide d'effraction, la nuit.

La première question soumise au jury se référera
uniquement au vol, et sera posée en ces termes:

Question principale.

Un tel est-il coupable d'avoir, tel jour, commis une
soustraction frauduleuse au préjudice d'autrui?

Voilà le fait principal; et il est à remarquer qu'il ne constitue qu'un délit simple, passible seulement de peines correctionnelles. Ce cas est celui qui se présente le plus communément. Il est rare que le fait principal, dégagé des circonstances, constitue un crime.

Il suit de là que si la réponse du jury est affirmative sur ce point, elle n'entraînera encore qu'une condamnation correctionnelle.

Circonstances.

Mais à ce premier examen succède celui des circonstances, et c'est de leur décision que dépendra définitivement le plus ou le moins de gravité de la peine.

Dans l'espèce que nous venons de citer, par exemple, si toutes les circonstances sont écartées par le jury, il ne resterait de réponse affirmative que sur le fait principal, et par conséquent la peine serait purement correctionnelle.

Mais si, passant à l'examen de la première question relative aux circonstances, et qui sera présentée en ces termes :

La soustraction frauduleuse ci-dessus énoncée a-t-elle été commise 1° La nuit? 2° Par plusieurs personnes ?

Si, disons-nous, la réponse était affirmative sur les *deux chefs*, la condamnation ne serait plus correctionnelle, elle prononcerait la *réclusion*. (*Art.* 386 , *Code pénal.*)

Enfin, si la troisième question concernant l'effraction était aussi décidée contre l'accusé, la condamnation s'élèverait encore d'un degré; la peine serait celle des travaux forcés à temps. (384 , *Code pénal.*)

Cette gradation, comme on doit le sentir, est observée dans le cas même où le fait principal constitue un crime.

C'est ainsi que lorsqu'il s'agit d'assassinat, la première question, celle qui s'applique au fait principal,

celle du meurtre, ou homicide volontaire, sera posée
en ces termes :

Question principale.

Un tel s'est-il rendu coupable, à telle époque, d'un
homicide volontaire sur la personne de.... ?

Circonstances.

Cet homicide volontaire a-t-il été commis avec préméditation ?

En cas d'affimative de la part des jurés sur la première question seulement, la peine sera les travaux
forcés à perpétuité. (*Art.* 304, *Code pénal.*)

L'affirmative sur les circonstances entraînera la peine
de mort. (*Art.* 302 , *Code pénal.*)

Nous ne multiplions pas ces exemples. La distinction que nous venons d'établir embrasse toutes les espèces, et il est facile de leur en faire l'application. Cependant nous n'abandonnerons pas ce sujet sans avoir
traité spécialement l'une des difficultés qui se présente
souvent à l'esprit des jurés, et dont la solution devien-
dra facile au moyen de quelques éclaircissemens, nous
voulons parler *de la tentative de crime.*

Tentative de crime.

La tentative est considérée comme le crime même.
(*Art.* 3 *du Code pénal.*)

Mais, qu'est-ce que la tentative? Cette question ne
peut se résoudre comme celle de l'existence d'un fait.
Il faut commencer par bien définir ce qui caractérise
ce genre particulier de crime, et c'est ce qu'a fait l'article 3 du Code pénal.

Caractères de la Tentative.

Aux termes de cet article , pour qu'il y ait tentative,
il faut la réunion de trois caractères différens :

1.º Qu'elle ait été manifestée par des actes extérieurs;

2.º Qu'elle ait été suivie d'un commencement d'exécution;

3.º Qu'elle n'ait manqué son effet que par des circonstances fortuites ou indépendantes de la volonté de l'auteur.

Ainsi, en matière de tentative, la question relative au fait principal se composera de ces trois branches distinctes.

Le jury devra s'occuper séparément de chacune d'elles.

La négative de sa réponse sur une seule d'entre elles a pour résultat nécessaire la négative sur l'ensemble de la question. Il n'y a plus de tentative. L'acquittement de l'accusé doit s'ensuivre.

Si, au contraire, les trois caractères sont déclarés existans par le jury, la question principale se trouvant décidée contre l'accusé, on passera à l'examen des circonstances, qui consisteront, comme dans les autres crimes, à savoir si la tentative a eu lieu la nuit, dans une maison habitée, par plusieurs personnes, etc., etc.

Déclaration du Jury sur la culpabilité de l'accusé.

Le chef du jury (*art.* 385 *du Code d'instruction criminelle*) interrogera les jurés d'après les questions posées, et chacun d'eux répondra ainsi qu'il suit :

1.º Si le jury pense que le fait n'est pas constant, ou que l'accusé n'en est pas convaincu, il dira :

Non, l'accusé n'est pas coupable.

2.º S'il pense que le fait est constant, et que l'accusé en est convaincu, il dira :

Oui, l'accusé est coupable d'avoir commis le crime avec toutes les circonstances comprises dans la position des questions.

3.º S'il pense que le fait est constant, que l'accusé en est convaincu, mais que la preuve n'existe qu'à l'égard de quelques-unes des circonstances, il dira :

Oui, l'accusé est coupable d'avoir commis le crime avec telle circonstance, mais il n'est pas constant qu'il l'ait commis avec telle autre.

4° S'il pense que le fait est constant, que l'accusé en est convaincu, mais qu'aucune des circonstances n'est prouvée, il dira :

Oui, l'accusé est coupable, mais sans aucune des circonstances.

Nous croyons devoir compléter les explications contenues dans cet article par la définition exacte du sens que la loi attache au mot *coupable*.

Ce mot exprime une idée complexe ; la réunion de deux objets distincts, à savoir : un point de fait, et un point de moralité. La culpabilité est la coexistence d'un crime commis et de l'intention de le commettre. Point de culpabilité, si ces deux choses sont séparées ; il n'existe alors qu'un fait, et non un crime. Un homme, par exemple, est accusé d'un meurtre, c'est-à-dire, dans le langage de la loi, d'un homicide *volontaire* : les débats établissent que l'homicide est constant, que l'accusé l'a commis, mais par l'effet d'une imprudence, en touchant une arme à feu qu'il ne savait pas chargée. Dans ce cas, le point de fait ne présente aucun doute. Il est certain que l'accusé est *l'auteur* de l'homicide ; mais il n'est pas *coupable*, parce que la volonté de le commettre n'a pas été jointe au fait. Le jury doit donc déclarer que l'accusé *n'est pas coupable*.

Mais si la Cour vient à poser subsidiairement cette autre question comme résultant des débats. (*Art.* 338, *Code d'instruction.*)

L'accusé est-il coupable d'avoir, par imprudence, commis un homicide involontaire ?

Le jury devra répondre affirmativement ; dans ce cas, le crime aura disparu ; mais il y aura délit, et, par suite, condamnation à une peine correctionnelle ;

Lorsque le chef du jury aura recueilli les voix, il inscrira la réponse à chaque question en regard de cette même question, et il aura soin de se conformer aux dispositions de la loi du 26 février 1831, dont nous avons parlé.

Ainsi, et dans le cas où l'accusé serait déclaré coupable, comme la culpabilité ne peut être résolue affirmativement qu'à une majorité de plus de sept voix, la réponse sera ainsi conçue :

Question. — L'accusé est-il coupable d'une soustraction frauduleuse, commise, etc., etc.?

Réponse. — Oui, à la majorité de plus de sept voix.

La réponse ne doit faire connaître, en aucun cas, de combien de voix la majorité a excédé le nombre de sept.

Si la question de culpabilité n'était, au contraire décidée contre l'accusé qu'à la majorité de sept voix, il devrait être déclaré *non coupable*. D'où il suit que huit voix au moins sont nécessaires pour la condamnation, tandis que cinq suffisent pour son acquittement. Mais dans ce dernier cas, il faut se rappeler ce qui a été dit plus haut, et se garder d'indiquer le nombre des voix qui ont été favorables à l'accusé.

La réponse ne doit donc énoncer autre chose que ces mots :

Non, l'accusé n'est pas coupable.

Circonstances atténuantes.

Telles étaient les attributions conférées au jury par le Code d'instruction criminelle. Il n'avait à s'expliquer que sur ces deux questions: L'accusé *est-il* ou *n'est-il pas* coupable ?

La loi qui vient d'être récemment rendue, celle du 8 avril 1832, ajoute au pouvoir des jurés, en leur imposant l'obligation de se prononcer sur les circonstances atténuantes.

En toute matière criminelle, dit son art....., le président de la cour d'assises, après avoir posé les questions résultant de l'acte d'accusation et des débats, avertira le jury, à peine de nullité, *que s'il pense, à la majorité de plus de sept voix, qu'il existe, en faveur d'un ou plusieurs accusés reconnus coupables , des circonstances atténuantes; il devra en faire la déclaration en ces termes :*

. A la majorité de plus de sept voix, il y a des circonstances atténuantes en faveur de tel accusé.

Les peines, dans le cas de cette déclaration, seront modifiées de telle manière que la cour sera obligée d'infliger la peine immédiatement au-dessous de celle qui aurait dû être prononcée s'il n'y avait pas eu de circonstances atténuantes , et qu'elle aura même la faculté d'abaisser encore d'un degré l'application de la peine.

Ces dispositions nouvelles , comme on voit, restreignent le pouvoir positif et absolu de la loi, tandis qu'elles donnent plus de latitude à celui que les jurés ont à exercer. L'extrême sévérité long-temps reprochée à notre Code pénal peut désormais subsister sans inconvénient. La déclaration des jurés, la décision des juges ne seront plus enchaînées par des principes généraux, mais déterminées par les faits particuliers, par les détails propres à chaque espèce. Deux crimes commis dans le même temps et avec des circonstances matériellement semblables , pourront être jugés différemment, si la moralité du fait qui les constitue n'est pas la même, s'ils prouvent moins de perversité dans leur auteur, s'il en est résulté un faible préjudice, ou plutôt si la pensée de ce préjudice n'a pas été le principal motif qui a fait agir le coupable. Dans tous ces cas, le jury pourra voir des circonstances atténuantes, et sa déclaration, sur ce point, sera d'autant plus conforme à l'esprit de la loi qu'elle s'appuiera sur la morale.

Omnipotence du Jury.

Ces réflexions nous conduisent naturellement à l'examen d'une proposition souvent débattues devant les cours d'assises , et qui, par son importance , mérite de trouver place ici. Nous voulons parler de l'omnipotence du jury.

Ce mot, que l'on chercherait vainement dans la loi, ne nous paraît propre qu'à expliquer la pensée de ceux qui l'ont employé les premiers. Ils ont voulu investir les jurés d'une puissance illimitée. Mais une puissance de cette nature est incompatible avec l'ordre social. Que l'on dise hautement :

« Le juré ne doit compte à personne des moyens « par lesquels s'opère sa conviction. Qu'elle provienne « de l'audition des témoins ou de ses propres obser- « vations, peu importe, elle est l'ouvrage de sa cons- « cience, aucune considération ne peut prévaloir sur « ce qu'elle lui dicte. Ni les argumens des hommes « plus éclairés que lui, ni le texte même de la loi ne « sauraient étouffer cette voix intérieure qu'il doit « seule consulter. » Nous conviendrons de la vérité de cette doctrine. Sous ce rapport, mais sous ce rapport seulement, nous pensons que le jury peut tout. Voilà son omnipotence.

Toutefois, faudra-t-il inférer de là que, quels que soient les débats, l'impression qu'ils ont produite sur son esprit, la démonstration qu'ils ont établie de la culpabilité de l'accusé, le juré restera le maître de sa déclaration ; et, qu'en vertu de son *omnipotence*, il pourra dire *vrai* ce qu'il sait être faux? Ce serait poser en principe que toute la procédure n'est qu'une vaine formalité, que tous les débats, la comparution des accusés, l'audition des témoins ne sont qu'un jeu ; que ce n'est pas là que le juré doit chercher les élémens de sa décision, mais en lui-même, et encore non dans sa conviction, mais dans sa volonté, dans son caprice même. Ce serait dire qu'il a le droit de se mentir à lui-même, et de trahir le serment qu'il *prête, en entrant dans ses fonctions, de se décider d'après les charges et les moyens de défense, suivant sa conscience et son entière conviction.*

Rentrée des Jurés à l'audience.

Les réponses écrites et signées par le chef du jury,

les jurés rentrent dans l'auditoire et reprennent leur place.

Le président leur demandera quel est le résultat de leur délibération.

Le chef du jury se levera, et, la main placée sur son cœur, il dira :

« Sur mon honneur et ma conscience, devant Dieu « et devant les hommes, la déclaration du jury est :

« Oui, l'accusé, etc. — Non, l'accusé, etc. (*Article* 348 *du Code d'instruction criminelle.*)

DUPUY,
Conseiller à la Cour royale de Paris.

TITRE III.

DE QUELQUES OBJETS D'INTÉRÊT PUBLIC ET DE SURETÉ GÉNÉRALE.

Nous passons sur ce qui est relatif aux nullités de l'instruction et du jugement, à la cassation, à la révision des jugemens et arrêts, à la procédure sur le faux, aux contumaces, aux crimes commis par les juges dans leurs fonctions et hors de leurs fonctions, aux délits contraires au respect dû aux autorités constituées à la manière dont sont reçues en matière criminelle, correctionnelle et de police, les dépositions des princes et des hauts fonctionnaires de l'Etat, à la reconnaissance de l'identité des individus, condamnés, évadés et repris, à la manière de procéder en cas de destruction ou d'enlèvement des pièces ou du jugement d'une affaire, aux réglemens de juges, aux renvois d'un tribunal à un autre, aux Cours spéciales (1), tous ob-

_____

(1) Les crimes et délits militaires dont la connaissance appartenait aux cours spéciales et prévôtales, pendant l'existence des tribunaux d'exception, sont rentrés dans la compétence des tribunaux

jets qui regardent les cours, les tribunaux et les autorités, qui doivent consulter le Code, au moins en ce
qui les concerne, pour en venir aux objets d'intérêt
public et de sûreté générale, qui regardent les particuliers.

Les objets de sûreté générale sont le dépôt de la notice des jugemens de condamnation, la tenue, la sûreté et la propreté des prisons, maisons d'arrêt et de
justice, et les moyens d'assurer la liberté individuelle
contre les détentions illégales ou d'autres actes arbitraires, la réhabilitation et la prescription.

SÉCTION PREMIÈRE. — *Du Dépôt général de la Notice
des Jugemens de Condamnation.*

Les greffiers des Tribunaux correctionnels et des
Cours d'Assises et spéciales sont tenus de consigner,
par ordre alphabétique, sur un registre particulier, les
noms, prénoms, profession, âge et résidence de tous les
individus condamnés à un emprisonnement correctionnel ou à une plus forte peine : ce registre doit contenir une notice sommaire de chaque affaire et de la
condamnation, à peine de cinquante francs d'amende
pour chaque omission. (*Code d'Instruction criminelle*,
art. 600.)

Tous les trois mois, les greffiers sont tenus d'envoyer, sous peine de cent francs d'amende, copie de
ces registres au ministre de la justice et au directeur de
la police générale.

Ce ministre et ce directeur font tenir, dans la
même forme, un registre général composé de ces diverses copies. (*Art.* 601 *et* 602, *ibid.*)

---

militaires depuis la suppression des cours spéciales et prévôtales (qui
s'est opérée après la session des Chambres de 1817, pendant laquelle la loi du 20 décembre 1815 n'a point été renouvelée). *Arrêt
de la Cour de Cassation* (*section criminelle*) *règlement* de juges, du
17 septembre 1819, affaire Chernel et Mangin. — 19ᵉ Cahier, page
582, du *Journal des Audiences* de 1819.

Section II. — *Des Prisons, Maisons d'arrêt et de justice.*

Indépendamment des prisons établies pour peines, il y a dans chaque arrondissement, près du Tribunal de première instance, une maison d'arrêt pour y retenir les prévenus, et près de chaque Cour d'Assises, une maison de justice pour y retenir ceux contre lesquels il a été rendu une ordonnance de prise de corps.

Les maisons d'arrêt et de justice sont entièrement distinctes des prisons établies pour peines.

Les préfets doivent veiller à ce que ces différentes maisons soient non seulement sûres, mais propres, et telles que la santé des prisonniers ne puisse être aucunement altérée. (*Code d'Instruction criminelle*, art 603, 604 et 605.)

Les gardiens de ces maisons sont nommés par les préfets.

Ils sont tenus d'avoir un registre, signé et paraphé à toutes les pages par le juge d'instruction, pour les maisons d'arrêt; par le président de la Cour d'Assises, ou, en son absence, par le président du Tribunal de première instance, pour les maisons de justice; et par les préfets, pour les prisons pour peines. (*Art.* 603 et 607.)

Tout exécuteur de mandat d'arrêt, d'ordonnance de prise de corps, d'arrêt ou de jugement de condamnation, est tenu, avant de remettre au gardien la personne qu'il conduit, de faire inscrire sur le registre l'acte dont il est porteur : l'acte de remise est écrit devant lui.

Le tout est signé tant par lui que par le gardien.

Le gardien lui en remet une copie signée de lui pour sa décharge. (*Art.* 608.)

Nul gardien ne peut, à peine d'être poursuivi et puni comme coupable de détention arbitraire, recevoir ni retenir aucune personne qu'en vertu soit d'un mandat de dépôt, soit d'un mandat d'arrêt décerné selon les formes prescrites par la loi, soit d'un arrêt de renvoi devant une Cour d'Assises ou une Cour spéciale, d'un décret d'arrestation ou d'un arrêt ou jugement de condamnation à peine afflictive ou à un emprisonnement, et sans que la transcription en ait été faite sur son registre. (*Art.* 609.)

Le registre doit contenir également, en marge de l'acte de remise, la date de la sortie du prisonnier, ainsi que l'ordonnance, l'arrêt ou le jugement en vertu duquel elle a lieu. (*Art.* 610.)

Le juge d'instruction est tenu de *visiter*, au moins une fois par mois, les personnes retenues dans la maison d'arrêt de l'arrondissement (1).

Une fois au moins dans le cours de chaque session de la Cour d'Assises, le président de cette Cour est tenu de visiter les personnes retenues dans la maison de justice.

Le préfet est tenu de visiter, au moins une fois par an, toutes les maisons de justice et prisons, et tous les prisonniers du département. (*Art.* 611.)

« Ils doivent veiller, ont dit les orateurs du gouvernement, en présentant le projet du Code, à ce que le détenu, qui, malgré son crime, ne cesse point d'être un homme, jouisse d'un air salubre et d'une nourriture saine. »

Indépendamment des visites ordonnées par l'article précédent, le maire de chaque commune où il y a soit une maison d'arrêt, soit une maison de justice, soit une prison, et dans les communes où il y a plusieurs maires, le préfet de police ou le commissaire général de police, est tenu de faire, au moins une fois par mois, la visite de ces maisons. (*Art.* 612.)

Le maire, le préfet de police ou le commissaire gé-

_____

(1) L'article 35 du titre XIII de l'ordonnance de 1670 enjoignait aux procureurs du Roi et à ceux des seigneurs de visiter leurs prisons une fois chaque semaine, *pour y recevoir les plaintes des prisonniers.*

néral de police, veille à ce que la nourriture des prisonniers soit suffisante et saine : la police de ces maisons lui appartient.

Le juge d'instruction et le président des assises peuvent néanmoins donner respectivement tous les ordres qui doivent être exécutés dans les maisons d'arrêt et de justice, et qu'ils croient nécessaires, soit pour l'instruction, soit pour le jugement. (*Art.* 613.)

Si quelque prisonnier usait de menaces, injures ou violences, soit à l'égard du gardien ou de ses préposés, soit à l'égard des autres prisonniers, il serait, sur les ordres de qui il appartiendrait, resserré plus étroitement, enfermé seul, même mis aux fers en cas de fureur ou de violence grave, sans préjudice des poursuites auxquelles il pourrait avoir donné lieu. (*Article* 614.)

SECTION III. — *Des Moyens d'assurer la Liberté individuelle contre les Détentions illégales ou d'autres Actes arbitraires.*

En exécution des art. 77, 78, 79, 80, 81 et 82 de l'acte du 13 décembre 1799 (1), quiconque a connaissance qu'un individu est détenu dans un lieu qui n'a pas été destiné à servir de maison d'arrêt, de justice ou de prison, est tenu d'en donner avis au juge de paix, au procureur du Roi ou à son substitut, ou au juge d'instruction, ou au procureur général près la Cour royale. (*Art.* 615 *du Code.*)

Les six articles de l'acte du 13 décembre 1799 règlent la forme que doit avoir, pour être exécuté, l'acte qui ordonne l'arrestation d'une personne ; la transcription par le geôlier ou gardien, sur son registre, de l'acte qui ordonne l'arrestation ; intiment au gardien de représenter la personne détenue à l'officier civil ayant la police de la maison de détention, toutes

---

(1) Appelé la *Constitution du 22 frimaire* an VIII.

les fois qu'il en est requis par cet officier, ainsi qu'aux
parens et amis du détenu, porteurs de l'ordre de l'officier civil, à moins qu'il ne représente une ordonnance
du juge pour tenir la personne au secret ; regardent
comme coupables du crime de détention arbitraire tous
ceux qui, n'ayant point reçu de la loi le pouvoir de
faire arrêter, donneraient, signeraient, exécuteraient
l'arrestation d'une personne quelconque ; tous ceux
qui, même dans le cas d'arrestation autorisée par la
loi, recevraient ou retiendraient la personne arrêtée
dans un lieu de détention non publiquement et légalement désigné comme tel, et tous les gardiens ou geô-
liers qui contreviendraient aux dispositions ci-dessus
les concernant; et ils terminent par cette maxime :
« Toutes rigueurs employées dans les arrestations, dé-
« tentions ou exécutions, autres que celles autorisées
« par la loi, sont *des crimes.* »

Tout juge de paix, tout officier chargé du ministère
public, tout juge d'instruction, est tenu d'office, ou
sur l'avis qu'il a reçu de la détention, de s'y transporter aussitôt et de faire mettre en liberté la personne
détenue, ou, s'il est allégué quelque cause légale de
détention, de la faire conduire sur-le-champ devant
le magistrat compétent. — Il dresse du tout son procès-verbal. (*Art.* 616 *du Code.*)

Il rend, au besoin, une ordonnance dans la forme
prescrite par l'art. 95 du présent Code (il décerne un
mandat de *comparution* ou d'*amener* ou de *dépôt.*)

En cas de résistance, il peut se faire assister de la
force nécessaire; et toute personne requise est tenue de
prêter main-forte. (*Art.* 617.)

Tout gardien qui aurait refusé, ou de montrer au
porteur de l'ordre de l'officier civil ayant la police de
la maison d'arrêt, de justice, ou de la prison, la personne du détenu, sur la réquisition qui en aurait été
faite, ou de montrer l'ordre qui le lui défendait, ou
de faire au juge de paix l'exhibition de ses registres,
ou de lui laisser prendre telle copie que celui-ci au-

rait crue nécessaire de partie de ses registres, serait
poursuivi comme coupable ou complice de détention
arbitraire. (*Art.* 618.)

Section IV. — *De la Réhabilitation.*

Les art. 619 à 632 traitent de la procédure à tenir
pour obtenir la *réhabilitation*, par le condamné, à une
peine afflictive ou infamante qui a subi sa peine, et
qui désire être réhabilité.

La *réhabilitation* fait cesser, pour l'avenir, dans la
personne du condamné, toutes les incapacités qui ré-
sultaient de la condamnation. (*Art.* 633 *du Code.*)

Le condamné pour récidive n'est jamais admis à la
réhabilitation. (*Art.* 634.)

Texte de l'art. 619 *modifié par la loi du* 28 *avril* 1832.

Tout condamné à une peine afflitive ou infamante
qui aura subi sa peine, ou qui aura obtenu soit des
lettres de commutation, soit des lettres de grâce,
pourra être réhabilité.

La demande en réhabilitation ne pourra être formée
par les condamnés aux travaux forcés à temps, à la
détention ou à la réclusion que cinq ans après l'expiration de leur peine; et par les condamnés à la dégradation civique, qu'après cinq ans à compter du
jour ou la condamnation sera devenue irrévocable, et
cinq ans après qu'ils auront subi la peine de l'emprisonnement; s'ils y ont été condamnés. En cas de commutation, la demande en réhabilitation ne pourra
être formée que cinq ans après l'expiration de la nouvelle peine, et en cas de grâce, que cinq ans après
l'enregistrement des lettres de grâce.

Section V. — *De la Prescription.*

Les peines portées par les arrêts ou jugemens rendus en matière criminelle, se prescrivent par vingt an-

nées révolues ; à compter de la date des arrêts ou jugemens (1).

Néanmoins , le condamné ne peut résider dans le
département où demeurerait soit celui sur lequel ou
contre la propriété duquel le crime aurait été commis,
soit ses héritiers directs. — Le gouvernement peut
assigner au condamné le lieu de son domicile. (*Article*
635 *du Code.*)

Les peines portées par les arrêts ou jugemens rendus
en matière correctionnelle, se prescrivent par cinq
années révolues, à compter de la date de l'arrêt ou jugement rendu en dernier ressort ; et à l'égard des peines
prononcées par les tribunaux de première instance, à
compter du jour où ils ne peuvent plus être attaqués
par la voie de l'appel. (*Art.* 636.)

L'action publique et l'action civile résultant d'un
crime de nature à entraîner la peine de mort ou des
peines afflictives perpétuelles, ou de tout crime emportant peine afflictive ou infamante, se prescrivent
après dix années révolues, à compter du jour où le
crime a été commis, si, dans cet intervalle, il n'a été
fait aucun acte d'instruction ni de poursuite.

S'il a été fait, dans cet intervalle, des actes d'instruction ou de poursuite non suivis de jugement, l'action publique et l'action civile ne se prescrivent qu'après
dix années révolues, à compter du dernier acte, à l'é-
gard même des personnes qui ne seraient pas impli-
quées dans cet acte d'instruction ou de poursuite (*Article* 637.)

Dans les deux cas exprimés en l'article précédent, et
suivant les distinctions d'époques qui y sont établies,
la durée de la prescription est réduite à trois années

---

(1) Durant le temps exigé pour la prescription, le coupable a été
puni par les agitations, les troubles intérieurs de sa conscience, les
tourmens d'une vie incertaine et précaire, autant qu'il aurait pu
l'être par la rigueur de la loi. (*Discours du Rapporteur de la Commission de législation.*)

révolues , s'il s'agit d'un délit de nature à être puni correctionnèllement. (*Art.* 638.)

Les peines portées par les jugemens rendus pour contraventions de police sont prescrites après deux années révolues, savoir, pour les peines prononcées par arrêt ou jugement en dernier ressort, à compter du jour de l'arrêt ; et à l'égard des peines prononcées par les tribunaux de première instance, à compter du jour où ils ne peuvent plus être attaqués par la voie de l'appel. (*Art.* 639.)

L'action publique et l'action civile pour contravention de police , sont prescrites après une année révolue, à compter du jour où elle a été commise , même lorsqu'il y a eu procès-verbal , saisie, instruction ou poursuite , si , dans cet intervalle , il n'est point intervenu de condamnation ; s'il y a eu jugement définitif de première instance , de nature à être attaqué par la voie de l'appel , l'action publique et l'action civile se prescrivent après une année révolue, à compter de la notification de l'appel qui en a été interjeté. (*Article* 640.)

En aucun cas , les condamnés par défaut ou par contumace , dont la peine est prescrite , ne peuvent être admis à se présenter pour purger le défaut ou la contumace. (*Art.* 641.)

Les condamnations civiles portées par les arrêts ou par les jugemens rendus en matière criminelle , correctionnelle ou de police , et devenues irrévocables , se prescrivent d'après les règles établies par le Code civil (par trente années, y ayant titre). (*Art.* 642.)

Les dispositions du présent chapitre (de la présente section) ne dérogent point aux lois particulières relatives à la prescription (1) des actions résultant de certains délits ou de certaines contraventions. (*Art.* 643 *et dernier du Code d'Instruction criminelle.*)

_____

(1) Les délits de chasse et les délits ruraux se prescrivent par le laps d'un mois. (*Loi du 22 avril 1790 et du 6 octobre 1791.*)

LIVRE SECOND.
DISPOSITIONS PÉNALES.

En donnant le Code d'Instruction criminelle avant
le Code pénal, nous avons suivi l'ordre chronologique
dans lequel les Codes ont été décrétés et publiés, nous
eussions pu donner le second avant le premier, parce
que celui-ci a été fait pour la poursuite des délits prévus par celui-là, comme le Code de Procédure l'a été
pour l'exécution des droits et des conventions résultant
du Code civil. Ainsi, l'ordre dans lequel nous rappor-
tons des dispositions du Code pénal ne doit être d'aucune considération absolue ou préjudicielle pour celui
qui eût pu être observé, et il eût été indifférent que ses
dispositions eussent été rapportées avant, comme il
l'est qu'elles ne le soient qu'après.

Revoir ce que nous avons dit dans le préambule du
Code d'Instruction, relativement à la liberté dont nous
userons à l'égard des dispositions du Code pénal.

Dispositions préliminaires et Dispositions diverses.

L'infraction que les lois punissent des peines de police, est une *contravention*.

L'infraction que les lois punissent des peines correctionnelles, est un *délit*.

L'infraction que les lois punissent d'une peine afflictive ou infamante, est un *crime*. (*Code pénal, art.* 1er.)

Lorsque l'article 1er du Code pénal qualifie de
crime tout fait puni par les lois d'une peine afflictive
ou infamante, il comprend, dans sa généralité, toutes
les lois, soit militaires, soit celles qui forment le droit
commun de la France. *Arrêt de la Cour de Cassation*
(*chambre criminelle*) du 14 avril 1826, affaire du ministère public contre Pingaud, rapporté au neuvième
cahier, page 358, du *Journal des Audiences* de 1826.

Toute tentative de *crime* qui aura été manifestée par
un commencement d'exécution, si elle n'a été suspen-

due, ou si elle n'a manqué son effet que par des circonstances indépendantes de la volonté de son auteur, est
considérée une disposition comme le *crime* même.
(*Article* 2.)

Les tentatives de *délits* ne sont considérées comme
délits que dans les cas déterminés par une disposition
spéciale de la loi. (*Art.* 3.)

Nulle contravention, nul délit, nul crime, ne peuvent être punis de peines qui n'étaient pas prononcées
par la loi avant qu'ils fussent commis. (*Art.* 4.)

Il n'y a ni crime ni délit lorsque le prévenu était en
état de démence au temps de l'action, ou lorsqu'il a
été contraint par une force à laquelle il n'a pu résister.
(*Art.* 64.)

La démence d'un accusé n'est pas seulement une
excuse qui doive être soumise, quand elle est alléguée,
à la délibération du jury, mais encore elle implique
contradiction avec le crime, et rend toute culpabilité
impossible. *Arrêt de la Cour de Cassation* (*section
criminelle*) du 9 septembre 1825, affaire Rouf contre
le ministère public, rapporté au premier cahier, page
32, du *Journal des Audiences* de 1826.

Nul crime ou délit ne peut être excusé, ni la peine
mitigée, que dans les cas et dans les circonstances où
la loi déclare le fait excusable, ou permet de lui appliquer une peine moins rigoureuse. (*Art.* 95.) — Voyez
l'art. 463.

L'art. 5 porte que les dispositions du présent Code
ne s'appliquent pas aux contraventions, délits et crimes
militaires.

Les art. 6 à 58 traitent des différentes sortes de *peines* en matière criminelle et correctionnelle, et de
leurs effets, et des peines *pour la récidive*.

L'*amnistie* diffère de la *grâce*, en ce que l'effet de la
grâce est limité à la remise de tout ou partie des peines,
tandis que l'amnistie emporte l'abolition des délits, des
poursuites et des condamnations, tellement que ces
délits sont (sauf l'action civile des tiers) comme s'ils

n'avaient jamais été commis. — En conséquence, un second délit commis après un premier délit aboli par l'amnistie, ne peut donner lieu à l'application des peines de la *récidive* portées par l'article 58 du Code pénal. *Arrêt de la Cour de Cassation (section criminelle)* du 11 juin 1825, affaire de Catherine Clémencey, rapporté au cinquième cahier, page 164, de la *Jurisprudence de la Cour de Cassation* de 1826, par Sirey, et au 10ᵉ cahier, page 395, du *Journal des Audiences* de 1825.

Les 59ᵉ à 63ᵉ articles traitent des Complices et des Receleurs, et des peines à leur infliger.

Les 66ᵉ, 67ᵉ, 68ᵉ et 69ᵉ sont relatifs à l'accusé âgé de moins de seize ans, qui peut être acquitté s'il a agi *sans discernement*, et dont les peines sont différentes de celles des autres accusés, ou sont commuées s'il a agi *avec discernement*.

Les individus âgés de moins de seize ans, qui n'ont pas de complices au-dessus de cet âge, et qui sont prévenus de crimes autres que ceux auxquels la loi attache la peine de mort, celle des travaux forcés à perpétuité, ou celle de la déportation, sont jugés par les tribunaux correctionnels, qui doivent se conformer aux art. 66, 67 et 68 du Code pénal. (*Art.* 1ᵉʳ *de la loi du* 25 *juin* 1824.)

Les articles 70 et 71 du Code sont relatifs au vieillard âgé de soixante-dix ans accomplis au moment du jugement, à l'égard duquel les peines sont aussi remplacées par d'autres moins rigoureuses.

§ *Responsabilité des Aubergistes et Hôteliers.*

Les aubergistes et hôteliers convaincus d'avoir logé plus de vingt-quatre heures quelqu'un qui, pendant son séjour, aurait commis un crime ou un délit, sont *civilement* responsables des restitutions, des indemnités et des frais adjugés à ceux à qui ce crime ou ce délit aurait causé quelque dommage, faute par eux d'avoir inscrit sur leur registre le nom, la profession et le

domicile du coupable, sans préjudice de leur responsabilité dans le cas des articles 1952 et 1953 du Code
civil. (*Art.* 73.)

Voyez, à la première Partie, titre III, chap. XI , *du
Dépôt et du Séquestre* , les art. 1952 et 1953 du Code
civil.

Dans les autres cas de responsabilité civile qui pourraient se présenter dans les affaires criminelles , correctionnelles ou de police, les cours et les tribunaux
devant qui ces affaires seraient portées , doivent se conformer aux dispositions du Code civil , Livre III, titre
IV, chapitre II. (*Art.* 74.)

Voyez, à la première partie, titre III, chapitre IV,
section II, *des Quasi-Délits*, les art. 1382 à 1386 du
Code civil, ou , dans le Code même, ces art. 1382 à
1386 se trouvant syncopés dans la section ci-dessus
mentionnée.

TITRE PREMIER.

DES CRIMES, DES DÉLITS ET DE LEUR PUNITION.

CHAPITRE PREMIER.

Des Crimes et Délits contre la Chose publique.

Ce chapitre traite des crimes et des délits contre la
sûreté de l'État , contre le Roi et sa famille. — Voyez
le Code , art. 75 à 108.

CHAPITRE II.

Des Crimes et Délits contre la Charte constitutionnelle.

SECTION PREMIÈRE.—*Crimes et Délits relatifs à l'Exercice des Droits civiques.*

LORSQUE, par attroupement, voies de fait ou menaces, on a empêché un ou plusieurs citoyens d'exercer leurs droits civiques, chacun des coupables est puni d'un emprisonnement de six mois au moins, et de deux ans au plus, et de l'interdiction du droit de voter et d'être éligible pendant cinq ans au moins et dix ans au plus. (*Code pénal*, art. 109.)

Si ce crime a été commis par suite d'un plan concerté pour être exécuté soit dans tout le royaume, soit dans un ou plusieurs départemens, soit dans un ou plusieurs arrondissemens communaux, la peine est le bannissement. (*Art.* 110, *ibid.*)

Les articles 111 et suivans contiennent les peines contre ceux qui, chargés du dépouillement des scrutins, soustraient des billets, en falsifient...., et contre ceux qui, dans les élections, achètent ou vendent un suffrage.

SECTION. II. — *Attentats à la Liberté.*

Lorsqu'un fonctionnaire public, un agent ou un préposé du gouvernement, a ordonné ou fait quelque acte arbitraire et attentatoire soit à la liberté individuelle, soit aux droits civiques d'un ou de plusieurs citoyens, soit à la Charte constitutionnelle, il est condamné à la peine de la dégradation civique... (*Article* 114.)

Les articles suivans contiennent les peines contre les ministres qui auraient ordonné, ou fait les actes ou l'un des actes mentionnés en l'art. 114, etc.

CHAPITRE III.

Crimes et délits contre la Paix publique.

Ce chapitre traite des peines infligées aux coupables du crime de faux, soit de fausse monnaie, soit de contrefaction des sceaux de l'État, des billets de banque, des effets publics, des poinçons, timbres et marques; de faux en écritures publiques, de commerce, de banque, et en écriture privée; de faux dans les passe-ports, feuilles de route et certificats. — Il traite aussi de la forfaiture, des crimes et délits des fonctionnaires publics dans l'exercice de leurs fonctions. (*Art.* 132 à 183.)

L'article 135 du Code pénal, ne voulant pas que l'on applique les participations à l'émission, exposition ou introduction en France de monnaies contrefaites ou altérées, à ceux qui, ayant reçu pour *bonnes* des pièces de monnaie contrefaites ou altérées, les ont remises en circulation, sauf toutefois l'amende prononcée contre celui qui aura fait usage desdites pièces, après en avoir vérifié ou fait vérifier les vices, la Cour de Cassation, chambre criminelle, sur la réquisition du procureur général, dont elle a adopté les conclusions, a jugé, dans l'affaire de Schmits, par arrêt, rendu dans l'intérêt de la loi, le 15 avril 1826, et vu l'art. 3 du Code, que la *tentative* du *délit* d'émission de pièces qu'on sait être fausses, mais qu'on a reçues pour bonnes, n'est point punissable. — Cet arrêt est rapporté, page 349 du *Journal des Audiences* de la Cour de Cassation de 1826.

Section première. — *Des Abus d'Autorité contre les Particuliers.*

Tout fonctionnaire de l'ordre administratif ou judiciaire, tout officier de justice ou de police, tout commandant ou agent de la force publique, qui, agissant en sadite qualité, se sont introduits dans le domicile d'un citoyen contre le gré de celui-ci, hors les cas prévus par la loi , et sans les formalités qu'elle a prescrites, sera puni d'un emprisonnement de six jours à un an, et d'une amende de seize francs à cinq cents francs. Sans préjudice de l'application du second paragraphe de l'art. 114.

Tout individu qui se sera introduit à l'aide de menaces ou de violence dans le domicile d'un citoyen, sera puni d'un emprisonnement de six jours à trois mois, et d'une amende de seize francs à deux cents francs.

Les articles 185 et suivans sont relatifs aux peines pour déni de justice, ou pour violence envers les personnes sans motif légitime , de la part notamment des exécuteurs de mandemens de justice ou jugemens, et des commandans en chef ou en sous-ordre de la force publique.

Toute suppression , toute ouverture de lettres confiées à la poste , commise ou facilitée par un fonctionnaire ou un agent du gouvernement ou de l'administration des postes , sera punie d'une amende de seize francs à cinq cents francs, et d'un emprisonnement de trois mois à cinq ans. Le coupable sera de plus interdit de toute fonction ou emploi public pendant cinq ans au moins et dix ans au plus. (*Art.* 187.)

Section II. — *De quelques Abus relatifs à la Tenue des Actes de l'État civil.*

(Punition contre les officiers de l'état civil qui inscrivent leurs actes sur de simple feuilles volantes (1) : *art.* 192.)

Lorsque, pour la validité d'un mariage , la loi prescrit le consentement des pères , mères, ou autres personnes , et que l'officier de l'état civil ne s'est point assuré de l'existence de ce consentement (2), il sera

---

(1) Voyez l'art. 52 du Code civil.
(2) Voyez l'art. 156 du Code civil.

puni d'une amende de 16 fr. à 300 fr., et d'un emprisonnement de six mois au moins ou d'un an au plus. (*Art.* 193.)

L'officier civil sera aussi puni de 16 fr. à 300 fr. d'amende lorsqu'il a reçu, avant le temps prescrit par l'art. 228 du Code civil, l'acte de mariage d'une femme ayant déjà été mariée. (*Art.* 194.)

Les peines portées aux articles précédens contre les officiers de l'état civil leur seront appliquées lors même que la nullité de leurs actes n'aurait pas été demandée, ou aurait été couverte : le tout sans préjudice des peines plus fortes prononcées en cas de collusion, et sans préjudice aussi des autres dispositions pénales du titre V du livre 1er du code civil. (*Art.* 195.)

SECTION III. — *Résistance et autres Manquemens envers l'Autorité publique.*

Toute attaque, toute résistance avec violence et voies de fait envers les officiers ministériels, les gardes champêtres ou forestiers, la force publique, les préposés à la perception des taxes et des contributions, leurs porteurs de contraintes, les préposés des douanes, les séquestres, les officiers ou agens de la police administrative ou judiciaire agissant pour l'exécution des lois, des ordres ou ordonnances de l'autorité publique, des mandats de justice ou jugemens, est qualifiée, selon les circonstances, crime ou délit de rébellion. (*Article* 209.)

('Peines plus ou moins fortes selon que les crimes ou délits de rébellion sont plus ou moins graves; *articles* 210 à 221.)

SECTION IV. — *Outrages et Violences envers les Dépositaires de l'Autorité et de la Force publique.*

Il y est traité des outrages et violences envers les dépositaires de l'autorité et de la force publique, dans l'exercice de leurs fonctions ou à l'occasion de cet exercice. (*Art.* 222 à 233.)

SECTION V. — *Dégradation des Monumens.*

Quiconque aurait détruit, abattu, mutilé ou dégradé des monumens, statues ou autres objets destinés
à l'utilité ou à la décoration publique, et élevé par
l'autorité publique ou avec son autorisation, serait
puni d'emprisonnement d'un mois à deux ans, et
d'une amende de 100 fr. à 500 fr. (*Art.* 257.)

SECTION VI. — *Entraves au libre Exercice des Cultes.*

Tout particulier, qui, par des voies de fait ou des
menaces, contraindrait ou empêcherait une ou plusieurs personnes d'exercer l'un des cultes autorisés,
d'assister à l'exercice de ce culte, de célébrer certaines fêtes, d'observer certains jours de repos, et en conséquence d'ouvrir ou de fermer leurs ateliers, boutiques ou magasins, et de faire ou quitter certains travaux, serait puni, pour ce seul fait, d'une amende de
16 fr. à 200 fr., et d'un emprisonnement de six jours
à deux mois. (*Art.* 260.)

Les articles suivans traitent des peines pour l'interruption de l'exercice d'un culte, les outrages aux objets du culte, et les coups portés au ministre d'un
culte dans ses fonctions.

SECTION VII. — *Associations de Malfaiteurs, Vagabonds et Mendians.*

Cette section traite des associations de malfaiteurs,
du vagabondage, déclaré délit, de leurs punitions, et
des mendians, valides, en bandes, usant de menaces,
travestis d'une manière quelconque, porteurs d'armes, munis de crochets, limes ou autres instrumens,
porteurs d'un ou de plusieurs effets d'une valeur supérieure à 100 fr., et qui ne justifieraient pas d'où ils
leur proviennent, exerçant des violences, et de leurs
punitions. (*Art.* 265 à 282.)

L'art. 12 de la loi du 23 juin 1824 (Bull. n° 676),
modificative de plusieurs dispositions du Code pénal,

porte : « Les dispositions ci-dessus, autres toutefois que celles de l'art. 5 (qu'on va lire ci-après), ne s'appliquent ni aux mendians, ni aux vagabonds, ni aux individus qui, antérieurement au fait pour lequel ils sont poursuivis, auront été condamnés, soit à des peines afflictives ou infamantes, soit à un emprisonnement correctionnel de plus de six mois. »

TITRE II.

CRIMES ET DÉLITS CONTRE LES PARTICULIERS.

CHAPITRE PREMIER.

Crimes et Délits contre les Personnes.

Ce chapitre traite des crimes capitaux, du meurtre, de l'assassinat, du parricide, de l'infanticide, de l'empoisonnement; des blessures et coups volontaires; de l'homicide, blessures et coups involontaires; des attentats aux mœurs; des arrestations illégales et séquestrations de personnes; de l'enlèvement de mineurs; des infractions aux lois sur les inhumations; du faux témoignage; de la calomnie; des injures; de la révélation de secrets, et des peines à infliger à ces crimes et délits. (*Art.* 295 à 378.)

La loi du 25 juin 1824 dispose :

Art. 5. « La peine prononcée par l'art. 302 du Code pénal contre la mère coupable d'infanticide, peut être réduite à celle des travaux forcés à perpétuité.

« Cette réduction de peine n'a lieu à l'égard d'aucun individu autre que la mère.

Art. 6. « La peine prononcée par l'article 309 du Code pénal contre tout individu coupable d'avoir volontairement fait des blessures ou porté des coups, dont il est résulté une incapacité de travail de plus de vingt jours, peut être réduit aux peines déterminées par l'art. 401 du même Code, sans que l'emprisonnement puisse être au-dessus de trois années.

« La peine ne peut être réduite dans les cas prévus par les art. 310 et 312 du même Code » (quand les blessures ont été faites ou les coups portés avec préméditation ou guet-à-pens, et quand le coupable a commis le crime envers ses père ou mère, légitimes, naturels ou adoptifs, ou autres ascendans légitimes.)

CHAPITRE II.

Crimes et Délits comtre les Propriétés.

SECTION PREMIÈRE. — Des Vols.

QUICONQUE a soustrait frauduleusement une chose qui ne lui appartient pas, est coupable de vol. (*Code pénal*, art. 379.)

Les soustractions commises par des maris au préjudice de leurs femmes, par des femmes au préjudice de leurs maris, par un veuf ou une veuve, quant aux choses qui avaient appartenu à l'époux décédé ; par des enfans ou autres descendans au préjudice de leurs pères ou mères ou ascendans ; par des pères et mères ou autres ascendans au préjudice de leurs enfans ou autres descendans , ou par des alliés , aux mêmes degrés, ne peuvent donner lieu qu'à des réparations civiles.

A l'égard de tous autres individus qui auraient recélé ou appliqué à leur profit tout ou partie des objets volés, ils sont punis comme coupables de vol. (*Article* 380.)

Les art. 381 et suivans traitent des vols avec les circonstances pouvant entraîner les travaux forcés à perpétuité, les travaux forcés à temps, la réclusion ou l'emprisonnement d'un an à cinq ans.

CHAPITRE II.

Crimes et Délits contre les Propriétés.

379. Quiconque a soustrait frauduleusement une chose qui ne lui appartient pas, est coupable de vol.

380. Les soustractions commises par des maris au préjudice de leurs femmes, par des femmes au préjudice de leurs maris, par un veuf ou une veuve quant aux choses qui avaient appartenu à l'époux décédé, par des enfans ou autres descendans au préjudice de leurs pères ou mères ou autres ascendans, par des pères et mères ou autres ascendans au préjudice de leurs enfans ou autres descendans, ou par des alliés aux mêmes degrés, ne pourront donner lieu qu'à des réparations civiles.

A l'égard de tous autres individus qui auraient recélé ou appliqué à leur profit tout ou partie des objets volés, ils seront punis comme coupables de vol.

381. Seront punis des travaux forcés à perpétuité les individus coupables de vols commis avec la réunion des cinq circonstances suivantes :

1° Si le vol a été commis la nuit;

2° S'il a été commis par deux ou plusieurs personnes;

3° Si les coupables ou l'un d'eux étaient porteurs d'armes apparentes ou cachées;

4° S'ils ont commis le crime, soit à l'aide d'effraction extérieure, ou d'escalade, ou de fausses clefs, dans une maison, appartement, chambre ou logement habités ou servant à l'habitation, ou à leurs dépendances, soit en prenant le titre d'un fonctionnaire public ou d'un officier civil ou militaire, ou après s'être revêtus de l'uniforme ou du costume du fonctionnaire ou de l'officier, ou en alléguant un faux ordre de l'autorité civile ou militaire;

5° S'ils ont commis le crime avec violence ou me-
nace de faire usage de leurs armes.

382. Sera puni de la peine des travaux forcés à
temps, tout individu coupable de vol commis à l'aide
de violence, et, de plus, avec deux des quatre premières circonstances prévues par le précédent article.

Si même la violence à l'aide de laquelle le vol a été
commis a laissé des traces de blessures ou de contu-
sions, cette circonstance seule suffira pour que la
peine des travaux forcés à perpétuité soit prononcée.

383. Les vols commis sur les chemins publics emporteront la peine des travaux forcés à perpétuité,
lorsqu'ils auront été commis avec deux des circonstances prévues dans l'article 381.

Ils emporteront la peine des travaux forcés à temps,
lorsqu'ils auront été commis avec une seule de ces circonstances.

Dans les autres cas, la peine sera celle de la réclusion.

384. Sera puni de la peine des travaux forcés à
temps, tout individu coupable de vol commis à l'aide
d'un des moyens énoncés dans le n° 4 de l'article 381,
même quoique l'effraction, l'escalade et l'usage des
fausses clefs aient eu lieu dans des édifices, parcs ou
enclos non servant à l'habitation et non dépendans des
maisons habitées, et lors même que l'effraction n'aurait été qu'intérieure.

385. Sera également puni de la peine des travaux
forcés à temps, tout individu coupable de vol commis,
soit avec violence, lorsqu'elle n'aura laissé aucune
trace de blessure ou de contusion et qu'elle ne sera
accompagnée d'aucune autre circonstance, soit sans
violence, mais avec la réunion des trois circonstances
suivantes :

1° Si le vol a été commis la nuit;

2° S'il a été commis par deux ou plusieurs personnes;

3°. Si le coupable, ou l'un des coupables, était porteur d'armes apparentes ou cachées.

386. Sera puni de la peine de la réclusion tout individu coupable de vol commis dans l'un des cas ci-après :

1° Si le vol a été commis la nuit, et par deux ou plusieurs personnes, ou s'il a été commis avec une de ces deux circonstances seulement, mais en même temps dans un lieu habité ou servant à l'habitation, ou dans les édifices consacrés aux cultes légalement établis en France ;

2° Si le coupable ou l'un des coupables était porteur d'armes apparentes ou cachées, même quoique le lieu où le vol a été commis ne fût ni habité ni servant à l'habitation, et encore quoique le vol ait été commis le jour et par une seule personne ;

3° Si le voleur est un domestique ou un homme de service à gages, même lorsqu'il aura commis le vol envers des personnes qu'il ne servait pas, mais qui se trouvaient, soit dans la maison de son maître, soit dans celle où il l'accompagnait ; ou si c'est un ouvrier, compagnon ou apprenti, dans la maison, l'atelier ou le magasin de son maître ; ou un individu travaillant habituellement dans l'habitation où il aura volé ;

4° Si le vol a été commis par un aubergiste, un hôtelier, un voiturier, un batelier ou un de leurs préposés, lorsqu'ils auront volé tout ou partie des choses qui leur étaient confiées à ce titre.

387. Les voituriers, bateliers ou leurs préposés, qui auront altéré des vins ou toute autre espèce de liquides ou de marchandises dont le transport leur avait été confié, et qui auront commis cette altération par le mélange de substances malfaisantes, seront punis de la peine portée au précédent article.

S'il n'y a pas eu mélange de substances malfaisantes, la peine sera un emprisonnement d'un mois à un an, et une amende de seize francs à cent francs.

388. Quiconque aura volé ou tenté de voler dans

les champs, des chevaux ou bêtes de charge, de voiture ou de monture, gros et menus bestiaux, ou des instrumens d'agriculture, sera puni d'un emprisonnement d'un an au moins et de cinq ans au plus, et d'une amende de seize francs à cinq cents francs.

Il en sera de même à l'égard des vols de bois dans les ventes, et de pierres dans les carrières, ainsi qu'à l'égard du vol de poisson en étang, vivier ou réservoir.

Quiconque aura volé ou tenté de voler dans les champs, des récoltes ou autres productions utiles de la terre, déjà détachées du sol, ou des meules de grains faisant partie de récoltes, sera puni d'un emprisonnement de quinze jours à deux ans, et d'une amende de seize francs à deux cents francs.

Si le vol a été commis, soit la nuit, soit par plusieurs personnes, soit à l'aide de voitures ou d'animaux de charge, l'emprisonnement sera d'un an à cinq ans, et l'amende de seize francs à cinq cents francs.

Lorsque le vol ou la tentative de vol de récoltes ou autres productions utiles de la terre, qui, avant d'être soustraites, n'étaient pas encore détachées du sol, aura eu lieu, soit avec des paniers ou des sacs ou autres objets équivalens, soit la nuit, soit à l'aide de voitures ou d'animaux de charge, soit par plusieurs personnes, la peine sera d'un emprisonnement de quinze jours à deux ans, et d'une amende de seize francs à deux cents francs.

Dans tous les cas spécifiés au présent article, les coupables pourront, indépendamment de la peine principale, être interdits de tout ou partie des droits mentionnés en l'article 42, pendant cinq ans au moins et dix ans au plus, à compter du jour où ils auront subi leur peine. Ils pourront aussi être mis, par l'arrêt ou le jugement, sous la surveillance de la haute police pendant le même nombre d'années.

389. Sera puni de la réclusion celui qui, pour com-

mettre un vol, aura enlevé ou déplacé des bornes servant de séparation aux propriétés.

390. Est réputé *maison habitée*, tout bâtiment, logement, loge, cabane, même mobile, qui, sans être actuellement habité, est destiné à l'habitation, et tout ce qui en dépend, comme cours, basses-cours, granges, écuries, édifices qui y sont enfermés, quel qu'en soit l'usage, et quand même ils auraient une clôture particulière dans la clôture ou enceinte générale.

391. Est réputé *parc ou enclos*, tout terrain environné de fossés, de pieux, de claies, de planches, de haies vives ou sèches, ou de murs de quelque espèce de matériaux que ce soit, quelles que soient la hauteur, la profondeur, la vétusté, la dégradation de ces diverses clôtures, quand il n'y aurait pas de porte fermant à clef ou autrement, ou quand la porte serait à claire-voie et ouverte habituellement.

392. Les parcs mobiles destinés à contenir du bétail dans la campagne, de quelque matière qu'ils soient faits, sont aussi réputés enclos; et lorsqu'ils tiennent aux cabanes mobiles ou autres abris destinés aux gardiens, ils sont réputés dépendans de maison habitée.

393. Est qualifié *effraction*, tout forcement, rupture, dégradation, démolition, enlèvement de murs, toits, planchers, portes, fenêtres, serrures, cadenas, ou autres ustensiles ou instrumens servant à fermer ou à empêcher le passage, et de tout espèce de clôture, quelle qu'elle soit.

394. Les effractions sont extérieures ou intérieures.

395. Les effractions extérieures sont celles à l'aide desquelles on peut s'introduire dans les maisons, cours, basses-cours, enclos ou dépendances, ou dans les appartemens ou logemens particuliers.

396. Les effractions intérieures sont celles qui, après l'introduction dans les lieux mentionnés en l'article précédent, sont faites aux portes ou clôtures du

dedans , ainsi qu'aux armoires ou autres meubles fermés.

Est compris dans la classe des effractions intérieures, le simple enlèvement des caisses , boites , ballots sous toile et corde , et autres meubles fermés , qui contiennent des effets quelconques, bien que l'effraction n'ait pas été faite sur le lieu.

397. Est qualifiée *escalade*, toute entrée dans les maisons, bâtimens , cours, basses-cours, édifices quelconques , jardins , parcs et enclos , exécutée par-dessus les murs, portes , toitures ou toute autre clôture.

L'entrée par une ouverture souterraine, autre que celle qui a été établie pour servir d'entrée, est une circonstance de même gravité que l'escalade.

398. Sont qualifiés *fausses clefs*, tous crochets, rossignols , passe-partouts, clefs imitées, contrefaites, altérées, ou qui n'ont pas été destinées par le propriétaire, locataire, aubergiste ou logeur, aux serrures, cadenas, ou aux fermetures quelconques auxquelles le coupable les aura employés.

399. Quiconque aura contrefait ou altéré des clefs, sera condamné à un emprisonnement de trois mois à deux ans, et à une amende de vingt-cinq francs à cent cinquante francs.

Si le coupable est un serrurier de profession, il sera puni de la réclusion.

Le tout sans préjudice de plus fortes peines , s'il y échet, en cas de complicité de crime.

400. Quiconque aura extorqué par force , violence ou contrainte, la signature ou la remise d'un écrit, d'un acte, d'un titre, d'une pièce quelconque contenant ou opérant obligation , disposition ou décharge, sera puni de la peine des travaux forcés à temps.

Le saisi qui aura détruit, détourné ou tenté de détourner des objets saisis sur lui et confiés à sa garde, sera puni des peines portées en l'article 406.

Il sera puni des peines portées en l'article 401, si la

garde des objets saisis et par lui détruits ou détournés avait été confiée à un tiers.

Celui qui aura recélé sciemment les objets détournés, le conjoint, les ascendans et descendans du saisi qui l'auront aidé dans la destruction ou le détournement de ces objets, seront punis d'une peine égale à celle qu'il aura encourue.

401. Les autres vols non spécifiés dans la présente section, les larcins et filouteries, ainsi que les tentatives de ces mêmes délits, seront punis d'un emprisonnement d'un an au moins et cinq ans au plus, et pourront même l'être d'une amende qui sera de seize francs au moins et de cinq cents francs au plus.

Les coupables pourront encore être interdits des droits mentionnés en l'article 42 du présent code, pendant cinq ans au moins et dix ans au plus à compter du jour où ils auront subi leur peine.

Ils pourront aussi être mis, par l'arrêt ou le jugement, sous la surveillance de la haute police pendant le même nombre d'années.

SECTION. II. — *Des Banqueroutes, Escroqueries, et autres Espèces de Fraude.*

§ Ier. *Banqueroute et Escroqueries.*

Ceux qui, dans les cas prévus par le Code de Commerce (1), seraient déclarés coupables de banqueroute, seraient punis ainsi qu'il suit :

Les banqueroutiers frauduleux seraient punis de la peine des travaux forcés à temps ; — les banqueroutiers simples seraient punis d'un emprisonnement d'un mois au moins et de deux ans au plus. (*Art.* 402 *du Code pénal.*)

Ceux qui, conformément au Code de Commerce (2),

(1) Voyez les articles 438, 439, 586, 587, 593 et 594 du Code de Commerce.

(2) Voyez l'article 597 du Code de Commerce.

seraient déclarés complices de banqueroute frauduleuse, seraient punis de la même peine que les banqueroutiers frauduleux. (*Art.* 403 *du Code pénal.*)

(L'art. 404 concerne la peine à infliger aux agens de change qui auraient fait faillite (les travaux forcés à temps) ou qui seraient convaincus de banqueroute frauduleuse (les travaux forcés à perpétuité.)

Quiconque, soit en faisant usage de faux noms ou de fausses qualités, soit en employant des manœuvres frauduleuses pour persuader l'existence de fausses entreprises, d'un pouvoir ou d'un crédit imaginaire, ou pour faire naître l'espérance ou la crainte d'un succès, d'un accident ou de tout autre événement chimérique, se serait fait remettre ou délivrer des fonds, des meubles ou des obligations, dispositions, billets, promesses, quittances ou décharges, et aurait, par un de ces moyens *escroqué* ou tenté d'escroquer la totalité ou partie de la fortune d'autrui, serait puni d'un emprisonnement d'un an au moins et de cinq ans au plus, et d'une amende de 50 francs au moins et de 3,000 fr. au plus.... (interdiction en outre des droits civiques, civils et de famille, mentionnés en l'art. 42 du Code...) (*Art.* 405 *ibid.•*)

§ II. *Abus de confiance.*

Il est traité dans ce paragraphe de la peine à infliger, 1° à ceux qui abusent des besoins, des faiblesses ou des passions d'un mineur, pour lui faire souscrire à son préjudice des obligations, quittances ou décharges, pour prêt d'argent, ou de choses mobilières, ou d'effets de commerce, ou de tous autres effets obligatoires; 2° à ceux qui, abusant d'un blanc-seing qui leur a été confié, écrivent frauduleusement dessus une obligation ou décharge; 3° à ceux qui détournent ou dissipent, au préjudice du propriétaire, possesseur ou détenteur, des effets, deniers, marchandises, billet, quittances ou tous autres écrits contenant ou opérant obligation ou décharge, qui ne leur auraient été remis

qu'à titre de dépôt ou pour un travail salarié, à charge
de les rendre, ou représenter, ou d'en faire un usage
ou un emploi déterminé; 4° à ceux qui, après avoir
produit, dans une contestation judiciaire, quelque
titre, pièce ou mémoire, l'auraient soustrait de quelque manière que ce fût. (*Art.* 406 *à* 409.)

Un *bon pour*, suivi d'une signature, constitue un
blanc-seing, dans le sens de l'art. 407 du Code pénal,
qui punit l'abus qu'on peut en faire. *Arrêt de la Cour
de Cassation (chambre criminelle)* du 14 janvier 1826,
affaire du ministère public contre Ballet. — 6ᵉ Cahier,
page 214, du *Journal des Audiences* de 1826.

§ III et § IV. *Contraventions aux Réglemens sur les
Maisons de jeu, les Loteries, les Maisons de Prêt sur
gages, — et Entraves apportées à la Liberté des Enchères. (Art.* 410, 411 *et* 412.)

§ V. *Violation des Réglemens relatifs aux Manufactures, au Commerce et aux Arts.*

Toute violation des réglemens d'administration publique relatifs aux produits des manufactures françaises, qui s'exportent à l'étranger, et qui ont pour
objet de garantir la bonne qualité, les dimensions et
la nature de la fabrication, est punie d'une amende de
200 francs au moins, de 3,000 francs au plus, et de
la confiscation des marchandises. Ces deux peines
peuvent être prononcées cumulativement ou séparément selon les circonstances. (*Art.* 413.)

Peines pour les coalitions entre ceux qui font travailler les ouvriers pour faire baisser les salaires, et
entre les ouvriers pour les faire hausser. (*Art.* 414,
415 *et* 416.)

Quiconque, dans la vue de nuire à l'industrie française aurait fait passer en pays étranger des directeurs,
commis, ou des ouvriers d'un établissement, serait
puni d'un emprisonnement de six mois à deux ans, et
d'une amende de 50 francs à 300 francs. (*Art.* 417.)

Tout directeur, commis, ouvrier de fabrique qui aurait communiqué à des étrangers, ou à des Français résidans en pays étrangers, des secrets de la fabrique où il est employé, serait puni de la réclusion et d'une amende de 500 francs à 20,000 francs.

Si ces secrets avaient été communiqués à des Français résidans en France, la peine serait d'un emprisonnement de trois mois à deux ans, et d'une amende de 16 francs à 200 francs. (*Art.* 418.).

Peines contre ceux qui, par des moyens frauduleux, opèrent la hausse ou la baisse des prix des marchandises, denrées, grains, grenailles, farines, pain, vin, ou qui parient sur la hausse ou la baisse des effets publics. (*Art.* 419 à 422.)

Peines contre ceux qui trompent l'acheteur sur le titre des matières d'or ou d'argent, sur la qualité d'une pierre fausse vendu pour fine, sur la nature de toutes marchandises ;

Contre ceux qui trompent en faisant usage de faux poids et de fausses mesures;

Contre ceux qui se servent dans leurs marchés d'autres poids ou d'autres mesures que ceux qui ont été établis par les lois de l'Etat. (*Art.* 423 *et* 424.)

Toute édition d'écrit, de composition musicale, de dessin, de peinture ou de toute autre production imprimée ou gravée, en entier ou en partie, au mépris des lois et réglemens relatifs à la propriété des auteurs (1), est une *contrefaçon*, et toute contrefaçon est un délit. (*Art.* 425.)

Le délit d'ouvrages contrefaits, l'introduction sur le territoire français d'ouvrage qui, après avoir été imprimés en France, ont été contrefaits chez l'étranger, sont un délit de la même espèce. (*Art.* 426.)

La peine contre le contrefacteur ou contre l'introducteur est une amende de 100 francs au moins et de

____

(1) Loi du 19 juillet 1793, Décret du 5 février 1810.

2,000 francs au plus, et contre le débitant, une amende de 25 francs au moins et de 500 francs au plus. — La confiscation de l'édition contrefaite est prononcée tant contre le contrefacteur que contre l'introducteur et le débitant. — Les planches, moules ou matrices des objets contrefaits sont aussi confisqués. (*Art.* 427.)

Peine de 50 fr. à 500 fr. d'amende, et confiscation des recettes, contre les directeurs, entrepreneurs de spectacle et association d'artistes, qui font représenter sur leurs théâtres des ouvrages dramatiques, au mépris des lois et régleméns relatifs à la propriété des auteurs. (*Art.* 428.)

Dans les cas prévus par les quatre articles précédens, le produit des confiscations ou les recettes confisquées sont remis au propriétaire pour l'indemniser d'autant du préjudice qu'il a souffert; le surplus de son indemnité, ou l'entière indemnité, s'il n'y a eu ni vente d'objets confisqués, ni saisie de recettes, est réglé par les voies ordinaires. (*Art.* 429.)

§ VI. *Des Délits des Fournisseurs.*

Peines contre ceux qui font manquer le service des armées dont ils sont chargés; contre leurs agens, lorsque le crime est leur fait, et contre leurs complices. (*Art.* 430 à 433.)

SECTION III. — *Destructions, Dégradations, Dommages.*

Les art. 474 et suivans prononcent les peines contre ceux qui, volontairement, auraient mis le feu à des édifices, navires, bateaux, magasins, chantiers, forêts, bois taillis, récoltes, ou les auraient détruits par l'effet d'une mine, ou auraient détruit ou renversé des édifices, ponts, digues ou chaussées; contre ceux qui se seraient opposés à la confection de travaux autorisés par le gouvernement; contre ceux qui, volontairement, auraient brûlé ou détruit des registres, minutes ou originaux de l'autorité publique, des titres, billets, lettres de change, effets de commerce ou de banque, coutenant ou opérant obligation, disposition ou décharge, et contre les auteurs de pillage, dégât de denrées ou marchandises; effets et propriétés mobilières.

Mettre le feu à sa propre maison assurée, dans l'intention de toucher le prix de l'estimation que les assureurs se sont engagés de payer au cas de sinistre, c'est commettre le crime d'incendie dans le sens de l'art. 434 du Code pénal. *Arrêt de la Cour de Cassation (section criminelle)* du 11 novembre 1815, affaire d'Edme Michel. — 3e Cahier, page 113, de la *Jurisprudence de la Cour de Cassation* de 1626, par Sirey.

L'art. 443 prononce les peines contre quiconque, à l'aide d'une liqueur corrosive ou par tout autre moyen, aurait volontairement gâté des marchandises ou matières servant à la fabrication.

Peines prononcées par les art. 444 et suivans contre ceux qui dévastent des récoltes ou des plans venus naturellement ou faits de main d'hommes;

Contre ceux qui auraient abattu ou mutilé des arbres qu'ils sauraient appartenir à autrui;

Contre ceux qui auraient détruit une ou plusieurs greffes;

· Contre ceux qui couperaient des grains ou des fourrages qu'ils sauraient appartenir à autrui (1);

Contre la rupture, la destruction d'instrumens d'agriculture, de parcs de bestiaux, de cabanes de gardiens;

Contre l'empoisonnement des chevaux ou autres

_____

(1) Aux termes de l'article 13 de la loi du 25 juin 1824 (Bulletin nº 676) : « Lorsque les vols et les tentatives de vols de récoltes « et autres productions utiles de la terre, qui, avant d'avoir été « soustraites, n'étaient pas encore détachées du sol, auront été « commis, soit avec des paniers ou des sacs, soit à l'aide de voi- « tures ou d'animaux de charge, soit de nuit par plusieurs per- « sonnes, les individus qui en auront été déclarés coupables seront « punis conformément à l'art. 401 du Code pénal. »

bêtes de voiture, de monture ou de charge, des bestiaux à cornes, des moutons, chèvres ou porcs; — des poissons dans des étangs, viviers ou réservoirs;

Contre celui qui aurait tué un animal domestique dans un lieu dont est propriétaire, locataire, colon ou fermier, celui à qui cet animal appartient;

Contre celui qui aurait, en tout ou en partie, comblé des fossés, détruit des clôtures, arraché des haies, — déplacé ou supprimé des bornes ou pieds-corniers;

Contre ceux qui, par l'élévation du déversoir des eaux de leurs moulins, usines ou étangs, au-dessus de la hauteur déterminée par l'autorité compétente, auraient inondé les chemins ou les propriétés d'autrui;

Contre l'incendie des propriétés mobilières ou immobilières d'autrui, causé par la vétusté, le défaut de réparation ou de nettoyage des fours, cheminées, forges, maisons ou usines prochaines, ou par des feux allumés dans les champs, ou portés ou laissés sans précaution suffisante, ou par des pièces d'artifice allumées ou tirées par négligence;

Contre ceux qui auraient occasioné des maladies épizootiques en ne faisant pas les déclarations nécessaires, ou ne tenant point enfermés leurs animaux ou bestiaux soupçonnés d'être infectés de maladies contagieuses.

Disposition générale.

Les peines prononcées par la loi contre celui ou ceux des accusés reconnus coupables, en faveur de qui le jury aura déclaré les circonstances atténuantes, seront modifiées ainsi qu'il suit :

Si la peine prononcée par la loi est la mort, la cour appliquera la peine des travaux forcés à perpétuité ou celle des travaux forcés à temps. Néanmoins, s'il s'agit de crimes contre la sûreté extérieure ou intérieure de l'État, la cour appliquera la peine de la déportation ou celle de la détention; mais dans les cas prévus par les art. 86, 96 et 97, elle appliquera la peine des travaux forcés à perpétuité ou celle des travaux forcés à temps.

Si la peine est celle des travaux forcés à perpétuité, la cour appliquera la peine des travaux forcés à temps ou celle de la réclusion.

Si la peine est celle de la déportation, la cour appliquera la peine de la détention ou celle du bannissement.

Si la peine est celle des travaux forcés à temps, la cour appliquera la peine de la réclusion ou les dispositions de l'art. 401, sans toutefois pouvoir réduire la durée de l'emprisonnement au-dessous de deux ans.

Si la peine est celle de la réclusion, de la détention, du bannissement ou de la dégradation civique, la cour appliquera les dispositions de l'art. 401, sans toutefois pouvoir réduire la durée de l'emprisonnement au-dessous d'un an.

Dans les cas où le code prononce le *maximum* d'une peine afflictive, s'il existe des circonstances atténuantes, la cour appliquera le *minimum* de la peine, ou même la peine inférieure.

Dans tous les cas où la peine de l'emprisonnement et celle de l'amende sont prononcées par le Code pénal, si les circonstances paraissent atténuantes, les tribunaux correctionnels sont autorisés, même en cas de récidive, à réduire l'emprisonnement même au-dessous de six jours, et l'amende même au-dessous de seize francs; ils pourront aussi prononcer séparément l'une ou l'autre de ces peines, et même substituer l'amende à l'emprisonnement, sans qu'en aucun cas elle puisse être au-dessous des peines de simple police.

Nota. L'art. 11 de la loi du 25 juin 1824 dispose: « Les peines correctionnelles qui seront prononcées d'après les articles précédens (qui seront modificatifs de dispositions du Code pénal), ne pourront, dans aucun cas, être réduites en vertu de l'article 463 du Code pénal. »

TITRE III.

CONTRAVENTIONS DE POLICE ET PEINES.

CHAPITRE PREMIER.

Des Peines.

Les peines de police sont — l'emprisonnement, — l'amende — et la confiscation de certains objets saisis. (*Code pénal*, art. 464.) .

L'emprisonnement pour contravention de police ne peut être moindre d'un jour, ni excéder cinq jours, selon les classes, distinctions et cas spécifiés ci-après.

Les jours d'emprisonnement sont des jours complets de vingt-quatre heures. (*Art.* 465.).

Les amendes pour contraventions peuvent être prononcées depuis 1 franc jusqu'à 15 francs inclusivement, selon les distinctions et classes ci-après spécifiées, et sont appliquées au profit de la commune où la contravention a été commise. (*Art.* 466.)

La contrainte par corps a lieu pour le paiement de l'amende.

Néanmoins le condamné ne peut être, pour cet objet, détenu plus de quinze jours, s'il justifie de son insolvabilité. (*Art.* 467.)

En cas d'insuffisance des biens, les restitutions et les indemnités dues à la partie lésée sont préférées à l'amende. (*Art.* 468.)

Les restitutions, indemnités et frais entraînent la contrainte par corps, et le condamné garde prison jusqu'à parfait paiement; néanmoins, si ces condamnations sont prononcées au profit de l'Etat, les condamnés peuvent jouir de la faculté accordée par l'art. 467, dans le cas d'insolvabilité prévu par cet article. (*Article* 470.)

Les tribunaux de police peuvent aussi, dans les cas déterminés par la loi, prononcer la confiscation soit des choses saisies en contravention, soit des choses produites par la contravention, soit des matières ou des instrumens qui ont servi ou étaient destinés à la commettre. (*Art.* 470.)

CHAPITRE II.

Contraventions et Peines.

SECTION PREMIÈRE. — *Première Classe.*

SONT punis d'amende depuis un franc jusqu'à cinq francs inclusivement,

1°. Ceux qui ont négligé d'entretenir, réparer ou nettoyer les fours, cheminées ou usines où l'on fait usage du feu;

2°. Ceux qui ont violé la défense de tirer en certains lieux des pièces d'artifice (1);

3°. Les aubergistes et autres qui, obligés à l'éclairage, l'ont négligé; — ceux qui ont négligé de nettoyer les rues ou passages dans les communes où ce soin est laissé à la charge des habitans (2);

4°. Ceux qui ont embarrassé la voie publique en y déposant ou y laissant sans nécessité des matériaux ou des choses quelconques qui empêchent ou diminuent la liberté ou la sûreté du passage; — ceux qui, en contravention aux lois et réglemens, ont négligé d'éclairer les matériaux par eux entreposés ou les excavations par eux faites dans les rues et places;

5°. Ceux qui ont négligé ou refusé d'obéir à la

---

(1) Les pièces d'artifice sont en outre confisquées. (*Art.* 472.)

(2) Celui qui est contrevenu par récidive à un arrêté municipal qui ordonne aux habitans de faire balayer le devant de leur maison, est passible de l'amende prévue par l'art. 471, n° 3, et de la peine infligée par l'art. 474 *Arrêt de Cour de Cassation* (*chambre criminelle*) du 10 juin 1826, affaire du ministère public contre Guenée, rapporté au 10ᵉ cahier, page 384, du *Journal des Audiences* de 1826.

sommation émanée de l'autorité administrative de réparer ou démolir les édifices menaçant ruine;

6°. Ceux qui ont jeté ou exposé au devant de leurs édifices des choses de nature à nuire par leur chute ou par des exhalaisons insalubres; .

7°. Ceux qui ont laissé dans les rues, chemins, places, lieux publics, ou dans les champs, des contres de charrue, pinces, barres, barreaux, ou autres machines, ou instrumens, ou armes dont puissent abuser les voleurs ou autres malfaiteurs (1);

8°. Ceux qui ont négligé d'écheniller dans les campagnes ou jardins où ce soin est prescrit par la loi et les réglemens;

9°. Ceux qui, sans autre circonstance prévue par les lois, ont cueilli ou mangé, sur le lieu même, des fruits appartenant à autrui (2);

10°. Ceux qui, sans autre circonstance, ont glané, ratelé ou grapillé dans les champs non encore entièrement dépouillés et vidés de leurs récoltes, ou avant le moment du lever ou après celui du coucher du soleil;

11°. Ceux qui, sans avoir été provoqués, ont proféré contre quelqu'un des injures autres que celles prévues depuis l'article 367 jusques et y compris l'article 378 (autres que la calomnie et la diffamation);

12°. Ceux qui imprudemment ont jeté des immondices sur quelques personnes;

13°. Ceux qui, n'étant ni propriétaires, ni usufruitiers, ni locataires, ni fermiers, ni jouissant d'un terrain ou d'un droit de passage, ou qui, n'étant agens

---

(1) Sont en outre confisqués les contres, les instrumens et les armes. (*Art.* 472.)

(2) Le maraudage commis avec des sacs et des tabliers est un délit de la compétence des Tribunaux correctionnels et non de celle des Tribunaux de simple police. (Loi du 28 septembre 1791, titre 11, art. 35; loi du 25 juin 1824, art. 13.) *Arrêt de la Cour de Cassation* (chambre criminelle) du 21 avril 1826, rendu dans l'intérêt de la loi, affaire Beaufils. — 9e Cahier, page 354, du *Journal des Audiences* de 1826.

ni préposés d'aucune de ces personnes ; sont entrés et ont passé sur ce terrain, ou sur partie de ce terrain, s'il est préparé ou ensemencé ;

14°. Ceux qui ont laissé passer leurs bestiaux ou leurs bêtes de trait, de charge ou de monture sur le terrain d'autrui, avant l'enlèvement de la récolte. (*Art.* 471.)

15°. Ceux qui auront contrevenu aux réglemens faits par l'autorité administrative, et ceux qui ne se seront pas conformés aux réglemens ou arrêtés publiés par l'autorité municipale, en vertu des articles 3 et 4 titre XI de la loi du 16–26 août 1790, et de l'art. 46, titre Ier de la loi du 19–22 juillet 1791.

La peine d'emprisonnement pendant trois jours au plus peut, de plus, être prononcée, selon les circonstances, contre ceux qui ont tiré des pièces d'artifice ; contre ceux qui ont glané, ratelé ou grapillé, en contravention au n° 10 de l'art. 471. (*Art.* 473.)

La peine d'emprisonnement contre toutes les personnes mentionnées en l'article 471 a toujours lieu, en cas de récidive, pendant trois jours au plus. (*Art.* 474.)

Section II. — *Deuxième Classe.*

Sont punis d'amende depuis six francs jusqu'à dix francs inclusivement,

1°. Ceux qui ont contrevenu aux bans de vendanges ou autres bans autorisés par les réglemens ;

2°. Les aubergistes, hôtelliers, logeurs ou loueurs de maisons garnies qui ont négligé d'inscrire de suite et sans aucun blanc, sur un registre tenu régulièrement, les noms, qualités, domicile habituel, date d'entrée et de sortie de toute personne qui aurait couché ou passé une nuit dans leurs maisons..... ;

3°. Les rouliers, charretiers, conducteurs de voitures quelconques ou de bêtes de charge, qui auraient contrevenu aux réglemens par lesquels ils sont obligés de se tenir constamment à portée de leurs chevaux, bêtes de trait ou de charge, ou de leurs voitures, et en état de les guider et conduire.... (1):

4°. Ceux qui ont fait ou laissé courir leurs chevaux, bêtes de trait, de charge ou de monture, dans l'intérieur d'un lieu habité, ou violé les réglemens contre le chargement, la rapidité ou la mauvaise direction des voitures (2); — ceux qui contreviendront aux dispositions des ordonnances et réglemens ayant pour objet la solidité des voitures publiques; leur poids, le mode de leur chargement, le nombre et la sûreté des voyageurs; l'indication, dans l'intérieur des voitures, des places qu'elles contiennent et des prix des places; l'indication, à l'extérieur, des noms des propriétaires.

5°. Ceux qui ont établi ou tenu dans les rues, chemins, places ou lieux publics, des jeux de loterie ou d'autres jeux de hasard (3);

6°. Ceux qui ont vendu ou débité des boissons falsifiées.... (4); (ces boissons sont saisies et confisquées, et répandues.)

7°. Ceux qui auraient laissé divaguer des fous ou des furieux étant sous leur garde, ou des animaux malfaisans ou féroces; — ceux qui ont excité ou n'ont pas retenu leurs chiens lorsqu'ils attaquaient ou poursuivaient les passans, quand même il n'en serait résulté aucun mal ou dommage (5);

---

(1) L'emprisonnement pendant trois jours au plus peut, outre l'amende, être prononcé contre eux. (*Art.* 476. — Une ordonnance du Roi, du 15 mai 1822 (Bulletin, n° 534), porte que la peine prononcée par l'article 475 du Code pénal sera appliqué aux voituriers et charretiers contrevenant aux dispositions du § 3 de cet article.

(2) De même qu'à la note précédente.

(3) Sont saisis et confisqués les tables et instrumens ainsi que les enjeux, etc. (*Art.* 477.)

(4) L'emprisonnement pendant trois jours peut être prononcé. (*Art.* 476.)

(5) Un chien que son maître, même absent, laisse divaguer, et qui mord ou attaque les passans, doit être compris parmi les animaux malfaisans ou féroces, et son maître est passible de la peine portée par l'article 475, n° 7, du Code pénal, quand bien même

8°. Ceux qui auraient jeté des pierres, ou d'autres corps durs, ou des immondices contre les maisons, édifices, ou clôtures d'autrui, ou dans les jardins et enclos, et ceux aussi qui auraient volontairement jeté des corps durs ou immondices sur quelqu'un (1);

9°. Ceux qui n'étant propriétaires, usufruitiers, ni jouissant d'un terrain ou d'un droit de passage, y sont entrés et y ont passé dans le temps où ce terrain était chargé de grains en tuyaux, de raisins, ou autres fruits mûrs ou voisins de la maturité;

10°. Ceux qui auraient fait ou laissé passer des bestiaux, animaux de trait, de charge ou de monture, sur le terrain d'autrui, ensemencé ou chargé d'une récolte, en quelque saison que ce soit, ou dans un bois taillis appartenant à autrui;

11°. Ceux qui auraient refusé de recevoir les espèces et monnaies nationales, non fausses ni altérées, selon la valeur pour laquelle elles ont cours;

12°. Ceux qui, le pouvant, ont refusé ou négligé de faire les travaux, le service, ou de prêter le secours dont ils ont été requis dans les circonstances d'accidens, tumultes, naufrages, inondation, incendie, ou autres calamités, ainsi que dans les cas de brigandages, pillages, flagrant délit, clameur publique ou d'exécution judiciaire.

13°. Les personnes désignées aux articles 284 et 288 du présent Code (les crieurs, afficheurs, vendeurs ou distributeurs d'écrits...) (2);

14°. Ceux qui exposent en vente des comestibles gâtés, corrompus ou nuisibles;

---

le chien n'aurait fait qu'une égratignure. *Arrêt de la Cour de Cassation* (*section criminelle*) du 2 septembre 1825, affaire du ministère public contre Houix. — 1er Cahier, page 30, du *Journal des Audiences* de 1826.

(1) L'emprisonnement pendant trois jours peut être prononcé outre l'amende. (*Art.* 476.)

(2) Sont saisis et confisqués, et mis sous le pilon, les écrits ou gravures contraires aux mœurs. (*Art.* 477.)

15°. Ceux qui déroberont, dans aucune des circonstances prévues en l'art. 388, des récoltes ou autres productions utiles de la terre, qui, avant d'être soustraites, n'étaient pas encore détachées du sol. (*Article* 475.)

La peine de l'emprisonnement pendant cinq jours au plus est toujours prononcée, en cas de récidive, contre toutes les personnes mentionnées dans l'art. 475. (*Art.* 478.)

SECTION III. — *Troisième Classe.*

Sont punis d'une amende de onze à quinze francs inclusivement,

1°. Ceux qui, hors les cas prévus par l'art. 434 jusques et compris l'article 462 (1), ont volontairement causé du dommage aux propriétés mobilières d'autrui;

2°. Ceux qui ont occasioné la mort ou la blessure des animaux ou bestiaux appartenant à autrui, par l'effet de la divagation des fous ou furieux, ou d'animaux malfaisans ou féroces, ou par la rapidité ou la mauvaise direction ou le chargement excessif des voitures, chevaux, bêtes de trait, de charge ou de monture;

3°. Ceux qui ont occasioné les mêmes dommages par l'emploi ou l'usage d'armes sans précaution, ou avec maladresse, ou par jet de pierres ou d'autres corps durs (2);

4°. Ceux qui ont causé les mêmes accidens par la vétusté, la dégradation, le défaut de réparation ou d'entretien des maisons ou édifices, ou par l'encombrement, ou l'excavation, ou telles autres œuvres, dans ou près les rues, chemins, places ou voies pu-

---

(1) Ces cas sont jugés par les Cours d'assises ou par les Tribunaux correctionnels, et entraînent des peines proportionnées aux crimes ou aux délits.
(2) L'emprisonnement pendant cinq jours peut être prononcé contre eux. (*Art.* 480.)

bliques, sans les précautions ou signaux ordonnés ou d'usage;

5°. Ceux qui ont de faux poids ou de fausses mesures dans leurs magasins, boutiques, ateliers ou maisons de commerce, ou dans les halles, foires ou marchés, sans préjudice des peines, qui sont prononcées par les Tribunaux de police correctionnelle contre ceux qui auraient fait usage de ces faux poids ou de ces fausses mesures (1);

6°. Ceux qui emploient des poids ou des mesures différens de ceux qui sont établis par les lois en vigueur (2); — les boulangers et bouchers qui vendent le pain ou la viande au-delà du prix fixé par la taxe légalement faite et publiée;

7°. Les gens qui font le métier de deviner et pronostiquer, ou d'expliquer les songes (3);

8°. Les auteurs ou complices de bruits ou tapages injurieux ou nocturnes troublant la tranquillité des habitans (4). (*Art.* 479.)

La circonstance qu'un rassemblement considérable s'est formé pendant trois jours autour de la maison d'un habitant, dès l'entrée de la nuit jusqu'à neuf heures et demie du soir; que les individus dont ce rassemblement était composé faisaient entendre des cris et des instrumens bruyans, tels que porte-voix, cornets, cloches, etc.; que ce rassemblement a même résisté aux ordres de l'autorité en ne se dissipant pas, offre tous les caractères de bruits ou tapages injurieux et nocturnes punis par l'art. 479, n° 8 du Code pé-

(1) L'emprisonnement pendant trois jours peut être prononcé contre eux, et leurs poids et mesures sont confisqués. (*Articles* 480 *et* 481.)

(2) Même note que la précédente.

(3) Emprisonnement possible pendant trois jours, et saisie et confiscation des instrumens, ustensiles et costumes (*Articles* 480 *et* 481.)

(4) L'emprisonnement pendant trois jours peut être prononcé contre eux. (*Art.* 480.)

nal. — L'excuse tirée de la tolérance des *charivaris* est inadmissible. *Arrêt de la Cour de Cassation* (*chambre criminelle*) du 26 mai 1826, affaire du ministère public contre Boïdron et autres, rapporté page 268, au 10ᵉ cahier du *Journal des Audiences de* 1826.

La peine d'emprisonnement pendant cinq jours a toujours lieu, pour récidive, contre les personnes et dans les cas mentionnés en l'art. 479. (*Art. 482.*)

Disposition commune aux trois Sections ci-dessus.

Il y a récidive dans tous les cas prévus par le présent Livre (titre), lorsqu'il a été rendu contre le contrevenant, dans les douze mois précédens, un premier jugement pour contravention de police commise dans le ressort du même tribunal. (*Art.* 483.)

Disposition générale.

Dans toutes les matières qui n'ont pas été réglées par le présent Code, et qui sont régies par des lois et réglemens particuliers, les cours et les tribunaux continueront de les observer. (*Art.* 484 *et dernier du Code.*)

Cette dernière disposition du Code, ont dit les orateurs du gouvernement, lorsqu'ils ont présenté le projet, était d'absolue nécessité; elle maintient les dispositions pénales, sans lesquelles quelques lois, des codes entiers, des réglemens généraux d'une utilité reconnue resteraient sans exécution.

Ainsi, elle maintient les lois et réglemens actuellement en vigueur, relatifs :

Aux dispositions du Code rural, qui ne sont point entrées dans le présent Code;

Aux taxes, contributions directes ou indirectes, droits réunis, de douanes et d'octrois;

Aux tarifs pour le prix de certaines denrées ou de certains salaires;

Aux calamités publiques, comme épidémies, épizooties, contagions, disettes, inondations;

Aux entreprises de services publics, comme coches, messageries, voitures publiques de terre et d'eau, voitures de place, numéros ou indications de noms sur voitures, postes aux lettres et postes aux chevaux;

A la formation, entretien et conservation des rues, chemins, voies publiques, ponts et canaux;

A la mer, à ses rades, rivages et ports, et aux pêcheries maritimes;

A la navigation intérieure, à la police des eaux et aux pêcheries;

A la chasse, aux bois, aux forêts;

Aux matières générales de commerce, affaires et expéditions maritimes, bourses ou rassemblemens commerciaux, police des foires et marchés;

Aux commerces particuliers d'orfévrerie, bijouterie, joaillerie, de serrurerie et des gens de marteau; de pharmacie et apothicairerie; de poudres et salpêtres; des arquebusiers et artificiers; des cafetiers, restaurateurs, marchands et débitans de boissons, de cabaretiers et aubergistes;

A la garantie des matières d'or et d'argent;

A la police des maisons de débauche et de jeu;

A la police des fêtes, cérémonies et spectacles;

A la construction, entretien, solidité, alignemens des édifices et aux matières de voiries;

Aux lieux d'inhumation et de sépulture;

A l'administration, police et discipline des hospices, maisons sanitaires et lazarets; aux écoles; aux maisons de dépôt, d'arrêt, de justice et de peine, de détention correctionnelle et de police; aux maisons ou lieux de fabrique, manufactures ou ateliers; à l'exploitation des mines et des usines;

Au port d'armes;

Au service des gardes nationales;

A l'État civil, etc., etc.

La plupart de ces matières, et un grand nombre de nouvelles, vont entrer dans la partie suivante.

CINQUIÈME PARTIE.

DES MATIÈRES ADMINISTRATIVES.

___

L'orde que nous paraissent le mieux comporter ces matières est l'ordre alphabétique, aussi est-ce celui que nous allons suivre. Le lecteur trouvera plus facilement ce qu'il aura besoin de chercher.

A

Abandon de terrains. Il peut avoir lieu par les propriétaires, pour se soustraire au paiement de la contribution foncière ; mais, dans ce cas, ils doivent faire une déclaration détaillée de cet abandon au secrétariat de municipalité, soit en personne, soit par un fondé de pouvoir spécial. Cette déclaration ne les dispense pas d'acquitter les sommes auxquelles les terrains délaissés ont été taxés dans les rôles faits antérieurement à la cession. (*Loi du 1er décembre 1790 au 3 frimaire an 7.*)

Abattage. On appelle ainsi, en fait d'exploitation de bois, ce qu'il en coûte pour les frais, peines et soins de ceux qui abattent les bois étant sur pied. — C'est une règle établie en matière de vente de bois, que les frais de l'abattage sont à la charge de ceux qui achètent les bois.

L'article 125 du code forestier du 21 mai 1827 prescrit aux propriétaires de faire six mois d'avance, à la sous-préfecture, la déclaration des arbres qu'ils veulent abattre, et des lieux où ils sont situés.

Le défaut de déclaration est puni d'une amende de dix-huit francs par mètre de tour pour chaque arbre susceptible d'être déclaré.

Les articles 164 et suivans de l'ordonnance du Roi du 1er août 1827, pour l'exécution du code forestier, contiennent des dispositions très-importantes sur les formalités à remplir par les propriétaires.

Abattoirs publics. Dans toutes les villes où il en est établi, les bouchers et les charcutiers ne peuvent abattre ailleurs que dans ces établissemens, les bestiaux et porcs destinés à leur commerce. Les particuliers qui élèvent des porcs pour la consommation de leur ménage ont la faculté de les abattre dans un lieu clos et séparé de la voie publique.

Abeilles (*les*) sont au rang des animaux farouches qui n'appartiennent à personne, pas même au propriétaire du terrain sur lequel elles se fixent : mais si elles sont renfermées dans une ruche, alors elles sont l'objet d'une propriété exclusive, mise sous la protection de l'autorité municipale (*loi du 6 octobre 1791, sur la police rurale, et code civil, art. 524.*)

34

Abonnemens pour les droits sur les boissons et sur les voitures publiques. Voyez *boissons et voitures publiques.*

Absence des jeunes soldats. Voyez *recrutement de l'armée.*

Absens. Dans chaque commune où ne réside pas un juge de paix, le maire, ou, à son défaut, son adjoint, sont tenus de donner avis sans aucun délai, au juge de paix résidant dans le canton, ou, à son défaut, à son suppléant le plus voisin, de la mort de toute personne de son arrondissement, qui laisse pour héritiers, des pupilles, des mineurs ou des absens. *Art. 1ᵉʳ de l'Arrêté du gouvernement du 22 prairial an v.*

Les maires, sous leur responsabilité personnelle, doivent dénoncer toute atteinte portée aux propriétés des militaires absens, même de toutes les personnes absentes pour un service public. (*Lois du 11 ventôse an 11, et du 6 brumaire an v.*)

Abus. Le droit d'usage se perd, ainsi que l'usufruit, par l'abus que l'usage fait de sa jouissance, soit en commettant des dégradation sur le fonds, soit en le laissant dépérir faute d'entretien. (*Code civil, art. 618 et 623.*)

Les communes pourraient perdre leurs droits par l'abus.

Abus d'autorité. Voyez à la quatrième Partie, Livre II, titre Iᵉʳ, chapitre III, section 1ʳᵉ, les dispositions du Code pénal relatives aux abus d'autorité contre les particuliers.

Acceptation de dons et legs faits aux communes, aux hospices, et aux établissemens publics. Voyez *dons et legs.*

Accouchemens (les déclarations d') doivent se faire à l'officier de l'état civil dans la forme prescrite par l'art. 56 du code civil.

Accroissement (l') ou l'alluvion profite au propriétaire riverain, à la charge par lui de laisser le marchepied ou chemin de halage, conformément aux réglemens. (*Art. 556 du Code civil.* Voyez *Chemin de Halage.*

Accusés mis en liberté. S'ils n'ont aucune ressource pour exister, ils peuvent s'adresser aux maires pour leur procurer du travail dans les ateliers de charité, ou autres établissemens publics de la commune. (*Loi du 26 mars 1790.*)

Acquéreurs de dommaines nationaux. Voyez *Domaines nationaux.*

Acquit-à-caution. Le propriétaire qui déclare vouloir exporter à l'étranger, ou dans nos colonies, ou embarquer pour les expéditions, des boissons de sa récolte, n'est pas tenu d'acquitter les droits à la vente en gros; il est tenu seulement de prendre acquit-à-caution. (*Décret du 5 mai 1806; art. 38.*)

De même, tout marchand en gros qui fera déclaration d'exportation de boissons ou d'embarquemens prévus par l'article précédent. (*Art. 39.*)

Actes de l'état civil. Voyez à la première Partie, titre Iᵉʳ, chapitre Iᵉʳ, section 2, du Code civil.

Adjoints de maires. Voyez *maires.*

Administration municipale. On désigne sous cette dénomination la réunion des maires, des adjoints et des conseils municipaux qui régissent et administrent les biens d'une commune, ses recettes, ses dépenses, sa police. La loi d'organisation est du 21 mars 1831.

Affiches. Les affiches des actes émanés de l'autorité publique sont seules imprimées sur papier blanc ordinaire, et celles faites par des particuliers ne peuvent l'être que sur papier de couleur, sous peine de l'amende ordinaire municipale. (*Loi du 28 juillet 1791.*)

Toutes les affiches, quel qu'en soit l'objet, doivent être sur papier timbré, qui est fourni par la régie... Conformément à la loi du 20 juillet 1791, ce papier ne peut être de couleur blanche. (*Loi du 28 avril 1816, art. 65.*)

Les lois du 17 et du 26 mai 1819, déterminent la forme de pour-suite et la punition de ceux qui, par des affiches, provoquent à des actions qualifiées crimes ou délits.

Le déchirement, l'enlèvement des affiches, mais particulièrement de celles contenant des actes de l'autorité publique, constituent un délit que les maires doivent constater par un procès-verbal. (*Art. 439 du Code pénal.*)

Une loi du 10 décembre 1830 prescrit les devoirs à remplir par ceux qui veulent exercer, même temporairement, la profession d'afficheur public; et une loi du 8 avril 1831 règle la procédure en matière de délit d'affichage.

Agriculture (nul agent de l'), employé avec des bestiaux au la-bourage, ou à quelque travail que ce soit, ou occupé à la garde des troupeaux, ne peut être arrêté, sinon pour crime, avant qu'il ait été pourvu à la sûreté desdits animaux; et, en cas de poursuite cri-minelle, il y est également pourvu immédiatement après l'arresta-tion, et sous la responsabilité de ceux qui l'ont exercée. (*Loi du 6 octobre 1791, titre Ier, section 3, art. 1er.*) — Voyez *Conducteurs de bestiaux.*

Alignement. Dans les villes, les alignemens pour l'ouverture des nouvelles rues, pour l'élargissement des anciennes qui ne font point partie d'une grande route, ou pour tout autre objet d'utilité publi-que, sont donnés par les maires, conformément au plan dont les projets ont été adressés aux préfets, transmis avec leurs avis au mi-nistre de l'intérieur, et arrêtés en conseil d'état. (*Loi du 16 sep-tembre 1807, art. 52.*)

Lorsqu'on ne s'est pas conformé à l'alignement donné par le maire, la démolition des constructions peut être ordonnée. (*Arrêt de la Cour de Cassation du 12 avril 1822.*)

Les tribunaux ne sont compétens, ni pour donner des aligne-mens, ni pour modifier ceux qu'a tracés l'administration, ni pour juger les contestations qui s'élèvent à ce sujet, ni pour décider no-tamment si un alignement donné par un maire (à qui en appar-tient le droit) est ou non régulier et obligatoire. (Lois du 4 août 1790, titre II, art. 13, et titre XI, art. 3; du 16 fructidor an III; du 16 septembre 1807, art. 50; et du 8 mars 1810.) *Arrêt de la Cour de Cassation* (*section civile*) du 21 décembre 1824, affaire du maire de Castres contre les demoiselles Rodière. — 3e Cahier, page 101 du *Journal des Audiences* de 1825.

Un alignement *pour reculement* est une mesure de voirie ou de police contre laquelle il ne peut y avoir recours que vers le supé-rieur de l'ordre administratif. *Même arrêt*, rapporté en la *Jurispru-dence* de 1825, page 128, par Sirey.

Animaux malades. Un troupeau atteint de maladie contagieuse, qui est rencontré au pâturage sur les terres du parcours ou de la vaine pâture, autres que celles qui ont été désignées pour lui seul, peut être saisi par les gardes champêtres et même par toute sorte de personnes; il est ensuite mené au lieu du dépôt qui est indiqué à cet effet par le maire.

Le maître de ce troupeau est condamné à une amende de la valeur d'une journée de travail par tête de bêtes à laine, et une amende triple par tête d'autre bétail.

Il peut en outre, suivant la gravité des circonstances, être responsable du dommage que son troupeau aura occasioné. (*Loi du 6 octobre* 1791, *titre II, art.* 23.) — Voyez les art. 459, 460 et 461 du Code pénal. — Voyez *Epizooties.*

Appel des jeunes gens âgés de vingt ans révolus, pour le recrutement de l'armée. Voyez *Recrutement.*

Apprentis. Les affaires de simple police entre les apprentis et les maîtres sont portées devant les maires dans les villes où il n'y a point de commissaires-généraux de police. Les maires prononcent, sans appel, les peines applicables aux divers cas, selon les lois de la police municipale. (*Loi du* 22 *germinal an* xi.)

Arbres. Les articles 445 à 448 du Code pénal prononcent des peines contre ceux qui abattent, coupent, écorcent ou mutilent les arbres appartenant à autrui, ou qui en détruisent les greffes.

Arbres de haute futaie. Voyez *Abattage.*

Arbres pour la marine. Tous les arbres qui sont marqués pour le service de la marine dans les forêts nationales, communales et d'établissemens publics, et sur les propriétés particulières, ne peuvent être distraits de leur destination, sous les peines portées dans le nouveau code forestier du 21 mai 1827, art. 127 et suivans, et l'ordonnance du Roi pour l'exécution de ce code, du 1er août 1827, art. 152 et suivans.

Arbres plantés sur les routes, et Curage des Fossés.

Loi du 12 *mai* 1825, concernant la propriété des Arbres plantés sur le sol des routes royales et départementales, et le Curage et l'entretien des fossés qui bordent ces routes. (Bulletin n° 36.)

Art. 1er. Seront reconnus appartenir aux particuliers les arbres actuellement existans sur le sol des routes royales et départementales, et que ces particuliers justifieraient avoir légitimement acquis à titre onéreux, ou avoir plantés à leurs frais, en exécution des anciens réglemens.

Toutefois, ces arbres ne pourront être abattus que lorsqu'ils donneront des signes de dépérissement, et sur une permission de l'administration.

— La permission de l'administration sera également nécessaire pour en opérer l'élagage.

Les contestations qui pourront s'élever entre l'administration et les particuliers, relativement à la propriété des arbres plantés sur le sol des routes, seront portées devant les tribunaux ordinaires.

Les droits de l'État y seront défendus à la diligence de l'administration des domaines.

2. À dater du 1er janvier 1827, le curage et l'entretien des fossés qui font partie de la propriété des routes royales et départementales, seront opérés par les soins de l'administration publique, et sur les fonds affectés au maintien de la viabilité desdites routes.

Argent (intérêt légal de l'). Il est fixé par la loi du 3 septembre 1807, à cinq pour cent en matière civile, et six pour cent en matière de commerce.

Armes. Sont compris dans le mot *armes* toutes machines, tous instrumens ou ustensiles tranchans, perçans ou contondans. — Les couteaux et ciseaux de poche, les cannes simples ne sont réputés armes qu'autant qu'il en a été fait usage pour tuer, blesser ou frapper. (*Code pénal, art.* 101.)

Les art. 314 et suivans du Code pénal prononcent des peines contre ceux qui fabriquent ou vendent des armes *prohibées*, comme stylets, tromblons ou autres, ou qui en portent.

Arrérages de pensions et rentes. Voyez *Certificats de vie*.

Artifice (pièces d') telles que fusées, marrons, pétards ne peuvent être tirées sur la voie publique sous le double rapport de la sûreté des citoyens et des habitations. Les délinquans sont traduits ou tribunal de police, et passibles d'une amende de 1 franc à 5 francs, et de la confiscation des pièces saisies. (*Code pénal art.* 471 et 472.)

Arts et métiers. Une ordonnance du Roi, du 27 février (Bulletin n° 1419), relative à l'organisation des écoles royales d'arts et métiers de Châlons-sur-Marne et d'Angers, a étendu à la totalité des départemens les bienfaits qu'on peut espérer de ces écoles qui ont pour objet de former des chefs d'atelier et des ouvriers exercés dans la pratique éclairée des arts industriels), et fixé à cinq cents le nombre des élèves qui devront être entretenus, en tout ou en partie, aux frais du trésor royal, dans les deux écoles, et a affecté spécialement une place d'élève dans chacune des trois classes (de pension gratuite, ou gratuite aux trois quarts, ou à moitié gratuite), à chacun des départemens du royaume.

L'organisation définitive des ces utiles écoles est fixée par l'ordonance du Roi du 31 décembre 1826.

Assemblées électorales. Voyez *élections, garde nationale* et *municipale* (organisation.)

Assistance. Les gardes forestiers, et autres autorisés à faire la saisie des bois coupés en délit, et à en faire la recherche, ne peuvent faire la perquisition chez les particuliers qu'assistés du maire ou de son adjoint. (*Art.* 16 du *Code d'instruction criminelle*.)

Attentat aux mœurs. Les articles 330 et suivans du Code pénal prononcent des peines contre les attentats aux mœurs. Voyez ces articles.

Attroupemens séditieux. Les mesures à prendre par les autorités publiques pour les réprimer, par des sommations, ou par l'emploi de la force armée, pour arrêter, mettre en jugement, et punir les coupables sont prescrites par la loi du 10 avril 1831.

Aubaine (le droit d') et de détraction est aboli par la *loi du 14 juillet* 1819. Les art. 726 et 912 du Code civil sont abrogés : en conséquence, les étrangers ont le droit de succéder et de recevoir de la même manière que les Français, dans toute l'étendue du royaume. Cette loi est rapportée au Bulletin des Lois, n° 294.

Aubergistes, hôteliers et logeurs. La loi du 22 juillet 1791, sur la police municipale, leur prescrit de tenir un registre où ils inscrivent de suite, et sans aucun blanc, les noms, prénoms et qualités des personnes qu'ils logent. Le registre est timbré et paraphé par un officier municipal ou de police, qui ont le droit de se faire représenter ledit registre. Les contrevenans sont passibles d'une amende du quart de leur droit de patente.

Auteurs (propriétés des) placées sous la garde et la protection des autorités municipales. Voyez *Propriétés littéraires* et *Contre-Façons.*

Avertissement pour les contributions. Aux termes des lois et des réglemens, les percepteurs des contributions doivent avertir les contribuables de la mise en recouvrement du rôle. Si les contribuables ne défèrent point à l'avertissement, ils peuvent être saisis par voie de contraintes, de saisies et d'exécutions. Il est d'abord fait une sommation sans frais; mais le prix des subséquentes est exigible.

Avis imprimés (les) qui se crient et se distribuent dans les rues et lieux publics, ou que l'on fait circuler de toute autre manière, doivent être timbrés. (*Loi du 6 prairial an VII.*)

Avis de parens. Voy. le titre X *de la Minorité, de la Tutelle et de l'Emancipation*, et le titre XI *de la Majorité, de l'Interdiction et du Conseil judiciaire* du Livre Ier du Code civil, et le titre X *des Avis de parens,* Livre Ier de la deuxième Partie du Code de Procédure civile.

B.

Bacs et bateaux. La Loi du 6 frimaire an VII a réglé la police et l'administration des bacs et bateaux sur les fleuves, rivières et canaux navigables.

C'est le gouvernement qui détermine pour chaque département le nombre et la situation des bacs et bateaux de passage à établir, et qui fixe le tarif de chaque bac et bateau. (*Loi relative aux contributions indirectes de l'an XI, art. 10.*)

Bains. Il est rendu, chaque année, des ordonnances pour le maintien de la décence à garder par les baigneurs. — Les bains doivent être fermés depuis dix heures du soir jusqu'au point du jour.

Balances (les) dont on se sert dans le commerce sont soumises à la vérification de l'autorité municipale. Voyez *Poids et Mesures.*

Balise. On nomme *balise* un mât élevé ou quelque autre marque, comme du bois ou des tonneaux flottans, qui donnent avis aux bateaux ou aux vaisseaux qui passent qu'il y a en cet endroit quelques sables ou quelques roches cachées sous l'eau, et qu'ils doivent les éviter.

Il est enjoint aux pilotes-lamaneurs (1), sous peine de trois jours de prison, de prévenir les officiers municipaux ou ceux de l'endroit où ils abordent, de la destruction des balises, lorsqu'ils en ont connaissance, afin qu'on puisse y pourvoir. (*Art.* 7 *de la loi du* 15 *septembre* 1792.)

Baliveaux. L'ordonnance du roi du 1er août 1827, pour l'exécution du Code forestier, porte, art. 70, que lors de l'exploitation des taillis qui font partie du domaine de l'État, il sera réservé cinquante baliveaux de l'âge de la coupe par hectare, et que les baliveaux modernes et anciens ne pourront être abattus qu'autant qu'ils seront dépérissans ou hors d'état de prospérer, jusqu'à une nouvelle révolution.

L'article 137 de la même ordonnance fixe à quarante baliveaux au moins et à cinquante au plus par hectare la réserve des baliveaux dans les bois des communes et des établissemens publics.

Bans de fenaison, de moisson et de vendange. On appelle ainsi les proclamations faites par l'autorité municipale pour fixer le jour où les propriétaires peuvent commencer la récolte de leurs foins, de leurs grains et de leurs raisins.

Les bans de fenaison et de moisson ne sont plus d'un usage général; mais les bans de vendanges sont obligatoires. — Six francs jusqu'à dix francs d'amende contre ceux qui contreviennent aux bans de vendange ou autres bans autorisés par les réglemens. — Emprisonnement pendant cinq jours au plus en cas de récidive. (*Code pénal,* art. 475, n° 1 et 478.)

Bateaux, voyez Bacs et Bateaux.

Bateaux à vapeur. Une ordonnance du Roi du 11 décembre 1822 (Bulletin n° 572), prescrit le mode de mesurage de l'espace imposable et de perception de taxe pour les bateaux à vapeur qui sont ou seront établis sur les différens bassins de navigation et canaux appartenant à l'État.

Une autre ordonnance, du 11 avril 1823 (Bulletin n° 601), prescrit l'inspection de leur construction si elle est solide, leur visite par trimestre et autres visites nécessaires, le nombre des passagers, les heures de départ, etc.

Bâtimens. La démolition ou la réparation à ordonner des bâtimens menaçant ruine sont confiés à la vigilance et à l'autorité des maires et adjoints. (*Loi du* 24 *août, titre XI, art.* 3.)

Le propriétaire d'un bâtiment est responsable du dommage causé par sa ruine, lorsqu'elle est arrivée par suite du défaut d'entretien, ou par le vice de sa construction. (*Code civil,* art. 1386.) — Voy, les art. 471, 474 et 479 du Code pénal.

Bestiaux. Voyez *Agriculture* et *Dégâts.* — Voyez aux art. 452 et suivans du Code pénal les peines contre ceux qui empoisonnent les bestiaux à cornes, les chevaux et autres animaux.

_____

(1) Conducteurs de petites barques qui viennent au-devant des navires avec des instrumens propres à les haller et diriger leur marche lorsqu'ils entrent dans un port ou dans une rivière.

Celui qui achète des bestiaux hors des foires et marchés, est tenu de les restituer gratuitement au propriétaire, dans l'état où ils se trouvent, dans le cas où ils auraient été volés. (*Loi du 6 octobre 1791, titre II, art. 11.* — Voyez les articles 2279 et 2280 du Code civil.

Bibliothèques publiques. L'autorité municipale doit s'opposer à l'établissement d'ateliers d'armes, ou de magasins de matières combustibles dans les bâtimens où sont placées ces bibliothèques. (*Loi du 9 frimaire an III.*).

Biens communaux (les) sont ceux à la propriété ou au produit desquels les habitans d'une ou de plusieurs communes ont un droit acquis. (*Code civil, art.* 542.) — Les halles, foires, marchés, places publiques, temples religieux, palais de justice, collèges ou lycées, maisons-de-ville, sont des biens à la propriété et au produit desquels les habitans de la commune peuvent avoir un droit acquis. — Voyez *Partage des biens communaux.*

Biens et rentes appartenant autrefois aux églises. Une ordonnance du Roi, du 20 mars 1821 (Bulletin n° 361.), autorise, sous les conditions y exprimées, les fabriques des *succursales* à se faire remettre en possession des biens et rentes appartenant autrefois aux églises qu'elles administrent, et dont l'aliénation ou le transfert n'aurait pas été définitivement ou régulièrement consommé.

Biens non vendus des émigrés (la loi relative aux), en date du 5 décembre 1814 (Bulletin n° 58) dispose :

« Sont maintenus et sortiront leur plein et entier effet, soit envers l'Etat, soit envers les tiers, tous jugemens et décisions rendus, tous actes passés, tous droits acquis avant la publication de la Charte constitutionnelle, et qui seraient fondés sur des lois ou des actes du gouvernement, relatifs à l'émigration. (*Art.* 1er.)

« Tous les biens immeubles séquestrés ou confisqués pour cause d'émigration, ainsi que ceux advenus à l'Etat par suite de partages de successions ou présuccessions, qui n'ont pas été vendus, et font actuellement partie du domaine de l'Etat, seront rendus en nature à ceux qui en étaient propriétaires, ou à leurs héritiers ou ayant-cause.

« Les biens qui auraient été cédés à la caisse d'amortissement, et dont elle est actuellement en possession, seront rendus lorsqu'il aura été pourvu à leur remplacement. (*Art.* 2.)

« Il n'y aura lieu à aucune remise des fruits perçus,... (*Art.* 3.)

« Seront remis, ainsi qu'il est dit art. 2, les biens qui, ayant déjà été vendus ou cédés, se trouveront cependant actuellement réunis au domaine, soit par l'effet de la déchéance définitivement prononcée contre les acquéreurs, soit par toute autre voie qu'à titre onéreux. (*Art.* 4.)

« Dans le cas seulement de l'article précédent, les anciens propriétaires, leurs héritiers ou ayant-cause seront tenus de verser dans la caisse du domaine, pour être remis à l'acquéreur déchu, les à-comptes qu'il aurait payés. La liquidation de ces à-comptes sera faite administrativement au domaine même, suivant les règles accoutumées. (*Art.* 5.) » — Voyez le surplus au Bulletin indiqué.

Biens des mineurs. Les affiches relatives à leur vente sont visées et certifiées par les maires des communes où elles sont apposées. (*Art. 457 du Code civil.*)

Billon (monnaies de). Il ne peut entrer dans les paiemens de particulier à particulier, comme du gouvernement aux particuliers et des particuliers au gouvernement, plus d'un *quarantième* de monnaies de billon, outre les appoints. (*Arrêt de la Cour de Cassation,* du 28 mai 1810, rendu dans l'intérêt de la loi.)

Blanc de baleine (raffineries de). Voyez *Établissemens dangereux, insalubres ou incommodes.*

Blanchiment des tissus, toiles et fils de chanvre, de lin et de coton par le chlore. Voyez *Établissemens dangereux, insalubres ou incommodes.*

Blés. Voyez *Taxe des subsistances.*

Blessés et Blessures. Tout médecin, chirurgien ou officier de santé qui, hors le cas de réquisition légale, a administré des secours à des blessés, est tenu d'en faire sur-le-champ sa déclaration au commissaire de police à Paris, et aux maires dans les communes rurales, sous peine de 300 francs d'amende. (*Édit de décembre 1666, et Ordonnance de police du 8 novembre 1780.*)

Sur la gravité et la punition des blessures, voyez les art. 309 à 329 du Code pénal.

Bois et Forêts. Leur administration, leur exploitation, leur police et leur usage, objets de la célèbre ordonnance des eaux et forêts de 1669 et d'un nombre considérable d'édits, d'ordonnances, de lois, d'arrêts, de décrets, depuis 1669 jusqu'à 1827, ont été déterminés et réglés par le Code forestier du 21 mai 1827, et par l'ordonnance du Roi du 1er août de la même année.

Code forestier.

Ce code se compose de 225 articles divisés en 15 titres.

TITRE Ier. Du régime forestier.
—— II. De l'administration forestière.
—— III. Des bois et forêts qui font partie du domaine de l'État.
　　Ce titre, est divisé en 8 sections, qui traitent 1° de la délimitation et du bornage; 2° de l'aménagement; 3° des adjudications des coupes; 4° des exploitations; 5° des réarpentages ou recolemens; 6° des adjudications de glandée, panage et paisson; 7° des affectations à titre particulier dans les lois de l'État; 8° des droits d'usage dans ces bois.
—— IV. Des bois et forêts qui font partie du domaine de la couronne.
—— V. Des bois et forêts qui sont possédés à titre d'apanage ou de majorats réversibles à l'État.
—— VI. Des lois des communes et des établissemens publics.
—— VII. Des bois et forêts indivis qui sont soumis au régime forestier.
—— VIII. Des bois des particuliers.

—— IX. Affectations spéciales des bois à des services publics.

Ce titre, divisé en 2 sections, traite 1° des bois destinés au service de la marine; 2° des bois destinés au service des ponts et chaussées pour les travaux du Rhin.

—— X. Police et conservation des bois et forêts.

Ce titre se divise en deux sections qui traitent 1° des dispositions applicables à tous les bois et forêts en général; 2° des dispositions spéciales applicables seulement aux bois et forêts soumis au régime forestier.

—— XI. Des poursuites en réparation de délits et de contraventions exercées au nom de l'administration forestière, au nom et dans l'intérêt des particuliers.

—— XII. Des peines et condamnations pour tous les bois et forêts en général.

—— XIII. De l'exécution des jugemens rendus à la requête de l'administration forestière et du ministère public, et dans l'intérêt des particuliers.

—— XIV. Dispositions générales.

—— XV. Dispositions transitoires.

Ordonnance du Roi pour l'exécution du Code.

Cette ordonnance, composée de 197 articles, est divisée en 12 titres.

TITRE Ier. De la composition, de l'organisation et du service de la direction générale des forêts.

—— II. Des bois et forêts qui font partie du domaine de l'Etat.

—— III. Des bois et forêts qui font partie du domaine de la couronne.

—— IV. Des bois et forêts qui sont possédés par les princes, à titre d'apanage, et par des particuliers, à titre de majorats reversibles à l'Etat.

—— V. Des bois des communes et des établissemens publics.

—— VI. Des bois indivis qui sont soumis au régime forestier.

—— VII. Des bois des particuliers.

—— VIII. Des affectations spéciales de bois au service de la marine et au service des ponts et chaussées, pour le fascinage du Rhin.

—— IX. Police et conservation des bois qui sont régis par l'administration forestière.

—— X. Des poursuites exercées au nom de l'administration forestière.

—— XI. De l'exécution des jugemens.

—— XII. Dispositions transitoires sur le défrichement des bois.

Boissons. Sous cette dénomination on comprend les vins, eaux-de-vie, bières, cidre, poirés et distilleries, dont la fabrication, la vente et la circulation sont dans les attributions des autorités administratives et municipales.

L'article 9, titre Ier de la loi du 22 juillet 1791, autorise les maires et adjoints à entrer dans les cafés, cabarets et autres lieux publics, pour vérifier la salubrité des boissons.

Voyez à l'article 318 du Code pénal, les peines portées contre ceux qui vendent ou débitent des boissons falsifiées par des mixtions nuisibles. — L'article 475, n° 6, du même Code, en prononce contre ceux qui en vendent ou débitent de falsifiées sans mixtion nuisible.

La loi du 28 avril 1816, sur les contributions directes (Bulletin n° 81), a statué sur les droits à payer pour les boissons.

Il doit être payé un droit de circulation, conformément au tableau annexé à la loi, à chaque enlèvement ou déplacement de vins, cidres, poirés, eaux-de-vie, esprits et liqueurs composées d'eau-de-vie ou d'esprits, sauf les exceptions qui sont énoncées par les articles 3, 4 et 5 (lesquels déterminent les boissons qui ne sont point assujetties au droit de circulation.) (*Art.* 1er *de cette loi.*)

Ne sont point assujetties au droit imposé par l'art. 1er, — 1° les boissons qu'un propriétaire fait conduire de son pressoir, ou d'un pressoir public, dans ses caves ou celliers; — 2° celles qu'un colon partiaire, fermier ou preneur à bail emphythéotique, à rente, remet au propriétaire ou reçoit de lui, en vertu de baux authentiques ou d'usages notoires; — 3° les vins, cidres et poirés qui sont expédiés par un propriétaire, colon partiaire, ou fermier, des caves ou celliers où sa récolte a été déposée, et pourvu qu'ils proviennent de ladite récolte, quels que soient le lieu de la destination et la qualité du destinataire. (*Art.* 3 *de la loi.*)

La même exemption est accordée aux négocians, marchands en gros, courtiers, facteurs, commissionnaires, distillateurs et débitans, pour les boissons qu'ils font transporter de l'une de leurs caves dans une autre, située dans l'étendue du même département. (*Art.* 4.)

Le transport des boissons qui sont enlevées pour l'étranger ou pour les colonies françaises est également affranchi du droit de circulation. (*Art.* 5.)

Les propriétaires, fermiers ou négocians qui font transporter des vins, des cidres, ou des poirés dans un des cas prévus par les articles 3 et 4, ne sont tenus de se munir que d'un *passavant*, dont le coût est de *vingt-cinq centimes*, le droit de timbre compris. (*Article* 7.)

(Un *acquit-à-caution*, également du coût de vingt-cinq centimes y compris le timbre, pour l'expédition des boissons à l'étranger ou aux colonies françaises ; art. 8.)

Dans les articles suivans, il est traité des déclararions d'après lesquelles doit être délivré le passavant, congé, ou acquit-à-caution.

Les voyageurs ne sont pas tenus de se munir d'expéditions pour les vins destinés à leur usage pendant le voyage, pourvu qu'ils n'en transportent pas au-delà de trois bouteilles par personne. (*Art.* 18.)

L'art. 10 prononce la confiscation des boissons saisies, et l'amende de 100 à 600 fr., suivant la gravité des cas, pour contravention aux dispositions des articles précédens.

Les articles 23 et suivans sont relatifs aux droits d'entrée sur les boissons, au passe-bout, au transit, à l'entrepôt, aux boissons dites *piquettes*; aux visites des commis à l'entrée des villes (auxquelles ne sont point assujetties les personnes voyageant à pied, à cheval, ou en voiture particulières et suspendues); à la perfection du droit à la vente en détail; à la déclaration à faire par les débitans, aux visite et exercice des employés, aux abonnemens pour le droit de vente en détail, soit par les débitans, soit par les communes, à la remise de 25 pour cent sur les droits dont doivent jouir les propriétaires qui veulent vendre en détail les boissons de leur cru, au droit général de consommation sur l'eau-de-vie, au remplacement du droit de détail à Paris par une taxe unique, aux *brasseries* et aux *distilleries*.

Deux lois importantes, depuis la révolution de 1830, ont modifié la perception des droits sur les boissons.

La première, du 17 octobre 1830, substitue l'abonnement à l'exercice des préposés de la direction des contributions indirectes en faveur de tous ceux des débitans qui en feront la demande; l'article 2 porte que dans les lieux où les perceptions auront été interrompues, le gouvernement fera appliquer d'office, et pour tous les droits non perçus, l'abonnement général autorisé par l'art. 73 de la loi du 28 avril 1816, pendant toute la durée de l'interruption; et qu'à défaut du vote spécial et immédiat, le remplacement s'opérera, dans chaque commune, au moyen de centimes additionnels aux contributions foncière, personnelle et mobilière.

La deuxième loi, du 12 décembre 1830, contient les dispositions suivantes :

- « Art. 3. A partir du 1er janvier prochain, le droit d'entrée sur les
« boissons sera supprimé dans les villes au-dessous de 4,000 âmes;
« le droit à la vente en détail ne sera plus perçu qu'à raison de dix
« pour cent du prix de vente; les droits de circulation, de consom-
« mation, d'entrée, de remplacement aux entrées de Paris, et de
« fabrication des biens, seront réduits conformément au tarif an-
« nexé à la présente loi.

« Art. 4. Les débitans de boissons continueront d'être autorisés à
« s'affranchir des exercices pour l'acquittement des droits de dé-
« tail au moyen d'abonnemens individuels ou collectifs. »

Boucheries et Bouchers. La profession de boucher, considérée sous le rapport de la sûreté et de la salubrité publiques et du commerce, entre dans les attributions de l'autorité municipale.

La loi du 22 juillet 1791 lui attribue le droit de taxer la viande et de poursuivre les bouchers contrevenans au réglement de la taxe.

Boues Les habitans qui négligent l'enlèvement des boues prescrit par un réglement municipal, sont traduits au tribunal de police, et passibles d'une amende. (Loi du 24 août 1790.)

Boulangerie (commerce de la). L'exercice de la profession de boulanger est dans les attributions des autorités locales chargées de surveiller la vente du pain, son poids, la qualité des farines, et les poids. La loi du 22 juillet 1791 confère aux maires le droit de faire la taxe du pain, et de poursuivre les boulangers qui vendent le pain au-delà du prix fixé par la taxe , ou dont le poids n'est pas conforme au réglement.

Bourses de Commerce. La loi du 28 ventôse an 9 a réglé le mode de leur établissement , leur organisation, composition et attributions. La police de leur tenue est réglée par les arrêtés des 29 germinal an IX , 27 prairial an X, et 12 brumaire an XI.

Boutiques. Les autorités municipales et de police sont autorisées à y entrer à leur volonté pour prendre connaissance des désordres qui s'y manifestent, et des contraventions aux réglemens sur les poids et mesures, le titre des matières d'or et d'argent , et la salubrité des comestibles et des médicamens. (*Loi du 22 juillet* 1791.)

Brevets d'invention , d'importation et de perfectionnement. Deux lois principales, des 7 janvier et 26 mai 1791 , ont réglé et déterminé le mode de demande et d'obtention de ces brevets qui garantissent à toutes les personnes qui veulent exécuter ou faire exécuter des objets d'industrie jusqu'alors inconnus en France , la propriété , et pleine et entière jouissance , suivant le mode, et pour le temps déterminé.

Tout ce qui tient à la demande, à l'obtention et à la jouissance des brevets, est dans les attributions des Préfets , du Ministre de l'Intérieur et des Juges de paix.

Bruits nocturnes, injurieux , ou *charivaris.* Le soin de réprimer et de punir les bruits et attroupemens nocturnes qui troublent le repos des citoyens , est un des objets confiés à la vigilance et à l'autorité des maires et adjoints. (*Loi du 24 août* 1790, *titre XI* , *article* 3, n° 2.)'— Voyez, à l'art. 479, n° 8, du Code pénal, les peines contre les auteurs et complices de bruits nocturnes et injurieux.

Bureau de garantie. Le poinçon de chaque bureau de garantie a un signe caractérisque particulier, qui est déterminé par l'administration des monnaies. — Ce signe est changé toutes les fois qu'il est nécessaire pour prévenir les effets d'un vol ou d'une infidélité. (*Article* 11 *de la loi du* 19 *brumaire an* vi.)

Bureau de pesage , mesurage et jaugeage. Aux termes de l'art. 1er de l'arrêté du gouvernement du 7 brumaire an ix, et de l'art. 1er de la loi du 29 floréal an x, il en est établi dans toutes les villes où le besoin du commerce l'exige, ou dans les communes qui en sont jugées susceptibles par le gouvernement. Nul n'est contraint à s'en servir, si ce n'est dans les cas de contestation.

Bureaux de bienfaisance et de charité. Ces bureaux , établis par la loi du 7 frimaire an v, sont chargés de faire la répartition des secours à domicile, de recevoir les dons et legs qui leur sont faits pour cet objet, et le produit des droits mis sur les billets d'entrée dans les spectacles, bals et jeux publics.

C.

Cabanes de gardiens de bestiaux. La peine contre ceux qui les détruisent est un emprisonnement d'un mois au moins et d'un an au plus. (*Art.* 451 *du Code pénal.*)

35

Cabarets. Le maintien du bon ordre dans ces endroits est un des objets confiés à la vigilance et à l'autorité des commissaires de police, des maires et adjoints. (*Loi du 24 août* 1790, *titre XI, art.* 3; *et Loi du 22 juillet* 1791, *titre Ier, art.* 9.)

Cadastre. On appelle ainsi la levée du plan d'un territoire par nature, quantité et qualité de biens fonds pour servir de base à la répartition la plus exacte et la plus juste de la contribution foncière.

L'assemblée constituante et la convention, par diverses lois, avaient prescrit les opérations cadastrales; la mise à exécution du système général du cadastre de la France n'a eu lieu qu'en vertu de l'arrêté du 12 brumaire an XI, qui attribue aux autorités municipales la surveillance de toutes les opérations, et appelle le concours de tous les propriétaires.

Les lois des finances du 15 mai 1818, du 31 juillet 1821 et du 13 juin 1825, autorisent les conseils généraux à voter annuellement des centimes additionnels pour les frais des opérations cadastrales.

Cafés. Les autorités municipales et de police ont le droit d'y entrer à leur volonté, pour en surveiller le service. (*Loi du 22 juillet* 1791.)

Caisse d'amortissement. Les communes y déposent les fonds qui sont à leur disposition, soit d'après les lois annuelles des finances, soit d'après celles qui les ont autorisées à faire quelques impositions locales, soit enfin les sommes qui proviennent de leurs revenus ordinaires, excédans de recettes sur leurs dépenses, coupes de bois, etc. (*Ordonnance du 28 avril et du 3 juillet* 1816.)

Caisse d'épargnes et de prévoyance. Une ordonnance du Roi, du 30 octobre 1822, a autorisé la Caisse d'épargnes et de prévoyance établie à Paris, à faire transférer ses inscriptions au nom des propriétaires de dépôts faits dans ses caisses, aussitôt que la créance de chacun d'eux serait parvenue à la valeur de *dix francs de rente*, et a accordé la même autorisation aux autres caisses de cette nature établies dans les départemens.

Canaux. Il est pourvu au curage des canaux et rivières non navigables, et à l'entretien des digues et ouvrages d'art qui y correspondent, de la manière prescrite par les anciens réglemens ou d'après les usages locaux. (*Loi du 15 floréal an XI.*)

La loi du 16 septembre 1807, art. 28 et suivans, statue sur les contributions par voie de centimes additionnels; à payer par les départemens ou arrondissemens pour l'ouverture de canaux de navigation, la moitié de la dépense restant à la charge du gouvernement.

C'est le gouvernement qui autorise l'établissement de canaux pour la navigation intérieure entrepris par les particuliers. Il fixe le tarif des taxes à percevoir, et détermine l'époque à laquelle ces canaux seront réunis au domaine public.

Carrière. Lorsqu'il doit se faire ouverture d'une carrière, les maires et adjoints doivent veiller à ce qu'elle ne soit pas faite plus près de trente toises des grandes routes et chemins vicinaux, conformément à l'arrêt du Conseil du 14 mars 1741.

Carrières (les) renferment les ardoises et les grès, les pierres à bâtir et autres, les marbres, granits, pierres à chaux, pierres à plâtre, les pouzzolanes, le strass, le basalte, les marnes, craies, sables, pierres à fusil, argiles, kaolin, terres à foulon, terres à poteries, les substances terreuses et les cailloux de toute nature, les terres pyriteuses regardées comme engrais, le tout exploité à ciel ouvert ou avec des galeries souterraines. (*Art. 4 de la loi du 21 avril 1810, sur les mines, les minières et les carrières.*)

L'exploitation des carrières à ciel ouvert a lieu sans permission, sous la simple surveillance de la police, et avec l'observation des lois ou réglemens généraux ou locaux. (*Art. 81 de la même loi.*)

Quand l'exploitation a lieu par galeries souterraines, elle est soumise à la surveillance de l'administration. (*Art. 82.*) — Voyez cette loi en entier.

Le vol de pierres dans les carrières est puni de la peine de la réclusion. (*Code pénal*, art. 388.)

Cartes à jouer. Il n'est pas permis d'en vendre, qu'elles ne soient timbrées, à peine de 100 francs d'amende. (*Loi du 9 vendémiaire an vi*, art. 56 *et* 60.) — Une ordonnance du Roi, du 18 juin 1817, (Bulletin n° 161), concernant la *fabrication des cartes à jouer*, porte, que, dans l'*as de trèfle*, ou tout autre au besoin, il sera mis une marque distinctive que la règle des contributions indirectes est autorisée à faire imprimer sur le papier qu'elle fournit aux cartiers, et défend à ceux-ci d'employer d'autre papier que celui qui leur aura été livré pour cet objet, à peine de punition de la contravention, conformément à la loi du 28 avril 1816.

Une autre ordonnance, du 4 juillet 1821, soumet les cartes fabriquées à une nouvelle bande de contrôle. (Bulletin n° 463.)

Caves. Il est défendu à toutes personnes de creuser aucune caves sous les rues, à peine de 10 fr. d'amende. (*Edit du mois de décembre 1607.*)

L'ouverture des portes des caves, celliers, magasins et tous autres endroits propres à recevoir des boissons, ne peut être refusée aux commis des droits réunis, à leur première réquisition (dans les six semaines qui suivent la récolte ou la fabrication des cidres et poirés) pendant le temps des inventaires, entre le lever et le coucher du soleil, à peine de 100 francs d'amende contre les contrevenans, sans préjudice de la confiscation des boissons trouvées en recélé. (*Art. 3 du décret du 1er vendémiaire an xiv.*)

Centimes additionnels. On appelle ainsi les centimes qui s'ajoutent au principal des contributions directes, s'imposent au marc le franc, et sont destinés au paiement des dépenses administratives et municipales, tant fixes que variables (*Loi du 3 frimaire an vii*). Ces centimes ne peuvent être établis que par une loi.

Cérémonies publiques. Le commandement appartient à celui des officiers de la garde nationale, ou des corps soldés qui aura la supériorité du grade, ou, à grade égal, à celui qui sera le plus ancien. (*Loi du 22 mars 1831.*)

Certificats de vie des rentiers de l'Etat résidant hors du royaume. Une ordonnance du Roi, du 20 mai 1818 (Bulletin n° 217), modifiant l'art. 4 de celle du 30 juin 1814, concernant la délivrance et la législation des certificats de vie des rentiers viagers de l'Etat résidant hors du royaume, porte que leurs certificats de vie pourront être délivrés indifféremment, soit par les ambassadeurs, envoyés et consuls français dans les pays qu'ils habitent, soit par les magistrats du lieu, soit même par les notaires ou tous autres officiers, publics ayant qualité à cet effet, à la charge de la légalisation, dans ces deux derniers cas, par les agens diplomatiques ou consulaires français établis dans l'étendue du territoire de la puissance sous la domination de laquelle se trouve le lieu de la résidence des rentiers viagers, et, dans les pays où il n'existe pas de consuls français, la légalisation se fera à Paris par les ambassadeurs ou chargés d'affaire de chaque puissance respective.

Une autre ordonnance du Roi, du 25 juillet 1821 (Bulletin nº 467), étend à tous les états sans distinction la disposition concernant la légalisation, par les ambassadeurs ou chargés d'affaire de chaque puissance respective, des certificats de vie délivrés aux rentiers viagers et pensionnaires de l'Etat, dans les pays où il n'existe pas de consuls français ou autres agens d'une puissance amie.

Chanvre (le rouissage du) dans les fontaines et rivières est prohibé comme contraire à la salubrité des eaux, et viciant l'air par des émanations putrides.

Une instruction du ministre de l'intérieur du 7 messidor an XII, a publié une méthode inventée par M. Bralle, au moyen de laquelle le rouissage qui se fait en deux heures, n'expose à aucun des inconvéniens de l'ancienne méthode.

Chapelles ou annexes. Dans les paroisses ou succursales trop étendues, et lorsque la difficulté des communications l'exige, il peut être établi des chapelles. — Il peut être également érigé une annexe sur la demande des principaux contribuables d'une commune, et sur l'obligation qu'ils souscriront de payer le vicaire. (*Décret du 30 septembre 1807, art. 8 et 11.*) — Voyez *Eglises*.

Charretiers. Il est défendu à tous charretiers, voituriers, garçons bouchers et autres qui conduisent des charrettes et tombereaux dans les rues, chargés ou non chargés, de faire courir et trotter les chevaux, et de conduire leurs voitures autrement qu'à pied et à la tête de leurs chevaux, à peine de 100 fr. d'amende. (*Ordonnances de police du 21 mai 1784 et du 21 décembre 1787.*)

Chasse. Il est défendu à toutes personnes de chasser, en quelque temps et de quelque manière que ce soit, sur le territoire d'autrui sans son consentement (par écrit), à peine de 20 francs d'amende envers la commune du lieu, et d'une indemnité de 10 francs envers le propriétaire des fruits, sans préjudice de plus grands dommages-intérêts, s'il échet. (*Loi du 22 avril 1790, art. 1er.*)

Cet article autorise les préfets de département à fixer, pour l'avenir, le temps dans lequel la chasse sera libre aux propriétaires, sur les terres non closes.

Les art. 2 et suivans élèvent les amendes dans le cas où la chasse sur la propriété d'autrui aurait lieu dans des terrains clos de murs ou de haies, ou tenant immédiatement à une habitation; et les double en cas de récidive.

Toute action pour délit de chasse est prescrite par le laps d'un mois, à compter du jour où le délit a été commis. (*Art. 12 de cette loi.*) — Voyez cette loi en entier.

Chasseur masqué (tout), tout dévastateur de bois, de récoltes, pris sur le fait, peut être saisi et arrêté par la gendarmerie, sans aucune réquisition d'officier civil. (*Art.* 179 *de l'ordonnance du Roi, portant réglement sur le service de la gendarmerie, du 29 octobre* 1820, Bulletin n° 418.)

Cheminées et Fours. Le Code pénal, art. 458 et 471, n° 1er, contient des peines contre ceux qui négligent de les faire nettoyer, de les réparer et entretenir, et causent ainsi quelques incendies. — Voyez *Tuyaux de cheminées.*

Chemins. On les divise 1° en chemins publics et grandes routes royales et départementales; 2° en chemins vicinaux et communaux; 3° en chemins de halage.

Sur les chemins publics ou grandes routes, il faut consulter le décret du 16 décembre 1811, portant réglement sur la construction, l'entretien et la réparation des grandes routes, que ce décret divise en routes royales et départementales.

Sur les chemins vicinaux, la dernière loi, qui est du 24 juillet 1824, contient les dispositions suivantes :

« Les chemins reconnus par un arrêt du préfet, sur une délibération du conseil municipal, pour être nécessaires à la communication des communes, sont à la charge de celles sur le territoire desquelles il sont établis, sauf le cas prévu par l'art. 9 ci-après. » (*Art.* 1er.)

Lorsqu'un même chemin intéresse plusieurs communes, et en cas de discord entre elles sur la proportion de cet intérêt et des charges à supporter, ou en cas de refus de subvenir auxdites charges, le préfet prononce, en conseil de préfecture, sur la délibération des conseils municipaux, assistés des plus imposés. (*Art.* 9.)

« Toutes les fois qu'un chemin sera habituellement ou temporairement dégradé par des exploitations de mines, de forêts, de carrières, ou de toute autre entreprise industrielle, il pourra y avoir lieu à obliger les entrepreneurs ou propriétaires à des subventions particulières, lesquelles seront, sur la demande des communes, réglées par les conseils de préfecture, d'après des expertises contradictoires. »

Sur les chemins de halage, le Code civil dit, art. 56 : le propriétaire du terrain qui profite de l'alluvion doit laisser le chemin de halage.

Le décret du 22 janvier 1808 porte que les propriétaires riverains sont tenus de laisser le chemin de balage, à la charge d'indemnités qui leur sont accordées conformément à la loi du 16 septembre 1807.

La loi du 29 floréal an x, charge les maires de prohiber, réprimer et poursuivre toute espèce de détériorations qui peuvent se commettre sur les chemins de halage, et francs-bords des canaux, fleuves et rivières.

Chevaux. Les propriétaires de ceux qui sont attaqués de la pousse, de la courbature et de la morve, doivent en faire la déclaration aux maires chargés, par la loi du 6 octobre 1791, de prendre toutes les mesures de salubrité contre les maladies des chevaux.

Ceux qui, par imprudence ou par rapidité de leurs chevaux, ont blessé quelqu'un sur la voie publique, sont poursuivis conformément à la loi du 28 juillet 1791, et passibles des amendes et peines prononcées par l'art. 479 du Code pénal.

Chèvres. Les gardiens et propriétaires sont responsables des dommages causés par les chèvres abandonnées en liberté dans un paturage. (*Loi du 28 septembre* 1791.)

Chiens. Il est ordonné de tenir, dans les lieux infestés de maladies épizootiques, tous les chiens à l'attache, et de tuer tous ceux qu'on trouverait divagans. (*Art.* 15 *de la loi du* 22 *juillet* 1791, *et Arrêté du Directoire exécutif du* 17 *messidor an* v.)

Chiens de garde. Peines contre ceux qui les tuent. (*Art.* 454 *du Code pénal.*)

Cimetières, Inhumations et Sépultures. Un décret du 23 prairial an XII, toujours en vigueur, prescrit les mesures et formalités à remplir, sous le rapport de la police, et sous celui de la salubrité publique.

Circulation des grains. Elle est entièrement libre dans l'intérieur du royaume. — Toute personne qui y porte atteinte est susceptible de poursuite et de condamnation. (*Loi du* 21 *prairial an* v.)

Coalition. Les lois du 6 octobre 1791 et du 17 juin précédent, et le Code pénal, art. 414 et suivans, prononcent des peines contre les coalitions pour faire baisser le prix du travail, et contre celles pour les faire hausser.

Cocarde tricolore (à l'avenir il ne sera plus porté d'autre cocarde que la), art. 67 de la charte.

Cochers. Les maîtres sont civilement responsables des condamnations pécuniaires contre leurs cochers qui, par imprudence ou par rapidité de leurs chevaux, ont blessé quelqu'un sur la voie publique. (*Loi du* 22 *juillet* 1791.)

Collèges. Une ordonnance du Roi, du 23 janvier 1831, fixe les dépenses des collèges royaux, et détermine le nombre des pensions aux frais du gouvernement.

Collèges électoraux. Voyez *Élections.*

Colombiers. L'époque de leur clôture est fixée annuellement par un arrêté municipal, approuvé par le préfet. (*Loi du* 21 *septembre* 1789.)

Colporteurs et Porte-balle. Ils doivent représenter leur patente à la première réquisition de l'officier municipal et de police. (*Loi du* 1er *brumaire an* VII.)

Comédiens. Voyez *Théâtres.*

Comestibles. L'inspection sur la fidélité du débit des denrées et sur la salubrité des comestibles exposés en vente publique, est un des objets de police confiés à la vigilance et à l'autorité des commissaires de police, des maires et des adjoints. (*Loi du* 24 *août* 1790, *titre XI, art.* 3, *et Loi du* 22 *juillet* 1791, *titre* Ier, *art.* 13.)

Communes (les) sont responsables des délits commis à force ouverte sur leur territoire, et des pillages exercés par des attroupemens. (*Loi du* 10 *vendémiaire an* IV.)

Comptables. Leur insolvabilité et leur absence sont constatées par des procès-verbaux, soit de perquisition, soit de carence, dressés par des huissiers ou par des certificats délivrés par des maires et adjoints. (*Arrêté du 3 messidor an x.*)

Computation monétaire en francs. Une ordonnance du Roi (en 6 titres et 22 articles), du 30 août 1826, insérée au Bulletin des lois n° 121, rend obligatoire dans les deux îles de la Martinique et de la Guadeloupe, et dans les établissemens qui dépendent de cette dernière colonie, la computation monétaire en francs, telle qu'elle est établie en France; abolit toutes les computations en livres coloniales, ou en toutes autres monnaies de comptes, et règle les valeurs actuelles de piastres-gourdes, demi-gourdes, quarts, huitième de gourde, etc. — Voyez cette ordonnance au Bulletin des lois indiqué.

Concierges et Gardiens des prisons. Voyez à la quatrième Partie, Livre 1er, titre III, section 2, *des Prisons*, *Maisons d'arrêt et de justice.*

Conducteurs de bestiaux. Il est défendu de mener sur le terrain d'autrui des bestiaux d'aucune espèce, et en aucun temps, dans les prairies artificielles, dans les vignes, oseraies, plants de câpriers, dans ceux d'oliviers, de mûriers, de grenadiers, d'orangers et arbres du même genre, dans tous les plants et pépinières d'arbres fruitiers, ou autres faits de main d'homme.

L'amende encourue pour le délit est une somme de la valeur du dédommagement dû au propriétaire; l'amende est du double si le dommage a été fait dans un enclos rural, et, suivant les circonstances, il peut y avoir lieu à la détention de police municipale. (*Loi du 6 octobre 1791, titre II, art.* 24.) — Voyez les art. 25 et 26 de la même loi.

Congés des militaires. L'inspection et la vérification de ces congés, et particulièrement de ceux connus sous le nom de *congés de semestre*, entrent dans les attributions spéciales des autorités municipales. (*Ord. du 8 août* 1814.)

Conseils d'arrondissement. Ces conseils, établis par la loi du 28 pluviôse an VIII, qui a fixé leurs attributions, continuent à remplir leurs fonctions sous le gouvernement établi par la charte de 1830.

Conseils de charité. Ils ont été supprimés par une ordonnance royale du 2 avril 1831.

Conseils de discipline de la garde nationale. Voyez *garde nationale.*

Conseils de fabriques. Voyez *fabriques des églises.*

Conseils généraux de département. Ces conseils, établis par la loi du 28 pluviôse an VIII, qui a déterminé leurs attributions, continuent à exercer leurs fonctions sous le gouvernement établi par la charte de 1830.

Conseils municipaux. Leur composition, organisation et attributions sont réglées par la loi du 21 mars 1831. Voyez *Municipale* (organisation).

Conseils de préfecture. Ces conseils, établis par la loi du 28 pluvidse an VIII qui règle leurs attributions, continuent à remplir leurs fonctions sous le gouvernement institué par la Charte de 1830.

Conseils de Prud'hommes. Ces conseils ont été établis par la loi du 18 mars 1806, et les décrets des 3 juillet 1806, 11 juin 1809, 20 février et 3 août 1810, pour constater les contraventions aux lois et réglemens en fait d'industrie, et pour faire des visites et des vérifications dans les fabriques et manufactures.

Une ordonnance du Roi du 12 novembre 1828 autorise les membres de ces conseils à porter ; dans l'exercice de leurs fonctions, une médaille d'argent suspendue à un ruban noir en sautoir.

Conseils de recensement et de révision de la Garde nationale. Voy. *Garde nationale.*

Contingent annuel de l'armée (la force du) pour le recrutement, est déterminé par les chambres dans chaque session. (Loi du 11 octobre 1830.)

Contrainte par corps. Voyez le texte de la nouvelle loi sur cette matière, ci-dessus, page 189.

Contraintes pour contributions. Un arrêté du gouvernement du 6 thermidor an VIII (Bulletin n° 38), a réglé le recouvrement des contributions directes et l'exercice des contraintes.

Les contributions directes sont payables à raison d'un douzième par mois. (*Art.* 1er *de l'arrêté.*)

Le percepteur ne peut rien exiger des contribuables qu'il ne soit porteur d'un rôle rendu exécutoire et publié. (*Art.* 15.)

Il émarge sur le rôle, en présence du contribuable, la somme qu'il reçoit. (*Art.* 16.)

Les porteurs de contraintes font seuls les fonctions d'huissier pour les contributions directes. (*Art.* 18.)

Ils ne peuvent exiger du percepteur ni des redevables que le logement, la nourriture et une place au feu commun. — Il leur est défendu de se loger à l'auberge aux frais des redevables, même sur la demande de ceux-ci. (*Art.* 28.)

Il n'est payé que cinq centimes pour chaque avertissement par le recevable qui l'a reçu.... (*Art.* 41.)

Les porteurs d'une contrainte ne peuvent s'établir plus de dix jours dans la même commune, ni plus de deux jours chez un redevable.... (*Art.* 44.)

Après les dix jours fixés par l'art. 44, le percepteur peut faire procéder par voie de saisie et vente de meubles et effets, et même des fruits pendans par racines, contre les contribuables qui n'ont pas acquitté leurs contributions. (*Art.* 51.)

L'art. 52 énonce les objets qui ne peuvent être saisis pour contributions arriérées et pour frais faits à ce sujet, à peine de 100 fr. d'amende contre les porteurs de contraintes qui contreviendraient à ces dispositions. Ce sont à peu près les choses énoncées en l'art. 592 du Code de Procédure, qu'on a lu à la deuxième Partie, Livre Ier, titre V.

Contraventions. On désigne sous cette dénomination les faits de simple police, punissables d'une amende de 15 francs ou au-dessous, soit d'un emprisonnement de 5 jours ou au-dessous. Voyez ci-dessus, livre iv du Code pénal.

Contrefaçon (la) est un délit contre la propriété des auteurs d'écrits en tout genre, des compositeurs de musique, des peintres, des dessinateurs, etc. La poursuite de ces délits s'exerce par les officiers de police judiciaire, en exécution des lois du 19 juillet 1793 et 25 prairial an III, et du décret du 5 février 1810. Les articles 425, 426 et 427 du Code pénal prescrivent les peines encourues par les contrefacteurs.

Contremarque. Voyez *Poinçons de recense et contremarque*.

Contributions (les) sont de deux espèces : les contributions directes et les contributions indirectes.

Les contributions directes sont au nombre de quatre, savoir : la contribution foncière, la contribution personnelle et mobilière, la contribution des portes et fenêtres, les patentes.

Les contributions indirectes sont : les droits sur les boissons, les cartes, les douanes, les droits de greffe, l'enregistrement, les hypothèques, la marque d'or et d'argent, les octrois, le sel, le tabac, le timbre et les voitures publiques. Voyez *chacun de ces mots en particulier*.

« L'impôt foncier n'est consenti que pour un an ; les impositions indirectes peuvent l'être pour plusieurs années. » (Article 41 de la Charte.)

Les lois fondamentales et toujours en vigueur (sauf les modifications apportées par plusieurs lois depuis la révolution de 1830, qui seront indiquées ci-après), sur l'assiette, la répartition et la perception des contributions directes, sont celles du 3 frimaire, 2 et 4 messidor an vii, pour la contribution foncière ;

Du 3 nivôse an vii, pour la contribution mobilière et personnelle ;

Du 4 frimaire an vii, du 18 ventôse et 6 prairial an viii, pour la contribution des portes et fenêtres ;

Du 1er brumaire an vii, pour les patentes.

Ces lois fondamentales ont été modifiées, sous le gouvernement établi depuis la révolution de 1830, par les lois des 26 mars et 18 avril 1831.

Convois, *Charrois et Transports militaires*. Deux réglemens ministériels, le 1er du 25 fructidor an viii, et le 2e du 10 prairial an xii, et les décrets des 25 février, 10 avril et 15 juin 1806, prescrivent les mesures à prendre et les formalités à remplir pour procurer, par voie de réquisition, les chevaux et voitures nécessaires pour le service de cette administration militaire.

Couleurs nationales. Voyez *Cocarde tricolore*.

Coupe de bois domanieux. Une ordonnance du Roi, du 16 mars 1816 (Bulletin n° 73), porte que les contestations élevées, soit sur le paiement de ces adjudications, sont du ressort des tribunaux.

Coupe de bois dans les quarts de réserve. Une ordonnance du Roi, du 7 mars 1817 (Bulletin n° 146), défend, sous les peines portées par les lois, de faire, sans l'autorisation de Sa Majesté, une coupe dans les quarts de réserve, des bois des communes, des hôpitaux, des bureaux de charité, des collèges, des fabriques, des séminaires, des évêchés et archevêchés, et de tous autres établissemens publics, et règle les formalités pour les demandes d'autorisation, les cas où l'autorisation pourra être accordée, et l'autorité (les préfets) devant laquelle les adjudications des coupes peuvent être faites.

Cours d'eau. Il appartient à l'autorité judiciaire de prononcer sur les contestations relatives à l'usage d'eau courante qui ne fait pas partie du domaine public. (*Décret du 28 novembre 1809.*)

Cultes religieux. Chacun professe sa religion avec une égale liberté, et obtient pour son culte la même protection. (*Article 5 de la Charte.*)

Les ministres de la religion catholique, apostolique et romaine, professée par la majorité des Français, et ceux des autres cultes chrétiens, reçoivent des traitemens du trésor public. (*Art. 6 de la Charte.*)

La loi du 18 germinal an x a promulgué le concordat fait avec le pape Pie VII, pour le rétablissement du culte catholique en France, et réglé l'organisation des cultes chrétiens.

Une loi du 8 février 1831 ordonne qu'à dater du 1er janvier 1831 les ministres du culte israélite recevront des traitemens du trésor public.

Tout rassemblement de citoyens pour l'exercice d'un culte quelconque, est soumis à la surveillance des autorités constituées. — Cette surveillance se renferme dans des mesures de police et de sûreté publique.

L'article 262 du Code pénal porte les peines contre ceux qui outragent les objets d'un culte dans les lieux destinés ou servant actuellement à son exercice, ou les ministres de ce culte dans leurs fonctions.

Cultivateurs (les) sont dispensés de prendre patente pour la vente des récoltes et fruits provenant des terrains qui leur appartiennent ou qu'ils exploitent, et pour le bétail qu'ils y élèvent. (*Loi du 1er brumaire an VII.*)

Curage des canaux, fossés, puits, fosses d'aisances, etc. Les autorités municipales sont autorisées à ordonner, à diriger les opérations relatives à ce curage, si importantes pour la salubrité de l'air, la propreté de la voie publique et la sûreté des citoyens.

D.

Débauches (lieux de). Les commissaires de police, les maires et les adjoints peuvent entrer en tout temps dans les lieux livrés notoirement à la débauche. (*Art. 10, titre 1er de la loi du 22 juill. 1791.*)

Voyez, à l'article 334 du Code pénal, les peines contre ceux qui attentent aux mœurs en favorisant ou excitant la débauche de la jeunesse.

Débit des denrées. Voyez *Comestibles.*

Décharge ou Réduction des contributions. Voyez *Contributions.*

Décision des maires en matière d'élection communale. Les maires doivent délivrer *gratis* les premières expéditions de leurs décisions à ceux qu'elles concernent ; quant aux secondes et ultérieures expéditions, ainsi que les expéditions des titres, pièces ou renseignemens déposés à la mairie, elles doivent être payées au taux fixé par la loi du 7 messidor an 11, 75 centimes le rôle. (*Avis du Conseil d'Etat du 18 août 1819.*)

Défrichement des bois. Le nouveau Code forestier du 21 mai 1827, contient les dispositions suivantes.

Art. 219. Pendant vingt ans, à dater de la promulgation de la présente loi, aucun particulier ne pourra arracher ni défricher ses bois qu'après en avoir fait préalablement la déclaration à la sous-préfecture, au moins six mois d'avance, durant lesquels l'administration pourra faire signifier au propriétaire son opposition au défrichement. Dans les six mois, à dater de cette signification, il sera statué sur l'opposition par le préfet, sauf le recours au ministre des finances.

« Si, dans les six mois après la signification de l'opposition, la décision du ministre n'a pas été rendue et signifiée au propriétaire des bois, le défrichement pourra être effectué.

220. En cas de contravention à l'article précédent, le propriétaire sera condamné à une amende calculée à raison de 500 fr. au moins et de 1,500 au plus par hectare de bois défriché, et, en outre, à rétablir le lieu en nature de bois dans le délai qui sera fixé par le jugement, et qui ne pourra excéder trois années.

221. « Faute par le propriétaire d'effectuer la plantation ou le semis dans le délai prescrit par le jugement, il y sera pourvu à ses frais par l'administration forestière, sur l'autorisation préalable du préfet, qui arrêtera le mémoire des travaux faits, et le rendra exétoire contre le propriétaire.

220. « Les dispositions des trois articles qui précèdent sont applicables aux semis et plantations exécutés, par suite de jugemens, en remplacement de bois défrichés.

223. « Seront exceptés des dispositions de l'art. 219:

« 1°. Les jeunes bois, pendant les vingt premières années après leur semis ou plantation, sauf le cas prévu en l'article précédent;

« 2°. Les parcs ou jardins clos et attenant aux habitations;

« 5°. Les bois non clos, d'une étendue au-dessous de quatre hectares, lorsqu'ils ne seront point partie d'un autre bois qui compléterait une contenance de quatre hectares, ou qu'ils ne seront pas situés sur le sommet ou la pente d'une montagne.

224. « Les actions ayant pour objet des défrichemens commis en contravention à l'art. 219 se prescriront par deux ans, à dater de l'époque où le défrichement aura été consommé. »

Défrichement des terres. La cotisation des terres vaines et vagues depuis vingt-cinq ans, qui seraient mises en culture, ne peut être augmenté pendant les quinze premières années après leur défrichement.

La cotisation des terres en friche depuis vingt-cinq ans, qui seraient plantées en vignes, mûriers ou autres arbres fruitiers, ne peut être augmenté pendant les premières années (*Lois du 1er décembre 1790 et du 3 frimaire an* vii.).

Dégâts (les) que les bestiaux de toute espèce , laissés à l'aban-don , font sur les propriétés d'autrui, soit dans l'enceinte des habi-tations, soit dans un enclos rural, soit dans les champs ouverts , sont payés par les personnes qui ont la jouissance des bestiaux. — Si elles sont insolvables, ces dégâts sont payés par celles qui en ont la propriété. — Le propriétaire qui éprouve le dommage a le droit de saisir les bestiaux, sous l'obligation de les faire conduire dans les vingt-quatre heures au lieu du dépôt désigné à cet effet par le maire ou l'adjoint.

Il est satisfait aux dégâts par la vente des bestiaux, s'ils ne sont pas réclamés , ou si le dommage n'a point été payé dans la huitaine du délit.

Si ce sont des volailles, de quelque espèce que ce soit, qui can-sent le dommage, le propriétaire, le détenteur, ou le fermier qui l'éprouve, peut les tuer, mais seulement sur le lieu, au moment du dégat. (*Loi du 5 octobre* 1791 , *titre II*, *art.* 12.) — Voyez *vo-laille*.

Dégâts faits dans les bois taillis , voyez *Bois taillis*.

Dégradation , voyez *Chemins publics*.

Dégradation des monumens. Voyez à la quatrième Partie, Liv. II, titre Ier, chap. 5 , sect. v, *Dégradation de monumens*.

Dégradation des routes , voyez *Pesage des voitures*.

Délégation de contributions pour l'exercice des droits électoraux. (*Art.* 4 et suiv. de la loi du 19 avril 1831 sur les Elections.)

Délibérations des Conseils municipaux. Elles sont exécutées sur la seule approbation des préfets ; toutes les fois qu'elles sont rela-tives à l'administration des biens appartenant à la commune, et que les dépenses pour cet objet sont faites au moyen des revenus propres à la commune. (*Loi du* 21 *mars* 1831 *sur l'organisation munici-pale.*)

Délits forestiers. Les délits commis dans les bois et forêts de l'Etat, de la couronne , des communes, des établissemens publics et des particuliers, sont l'objet des procès-verbaux ; poursuites, ju-gemens et peines prescrites par les titres II , XII et XIII du Code forestier du 21 mai 1827 ; et par les titres 10 et 11 de l'ordonnance du 1er août 1827.

Délits ruraux (les) sont punissables d'une amende ou d'une dé-tention , soit municipale (de simple police), soit correctionnelle , ou d'une détention et d'amende réunies, suivant les circonstances et la gravité du délit, sans préjudice de l'indemnité qui peut être due à celui qui a souffert le dommage. Dans tous les cas, cette indemnité est payable par préférence à l'amende. L'indemnité et l'amende sont dues solidairement par les délinquans. (*Loi du 6 octobre* 1791, *titre II*, *article* 3; *et article* 41 , *titre II*, *de la Loi du* 22 *juillet* 1791.) — Voyez l'article qui précède, relativement à la prescription.

Voyez à la quatrième Partie, Livre II , titre III, le chapitre 2, *Contravention et peines*.

Démolition (la) ou la réparation des bâtimens menaçant ruine, est un des objets de police confiés à la vigilance de l'autorité des corps muuicipaux (des maires et adjoints). (*Loi du 24 août* 1791, *titre XI*, *art.* 3, n° 1.) — Voyez *Bâtimens.*

Déni de justice. Il y a déni de justice quand les juges refusent de répondre les requêtes, ou négligent de juger les affaires en état ou en tour d'être jugées. (*Code de Procédure*, *art.* 506.)

Après les deux réquisitions (prescrites par l'article 507) le juge peut être pris à partie. (*Art.* 508, *ibid.*)

Deniers publics (Dans le cas d'enlèvement de) les maires sont compétens pour recevoir la déclaration des dépositaires et des rétentionnaires de ces fonds, et pour employer tous les moyens et toutes les forces qui sont à leur disposition pour faire rentrer ces fonds dans les caisses des receveurs, et pour arrêter tous les transports dout ils auraient connaissance. (*Arr. du* 9 *avril* 1814.)

Dénombrement des habitans d'une commune. Il doit se faire annuellement, en exécution de la loi du 22 juillet 1791, sur la police municipale. Voyez *Population.*

Dénonciation. Voyez à la quatrième Partie, la section II du titre 1er, Livre 1er.

Dénonciation calomnieuse. Les articles 375 et 374 du Code pénal en déterminent la peine.

Denrées (débit des). L'art. 479, Nos 5 et 6, du Code pénal, n'a pas abrogé l'art. 5, titre XI, de la loi du 24 août 1790, qui autorise les corps municipaux à faire des réglemens ayant pour objet l'inspection sur la fidélité du débit des denrées qui se vendent au poids ou à la mesure. — La contravention à un arrêté sur un tel objet, si elle n'est pas prévue par le Code pénal, est du moins passible des peines portées par les art. 600 et 606 du Code du 3 brumaire an iv. *Arrêt de la Cour de Cassation* (*chambre criminelle*) du 1er avril 1826.

Denrées, voyez *Comestibles*, *Taxe des subsistances.*

Dépenses municipales. La loi du 11 frimaire an vii, base fondamentale de la législation, encore en vigueur sur cette partie importante de l'administration des communes, distingue deux espèces de dépenses communales.

La première, relative aux communes faisant partie d'un arrondissement, est supportée par les seuls contribuables de la commune; la seconde, relative aux arrondissemens composés de plusieurs communes, est supportée par les différentes communes formant l'arrondissement.

Le ministre de l'intérieur règle les dépenses extraordinaires des villes ayant au moins 50,000 fr. de revenu; les dépenses extraordinaires des autres communes sont réglées par les préfets. (*Ord. du* 16 *mars* 1816.)

Dépossession pour cause d'utilité publique, voyez *Expropriation pour utilité publique.*

Dépôts de mendicité. Ils ont été établis par un décret du 5 juillet 1808, confiés à la surveillance des autorités locales, sous l'inspection et l'autorité des préfets.

Dépôt de fausses monnaies. L'art. 136 du Code pénal prononce l'emprisonnement d'un mois à deux ans contre ceux qui, ayant connaissance d'une fabrique ou d'un dépôt de monnaies ayant cours légal en France, contrefaites ou altérées, ne l'auront pas révélé aux autorités administratives ou judiciaires.

Déserteurs. Une ordonnance du Roi, du 22 avril 1818 (Bulletin n° 208), porte que les sous-officiers ou soldats qui ont abandonné ou qui n'ont par rejoint leurs drapeaux, ne peuvent être réputés déserteurs, ni poursuivis et jugés comme tels, avant l'expiration des jours de repentir accordés par le loi du 19 vendémiaire an XII.

Une autre ordonnance du Roi, du 14 octobre 1818 (Bulletin n° 250), fait application de la disposition de l'article 1er du décret du 23 novembre 1811, aux sous-officiers et soldats qui, après avoir obtenu grâce pour crime de désertion, et s'étant rendus aux corps qui leur ont été assignés, désertent de nouveau.

La recherche et l'arrestation des déserteurs sont dans les attributions des autorités municipales. (*Ord. du 5 août* 1814, 19 *juin* 1816, 4 *et* 20 *octobre* 1820, *et* 21 *septembre* 1828.)

Desséchement des marais. La loi du 16 septembre 1807 (Bulletin n° 162) règle tout ce qui y est relatif. Il y est dit :

La propriété des marais est soumise à des règles particulières. — Le gouvernement ordonne les desséchemens qu'il juge utile ou nécessaires. (*Art.* 1er.)

Les desséchemens sont exécutés par l'état ou par des concessionnaires. (*Art.* 2.)

Lorsqu'un marais appartient à un seul propriétaire ou lorsque tous les propriétaires sont réunis, la concession du desséchement est toujours accordée, s'ils se soumettent à l'exécuter dans les délais fixés et conformément aux plans adoptés par le gouvernement. (*Art.* 3.)

Les articles suivans traitent des formes dans lesquelles sont faites les concessions pour les desséchemens, de la fixation de l'étendue, de l'espèce et de la valeur estimative des marais avant le desséchement, des marais pendant le cours des travaux de desséchement, des marais après le desséchement, et de l'estimation de leur valeur, des règles pour le paiement des indemnités dues par les propriétaires, en cas de dépossession, et de la conservation des travaux de desséchement.

Desservans de succursales. L'ordonnance du Roi, du 6 novembre 1814, qui leur accorde un supplément de traitement, dispose : « Un supplément de traitement de 200 francs par an sera payé, à compter du 1er janvier 1814, à chaque desservant que son évêque aura chargé provisoirement du service de deux succursales à défaut de desservant en exercice dans l'une d'elles, et ce autant que durera le double service. (*Art.* 1er.)

« Ce supplément sera imputé sur les crédits ouverts au ministre secrétaire d'état de l'intérieur pour les dépenses du clergé. (*Art.* 2.)

« Les ministres de l'intérieur et des finances sont chargés de l'exécution de la présente ordonnance. » (*Art.* 3.)

Dessins gravés ou lithographiés. Une ordonnance du Roi, du 1er mai 1822 (Bulletin n° 526), contient des dispositions relatives à la publication de tous les dessins gravés ou lithographiés.

Les maires sont autorisés à faire saisir et poursuivre les auteurs ou distributeurs des dessins et gravures contraires aux bonnes mœurs. (*Art. 287 et suiv. du Code pénal.*)

Détention illégale et arbitraire. Voyez à la quatrième Partie, Liv. Ier, titre III, section III, *des Moyens d'assurer la liberté individuelle contre les détentions illégales ou d'autres actes arbitraires.*

Dettes des communes. Les communes ne peuvent contracter aucune dette sans une délibération légale autorisée par le gouvernement.

La loi du 24 août 1793 a déclaré que les dettes des communes sont devenues dettes de l'Etat.

Quant aux dettes communales postérieures au 24 août 1793, elles se paient par une addition portée au budget communal, et divisée et répartie entre plusieurs années pour la facilité du paiement et le soulagement de la commune. (*Avis du Conseil d'Etat du 13 mars 1810 et du 26 mars 1813.*)

Dévastateur, voyez *Chasseur masqué.*

Déversoir. L'art. 457 du Code pénal fixe les peines contre ceux qui inondent les chemins ou les propriétés par la trop haute élévation du déversoir, de leurs eaux.

Digues et Chaussées. Voyez à l'article 437 du Code pénal les peines contre ceux qui les détruisent ou renversent volontairement.

Dimanches et Fêtes. Une loi du 19 novembre 1814 avait interdit les ventes, étalages, ouvertures de boutiques, etc., pendant ces jours. Depuis la révolution de 1830, cette loi n'est pas observée.

Directeurs de spectacles, voyez *Théâtres.*

Dispense d'un service public. L'art. 160 du Code pénal fixe les peines contre les médecins, chirurgiens et officiers de santé qui certifient faussement des maladies ou infirmités propres à dispenser d'un service public.

Distillateurs de pommes de terre (les) ne peuvent employer des grains dans leur distillation, sous peine d'être assujettis aux mêmes droits que les distillateurs de grains. *Décret du 18 messidor an XIII.* (Bulletin n° 251.)

Division territoriale de la France. L'Assemblée Constituante dans la loi du 22 décembre 1789, organique des assemblées administratives, avait décrété en principe que la France serait divisée en départemens, districts et cantons. La loi du 4 mars 1791 a déterminé cette division qui a subsisté jusqu'à la loi du 28 pluviôse an VIII, qui établit les préfectures, sous-préfectures, les arrondissemens communaux et cantons, ou ressorts des justices de paix. (*Sénatus-consulte du 16 thermidor an X.*)

Domaines nationaux. La loi du 12 mars 1820 (Bulletin n° 551), relative à la *Délibération des diverses classes d'acquéreurs de domaines nationaux,* dispose:

« Sont déclarés pleinement libérés tous les acquéreurs de domaines nationaux, quelles que soient l'origine des biens et l'époque des ventes, qui, conformément à l'article 5 du décret du 22 octobre 1808, ayant, à l'époque de ce décret, quittance pour solde ou dernier terme, des préposés du domaine chargés de recevoir leurs paiemens, n'auraient reçu, dans les six années écoulées depuis ce décret, aucune notification de décomptes. Les mentions inscrites sur les registres des préposés tiendront lieu des quittances non représentées. (*Art.* 1er.)

.. « Sont pareillement déclarés pleinement libérés tous acquéreurs de domaines nationaux qui, conformément à l'art. 6 du décret du 22 octobre 1808, auraient, postérieurement à ce décret, reçu quittance pour solde ou dernier terme de préposés du domaine chargés de recevoir leurs paiemens, et auxquels il n'aura été fait aucun décompte dans les six années échues et à échoir depuis la date de cette quittance. » (*Art.* 2.)

.,« Aucune poursuite n'aura lieu pour les décomptes dont le débet ne serait en capital que de vingt francs et au-dessous ; et à l'égard des décomptes de sommes au-dessus de vingt francs en capital, qui auraient été notifiés en temps utile, l'administration des domaines ne pourra exercer de poursuites que jusqu'à l'expiration de l'année 1822.... » (*Art.* 4.)

Voyez les autres dispositions de la loi, notamment les art. 4 et suiv. concernant la *libération des concessionnaires, engagistes et échangistes*, dans le Bulletin des Lois indiqué.

Domestiques. Un décret du 3 octobre 1810 avait prescrit aux domestiques en service à Paris, de se faire inscrire à la préfecture de police, et à se munir d'un livret. Cette mesure a été étendue aux villes de 50,000 âmes et au-dessus, par un décret du 22 septembre 1813.

L'art. 20 de la loi du 21 mars 1831, sur la garde nationale, défend de porter les domestiques sur le contrôle de service.

Domicile (le) peut être considéré sous deux rapports, 1° quant à l'exercice des droits civils; 2° quant à l'exercice des droits politiques.

Les art. 102 et suiv. du Code civil règlent tout ce qui tient à l'exercice des droits civils. Quant à l'exercice des droits politiques, il est réglé par l'article 36 de la charte de 1830, et par les lois du 21 mars 1831, sur l'organisation municipale; du 22 mars 1831 sur la garde nationale, et du 19 avril 1831 sur les élections.

Dommage (réparation du). Voyez les art. 1382 à 1386 du Code civil, à la première Partie, titre III, chap. 4, section 11, des *Quasi-Délits*.

L'art. 479, n° 1er du Code pénal fixe les peines pour le dommage causé aux propriétés mobilières d'autrui. Il réserve les cas prévus par les art. 434 à 462. Voyez ces articles.

Dommages, voyez *Dégâts*.

Dommages et Intérêts. Il en est traité aux art. 1146 et suivans du Code civil. Voyez ces articles.

Dons et legs aux communes et établissemens publics. Ils ne peuvent avoir lieu qu'autant qu'ils sont autorisés par une ordonnance du Roi, aux termes de l'art. 910 du Code civil ; les règles à suivre, les formalités à remplir pour l'acceptation légale de ces dons et legs, sont déterminés par les lois et ordonnances du 10 juin 1814, du 2 janvier et 2 avril 1817, 5 août 1820, et 14 janvier 1831.

Douane. On appelle douane le bureau où les marchands et commerçans qui font entrer des marchandises sont obligés de les déclarer, et où ils paient les droits qu'ils doivent pour ces marchandises. La douane se dit également du droit que paient les marchandises.

Lorsqu'un marchand a payé le droit, on marque ses ballots ou marchandises, et on lui donne un acquit ou congé.

Les principales lois et ordonnances rurales qui règlent les droits et la police des douanes, sont du 22 août 1791, 27 juin et 17 décembre 1814, 28 avril 1816, 27 mars 1817, 21 avril 1818, 21 avril 1832.

Doublé d'or et d'argent, voyez *Fabricans de plaqué et doublé d'or et d'argent sur métaux.*

Douzièmes provisoires des contributions. Ils sont proposés aux chambres par le gouvernement, et votés par elles lorsque le budget annuel de l'Etat n'est pas publié à temps pour dresser les rôles d'assiette et de répartition. Les dernières sessions des chambres en offrent des exemples dans les lois du 12 décembre 1830, du 18 avril 1831, du 15 décembre 1832 et 20 mars 1833.

Drogues médicales. Les lois annuelles des finances, depuis la révolution de 1830, ont maintenu les droits établis pour les frais de visite chez les pharmaciens, droguistes et épiciers.

Droits civils. Voyez le chapitre 1er du titre 1er de la première Partie.

Droits civiques. Les art. 109 et 110 du Code pénal déterminent les peines contre les crimes et délits attentoires à l'exercice des droits civiques. Voyez ces articles.

L'exercice des droits civiques et politiques est réglé par la charte de 1830; la loi du 21 mars 1831 sur l'organisation municipale; et la loi du 19 avril 1831 sur les élections des députés.

Droits de douanes, d'enregistrement de greffe, d'hypothèques, de marque d'or et d'argent, de poids et navigation intérieure, d'octroi, de poids et mesures, de timbre. *Voyez tous ces mots en particulier.*

Droits réunis sur les boissons, les cartes, les sels, les tabacs et les voitures publiques. -- Sur les spectacles, théâtres et jeux publics. *Voyez tous ces mots en particulier.*

E.

Eau, voyez *Source.* Celui dont la propriété borde une eau courante, autre que celle qui est déclarée dépendance du domaine public, par l'art. 538 au titre *de la Distinction des biens* (1), peut s'en servir à son passage pour l'irrigation de ses propriétés.

Celui dont cette eau traverse l'héritage peut même en user dans l'intervalle qu'elle y parcourt, mais à la charge de la rendre, à la

---

(1) Ce sont les fleuves et les rivières navigables ou flottables. (*Art.* 538.)

sortie de ces fonds, à son cours naturel. (*Code civ.*, art. 644.) — Voyez à l'art. 646 *ibdi*.

Eaux, voyez *Déservoir*. — Nul ne peut se prétendre propriétaire exclusif des eaux d'un fleuve ou d'une rivière navigable ou flottable. Les fleuves et rivières navigables ou flottables sont considérés comme des dépendances du domaine public. (*Loi du 6 octobre 1791, tit. I*er, *sect.* 1re, *art. 4, et Code civil, art.* 538).

Eaux minérales. Une ordonnance du Roi, du 18 juin 1823 (Bulletin, n° 613), contient le réglement sur la police des eaux minérales, tant naturelles qu'artificielles.

Echenillage. Il a été rendu, le 26 ventôse an VI, une loi exprès pour enjoindre à tous propriétaires, fermiers, locataires et autres faisant valoir leurs propres héritages ou ceux d'autrui, d'écheniller ou faire écheniller les arbres étant sur lesdits héritages, et de brûler sur-le-champ les bourses et toiles qui sont tirées des arbres, haies et buissons, et ce, dans un lieu où il n'y ait aucun danger de communication de feu, soit pour les bois, arbres ou bruyères, soit pour les maisons et bâtimens. — Les maires et adjoints sont tenus de surveiller l'exécution de cette loi dans leurs arrondissemens respectifs, et ils sont responsables des négligences qui seraient découvertes.

Les art. 471 Nos 8 et 474 du Code pénal prononcent des peines contre ceux qui négligeraient d'écheniller dans les campagnes ou jardins où ce soin est prescrit par la loi ou les réglemens.

Eclairage. La surveillance de l'éclairage, dans les villes où il est établi, est un des objets confiés à la vigilance et à l'autorité des commissaires de police, des maires et adjoints, par la loi du 24 août 1790, titre XI, art. 3.

L'art. 471 n° 3 du Code pénal règle l'amende contre les aubergistes et autres qui, obligés à l'éclairage, l'ont négligé, et le n° 4 du même article la prononce contre ceux qui ont négligé d'éclairer les matériaux par eux entreposés ou les excavations par eux faites dans les rues et places. — L'emprisonnement pendant trois jours est porté pour la récidive, par l'art. 474.

Eclairage par le gaz hydrogène. Une ordonnance du Roi, du 20 août 1824 (Bulletin, n° 692), a rangé dans la seconde classe des établissemens incommodes, insalubres et dangereux, les établissemens d'éclairage par le gaz hydrogène, et a soumis ces établissemens à la surveillance de la police locale. — A cette ordonnance sont jointes les instructions sur les précautions à prendre dans ces établissemens.

Ecole normale primaire. L'art. 10 de l'ordonnance du 11 mars 1831 qui l'établit, porte que des bourses entières ou partielles pourront être fondées dans cette école, soit par les départemens, soit par les communes, soit par des donateurs particuliers, soit par des associations de bienfaisance.

Ecole polytechnique. Elle est dans les attributions du ministre de la guerre, depuis l'ordonnance du 15 novembre 1830, qui l'a réorganisée.

L'admission des élèves se fait d'après un concours public qui a lieu annuellement dans les départemens.

Ecole spéciale militaire. Une ordonnance du Roi, du 26 septembre 1821 (Bulletin, n° 481), porte qu'il sera accordé chaque année une pension de trois cents francs à trois élèves choisis par ceux qui se seront le plus distingués à l'école spéciale militaire, dont ils jouiront jusqu'à ce qu'ils aient atteint le grade de capitaine.

Ecoles d'arts et métiers. Ces écoles, établies à Angers et à Châlons-sur-Marne, ont pour objet de former des chefs d'ateliers, et des ouvriers exercés dans la pratique des arts industriels. Elles ont été organisées par une ordonnance du 26 février 1817, et un réglement du 28 juillet de la même année, et organisées par une ordonnance du 23 septembre 1832.

L'admission dans ces écoles est l'objet d'un prospectus adressé aux préfets par le ministre de l'intérieur, et transmis par eux aux maires pour lui donner de la publicité.

Ecoles de la doctrine chrétienne. Les frères qui tiennent ces écoles sont soumis à l'inspection de l'université, et tenus d'obtenir une autorisation comme tous les instituteurs primaires.

Ecoles ecclésiastiques. Leur établissement ne peut avoir lieu que d'après une délibération du conseil municipal de la commune où elles sont instituées. (*Ord. du 17 novembre* 1824.)

Ecoles d'enseignement mutuel. Ces écoles doivent être autorisées par le gouvernement, et sous ce rapport, soumises à l'inspection et à la surveillance des maires.

Ecoles de filles. Une ordonnance du Roi, du 3 avril 1820 (Bulletin, n° 365), applique aux écoles de filles les dispositions de l'ordonnance du 29 février 1816, relative aux écoles de garçons, et confie aux préfets la surveillance de ces écoles.

Cette ordonnance, du 29 février 1816 (insérée au Bulletin des Lois, n° 73), ordonne la formation dans chaque canton d'un comité gratuit et de charité pour surveiller et encourager l'instruction primaire.

Une autre ordonnance du Roi, du 2 août 1820 (Bulletin n° 397), contient le réglement sur les comités gratuits et de charité établis dans chaque canton pour la surveillance des écoles primaires.

Ecoles primaires. La révolution de 1830 a opéré d'utiles et de sages changemens dans ces écoles pour les ordonnances des 14 octobre 1830, et du 12 mars 1831.

Ecoles vétérinaires. Ces écoles, établies à Alfort, à Lyon et à Toulouse, pour apprendre l'art de guérir les chevaux et autres animaux domestiques, ont reçu une nouvelle organisation par les ordonnances du 1er septembre 1825 et du 26 juillet 1826.

Ecrits contraires aux bonnes mœurs ou séditieux. Les moyens de répression et les poursuites des auteurs et distributeurs, leur mise en jugement, les peines à leur appliquer, sont réglées et déterminées par le Code d'instruction criminelle, art. 139 ; le Code pénal, art. 223 et suivans, et par les lois des 17 et 26 mai 1819.

Edifices menaçant ruine, voyez *Bâtimens.*

Edifices publics, voyez *Biens communaux.*

Éditions contrefaites ; voyez *Auteurs.*

Éducation aux frais de l'État. Tout père de famille ayant sept enfans vivans peut en désigner un parmi les mâles ; lequel, lorsqu'il sera arrivé à l'âge de dix ans, sera élevé aux frais de l'État, dans un lycée ou dans une école d'arts et métiers. Le choix du père est déclaré au sous-préfet dans le délai de trois mois de la naissance du dernier enfant. Ce délai expiré, la déclaration n'est plus admise. — Si le père décède dans les trois mois, le choix appartient à la mère. — Si la mère décède dans le même intervalle, le choix appartient au tuteur. (*Loi du 29 nivôse an* XIII.)

Effets publics. Le jeu ou les paris à la baisse et à la hausse sur les effets publics sont punis des peines portées par les articles 451 et 422 du Code pénal.

Églises. Elles sont considérées comme des propriétés communales. Voyez *Biens communaux.*

Les églises sont ouvertes gratuitement au public ; en conséquence il est expressément défendu de rien percevoir dans les églises et à leur entrée, que le prix des chaises, sous quelque prétexte que ce soit. (*Décret du 18 mai 1806, art.* 1er.)

Les fabriques peuvent louer des bans et des chaises, suivant le tarif qui en est arrêté, et des chapelles de gré à gré. (*Art.* 2.)

Le tarif du prix des chaises est arrêté par l'évêque et le préfet ; et cette fixation est toujours la même, quelles que soient les cérémonies qui aient lieu dans l'église. (*Art.* 3.)

Egoûts. Leur curement, auquel tient souvent la salubrité des villes, est un des objets confiés à la vigilance et à l'autorité des corps municipaux (des maires et adjoints) par l'art. 3, titre XI de la loi du 24 août 1790.

Il est défendu à tous bouchers, tueurs de porcs, harengères, vendeurs de poisson frais, sec et salé, de jeter aucunes tripailles, boyaux, sang de bestiaux, rognures de moules, ni autres choses dans les rues, ni dans les égoûts de la ville, mais ils doivent les porter ou les faire porter dans les fosses à ce destinées, à peine de 10 francs d'amende. (*Arrêt du Parlement de Paris, du* 30 *avril* 1663, *art.* 27.)

Les habitans ne peuvent non plus jeter dans les égoûts des pailles et autres immondices qui les encombreraient et en rendraient les eaux stagnantes. Ceux qui le feraient s'exposeraient à des amendes de police.

Électeurs, Élections, Éligibilité, ou exercice des droits électoraux. Voyez sur cette matière les articles 30, 31, 32, 33, 34, 36 et 39 de la Charte constitutionnelle de 1830 ; la loi du 12 sept. 1830, relative à la réélection des députés promus à des fonctions publiques salariées ; une autre loi du même jour, qui règle le mode de pourvoir aux places vacantes dans la chambre des députés ; la loi du 15 septembre 1830, relative à la révision des listes électorales, dont la formation avait été prescrite par les lois du 2 mai 1827 et du 29 juillet 1828 ; la loi du 21 mars 1831, sur l'organisation municipale ; la loi du 22 mars même année, sur la garde nationale ;

enfin la loi du 19 avril même année, sur les élections à la chambre des députés.

Émeutes et Séditions. Voyez *Attroupemens séditieux.*

Empoisonnement de bestiaux. L'article 452 du Code pénal détermine les peines contre ce délit.

Emprisonnement. Voyez à la première Partie, titre III, le chapitre 16 de la *Contrainte par corps en matière civile ;* à la deuxième Partie, Livre Ier, titre V, *de l'Exécution des jugemens,* la partie relative à l'*emprisonnement* du débiteur, art. 780 et suivans du Code de Procédure.

Emprunts des communes. Ils ne peuvent avoir lieu que pour subvenir à leurs besoins, d'après une délibération du conseil municipal, soumise à l'approbation du préfet, et autorisée par le gouvernement. (*Lois du 18 décembre 1789, 10 août 1791 et 28 pluviôse an VIII.*)

Enclos (terrains); sont réputés tels les terrains entourés de murs, palissades, treillages, haies vives ou sèches, et de fossés de 4 pieds de large au moins, et deux pieds de profondeur. (*Loi du 6 octobre 1791.*)

Enfant (crimes et délits envers l'). Voyez pour les peines y appliquées, les art. 345 à 357 du Code pénal.

Enfans abandonnés. La loi du 27 frimaire an v porte : « Les enfans abandonnés nouvellement nés seront reçus gratuitement dans tous les hospices civils de l'État. -- Le Trésor public fournira à la dépense de ceux qui seront portés dans des hospices qui n'ont pas de fonds affectés à cet objet. (*Art. 1 et 2.*)

La loi du 5 pluviôse an XIII relative à la *tutelle des enfans admis dans les hospices,* les place sous la tutelle des commissions administratives de ces maisons, lesquelles désignent un de leurs membres pour exercer, les cas advenant, les fonctions de tuteur, les autres membres devront former le conseil de tutelles.

Enfans trouvés et exposés. Toute personne qui aurait trouvé un enfant nouveau-né est tenue de le remettre à l'officier de l'état civil, ainsi que les vêtemens et autres effets trouvés avec l'enfant, et de déclarer toutes les circonstances du temps et du lieu où il a été trouvé. -- Il en est dressé un procès-verbal détaillé, qui énonce en outre l'âge apparent de l'enfant, son sexe, les noms qui lui sont donnés, l'autorité civile à laquelle il est remis. Ce procès-verbal est inscrit sur les registres de l'état civil. (*Article 58 du Code civil.*)

Un décret du 19 janvier 1811 (Bulletin n° 346), en 25 articles divisés en huit titres, statue sur l'éducation des enfans trouvés, des enfans abandonnés et des orphelins pauvres. -- Voyez-les au Bulletin des Lois indiqué.

Engagemens volontaires. L'ordonnance du 15 décembre 1830 porte que les actes de ces engagemens seront souscrits devant les officiers de l'état civil, et contient le modèle de l'acte.

Engrais. Aucun engrais, ni ustensile, ni autre meuble utile à l'exploitation de terres, et aucuns bestiaux servant au labourage,

ne peuvent être saisis ni vendus pour contributions publiques....
(*Loi du 6 octobre* 1791, *titre* Ier, *section* 3, *art.* 2.)

La même règle a lieu pour les ruches. -- Les vers à soie sont de même insaisissables pendant leur travail, ainsi que la feuille du mûrier qui leur est nécessaire pendant leur éducation. (*Art.* 3 *et* 4, *ibid.*)

Enregistrement (droits d'). La loi du 22 frimaire an VII est toujours la base de la perception de ces droits. La loi des finances du 28 avril 1816, et celles du 25 mars 1817, du 22 mars 1822 et 18 avril 1831, contiennent des modifications importantes pour la perception des droits fixes et proportionnels.

Enseignes de boutiques. Un décret du 27 octobre 1808 les comprend dans les objets soumis à un droit de voirie.

Enterremens. Voyez *Cimetières* et *Inhumations.*

Entraves au libre exercice des cultes. Voyez aux art. 260 et 261 du Code pénal les peines contre ceux qui les apportent.

Entrepôts. Leur établissement dans les villes est autorisé par l'article 18 de la loi du 18 avril 1831, et par l'ordonnance du 29 du même mois.

Entrepreneurs des spectacles, voyez *Théâtres.*

Epidémie. Le soin de prévenir par les précautions convenables, et celui de faire cesser, par les secours nécessaires, les accidens et fléaux calamiteux, tels que les incendies, les épidémies; les épizooties, en provoquant aussi, dans ces deux derniers cas, l'autorité des préfets et des sous-préfets, est un des objets de police confiés à la vigilance et à l'autorité des maires et adjoints. (*Loi du 24 août* 1780, *titre XI*, *art.* 3, n° 3.)

L'invasion de la fièvre jaune en Catalogne, dans l'année 1821, et celle du choléra en 1831 et 1832, ont nécessité, de la part du gouvernement, des mesures sanitaires prescrites 1° dans l'ordonnance du 27 septembre 1821, qui remet en vigueur les anciens réglemens de 1683, de 1729, de 1758 et de 1786; 2° dans les 16, 21, 26 et 31 août, 16, 20 septembre, 25 octobre et 15 novembre 1831, et 10 avril 1832.

Epizooties. Sous cette dénomination on désigne les maladies contagieuses des animaux, et principalement des bestiaux Une ordonnance du 22 janvier 1815 contient l'exposé de toutes les mesures à prendre pour prévenir la contagion des maladies épizootiques qui sont : le claveau pour les moutons, la morve pour les chevaux, et le charbon pour les taureaux, bœufs et vaches.

Esclaves. Une ordonnance du Roi, du 18 janvier 1823 (Bulletin n° 581), défend, sous les peines y exprimées, à tout armateur et capitaine français d'employer et d'affréter les bâtimens qui leur appartiennent ou qu'ils commandent, à transporter des esclaves. -- La peine est l'interdiction pour le capitaine, pour toujours, de la faculté de commander aucun navire français pour quelque destination que ce soit; et pour l'armateur ou propriétaire du navire, du retirement de l'acte de francisation et du congé de mer. -- Voyez *Traite des Noirs.*

Essayeurs d'ouvrages d'or et d'argent. Si l'essayeur soupçonne aucuh des ouvrages d'or, de vermeil ou d'argent, d'être fourré de fer, de cuivre ou de toute autre matière étrangère, il le fait couper en présence du propriétaire. --- Si la fraude est reconnue, l'ouvrage est saisi et confisqué, et le délinquant est dénoncé aux tribunaux, et condamné à une amende de vingt fois la valeur de l'objet. (*Loi du 19 brumaire an VII, art.* 65.)

Établissemens dangereux, insalubres et incommodes. Voyez *Fabriques.*

Établissemens publics (dons et legs faits aux). Voyez *Dons et legs.*

Etat civil. Les maires et adjoints remplissent les fonctions administratives, celles d'officiers de police judiciaire et celles d'officiers d'état civil. --- Voyez, relativement aux actes de l'état civil, la section 11 du chapitre Ier de la première partie.

Etrangers non domiciliés en France. Aux termes de la loi du 10 septembre 1807, tout jugement de condamnation qui intervient au profit d'un Français contre un étranger non domicilié en France, emporte la contrainte par corps. --- Et même, avant le jugement de condamnation, mais après l'échéance et l'exigibilité de la dette, le président du Tribunal de 1re instance dans l'arrondissement duquel se trouve l'étranger non domicilié, peut, s'il y a de suffisans motifs, ordonner son arrestation provisoire, sur la requête du créancier français. --- Néanmoins l'arrestation provisoire n'a pas lieu, ou cesse, si l'étranger justifie qu'il possède sur le territoire français un établissement de commerce ou des immeubles, le tout d'une valeur suffisante pour assurer le paiment de la dette, et s'il fournit pour caution une personne domiciliée en France et reconnue solvable (*Art.* 1, 2 *et* 3.)

Exhalaisons insalubres. L'article 471, n° 6, du Code pénal, règle la peine qu'encourent ceux qui jettent ou exposent au-devant de leurs édifices des choses de nature à nuire par leur chute ou par des exhalaisons insalubres. --- Voyez *Etablissemens dangereux,* etc.

Expéditions, voyez *Extraits.*

Experts. Ne peut jamais être expert quiconque a été condamné à la peine des travaux forcés à temps, du bannissement, de la réclusion ou du carcan. (*Art.* 28 *du Code pénal.*)

Exportations prohibées. L'exportation des soies teintes et plates, propres à faire de la tapisserie, est prohibée. (*Décret du 28 germinal an XIII.*)

L'exportation des brebis et moutons mérinos ou métis, est prohibée. (*Art.* 27 *de la loi du 30 avril* 1806 *sur les Douanes, conforme au décret du 21 frimaire an XIV.*)

Exposition de comestibles en vente, voyez *Comestibles.*

Expropriation pour utilité publique L'article 9 de la Charte porte : « L'Etat peut exiger le sacrifice d'une propriété pour cause « d'intérêt public légalement constaté, mais avec une indemnité « préalable. »

Les obligations respectives de l'Etat et des propriétaires, les formalités à remplir, et les garanties de l'exproprié, sont réglées et déterminées par la loi du 8 mars 1810, par celle du 17 mars 1819, et par une ordonnance du 2 février 1831.

Extraits. Les greffiers et dépositaires des registres publics en délivrent, sans ordonnance de justice, expédition, copie ou extraits à tous requérans, à la charge de leurs droits, à peine de dépens, dommages et intérêts. (*Art. 853 du Code de Procédure civile.*)

F.

Fabricans et Marchands d'ouvrages d'or et d'argent. Ceux qui veulent exercer cette profession sont tenus de se faire connaitre à la préfecture du département et à la mairie de la commune où ils résident, et de faire insculper, dans ces deux administrations, leur poinçon particulier, avec leur nom, sur une planche de cuivre à ce destinée. Le préfet de département veille à ce que le même symbole ne soit pas employé par deux fabricans de son département. (*Loi du 19 brumaire an VI, art. 72.*)

Quiconque se borne au commerce d'orfévrerie, sans entreprendre la fabrication, n'est tenu que de faire sa déclaration à la mairie de sa commune, et est dispensé d'avoir un poinçon. (*Art. 73.* — Voyez les art. 74 à 80, 90 et 91 de la loi.)

Fabricans de plaqué et doublé d'or et et d'argent sur tous métaux. Quiconque veut plaquer ou doubler l'or et l'argent sur le cuivre ou sur tout autre métal, est tenu d'en faire la déclaration au maire de sa commune ou de son arrondissement, à la préfecture de son département et à l'administration des monnaies. (*Loi du 19 brumaire an VI, art. 95.*)

Il peut employer l'or et l'argent dans telle proportion qu'il le juge convenable. (*Art. 96.*)

Il est tenu de mettre sur chacun de ses ouvrages son poinçon particulier, qui a dû être déterminé par l'administration des monnaies, ainsi qu'il est dit art. 14 de la loi; il ajoute à l'empreinte de ce poinçon celle des chiffres indicatifs de la quantité d'or et d'argent contenue dans l'ouvrage, sur lequel il est en outre empreint, en toutes lettres, le mot *doublé.* (*Art. 97.*)

Sur le livre qu'il doit avoir, sur la peine en cas de contravention, etc., voyez les art. 98, 99 et 100 de la loi.

Fabrication illicite de poinçons. Lorsque les employés d'un bureau de garantie ont connaissance d'une fabrication illicite de poinçons, ils se transportent, accompagnés du maire ou de l'adjoint, dans l'endroit ou chez le particulier qui leur a été indiqué, y saisissent les faux poinçons, les ouvrages et lingots qui en seraient marqués...., et dressent procès-verbal de la saisie et de ses causes.., et déposent le tout au greffe du Tribunal de police correctionnelle. (*Loi du 19 brumaire an VI, article 101, 102 et 103.*) Voyez les articles 104 à 110.

Fabrication de vins dans Paris. Un décret du 9 septembre 1810 (Bulletin n° 312), assujettit les vins fabriqués dans Paris aux mêmes droits d'octroi et de débit que les vins entrant par les barrières, sous la déduction néanmoins de quatre pour cent desdits droits, à titre de remise *pour couvrir les ouillages.*

Au moyen des dispositions de ce décret, porte son article 10, il ne peut être exigé aucun droit sur le raisin non foulé entrant à Paris, en panier ou autrement, en quelque qualité qu'il y soit introduit.

Fabriques, Ateliers, Manufactures et Usines à odeur insalubre ou incommodes. Un décret du 15 octobre 1810 divise en trois classes ces établissemens :

Ceux de la 1re classe ne peuvent être formés dans le voisinage des habitations particulières, et il est nécessaire, pour leur création, d'obtenir une autorisation du Roi, donnée après avoir entendu le conseil d'état ;

La deuxième classe se compose des établissemens dont l'éloignement des habitations n'est pas rigoureusement nécessaire, mais dont la formation n'est permise qu'après avoir acquis la certitude que les opérations pratiques seront exécutées de manière à ne pas incommoder les voisins, ni leur causer aucun dommage. L'autorisation du préfet est nécessaire, sauf le recours au conseil d'état, en cas d'opposition ou de difficulté ;

La 3e classe comprend les établissemens qui peuvent rester sans inconvéniens auprès des habitations, et pour lesquels il suffit de se munir d'une permission de l'autorité municipale.

Différentes ordonnances royales ont modifié le décret du 15 octobre 1810. Nous allons donner le texte de celle du 9 novemb. 1826, relative au classement de différentes fabriques, usines, etc., au nombre des établissemens dangereux, insalubres et incommodes, pour mettre nos lecteurs à portée de connaître l'état de la législation administrative sur cette matière importante sous le rapport du commerce, de l'industrie et de la salubrité publique.

CHARLES, etc.

Vu le décret du 15 octobre 1810, et les ordonnances des 14 janvier 1815, 29 juillet 1818, 25 juin et 29 octobre 1823, 20 août 1824 et 9 février 1825,

Notre conseil d'état entendu, nous avons ordonné et ordonnons ce qui suit :

Art. 1er. Le rouissage du chanvre en grand, par son séjour dans l'eau, est maintenu dans la 1re *classe* des établissemens dangereux, insalubres ou incommodes, sous la dénomination suivante : *Routoirs servant en grand au rouissage, du chanvre et du lin par leur séjour dans l'eau.*

2. Sont rangées dans la même classe les fabriques de visières et de feutres vernis.

3. Sont rangés dans la 2e *classe* — les forges de grosses œuvres, c'est-à-dire, celles où l'on fait usage de moyens mécaniques pour mouvoir, soit les marteaux, soit les masses soumises au travail, — les fours à cuire les cailloux destinés à la fabrication des émaux, — les raffineries de blanc de baleine, — le blanchiment des tissus et des fils de laine ou de soie par le gaz ou l'acide sulfureux, — les fabriques de phosphore, — les dépôts de rogues.

4. Sont rangés dans la 3e *classe* — les fabriques d'acide acétique

37

(les fabriques d'acide pyroligneux continuent d'appartenir à la 1re ou à la 2e *classe* ou les a placées l'ordonnance du 14 janvier 1815, suivant les procédés dont on y fait usage), — les fabriques d'acide tartareux, — les fabriques de caramel en grand, — les blanchimens des toiles et fils de chanvre, de lin ou de coton par les chlorures alcalins, — les fabriques de briquets phosphoriques et de briquets oxigénés, — le lustrage des peaux.

5. Le blanchiment des toiles par l'acide muriatique oxigéné est maintenu dans la 2e *classe*, sous la désignation suivante : *Blanchiment des toiles et fils de chanvre, de lin et de coton, par le chlore.*

6. Les buanderies des blanchisseurs de profession et les lavoirs qui en dépendent sont rangés dans la 3e *classe*, quand ils ont un écoulement constant de leurs eaux, et dans la 2e *classe*, lorsque cette condition n'est pas remplie complétement.

7. L'établissement des fabriques, usines, ateliers, dépôts, compris dans les articles qui précèdent, ne pourra plus avoir lieu qu'après l'accomplissement des formalités déterminées par le décret du 15 octobre 1810 et l'ordonnance du 14 janvier 1815, suivant la classe à laquelle ils appartiennent.

Enfin une ordonnance du 20 septembre 1828 range dans la 1re classe, les fabriques de sel ammoniac; dans la seconde, la carbonisation du bois à air libre, les dépôts de chrysalides, etc. etc.

Frabriques des Églises cathédrales et paroissiales Le décret organique de ces fabriques, qui est du 30 décembre 1809, a été modifié par des ordonnances du 8 août 1821, et du 12 janvier 1825.

Facultés de Droit et de Médecine. Le roi a rendu, le 5 juillet 1820, une ordonnance relative à ces Facultés, réglant les inscriptions à prendre, les examens à subir par les élèves, les personnes par lesquelles ils doivent être présentés, et les formalités qu'ils ont à remplir. Elle est insérée au Bulletin des Lois, n° 381.

Une autre ordonnance du 4 octobre 1820 (Bulletin, n° 407) règle l'ordre des études de la Faculté de droit de l'Académie de Paris, et contient des dispositions sur les autres facultés.

Faiblesse d'un mineur. Voyez à l'art. 406 du Code pénal les peines contre celui qui en abuse pour lui faire souscrire à son préjudice des obligations, quittances ou décharges.

Farines et substances farineuses. Des peines sont portées par l'art. 420 du Code pénal contre ceux qui opèrent la hausse ou la baisse sur les grains, grenailles, farines, substances farineuses, pain, vin ou toute autre boisson.

Faux poids et fausses mesures (vente à), voyez les art. 423 et 424 du Code pénal.

Fenêtres (contribution des portes et) voyez *contributions directes.*

Fêtes (les) sont de deux espèces, civiles ou publiques, et religieuses.

Pour les fêtes civiles ou publiques, les autorités municipales règlent l'ordre et la marche des cérémonies, y occupent les premières places, et surveillent l'exécution de toutes les mesures d'ordre public, auxquelles concourent la garde nationale, et la gendarmerie.

Les fêtes religieuses sont celles que le culte catholique a consacrées, et que la loi désigne sous les noms de *jours fériés*, Noël, l'Ascension, l'Assomption et la Toussaint.

Les maires ne peuvent, par des réglemens de police, imposer aux habitans de leur commune d'arborer certains signes, un drapeau tricolore, par exemple, un jour de fête civile, ni de tapisser le devant de leur maison le jour de la Fête-Dieu. (*Arrêts de la Cour de Cassation des 26 novembre 1819, et 27 janvier 1820.*)

Feuilles de route. Les militaires qui ne prouvent point qu'ils appartiennent à tel corps, doivent être adressés par les sous-préfets ou maires, soit au général commandant la division, soit à l'officier commandant dans le département, qui, après les avoir entendus, réglera leur destination, et les sous-préfets ou maires ne doivent point leur donner de feuilles de route pour rejoindre le corps dont ils disent faire partie. (*Décision du ministre de la guerre, du 28 germinal an XI.*)

Fleuves et rivières. La loi du 29 floréal an X met dans les attributions des autorités municipales la répression et la poursuite de toute entreprise, de toute détérioration nuisible au libre cours de la navigation à la sûreté des digues et travaux d'art qui défendent les campagnes contre le débordement des fleuves et rivières, à la conservation, des chemins de halage. La pêche dans les fleuves et rivières est également sous leur surveillance. Voyez *pêche fluviale.*

Foires et Marchés, voyez *Bestiaux*, *Biens communaux.* Les officiers municipaux et de police, les habitans des lieux où se tiennent les foires et marchés, sont spécialement chargés d'y maintenir l'ordre et la liberté du commerce, à peine, en cas de trouble, de suppression des marchés, et de demeurer personnellement responsables des événemens, dans le cas où il serait constaté qu'il n'ont pas fait tout ce qui était en leur pouvoir pour prévenir et arrêter le désordre. (*Art. 19 de la loi du 4 thermidor an III.*)

Fontaines. L'entretien de celles d'un usage commun et la police à y observer pour le puisement de l'eau sont soumis à l'autorité municipale. (Loi du 24 août 1790.)

Forçats libérés (les) sont tenus de déclarer au préfet la commune où ils veulent résider, et sont mis par lui sous la surveillance de l'autorité locale. (*Décret du 19 ventôse an XIII.*)

Forêts (bois et). Voyez *bois et forêts.*

Fossés (les) établis pour clore et défendre les propriétés rurales, sont dans les attributions des autorités locales pour en poursuivre les dégradations (*Loi du 6 octobre 1791*). Ces autorités surveillent également le creusement et la conservation des fossés qui bordent les chemins publics. Voyez *chemins publics.*

Fosses d'aisance. Une ordonnance royale du 24 septembre 1819 détermine le mode de construction de ces fosses dans la ville de Paris. Les dispositions qu'elle contient peuvent s'appliquer dans toutes les communes populeuses.

Fourrages. Les autorités municipales ont le droit d'inspecter les

bottes de foin et de paille, de dresser procès-verbal de celles qui
n'ont pas le poids légal, de les saisir et de les mettre en séquestre,
et de requérir les fourrages nécessaires aux troupes. (*Loi du 7 ven-*
démiaire an iv.)

Une ordonnance du Roi du 4 mars 1831 statue sur l'adjudication
publique du service des fourrages, et sur le mode des jugemens des
contestations sur l'exécution des marchés.

Fours à plâtre et à chaux. D'après une ordonnance du Roi du
29 juillet 1818 (Bulletin, n° 229), ces fours ont cessé d'être compris dans la première classe des manufactures et ateliers qui répan-
dent une odeur insalubre et incommode, et ils sont placés dans les
établissemens de seconde classe.

Fours et cheminées (ramonage des) voyez *cheminées.*

Fous et furieux (défense de laisser divaguer les) voyez *furieux.*

Frais et dépens de procès perdus par les communes. Une ordonnance du Roi, du 1er septembre 1819 (Bulletin, n° 308), rendue
vu les décrets des 22 et 31 mai 1813, a déclaré que les particuliers
contre lesquels les communes ont plaidé, ne peuvent pas être compris dans la répartition de l'imposition locale destinée à couvrir les
frais et dépens des procès par elle perdus.

Fruits. L'art. 471, n° 9, du Code pénal règle les peines contre
ceux qui mangent sur le lieu des fruits appartenant à autrui.
Voyez-le.

Fumiers. Celui qui, sans la permission du propriétaire ou fermier,
enlève des fumiers, de la marne ou tous autres engrais portés sur
les terres, est condamné à l'amende de six journées de travail, en
outre du dédommagement, et peut l'être à la détention de police
municipale. L'amende est de douze journées, et la détention peut
être de trois mois; si le délinquant a fait tourner à son profit lesdits
engrais. (*Loi du 6 octobre 1791; titre II, art.* 53.)

Furieux. Le soin d'obvier ou de remédier aux événemens fâcheux
qui pourraient être occasionés par les insensés ou furieux laissés
en liberté, est un des objets de police confiés à la vigilance et à l'autorité des maires et adjoints. (*Loi du 24 octobre 1790, titre XI,*
art. 3, n° 6.)

L'art. 475, n° 7, du Code pénal règle les peines contre ceux qui
les laissent divaguer.

Fusil (coup de). Défenses sont faites de tirer ou faire tirer aucun coup de fusil dans les cheminées; en cas d'incendie, sous telle
peine qu'il appartiendra (*Art.* 4 *de l'ordonnance du* 15 *novembre*
1781.)

Fusils et Pistolets à vent (les) sont déclarés compris dans les armes offensives, dangereuses, cachées et secrètes dont la fabrication,
l'usage et le port sont interdits par les lois. (*Décret du 2 nivôse an*
xiv, *art.* 1er.)

Toute personne qui est trouvée porteur desdites armes, est poursuivie et traduite devant les tribunaux de police correctionnelle,
pour y être jugée et condamnée, conformément à la loi du 23 mai
1728. (*Art.* 2.)

G

Gages de domestiques et salaires d'ouvriers. La connaissance de toute coalition tendant à en faire hausser ou diminuer le prix est dans les attributions de la police municipale (*Loi du 6 octobre 1791.*)

Garantie (bureaux et droits de.)

Aux termes du décret du 28 floréal an XIII, les préposés de la régie des droits réunis 2 des contributions indirectes 2 peuvent eux-mêmes constater les délits et contraventions à la loi du 19 brumaire an IV, ou concurremment avec les employés des bureaux de garantie, et poursuivre la condamnation aux peines encourues, en remplissant les formalités prescrites par cette loi, et sans qu'il puisse être transigé sur les délits et contraventions. *Voyez marque d'or et d'argent.*

Garde nationale (la) instituée par l'assemblée constituante, a éprouvé sous les gouvernemens qui se sont succédés depuis 1789 jusqu'à la révolution de 1830 de continuels changemens dans sa composition, son organisation, sa discipline, son service et son uniforme. La Charte de 1830 en a consacré l'institution constitutionnelle, et, une loi du 22 mars 1831 a rempli le vœu de la charte : cette loi, composée de 162 articles, se divise en 6 titre, subdivisés en sections.

TITRE 1er. Dispositions générales sur l'institution de la garde nationale ; sa composition ; son service ; et les autorités sous lesquelles elles est placée.

TITRE II. 1re *Section.* De l'obligation du service.

2e *Section.* De l'inscription au registre-matricule.

TITRE III. 1re *Section.* De l'inscription au contrôle du service ordinaire et de réserve.

2e *Section.* Des remplacemens, des exemptions, des dispenses de service ordinaire.

3e *Section.* Formation de la garde nationale, composition des cadres. § 1er, formation des compagnies. § II, formation des bataillons. § III, formation des légions.

4e *Section.* De la nomination aux grades.

5e *Section.* De l'uniforme et des préséances.

6e *Section.* Ordre du service ordinaire.

7e *Section.* De l'administration.

8e *Section.* § 1er. Des peines. § II, des conseils de discipline. § III, de l'instruction et des jugemens.

TITRE IV. Mesures exceptionnelles et transitoires pour la garde nationale en service ordinaire.

TITRE V. Des détachemens de la garde nationale.

1re *Section.* Appel et service des détachemens.

2e *Section.* Discipline.

TITRE VI. Des corps détachés de la garde nationale pour le service de la guerre.

1re *Section.* Appel et service des corps détachés.

2° *Section.* Désignation des gardes nationaux pour la formation des corps détachés, et durée du service.

3° *Section.* Formation, nomination et administration des corps détachés de la garde nationale.

4° *Section.* Discipline des corps détachés.

Gardes des bois particuliers (les) ne peuvent exercer leurs fonctions qu'apres avoir été agréés par le conservateur forestier, et après avoir prêté serment devant le Tribunal de première instance. (*Article* 15 *de la loi du* 9 *floréal an* XI.)

En cas de refus par le conservateur d'agréer lesdits gardes, celui qui les a présentés peut se pourvoir devant le préfet du département, qui statue. (*Art.* 16.)

Gardes champêtres (les) existaient avant 1789 sous les noms de *bangards, messiers, gardes-messiers.* Ils ont été conservés par l'assemblée constituante, dans la loi du 30 avril 1790 sur la chasse, et dans celle du 6 octobre 1791, sur la police rurale, mais une loi du 20 messidor an III les a établis dans toutes les communes, et a réglé leur nomination et leur traitement.

Leurs fonctions et attributions comme officiers de police judiciaires sont déterminées par le Code d'instruction criminelle.

Gardes forestiers : les : institués par l'ordonnance des eaux et forêts, de 1769, conservés par l'assemblée constituante dans la loi du 29 septembre 1791 sur l'administration forestière tiennent aujourd'hui leurs pouvoirs et attributions du nouveau code forestier du 21 mai 1827. Le code d'instruction criminelle leur a conféré les attributions d'officiers de police judiciaire.

Gardien de bestiaux, voyez *Agriculture.*

Gardien de prison. Voyez, à la quatrième Partie, Livre I, titre III, la sect. 2 *des Prisons, Maisons d'arrêt et de justice.* — Voyez l'art. 120 du Code pénal, concernant les gardiens et concierges des maisons de dépôt, d'arrêt, de justice ou de peine.

Gardes-pêche. Leurs fonctions et attributions sont réglées par la loi du 15 avril 1829, sur la pêche fluviale. Voyez *pêche.*

Garnisaires et porteurs de contraintes. Leur établissement, leurs droits, leurs devoirs sont réglés et déterminés par l'arrêté du 16 thermidor an VIII.

Gendarmerie (le corps de la) a été institué et organisé par l'assemblée constituante en remplacement de celui connu sous le nom de maréchaussée.

La première loi organique est du 16 février 1791. Les bases de la composition, de l'organisation, du service, de la solde et de l'habillement ont été modifiées par différentes lois ou réglemens postérieurs qui ont été refondus dans une ordonnance, en 320 articles, du 29 octobre 1820, encore en vigueur.

Une ordonnance du 8 septembre 1830 a seulement changé les dénominations et l'uniforme des différens corps de gendarmerie.

Glanage et grapillage. Les art. 471 n° 10 et 474 du Code pénal règlent les peines pour le glanage et grapillage dans les champs non encore vides de leurs récoltes, ou avant le lever et après le coucher du soleil. Voyez ces articles.

Grains, farines et substances céréales. La législation sur cette partie importante de l'administration générale a eu, sous tous les gouvernemens, avant et depuis 1789, pour objet d'employer tous les moyens d'assurer les subsistances, de protéger leur circulation dans l'intérieur, d'encourager leur importation dans les temps de disette, et prohiber leur exportation lors que le prix auquel les grains s'élève peut compromettre la tranquillité publique.

Les bornes de cet ouvrage ne nous permettent pas d'offrir l'état des nombreuses lois rendues à cet égard ; nous nous bornerons à citer les lois du 7 vendémaire an IV, du 22 prairial an V, du 16 juillet 1819, du 9 juin 1820, du 4 juillet 1821, du 20 octobre 1830, et du 15 avril 1832.

Greffe des arbres, voyez *Arbres.*

Greffier, voyez *Extraits.*

Grêle (la), le feu du ciel, la gelée et la coulure sont des cas fortuits ordinaires, que les propriétaires peuvent mettre par leurs baux à la charge des fermiers ou locataires. (*Art.* 1771 *et* 1773 *du Code civil.*)

Grenailles, voyez *Farines et substances farineuses.*

Guet-apens (sur le), voyez les art. 232, 298 et 310 du Code pénal.

H

Habitation. Nul ne peut, sans autorisation, élever aucune habitation, ni creuser aucun puits, à moins de cent mètres z plus de trois cents pieds z des nouveaux cimetières transférés hors des communes en vertu des lois et réglemens (*Décret du* 7 *mars* 1808, art. 1er. z

Les bâtimens existans ne peuvent également être restaurés ni augmentés sans autorisation. — Les puits peuvent, après visite contradictoire d'experts, être comblés, en vertu d'ordonnance du préfet du département, sur la demande de la police locale. (*Article* 2.) (Bulletin, n° 184.)

Haies. Voyez, à l'art. 456 du Code pénal, les peines contre ceux qui détruisent les haies vives ou sèches.

Halage, voyez *Chemin de halage.*

Halles, foires et marchés. Une loi du 20 août 1790, déclare que les bâtimens des halles, les étaux et les bancs continuent d'appartenir à leurs propriétaires ; mais que ceux-ci peuvent obliger les municipalités de les acheter ou de les prendre à loyer ; et réciproquement que les municipalités peuvent contraindre les propriétaires à les vendre, à moins qu'ils n'en préfèrent le louage.

Les droits de location dans les halles, foires, halles et marchés au profit des communes doivent être autorisés par le gouvernement. (*Ord. du 8 août 1821.*)

Haras. Une ordonnance du Roi, insérée dans le Moniteur du 11 février 1825, a établi près du ministre de l'intérieur un conseil des haras, composé de sept membres nommés par Sa Majesté. Il y a deux haras divisés en huit arrondissemens. Il y a huit inspecteurs généraux. Le personnel de chaque haras et de chaque dépôt est composé d'un directeur, d'un agent spécial régisseur, d'un surveillant et d'un vétérinaire. — Cette ordonnance, datée du 16 janvier 1825, est insérée au Bulletin des Lois, n° 23.

Hectare, hectolitre. Voyez *poids et mesures.*

Herboriste. On ne peut en exercer la profession sans certificat d'examen délivré par le jury médical. (*Loi du 21 germinal an XI.*)

Homicide. Cas où il n'est ni crime ni délit, voyez les art. 327, 328 et 329 du Code pénal.

S'il est la suite de l'imprudence ou de la négligence de son auteur, et qu'il soit reconnu involontaire par la déclaration du jury, l'auteur est condamné à une amende de 50 fr. à 600 fr., et à un emprisonnement de trois mois à deux ans. Voyez l'art. 319 du même Code.

Honneurs publics, rangs et préséances dans les cérémonies. Ils sont réglés par le Décret du 24 messidor an XII, qui est toujours en vigueur.

Hôpitaux et hospices civils. La loi du 16 vendémiaire an V qui a rétabli les hospices dans la jouissance de leurs biens, institue une commission de cinq membres pour l'administration de ces biens.

Le mode de gestion de cette administration, sa nomination, son organisation, ses attributions et sa comptabilité, sont réglés et déterminés par un grand nombre de lois, d'arrêtés, de décrets et d'ordonnances dont les plus importans sont du 16 messidor an VII, 5 ventôse an VIII, 4 ventôse et 7 messidor an IX, 8 et 19 vendémiaire an XII, 7 floréal an XIII, 10 brumaire an XIV, 6 février 1818, 31 octobre 1821, 4 mai 1825, 19 novembre 1826, 6 juin 1830, et 22 janvier 1831.

Les dons et legs qui leur sont faits doivent être autorisés. Voyez *Dons et Legs.*

L'autorisation donnée à un hospice pour plaider en première instance, suffit pour défendre sur l'appel interjeté par l'adversaire de l'hospice, la défense sur l'appel n'ayant d'autre objet que celui d'obtenir la confirmation du jugement de première instance. *Arrêt de la Cour de Cassation du 26 août 1823.*

Hypothèques des communes et des établissemens publics. Les droits et créances auxquels l'hypothèque légale est attribuée sont... ceux de l'État, des communes et des établissemens publics, sur les biens des receveurs et administrateurs comptables. (*Art. 2121 du Code civil.*)

I.

Iles, flots, et attérissémens (les) qui se forment dans le lit des fleuves ou des rivières navigables ou flottables, appartiennent à l'Etat (et non aux communes ou aux particuliers) s'il n'y a titre ou prescription contraire. (*Code civil, art.* 560.)

Illumination (l') est un des objets de police confiés à la surveillance et à l'autorité des commissaires de police, des maires et adjoints. (*Loi du* 24 *août* 1790, *titre XI, art.* 3.) — Voyez *Eclairage.*

Immondices. Les art. 471 n° 12 et 475 n° 8 du Code pénal règlent les peines contre ceux qui en jettent sur quelqu'un ou contre les maisons, édifices, clôtures, jardins et enclos.

Impression des lois et ordonnances du royaume. Il est permis à tous imprimeurs ou libraires d'imprimer et débiter les lois et ordonnances du royaume aussitôt après leur publication officielle au Bulletin des Lois. (*Ordonnance du Roi, du* 12 *janvier* 1820, concernant l'Imprimerie Royale, art. 3. (Bulletin, n° 338.)

Il est interdit à l'Imprimerie Royale d'exécuter aucun travail d'impression, soit pour des administrations autres que celles spécifiées en l'article précédent (les ministres et chefs d'administration générale), soit pour les particuliers, à moins d'une autorisation du garde des sceaux. (*Art.* 5.)

Le directeur de l'Imprimerie Royale doit fournir gratuitement sept mille exemplaires du Bulletin des Lois pour les besoins du gouvernement... (*Art.* 8.)

Il est tenu d'imprimer gratuitement les mémoires de l'Institut et les ouvrages de littérature, sciences et arts, ou tous autres dont le Roi juge à propos, sur la proposition du garde des sceaux, d'ordonner la publication à titre de récompense ou d'encouragement... (*Art.* 10.)

Imprimeurs, voyez *Affiches.* Il est défendu aux imprimeurs de tirer aucun exemplaire d'annonces, affiches ou avis, sur papier non timbré, sous prétexte de les faire frapper d'un timbre extraordinaire. (*Loi du* 18 *avril* 1816, *art.* 68.)

La contravention d'un imprimeur à ces dispositions serait punie d'une amende de cinq cents francs, sans préjudice du droit de Sa Majesté de lui retirer sa commission. (*Art.* 69)

Incendies. Sont tenus les maîtres maçons, charpentiers, couvreurs et autres ouvriers, au premier avis qui leur est donné de quelque incendie, et sur la réquisition des commissaires de police, des maires et adjoints, de se transporter à l'instant sur le lieu où est l'incendie, d'y faire transporter leurs compagnons, ouvriers et apprentis avec les outils et ustensiles nécessaires pour aider à éteindre le feu, à peine de 500 fr. d'amende contre chacun desdits maîtres, et de prison contre lesdits compagnons, apprentis et ouvriers. (*Ordonnance du* 1er *septembre* 1779, *art.* 8, *et Ordonnance du* 15 *novembre* 1781, *art.* 21.)

Voyez à l'art. 475 n° 12 du Code pénal, la peine contre ceux

qui refusent de prêter secours en cas d'incendie ou autres calamités.

Indemnités des employés. Une ordonnance du Roi du 30 avril 1823
(Bulletin , n° 606 , rend applicables aux indemnités dont jouissent
les employés réformés , les dispositions de l'ordonnance royale du
27 août 1817 (insérée au Bulletin des Lois, n° 172), qui déclarent
les pensions sur les fonds de retenue incessibles et insaisissables.

*Indemnités accordées aux juges, aux officiers du ministère public et
aux greffiers.* Une ordonnance du Roi , du 4 août 1825 (Bulletin,
n° 686, accorde aux juges , aux officiers du ministère public et aux
greffiers qui , dans le cas prévu par l'art. 496 du Code civil (relatif
à l'interrogatoire à faire subir à celui dont on provoque l'interdiction), se transportent à plus de cinq kilomètres (une lieue) de
leur résidence, les indemnités accordées par les articles 88 et 89 du
réglement du 11 juin 1811 , suivant les distinctions établies dans ces
articles, en ce qui concerne les distances.

Indemnités aux propriétaires pour occupation de terrains. Lorsque,
pour exécuter un dessèchement, l'ouverture d'une nouvelle navigation ; un pont, il est question de supprimer des moulins et autres
usines, de les déplacer, modifier, ou de réduire l'élévation de leurs
eaux, la nécessité en est constatée par les ingénieurs des ponts et
chaussées. — Le prix de l'estimation est payé par l'Etat , lorsqu'il
entreprend les travaux; lorsqu'ils sont entrepris par des concessionnaires, le prix de l'estimation est payé avant qu'ils puissent faire
cesser le travail des moulins et usines.

Il est d'abord examiné si l'établissement des moulins et usines est
légal , ou si le titre d'établissement ne soumet pas les propriétaires
à voir démolir leurs établissemens sans indemnité, si l'utilité publique le requiert. (*Art. 48 de la loi du 16 septembre* 1807 , Bulletin ,
n° 162.)

Les terrains nécessaires pour l'ouverture des canaux et rigoles ;
des canaux de navigation, de routes, de rues, la formation des places et autres travaux reconnus d'une utilité générale , sont payés à
leurs propriétaires, et à dire d'experts, d'après leur valeur avant
l'entreprise des travaux, et sans nulle augmentation du prix d'estimation (*Art.* 49.)

Lorsqu'un propriétaire fait volontairement démolir sa maison,
lorsqu'il est forcé de la démolir pour cause de vétusté , il n'a droit
à indemnité que pour la valeur du terrain délaissé , si l'alignement
qui lui est donné par les autorités compétentes le force à reculer sa
construction. (*Art* 50.) Voyez les articles suivans au Bulletin des
Lois ci-dessus indiqué.

Industrie française. L'article 417 du Code pénal règle les peines
contre ceux qui , dans la vue de nuire à l'industrie française , font
passer en pays étranger des directeurs , commis ou ouvriers d'un
établissement.

Inhumation (aucune) n'est faite sans une autorisation, sur papier
libre et sans frais, de l'officier de l'état civil (du maire ou de l'adjoint) , qui ne peut la délivrer qu'après s'être transporté auprès de
la personne décédée , pour s'assurer du décès ; et que vingt-quatre

heures après le décès, hors les cas prévus par les réglemens de police. (*Code civil, art.* 77.)

Voyez, à l'art. 358 du Code pénal, la peine contre l'infraction à cette disposition du Code civil.

Inondation, voyez *Déversoir.* Personne ne peut inonder l'héritage de son voisin, ni lui transmettre volontairement les eaux d'une manière nuisible, sous peine de payer le dommage et une amende qui ne peut excéder la somme du dédommagement. (*Loi du 6 octobre* 1791, *titre II art.* 15.)

Inscription sur le grand-livre (remplacement en cas de perte d'extrait d'). Il n'est plus délivré de duplicata des extraits d'inscription aux grand-livre des cinq pour cent consolidés et de la dette viagère. (*Décret du 3 messidor an* XII, 3 *art.* 1er.)

Les rentiers qui auraient perdu perdu leurs extraits d'inscription, en font la déclaration devant le maire de la commune de leur domicile.—Cette déclaration faite en présence de deux témoins qui constatent l'individualité du déclarant, est assujettie au droit fixe d'enregistrement d'un franc. (*Art.* 2.)

Ladite déclaration est rapportée au Trésor public. — Après en avoir fait constater la régularité, le ministre du Trésor public autorise le directeur du grand-livre a débiter le compte de l'inscription perdue, et à la porter à compte nouveau, par un transfert de forme : il est remis au réclamant un extrait original de l'inscription de ce nouveau compte. (*Art.* 3.)

Le transfert de forme autorisé par l'article précédent, a lieu dans le semestre qui suit celui pendant lequel la demande d'un nouvel extrait d'inscription a été adressée au ministre du Trésor public. (*Art.* 4.)

Insensés, voyez *Furieux.*

Instituteurs et institutrices. Relativement aux peines qui leur sont infligées pour crimes et délits envers les enfans qui sont sous leur direction, voyez les art. 333 et 350 du Code pénal.

Instruction primaire (l') a été organisée par les ordonnances des 29 février 1816, 2 août 1820, et 21 avril 1828. Ces ordonnances ont été modifiées par celles du 16 octobre 1830, 12 mars et 18 avril 1831.

Instrumens aratoires. L'art. 451 du Code pénal fixe les peines pour leur destruction, et l'art. 471 n° 7, celles encourues par les personnes qui en laissent dans les champs.

Interprètes des songes. Les art. 479 n° 6, 480 et 481 portent les peines contre ceux qui font le métier de deviner, pronostiquer ou d'expliquer les songes.

Invocations Sur les peines pour provocation aux crimes par discours, exhortations, invocations ou prières, en quelque langue que ce soit, voyez l'article 293 du Code pénal.

Irrigation, voyez *Eau.*

J.

Jantes des roues. L'ordonnance du Roi, du 20 juin 1821 : Bulletin n° 460 : , dispose :

« Le chargement de toute voiture parcourant les routes sur des roues dont les jantes seraient de largeur inégale, ne pourra être au-dessus du poids déterminé sur la dimension des jantes les plus étroites, par le tarif inséré dans le décret du 23 juin 1806. — En conséquence, l'excédant de ce poids sera réputé surcharge, et les contrevenans seront passibles d'amendes prononcées, pour excès de chargement, par la loi du 19 mai 1802 (29 floréal an x) et par le-dit décret. » (*Art.* 1er.)

Jaugeage. Les préposés aux ponts à bascule sont chargés de véri-fier la largeur des bandes des roues. — Cette vérification se fait gra-tuitement, au moyen des jauges en fer qui sont remises à chaque bureau par l'administration des ponts et chaussées. (*Art.* 19 *du dé-cret du 23 juin 1806.*)

Jeux. Le maintien du bon ordre dans les jeux est confié aux offi-ciers municipaux (aux maires et adjoints). (*Loi du 24 août 1790 , titre XI, art.* 3, n° 3.) — Voyez l'article 1966 du Code civil sur les jeux qui tiennent à l'adresse et à l'exercice du corps. — Voyez les articles 1965 et 1967 du même Code.

Jeux de hasard et de loterie. Voyez au art. 475, n° 5, 477 et 478 du Code pénal, les peines contre ceux qui les tiennent.

Joailliers. Voyez *Fabricans et marchands d'ouvrages d'or et d'ar-gent.* — Voyez les articles 86 à 89 de la loi du 19 brumaire an VI concernant les joailliers.

Joueurs à la baisse et à la hausse, voyez *Effets publics.*

Journée de travail. L'art. 28 de la loi des finances du 23 juillet 1820 porte que la valeur de la journée de travail ne pourra, confor-mément à l'art. 3 de la loi du 3 nivôse an VII être au-dessous de 30 centimes, ni au dessus d'un franc 50 centimes.

Jours. La peine à un jour d'emprisonnement est de *vingt-quatre* heures. — Celle à un mois est de *trente* jours. (*Code pénal, art.* 40.)

Les jours d'emprisonnement sont des jours complets de vingt-quatre heures. (*Art.* 465, *ibid.*)

Jours de repos. Voyez à l'art. 260 du Code pénal les peines contre ceux qui, par voies de fait ou menaces, auraient contraint ou em-pêché une ou plusieurs personnes d'observer certains jours de repos.

Juges et justices de paix. La charte constitutionnelle, art. 52, dé-clare que la justice de paix est conservée, et que les juges de paix, quoique nommés par le Roi ne sont point inamovibles.

Les juges de paix connaissent concurremment avec les maires, des diverses contraventions de police commises dans leur ressort. Mais l'article 138 du code d'instruction criminelle établit des distinctions, et des règles pour lesquelles nous renvoyons à ce code.

Jurés et jury. L'article 65 de la charte constitutionnelle consacre l'institution du jury : et l'article 69 ordonne qu'il sera pourvu par une loi spéciale à l'application du jury aux délits de la presse, et aux délits politiques : cette loi est du 8 octobre 1830. La formation et la publication des listes des jurés sont réglées par les lois du 2 mai 1827, du 2 juillet 1828, et du 19 avril 1831.

Jury médical. Ce jury est institué par les lois du 19 ventôse, et du 21 germinal an xi pour l'examen des officiers de santé, des sages-femmes, des pharmaciens et des herboristes.

K.

Kilo. Il est dérivé du mot grec *kilios*, qui veut dire *mille*, et qui se décline avec le substantif qui le suit : *kilioi métroi*, mille mètres. De *kilios*, par contraction, on a fait *kilo*, de là *kilomètre*, mille mètres; *kilolitre*, mille litres; *kilostère*, mille stères; *kilare*, mille ares; comme de * écaton*, qui veut dire *cent*, par contraction, on a fait *hecto* : de là *hectomètre*, cent mètres; *hectogramme*, cent grammes; *hectolitre*, cent litres.

Kilare, mille ares. On appelle *are* la mesure de superficie pour les terrains, égale à un carré de dix mètres de côté. (*Loi du* 18 *germinal an* III, *art.* 5.)

Kilogramme, mille grammes, « poids de l'eau sous le volume du décimètre cube, contenant dix onces. » (*Article* 2 *de l'arrêté du gouvernement du* 13 *brumaire an* ix.)

Kilolitre, mille litres. Sa capacité égale un mètre cube. Voyez *Litre.*

Kilomètre, mille mètres. Il équivaut à environ cinq cents toises.

L.

Laboratoires d'anatomie, et salles de dissection. Leur police est réglée par un arrêté du 3 vendémiaire an 7.

Labourage (le) est mis sous la protection spéciale des autorités municipales. (*Loi du* 6 *octobre* 1791) voyez *agriculture*, *engrais*, *instrumens aratoires*, *et récoltes.*

Lais et relais de la mer (les) sont considérés comme des dépendances du domaine public. (*Code civil*, *article* 538.) — Néanmoins, ils peuvent être concédés par le gouvernement. (*Art.* 41 *de la loi du* 16 *septembre* 1807.)

Lait (la vente du) est soumise à la surveillance des autorités municipales, sous le rapport des vases qui le contiennent, des mesures, et de la falsification. 2 *Loi du* 22 *juillet* 1791. 2

Légalisation des actes. Les maires la font concurremment avec les présidens des tribunaux, mais seulement sur les actes des officiers publics, ou pour les habitans de leur commune. (*Loi du* 27 *mars* 1791.)

Légumes et fruits. La loi du 22 juillet 1791 attribue aux autorités municipales le droit de s'opposer à la vente dans les marchés, des légumes et fruits gâtés et corrompus.

Lettres missives. Voyez à l'art. 187 du Code pénal les peines dont sont punies la suppression et l'ouverture des lettres confiées à la poste.

Lettre de change (Paiement d'une). Voyez à la troisième Partie, titre 1er, chapitre VIII, le §. 4 de la 1re section, *du Paiement de la lettre de change.*

38

Liberté individuelle, voyez, à la quatrième Partie, Livre Ier, titre III, la section 3 *des Moyens d'assurer la Liberté individuelle contre les détentions illégales ;* et, Livre II, titre Ier, chapitre II, la section 2 *des Attentats à la Liberté.*

Liberté provisoire, voyez l'art 53 du Code pénal.

Lieue commune (la) est composée de cinq kilomètres, cinq mille mètres. Les deux lieues communes forment un *myriamètre* ou dix mille mètres — *Murios murioi* en grec, veulent dire *sans nombre, dix mille. Murias, muriados*, signifient aussi *dix mille.*

Lieux publics. Les commissaires de police, maires et adjoints peuvent toujours y entrer, soit pour prendre connaissance des désordres ou contraventions aux lois et réglemens, soit pour vérifier les poids et mesures, la salubrité des comestibles et médicamens, le titre des matières d'or et d'argent. (*Loi du 22 juillet* 1791, *titre* Ier, *art.* 9.) — Voyez *Cabarets, Cafés, Débauche.*

Liquides, voyez *Vins et autres liquides.*

Listes électorales. Leurs formation et publication sont réglées par la loi du 21 mars 1831 sur l'organisation municipale, du 22 mars même année sur la garde nationale, et du 19 avril suivant, sur les élections des députés.

Lit d'un fleuve ou d'une rivière. Si un fleuve ou une rivière navigable, flottable ou non, se forme un nouveau cours, en abandonnant son ancien lit, les propriétaires des anciens fonds nouvellement occupés, prennent, à titre d'indemnité, l'ancien lit abandonné, chacun dans la proportion du terrain qui lui a été enlevé. (*Code civil, art.* 563.) — Voyez les quatre articles précédens de ce Code.

Lithograhie. L'art. de la lithographie ayant reçu de nombreuses applications qui l'assimilent entièrement à l'impression en caractères mobiles et à celle en taille-douce, et s'étant formé, pour la pratique de cet art, de nombreux établissemens de la même nature que les imprimeries ordinaires, sur lesquelles il a été statué par la loi du 21 octobre 1814 ; et le Roi voulant prévenir les inconvéniens qui résulteraient de l'usage clandestin des presses lithographiques, a rendu, le 8 octobre 1817, l'Ordonnance qui suit :

Art 1er. Nul ne sera imprimeur lithographique s'il n'est breveté et assermenté.

Art 2. Toutes les impressions lithographiques seront soumises à la déclaration et au dépôt (de cinq exemplaires) comme tous les autres ouvrages d'imprimerie.

Art. 3. Notre ministre (directeur) de la police est chargé de l'exécution de la présente ordonnance.

Litre. Mesure de capacité, tant pour les liquides que pour les matières sèches, dont la contenance est celle du cube de la dixième partie du mètre. (*Art* 5 *de la loi du 18 germinal an III, sur les poids et mesures.*)

Livret. La loi du 22 germinal an XI relative aux *manufactures*, titre III, art. 12 et 13, a ordonné que les ouvriers seraient obligés d'avoir un livret sur lequel seraient inscrits les congés qui leur seraient délivrés ; — que nul ne pourrait, sous peine de dommages-intérêts, recevoir un ouvrier s'il n'est muni d'un livret portant le

certificat d'acquit de ses engagemens, délivré par celui de chez qui
il sort, et que le gouvernement déterminerait la forme des livrets,
et les règles à suivre pour leur délivrance, leur tenue ou leur renouvellement.

Le gouvernement a en conséquence pris un arrêté, en treize articles, le 9 frimaire an XII, lequel est inséré au Bulletin des Lois,
n° 328.

Logement des troupes chez les habitans. Il a été fait à cet égard un
réglement en vingt-six articles, converti en loi le 23 mai 1792.

Logement donné aux malfaiteurs. Les art. 61 et 268 du Code pénal règlent les peines contre ceux qui le leur fournissent.

Loteries, voyez *Jeux de hasard et de loterie.* Tout établissement
de loterie particulière ou étrangère est prohibé. (*Loi du 9 vendémaire an VI, art. 91.*)

Les individus qui se permettent de recevoir pour les loteries
étrangères, sont condamnés, pour la première fois, à une amende
de 3,000 fr.; et la seconde, outre l'amende, en six mois de détention. (*Art. 92.*)

L'art. 4 de la loi du 9 germinal an VI porte la condamnation à un
emprisonnement de six mois et à une amende de 6,000 francs pour
la première fois, et, en cas de récidive, à un emprisonnement de
deux années et à une amende double de la première ; le tout indépendamment de la saisie des billets, registres et fonds qui se trouveraient soit chez le receveur, soit chez le banquier. -- Voyez les
articles précédens et suivans de cette loi.

Loups et Louves (destruction des). Il est accordé à tout citoyen
une prime de 50 fr. par tête de louve pleine, 40 fr. par chaque tête
de loup, et 20 fr. par chaque tête de louveteau. (*Loi du 10 messidor an V, art. 2.*)

Lorsqu'il est constaté qu'un loup, enragé ou non, s'est jeté sur
des hommes ou enfans, celui qui le tue a une prime de 150 fr. (*Article 3.*)

Celui qui a tué un de ces animaux, et veut toucher l'une des
primes énoncées dans les deux articles précédens, est tenu de se présenter au maire de la commune de son domicile, et d'y faire constater la mort de l'animal, son âge et son sexe ; si c'est une louve,
il est dit si elle est pleine ou non. (*Art 4.*)

La tête de l'animal et le procès-verbal dressé par le maire (ou
par son adjoint) sont envoyés au préfet, qui délivre un mandat sur
le receveur du département, sur les fonds qui sont à cet effet mis
entre ses mains par ordre du ministre de l'intérieur. (*Art. 5.*)

M.

Machines à feu à haute pression. Une ordonnance du Roi, du
29 octobre 1823 (Bulletin, n° 637), contient le réglement sur les
machines à feu à haute pression, et règle les formalités à remplir
pour obtenir l'autorisation d'en établir. Voyez cette ordonnance au
Bulletin des Lois indiqué.

Maçons, voyez *Incendies*.

Maires et adjoints. Voyez *état civil et organisation municipale* (loi sur l').

Maison commune. Avant la célébration du mariage, l'officier de de l'état civil (le maire ou l'adjoint) fait deux publications à huit jours d'intervalle, un jour de dimanche, devant la porte de la maison commune. (*Art.* 63 *du Code civil.*)

Maison d'arrêt, voyez *Gardien de prison*.

Maisons garnies, voyez *Aubergistes*, *Hôteliers*. — Les maisons garnies sont comprises dans la désignation générale *hôtelleries*, employée dans l'article 386 du Code pénal. *Arrêt de la Cour de Cassation* (*sections réunies*), du 17 juin 1811, affaire d'Anne Bernard, femme Collin. ı

Maisons hospitalières de femmes (les) sont soumises à la police des maires, des préfets et officiers de justice. ı *Décret du* 18 *février* 1809; Bulletin, nᵒ 225. ı

Maisons de jeux de hasard. L'art. 410 du Code pénal détermine les peines contre ceux qui tiennent de ces sortes de maisons. Voyez-le.

Maisons de prêt sur nantissement. Aucune maison de prêt sur nantissement ne peut être établie qu'au profit des pauvres et avec l'autorisation du gouvernement (*Loi du* 16 *pluviôse an* xii.)

Voyez, à l'art. 411 du Code pénal, les peines contre ceux qui établiraient ou tiendraient des maisons de prêt sans autorisation légale, etc.

Majorité (la) est fixée à 21 ans accomplis, à cet âge on est capable de tous les actes de la vie civile ; sauf pour le mariage: (*Article* 188 *du code civil.*)

Malades décédés dans les hospices (effets mobiliers des). Le Conseil d'État, par les motifs par lui exprimés, est d'avis,

1°. Que les effets mobiliers apportés par les malades décédés dans les hospices, et qui y ont été traités gratuitement, doivent appartenir auxdits hospices, à l'exclusion des héritiers, et du domaine, en cas de déshérence ;

2°. Qu'à l'égard des malades ou personnes valides, dont l'entretien et le traitement ont été acquittés de quelque manière que ce soit, les héritiers et légataires peuvent exercer leurs droits sur tous les effets apportés dans les hospices par lesdites personnes malades ou valides, et que, dans le cas déshérence, les même effets doivent appartenir aux hospices au préjudice du domaine;

3°. Qu'il ne doit rien être innové à l'égard des militaires décédés dans les hospices (*Avis du Conseil d'État*, du 14 *octobre* 1809, approuvé le 3 novembre ; Bulletin, nᵒ 248.)

Mandats d'amener, de *comparution*, de *dépôt* et *d'arrêt*. Le mode de délivrance et d'exécution de ces mandats est réglé par le code d'instruction criminelle.

Manufactures, voyez *Industrie française*. La loi du 22 germinal an xi, relative aux manufactures, réglant l'établissement de chambres consultatives de manufactures, fabriques, arts et métiers, la police des manufactures, fabriques et ateliers, statuant sur la contrefaçon des marques particulières, et déterminant la compétence des affaires de simple police entre les ouvriers et apprentis, les manufacturiers, fabricans et artisans, est insérée au Bulletin des Lois, n° 270.

Voyez, à l'art. 413 du Code pénal, les peines pour violation des réglemens relatifs aux produits des manufactures françaises qui s'exportent à l'étranger, et qui ont pour objet de garantir la bonne qualité, les dimensions et la nature de la fabrication. — Voyez *Coalition*. (1)

Marais, voyez *Desséchement des marais*.

Marchandises prohibées. La loi du 10 brumaire an V fait connaître en détail les marchandises prohibées; détermine les peines à infliger pour contraventions. Elle est insérée au 86° Bulletin des Lois.

Le décret contenant de nouvelles dispositions pour prévenir ou réprimer l'introduction des marchandises prohibées, en date du 8 mars 1811, est inséré au Bulletin, n° 356.

Marchands forains (les) sont soumis à l'inspection et à la surveillance des autorités municipales pour leurs patentes, leurs poids et mesures, le titre des matières d'or et d'argent qu'ils vendent (*Lois du 22 juillet 1791, du 19 brumaire an 6, et 1er brumaire an 7.*)

Marchands de vin (les) sont soumis aux visites des autorités locales, et doivent se conformer aux réglemens municipaux qui fixent les heures d'ouverture et de fermeture des boutiques. (*Loi du 22 juillet 1791.*)

Marchés publics. Les autorités municipales doivent veiller à ce qu'ils soient approvisionnés, à ce qu'il ne s'y vende aucun comestible gâté ou corrompu, et à ce que l'ordre public y soit maintenu par une force publique suffisante. (*Lois du 24 août 1990 et du 22 juillet 1791.*) Voyez *Halles*.

Mariage (le) n'a pas lieu en France entre Blancs et Négresses et entre Nègres et Blanches. (*Circulaire du ministre de la justice du 18 nivôse an XI.*)

Marque d'or et d'argent. La loi du 19 brumaire an VI règle tout ce qui concerne la surveillance du titre et de la perception des droits de garantie des matières d'or et d'argent.

Martélage des bois propres aux constructions navales. Tout ce qui concerne ce martelage est réglé par le nouveau Code forestier du 21 mai 1827, et par l'ordonnance du 1er août suivant pour l'exécution de ce Code.

Matériaux. Les art. 471 et 474 du Code pénal règlent les peines contre ceux qui négligeraient d'éclairer les matériaux par eux entreposés dans les rues et places.

Matières d'or et d'argent. Les maires, adjoints et commissaires de police peuvent entrer dans les boutiques pour vérifier les poids et mesures, et le titre des matières d'or et d'argent. (*Loi du 22 juillet 1791, titre 1er, art. 9.*)

---

(1) Voyez à la quatrième Partie, Livre II, titre II, chapitre II, section 2, le § 5 *Violations des Réglemens relatifs aux manufactures*, etc.

Médecine et chirurgie. L'exercice de ces deux professions est réglé par la loi du 19 ventôse an xi, et par le décret du 20 prairial suivant.

Mendians. Voyez à la quatrième partie, titre Ier, chapitre III, la section 7.

Mérinos, voyez *Moutons.*

Messageries. Voyez *voitures publiques.*

Mètre z le z est le prototype fondamental de toutes les espèces de mesures introduites dans le nouveau système métrique. Voyez *poids et mesures, mines, minières et carrières.* Le propriétaire peut faire au-dessous de son sol toutes les constructions et fouilles qu'il juge à propos, et tirer de ces fouilles tous les produits qu'elles peuvent fournir, sauf les modifications résultant des lois et réglemens relatifs aux *mines*, et des lois et réglemens de police. (*Code civil, article* 552.)

On ne peut exploiter, sans une autorisation formelle du gouvernement, les mines métalliques (d'or, d'argent, de cuivre, de fer, de plomb, d'étain, de mercure ou vif-argent), les bitumes, les soufres, les mines de sel, les sources salées, les combustibles fossiles ou qui se trouvent en terre; mais quant aux autres mines, telles que celles de marbre, ardoises, craie, pierres, marnes, etc., la législation sur les mines a été fixée par la loi du 21 avril 1810 qui a consacré tous les principes sur la propriété et l'exploitation des mines, et par les décrets du 6 mai 1811, du 3 janvier et du 28 mai 1813.

Ministres. Voyez aux articles 114 à 119 du Code pénal les peines prononcées dans le cas d'atteinte portée par eux à la liberté individuelle des citoyens. — Voyez à l'art. 121 *ibid.* les peines contre ceux qui poursuivraient les ministres sans les autorisations nécessaires.

Ministres du culte. Voyez les art. 199 à 208 du Code pénal les concernant.

Mise en fourrière. En matière de police, comme en matière correctionnelle, les bestiaux, animaux, voitures et objets de délit, doivent être, en cas de saisie, conduits à la fourrière établie dans la commune. (*Lois du 6 octobre et 15 septembre 1791, et décret du 18 juin 1811.*)

Les lois sur les douanes, et le nouveau Code forestier statuent sur la mise en fourrière des objets de délit.

Monnaies, voyez *Billon.* L'art. 475, n° 11, du Code pénal prononce des peines contre ceux qui refusent de recevoir les monnaies nationales non fausses ni altérées, et l'art. 478 la peine *pour la récidive.*

La légende des nouvelles monnaies est réglée par l'ordonnance Royale du 17 août 1830.

Monts-de-Piété, voyez *Maisons de prêt sur nantissement.* Le décret du 24 messidor an xii, concernant les Monts-de-piété et les maisons de prêt sur nantissement, en 15 articles, est inséré au huitième Bulletin des Lois.

Un autre décret, du thermidor an xiii, concernant le Mont-de-piété de Paris, est inséré au cinquantième Bulletin des Lois. — A celui-ci est joint un réglement sur l'organisation et les opérations de ce Mont-de-piété, en 108 articles.

Monumens des sciences et des arts. L'art. 257 du Code pénal contient des peines contre leur dégradation. — Voyez *Dégradations des monumens.*

Moulins, voyez *Usines* et *Indemnités aux propriétaires pour occupations de terrain.*

Moutons, Une ordonnance du Roi, du 28 mai 1823 z Bulletin, n° 608 z, à supprimé la distinction établie en faveur des moutons mérinos et métis pour la perception des droits d'entrée et de sortie, et ces droits sont les mêmes que pour les moutons, béliers, brebis et agneaux communs.

Municipale (loi sur l'organisation). Cette loi du 21 mars 1831 est composée de 55 articles.

Elle est divisée en quatre chapitres.

Chapitre 1er. — De la composition du corps municipal.
—— II. Des conseils municipaux — *section* 1re. De la composition des conseils municipaux. — *section* 2e. Des assemblées des conseils municipaux.
—— III. Des listes et des assemblées des électeurs communaux. — *section* 1re. De la formation des listes. — *section* 2e. Des assemblées des électeurs communaux.
—— IV. Dispositions transitoires.
—— V. Disposition générale portant qu'il sera statué par une loi spéciale sur l'organisation municipale de la ville de Paris.

Munitions. Voyez à l'art. 96 du Code pénal les peines contre ceux qui en fournissent aux bandes séditieuses, et à l'art. 268, les peines contre ceux qui en fournissent aux bandes de malfaiteurs.

Mutilations, voyez *Soldats.*

Myriamètre, voyez *Lieue commune.*

N.

Naissance. Les déclarations de naissance sont faites, dans les trois jours de l'accouchement, à l'officier de l'état civil du lieu: l'enfant lui est présenté. (*Code civil*, art. 55.) — Voyez les art. 56 et 57.

Nantissement, voyez *Maisons de prêt sur nantissement* et *Monts-de-piété.*

Naturalisation des étrangers. La déclaration faite devant le maire, de l'intention de se fixer dans une commune, est le premier acte exigé d'un étranger pour obtenir des lettres de naturalisation (*art.* 11 du Code civil — ordonnance du 4 juin et loi du 14 octobre 1814.)

Navigation intérieure, voyez *Canaux.* Il est défendu d'établir aucun pont, aucune chaussée permanente ou mobile, aucune écluse ou usine, aucun batardeau, moulin, digue ou autre obstacle quelconque au libre cours des eaux dans les rivières navigables ou flottables, dans les canaux d'irrigation ou dessèchemens généraux; et d'y faire aucune prise d'eau ou saignée pour l'irrigation des terres, sans

en avoir préalablement obtenu la permission du préfet., qui ne peut
l'accorder que de l'autorisation expresse du gouvernement. (*Arrêté
du directoire exécutif du* 19 *ventôse an* vi.)

Par la loi du 30 floréal an x , il a été établi un droit de navigation
sur les fleuves ; les rivières et les canaux navigables , dont les produits sont spécialement et limitativement affectés au balisage, à l'entretien des chemins et ponts de hallage ; à celui des pertuis, écluses,
barrages , et autres ouvrages d'art établis pour l'avantage de la navigation.

Les contestations qui peuvent s'élever *sur la perception des droits
de navigation* sont jugées administrativement par les conseils de préfecture. (*Art.* 4 *de cette loi du* 30 *floréal an* x.)

Nitrières. Les possesseurs de nitrières , et ceux qui en veulent
former de nouvelles, sont autorisés à les exploiter ; à la condition
expresse d'en délivrer tout le salpêtre dans les magasins de l'État.
(*Loi du* 13 *fructidor an* v , *art.* 14.).

Noirs et Gens de couleur ; voyez *Traite des Noirs.* Un arrêté du
gouvernement , du 13 messidor an x , défend aux étrangers d'amener en France aucun noir ; mulâtre ou autres gens de couleur de
l'un et l'autre sexe ; et à tout noir, mulâtre ou gens de couleur, qui
ne seraient point au service , d'entrer sur le territoire français , sur
quelque cause et prétexte que ce soit, à moins qu'ils ne soient nantis d'une autorisation spéciale des magistrats des colonies d'où ils
seraient partis ; ou , s'ils ne sont pas partis des colonies , sans l'autorisation du ministre de la marine et des colonies , et ce , à peine
d'être arrêtés et détenus jusqu'à leur déportation. -- Voyez *Mariage*.

Noms et prénoms. Les formalités à remplir pour changer de nom
et de prénom sont prescrites par la loi du 11 germinal an xi.

Le décret du 20 juillet 1808 , qui a enjoint aux Juifs qui n'auraient point eu de noms de famille et de prénoms fixes , d'en adopter un dans les trois mois , et d'en faire la déclaration devant l'officier de l'état civil de la commune où ils étaient domiciliés , à peine
d'être renvoyés du territoire français , est inséré au Bulletin des
Lois , n° 198.)

Voyez à l'art. 154 du Code pénal la peine contre quiconque prendrait un *nom supposé* dans un passeport; et à l'art. 344 la peine contre celui qui ferait une arrestation illégale sous un *faux nom*.

Noms de fabricans sur les produits fabriqués (altérations ou sup-
positions de). Quiconque aura , soit apposé , soit fait apparaître ,
par addition , retranchement ou par altération quelconque, sur des
objets fabriqués , le nom d'un fabricant autre que celui qui en est
l'auteur , ou la raison commerciale d'une fabrique autre que celle
où lesdits objets auront été fabriqués , ou enfin le nom d'un lieu autre que celui de la fabrication , sera puni des peines portées en l'art.
423 du Code pénal , sans préjudice des dommages-intérêts , s'il y
a lieu.

Tout marchand , commissionnaire ou débitant quelconque , sera
passible des effets de la poursuite , lorsqu'il aura sciemment exposé
en vente , ou mis en circulation les objets marqués de noms suppo-
sés ou altérés. (*Loi du* 28 *juillet* 1824 , *art.* 1er.)

L'infraction ci-dessus mentionnée cessera, en conséquence, et nonobstant l'art. 17 de la loi du 12 avril 1803 (22 germinal an xi); d'être assimilée à la contrefaçon des marques particulières prévue par les art. 142 et 143 du Code pénal. (*Art.* 2.) — (Bulletin, n° 685.)

Notaires (les) doivent faire enregistrer au secrétariat de leurs municipalités respectives leur acte de prestation de serment, et y déposer leur signature et paraphe. (*Loi du 25 ventôse an XI.*)

Notaires et commissaires-priseurs. Une ordonnance du Roi, du 31 juillet 1822 (Bulletin, n° 546), prononce l'incompatibilité entre les fonctions de notaire et celles de commissaire-priseur, et rapporte pour cela l'art. 11 de l'ordonnance du 26 juin 1816, qui permettait le cumul.

Noyés. Des instructions publiées par le gouvernement indiquent les secours qu'on doit leur donner, au moyen des boîtes fumigatoires qui sont déposées dans des corps-de-garde le long des rivières navigables et flottables.

Nuit, voyez *Bruits nocturnes et injurieux.*

Numéraire (exportation du). L'arrêté du gouvernement la défendant, en date du 21 ventôse an xi, est inséré au Bulletin des Lois, n° 252.

Numérotage des maisons. Une ordonnance du Roi, du 23 avril 1823 (Bulletin n° 609); déclare applicables à toutes les villes et communes du royaume où la même opération sera jugée nécessaire les dispositions des art. 9 et 11 du décret du 4 février 1805, relatif au numérotage des maisons de la ville de Paris.

O.

Obéissance hiérarchique (l') justifie ceux qui ont agi. Voyez l'article 114 du Code pénal.

Objets d'un culte, voyez *Culte.*

Objets d'or et d'argent (les) déposés dans les greffes des tribunaux, qui étaient précédemment remis aux hôtels des monnaies, doivent être vendus sur les lieux. (*Ordonnance du Roi, du 23 janvier 1821.* — (Bulletin, n° 430.)

Objets de police (les) confiés à la vigilance et à l'autorité des maires et adjoints et des commissaires de police, sont énoncés en l'article 3 du titre XI de la loi du 24 août 1790.

Toutes les parties de cet article sont divisées et se trouvent traitées séparément dans cette cinquième Partie, chacune à son mot.

Octrois municipaux (les) sont les droits perçus à l'entrée des villes sur les objets de consommation. Leur établissement, les règles de leur perception et de leur administration ont été depuis l'an viii l'objet d'un grand nombre de lois, d'arrêtés, de décrets, d'ordonnances dont les principaux sont du 5 ventôse an viii, 8 et 9 décembre 1814, 28 avril 1816, 15 juillet 1824, et 26 mars 1831.

Officiers de l'état civil, voyez *État civil.*

Officiers de gendarmerie (les) sont officiers de police judiciaire. (*Art. 9 du Code d'Instruction criminelle.*)

Officiers de police judiciaire. Voyez à la quatrième Partie, Livre Ier, titre Ier, la section 1re, *Objet de police judiciaire, et par quels officiers elle est exercée.*

Officier de police municipale (nul), commissaire ou officier municipal ne peut entrer dans les maisons des citoyens, si ce n'est pour la confection des états ordonnés par les art. 1, 2 et 3, et la vérification des registres des logeurs, pour l'exécution des lois sur les contributions directes, et en vertu des ordonnances, contraintes et jugemens dont ils sont porteurs, ou enfin sur le cri des citoyens invoquant de l'intérieur d'une maison le secours de la force publique. (*Loi du 22 juillet 1791, titre Ier, art. 8.*)

A l'égard des lieux où tout le monde est admis indistinctement, tels que cafés..., ils peuvent toujours y entrer. (*Art 9.*)

Ils peuvent entrer en tout temps dans les maisons où l'on donne habituellement à jouer, et dans les lieux livrés notoirement à la débauche. (*Art. 10.*)

Hors les cas mentionnés aux art. 8, 9 et 10, les officiers de police qui, sans autorisation spéciale de la justice ou de la police de sûreté, feraient des visites ou des recherches dans les maisons des citoyens, seraient condamnés par le Tribunal de police (correctionnelle) à des dommages-intérêts qui ne pourraient être au-dessous de cent francs, sans préjudice des peines prononcées par la loi, dans le cas de voies de fait, de violences et autres délits. (*Art. 11.*)

Officiers municipaux. Les testamens faits dans un lieu avec lequel toute communication est interceptée à cause de la peste ou autre maladie contagieuse, peuvent être faits devant le juge de paix ou devant l'un des officiers municipaux (le maire ou l'adjoint) de la commune, en présence de deux témoins. (*Code civil, art. 985.*)

Or, voyez *Essayeur d'ouvrages d'or et d'argent, Fabricans et Marchands d'ouvrages d'or et d'argent, Matières d'or et d'argent.*

Oratoires particuliers. Les maires donnent leur avis aux préfets sur les demandes d'oratoires pour les établissemens publics et pour les particuliers. (*Décret du 22 décembre 1812.*)

Ordonnances-royales. Le Roi fait les réglemens et ordonnances nécessaires pour l'exécution des lois. 2 *Art. 13 de la charte.* 2

Ordures, voyez *Immondices.*

Orfèvres, voyez *Joailliers.*

Outrage à la pudeur des femmes, voyez *Attentat aux mœurs.*

Outrages et violence. Les art. 222 à 233 du Code pénal déterminent les peines qui y sont infligées suivant les cas et les personnes.

Ouverture de lettres, voyez *Lettres.*

Ouvrages d'or et d'argent, voyez *Essayeur d'ouvrages d'or et d'argent, Fabricans et Marchands d'ouvrages d'or et d'argent.*

Ouvriers. — Les coalitions entre ouvriers des différentes manufactures, par écrit ou par émissaires, pour provoquer la cessation du travail, sont regardées comme des atteintes à la tranquillité qui doit régner dans les ateliers : chaque ouvrier peut individuellement adresser ses plaintes et former ses demandes, mais il ne peut en aucun cas cesser le travail, sinon pour cause de maladie ou infirmité dûment constatée. (*Loi du 23 nivôse an 11, art. 5.*)

— Les amendes entre ouvriers, celles mises par eux sur les entrepreneurs, sont considérées et punies comme simples vols. — Les proscriptions, défenses et interdictions connues sous le nom de *damnations*, sont regardées comme des atteintes portées à la propriété des entrepreneurs, qui sont tenus d'en dénoncer les auteurs ; et ceux-ci sont mis sur-le-champ en état d'arrestation. (*Art.* 6.) Voyez *livrets des ouvriers.*

P.

Pacage. On appelle *pacage* le lieu où le bétail va paître. — Le droit de pacage est mis au rang des servitudes discontinues. (*Code civil*, art. 688.)

Pain, voyez *Farines et Substances farineuses*, *Taxe des Subsistances.*

Papeteries. La police de ces établissemens est réglée par un arrêté du 16 fructidor an IV.

Papier timbré. Aucune personne ne peut vendre ou distribuer du papier timbré qu'en vertu d'une commission de la régie, à peine d'une amende de 100 fr. pour la première fois, et de 300 fr. en cas de récidive. — Le papier qui sera saisi chez ceux qui s'en permettront ainsi le commerce, sera confisqué au profit de l'État. (*Art.* 27 de la loi du 13 brumaire an VII, *sur le timbre.*) Bulletin, n° 237.

Parcours et vaine pâture (les art. 2 à 10, sect. 4, de la loi du 6 octobre 1791, sont consacrés au droit de). — Voyez ces articles. — Voyez *Terre ensemencée.*

Partage des biens communaux. On distingue dans les biens communaux ceux des fruits desquels les habitans ont le droit de jouir, tels que les pacages, les marais, les bruyères, les terres vaines et vagues, les landes et autres endroits susceptibles de pâturages : ceux-là sont appelés *Biens communaux.*

On distingue ceux qui ne peuvent être divisés pour l'usage, tels que les fermes, moulins, usines et maisons, et qu'on loue pour en tirer un produit au profit de la commune : ceux-ci sont appelés *Biens patrimonaux.*

La loi du 10 juin 1793 est celle en vertu de laquelle ont été faits les partages des biens communaux.

Aux termes de la loi du 9 ventôse an XII, les partages de biens communaux effectués en vertu de la loi du 10 juin 1793, et dont il a été dressé acte, doivent être exécutés — En conséquence, les copartageans ou leurs ayant-cause sont définitivement maintenus dans la propriété et jouissance desdits biens qui leur est échue, et ils peuvent la vendre, l'aliéner et en disposer comme ils le jugent convenable.

Les articles suivans sont relatifs aux partages qui ont eu lieu sans qu'il en ait été dressé acte ; etc.

Un décret additionnel à cette loi, du quatrième jour complémentaire an XIII, porte que les dispositions de la loi du 9 ventôse an XII s'appliquent à tous partages de biens communaux effectués avant la loi du 10 juin 1793, en vertu d'arrêts du conseil, d'ordonnances des états et autres émanés des autorités compétentes, conformément aux usages établis.

Passage. Tout ce qui intéresse la sûreté et la commodité du passage dans les rues, quais, places et voies publiques, est un des objets de police confiés à la vigilance des corps municipaux (des maires et adjoints). (*Loi du 24 août 1790, titre XI, article 3.*) Voyez aux art. 471, n° 4, et 474 du Code pénal, les peines contre ceux qui embarrassent la voie publique et diminuent la liberté ou la sûreté du passage.

Passage de l'eau, voyez *Bacs et Bateaux.*

Passavant ou Congé pour les boissons, voyez *Boissons.*

Passeports (les) sont de deux espèces. Les passeports pour voyager dans l'intérieur du royaume; les passeports pour voyager dans les pays étrangers.

Le mode de délivrance de ces passeports, les formalités à remplir pour les obtenir et en faire usage, sont réglés et déterminés par les lois du 28 mars et 29 juillet et 6 décembre 1792; 10 vendémiaire et 17 ventôse an IV, et 28 vendémiaire an VI.

Les décrets du 18 septembre 1807, et du 11 juillet 1810 ont réglé la forme du papier fourni pour les passeports dont le prix est fixé à 2 francs pour l'intérieur et à 10 francs pour l'étranger.

Patentes (droit de) établi pour l'exercice des professions commerciales et industrielles. Voyez *Contributions directes.*

Pâtres, voyez *Agriculture, Conducteurs de bestiaux.*

Pâturage, voyez *Parcours et vaine pâture.*

Pavés des communes. Dans les villes où les revenus ordinaires ne suffisent pas pour l'établissement, la restauration ou l'entretien du pavé des rues non grandes routes, les préfets peuvent en autoriser la dépense à la charge des propriétaires. (Décret du 7 août 1810.)

Péages (la police des) et la perception des droits sont sous la surveillance des maires, qui sont juges des contestations relatives à la quotité de la perception. (Lois du 6 frimaire an VII et du 29 floréal an X et décrets des 13 avril et 6 juin 1811.)

Les ordonnances publiées depuis le nouveau gouvernement, sur l'établissement des péages indiquent les personnes qui sont exemptes du paiement des droits. Ces exceptions sont assez nombreuses.

Pêche (le droit de) sur son propre fonds est inhérent à la propriété; ainsi tout propriétaire a droit de pêche sur le poisson de son étang, et de la rivière non navigable qui borde sa propriété; mais l'exercice du droit de pêche en général a été soumis à quelques restrictions, d'abord par l'ordonnance de 1669, sur les eaux et forêts, ensuite par la loi du 14 floréal an X, enfin par la loi du 15 avril 1829, qui régit aujourd'hui le droit de pêche dans les fleuves, rivières, canaux et contre-fossés navigables ou flottables; dans les bras, noues, baies et fossés qui tirent leurs eaux des fleuves et des rivières navigables ou flottables.

Cette loi, qui est véritablement le code spécial de la pêche, est composée de 84 articles, divisés en 8 titres.

Titre Iᵉʳ. Du droit de pêche. — II. De l'administration et de la régie de la pêche. — III. Des adjudications, des cantonnemens de

pêche. — IV. Conservation et police de la pêche. — V. Des poursuites en réparation de délits. — VI. Des peines et condamnations.
— VII. De l'exécution des jugemens. — VIII. Dispositions générales.

Peines (sur les) en matières criminelle et correctionnelle, voyez
les art. 6 à 58 du Code pénal, et en matière de simple police, les articles 464 à 470.

Pensionnaires de *l'Etat*, voyez *Certificat de vie des rentiers viagers de l'Etat.*

Pensions, voyez *Rentes et Pensions.*

Pensions ecclésiastiques (la loi relative aux), du 4 janvier 1821
(Bulletin n° 462), dispose :

A partir du 1er janvier 1821, les pensions ecclésiastiques actuellement existantes, et qui sont annuellement retranchées du crédit
de la dette publique à raison du décès des pensionnaires, accroîtront
au budget du ministère de l'intérieur, chapitre *du Clergé*, indépendamment des sommes qui, par suite des décès des pensionnaires en
activité, seront ajoutées chaque année au même crédit, pour subvenir au paiement du traitement complet de leurs successeurs (*Article 1er.*)

Cette augmentation de crédit sera employée à la dotation de douze
siéges épiscopaux ou métropolitains, et successivement à la dotation
de dix-huit autres siéges dans les villes où le Roi le jugera nécessaire : l'établissement et la circonscription de tous ces diocèses seront concertés entre le Roi et le saint-siége ;

A l'augmentation du traitement des vicaires qui ne reçoivent du
trésor que 250 francs ; à celui des nouveaux curés, desservans et
vicaires à établir, et généralement à l'amélioration du sort des ecclésiastiques et des anciens religieux et religieuses ;

A l'accroissement des fonds destinés aux réparations des cathédrales, des bâtimens des évêchés, séminaires et autres édifices du
clergé diocésain. (*Art.* 2.)

Pensions des employés des octrois. Une ordonnance du Roi, du 27
mars 1816 (Bulletin n° 80), concernant les fonds de retenue et les
pensions des employés des octrois des villes, porte que ces pensions
seront payées par les villes, qui, en cas d'insuffisance, sont autorisées
à y pourvoir sur le produit de leurs octrois.

Pensions incessibles et *insaisissables*, voyez *Indemnités des employés*, *Pensions sur les fonds de retenue.*

Pensions sur les fonds de retenue. Une ordonnance du Roi, du 27
août 1817 (Bulletin n° 172), déclare incessibles et insaisissables les
pensions affectées sur les fonds de retenue.

Pépinières. Des encouragemens et secours pour les pépinières font
partie des dépenses variables des départemens, et sont payés par
les receveurs-généraux, sur les mandats des préfets. (*Loi des finances
du 25 mars 1817.*)

Permis de port d'armes. Le droit de 15 francs, fixé par l'art. 70
de la loi du 28 avril 1816, doit être payé indistinctement par tous
ceux qui sont dans le cas de se pourvoir de ces permis. (*Ordonnance
du Roi* du 17 juillet 1816. Bulletin des Lois, n° 101.)

Perquisitions dans les maisons particulières, voyez *Visites domiciliaires*.

Pesage, Jaugeage et Mesurage (bureaux de), voyez *Poids et Mesures*.

Pesage des voitures publiques. Suivant une ordonnance du Roi, du 17 avril 1822 (Bulletin n° 522), laquelle annulle un arrêté du conseil de préfecture du département de la Seine, relatif à une contravention aux lois et réglemens sur la police du roulage, c'est aux propriétaires des voitures et aux rouliers à déclarer s'ils veulent user de la faculté qui leur est réservée de faire peser leur voiture avant de commencer un voyage. — L'amende est encourue par le seul fait de la surcharge, sans qu'il soit nécessaire de faire constater si cette surcharge a plus ou moins dégradé la route. — Le pavé des villes dans le prolongement des routes fait essensiellement partie des routes, et est compris au budget des ponts et chaussées. Ainsi, on ne peut pas dire qu'une route commence au pont à bascule qui serait placé à la barrière d'une ville, beaucoup de villes d'ailleurs n'ayant pas même de pont à bascule.

Pétition (toute) à l'une ou à l'autre des chambres des pairs et des députés, ne peut être faite et présentée que par écrit. La loi interdit d'en apporter en personne et à la barre. (Article 45 de la Charte de 1830.)

Pétitions. Toute personne a le droit d'adresser des pétitions *individuelles* à toute autorité constituée. (*Article 83 de l'acte du 22 frimaire an VIII.*)

Sont assujettis au droit de timbre établi en raison de la dimension.... les pétitions et mémoires, même en forme de lettres, présentés à toute autorité constituée. (*Art. 13, n° 1er de la loi du 13 brumaire an VII sur le Timbre.*)

La *formule* d'une *pétition* est simple, elle porte en tête:

A.... (*L'autorité à laquelle on la présente.*)

Un tel (*les nom, prénoms, profession ou qualité et demeure*) vous expose, ou a l'honneur de vous exposer que.... (*Le motif de la demande.*)

Il vous prie de.... (*Ce que l'on demande.*)

Il est avec respect

Votre

(*La signature.*)

Le plus de brièveté qu'il est possible doit être mis dans une pétition, qui ne doit contenir que le motif ou le sujet de la demande et la demande elle-même.

Pharmacie. La loi du 21 germinal an XI, relative à l'établissement des écoles de pharmacie, et le décret organique du 25 thermidor suivant, prescrivent des visites annuelles chez les pharmaciens, épiciers-droguistes, et herboristes, soumis eux-mêmes à un examen pour pouvoir exercer leur profession.

Une ordonnance du 20 septembre 1820, contient un tableau nominatif des substances qui doivent être considérées comme drogues médicinales.

Pièces de monnaie. Les pièces qui circulent pour 3 livres, 24 sous, 12 sous et 6 sous (réduites comme elles le sont aujourd'hui), ne sont admises dans les paiemens qu'autant qu'elles ont conservé une empreinte suffisante pour que l'on puisse reconnaître qu'elles sont de la fabrication française, et de 1726 et années postérieures. (*Décret du 23 thermidor an XII, art.* 1er.)

Celles de ces pièces qui ne réunissent pas ces conditions sont reçues au change d'après leur poids, conformément à l'arrêté du gouvernement du 6 fructidor an XI. (*Art.* 2.)

Le décret du 12 septembre 1810, sur la réduction des pièces d'or de 48 francs et de 24 francs, et des pièces d'argent de 6 et de 3 fr., est inséré au Bulletin n° 312.

Pièces d'or et d'argent rognées et altérées. Elles ne sont admissibles dans les paiemens qu'au poids. Elles doivent être portées aux hôtels des monnaies pour être refondues. Elles y sont échangées contre des pièces neuves, sans aucune retenue de frais de fabrication. (*Loi du 14 germinal an XI*; Bulletin n° 265.)

Pierres et moëllons pour constructions. Leur dépôt sur la voie publique doit être autorisé par la police locale. (*Lois du 24 août 1790, et du 22 juillet 1791.*)

Pigeons (les) doivent être renfermés dans les colombiers, aux époques fixées par l'autorité locale. Durant ce temps, ils sont regardés comme gibier, et chacun peut les tuer sur son terrain. (*Loi du 21 septembre 1789.*)

Pillages sur le territoire d'une commune. Les habitans de la commune en sont responsables. (*Loi du 10 vendémiaire an IV.*)

Plaintes en matières correctionnelle et criminelle, voyez les articles 63 et suivans du code d'instruction criminelle, sur la présentation, la rédaction et les effets de ces plaintes, remis aux officiers de police judiciaire.

Poids et Mesures. Le nouveau système métrique proposé sous l'Assemblée constituante, mis à exécution par la Convention, maintenu et développé par les différens gouvernemens qui ont régi la France jusqu'à ce jour, se compose d'un grand nombre de lois, d'arrêtés et d'instructions ministérielles.

Nous nous bornerons à indiquer les plus importans de ces actes, qui prescrivent aujourd'hui pour le commerce et l'industrie, l'usage pratique des poids et mesures, avec des dénominations vulgairement connues.

1°. Le décret du 12 février 1812, qui autorise le ministre de l'intérieur à faire confectionner, pour l'usage du commerce, des instrumens de pesage et mesurage qui présentent, soit les fractions, soit les multiples des unités le plus en usage dans le commerce, et accommodés au besoin du peuple.

Ces instrumens porteront, sur leurs diverses faces, la comparaison des divisions et des dénominations établies par les lois, avec celles anciennement en usage.

2°. L'instruction ministérielle pour l'exécution de ce décret, convertissant les anciennes dénominations de *toise*, de *pied*, de *pouce* et de *ligne* pour les mesures de longueur, en celles de *boisseau*, *double boisseau*, *demi-boisseau* et *quart de boisseau* pour la mesure des grains et autres matières sèches; celles de *livre*, *demi-livre*, *quar-teron*, *once*, *demi-once* et *gros* pour la vente en détail de toutes les substances dont le prix et la quantité se règlent au poids; enfin celles d'un quart, d'un huitième ou d'un seizième de litre, pour la vente en détail du vin, de l'eau-de-vie et autres boissons; chacune desdites mesures portant son nom indicatif de son rapport avec le litre.

3°. L'ordonnance royale du 21 décembre 1832, rappelant et modifiant l'exécution de l'ordonnance du 18 décembre 1825, relative à la fixation et au recouvrement des rétributions pour subvenir aux frais de la vérification des poids et mesures.

Nota. La vérification des poids et mesures se fait par des bureaux de pesage, mesurage et jaugeage, établis et organisés en vertu des arrêtés du 27 brumaire an VII; du 7 floréal an VIII; des 7, 15 brumaire et 29 floréal an IX; du 29 floréal an X; du 6 prairial an XI; du 2 nivôse an XII; du 3 août 1810; du 26 septembre 1811; des ordonnances du 8 août 1821, 18 décembre 1825 et 7 juin 1826. Cette dernière ordonnance soumet à la vérification les balances de magasin, les balances de comptoir, les balances bascules et les romaines.

Poinçon, voyez *Fabrication illicite de poinçons.* — L'article 140 du Code pénal règle la peine contre la fabrication de faux poinçons.

Poinçons de recense et de contre-marque. Une ordonnance du Roi, du 5 mai 1819 (Bulletin n° 291), a prescrit la mise en usage de nouveaux poinçons de recense et contre-marque dans le délai de deux mois, à compter du jour qui serait fixé par le ministre des finances pour l'usage de nouveaux poinçons, lesquels seraient apposés gratuitement dans ces deux mois; et a déclaré que seraient réputés non marqués les ouvrages qui n'en seraient point empreints.

Un arrêté du ministre, du 8 juillet, a fixé au 16 août suivant le temps auquel devait commencer cette époque, qui s'est prolongée jusqu'au 15 octobre inclusivement. (Même Bulletin, n° 291.)

Police (la) est instituée pour maintenir l'ordre public, la liberté, la propriété et la sûreté des citoyens. Elle se divise en police générale, administrative et municipale, et en police judiciaire.

Les lois du 24 août 1790 et du 22 juillet et du 6 octobre 1791; les règlemens des 5 brumaire an IX et du 25 mars 1811; les lois des 17 et 26 mai 1819, et 10 avril 1831, contiennent les règles principales sur la police générale, administrative et municipale.

La police judiciaire, instituée pour rechercher les crimes, les délits et contraventions, est réglée par les articles 9, 11, 15, 16, 20, 29, 42, 50 et 53 du Code d'instruction criminelle.

Ponts (l'entreprise de) par des particuliers est soumise à l'autorisation du gouvernement, pour leur établissement, la taxe à percevoir pour le passage, et la durée de jouissance des droits de péage. (*Loi du 14 floréal an X.*)

Les ponts à l'usage et pour l'utilité particulière d'une commune, font partie des dépenses communales. (*Loi du 11 frimaire an VII.*)

Ponts à bascule pour le pesage des voitures de roulage et de transport, voyez *Voitures publiques.*

Ponts et chaussées (administration des). Une loi du 19 janvier 1791 en a réglé l'organisation, la composition et les attributions. Une instruction, en date du 17 avril 1791, en a régularisé le service, et l'a placée, sous le rapport de la surveillance et des moyens d'exécution des travaux, dans les attributions des préfets et des sous-préfets.

Le personnel de cette administration est réglé par une ordonnance du Roi du 19 octobre 1830.

Population (états de). Une ordonnance royale du 16 janv. 1822, contient un tableau de la population générale de la France, montant à 30 millions 465 mille 291 habitans, et dispose que ce tableau annexé à l'ordonnance sera considéré comme seul authentique pendant cinq ans, pour servir de base à diverses opérations administratives qui se règlent sur la population.

Le dernier tableau officiel de la population, publié par l'ordonnance du 11 mai 1832, porte le nombre des habitans du royaume à 32 millions 561 mille 463.

Port d'armes. La déclaration du 23 mars 1728, qui prohibait le port de poignards, couteaux en forme de poignards, pistolets de poche, épées en bâtons, bâtons à ferremens, et généralement toutes armes offensives cachées et secrètes, a été remise en vigueur par le décret du 2 nivôse an XIV, et par celui du 12 mars 1806.

Le permis de port d'armes de chasse, pour l'exécution de la loi du 30 avril 1790, est réglé par l'arrêté du 12 messidor an VIII, et le décret du 4 mai 1812.

La rétribution, fixée à 30 francs par le décret du 11 juillet 1810, a été réduite à 15 francs par l'article 77 de la loi des finances du 28 avril 1816.

Un permis de port d'armes n'a de force que dans le département où il est accordé ; il doit être renouvelé tous les ans.

Porteurs de contraintes, voyez *Contraintes pour contributions*.

Poste aux lettres. Les entrepreneurs de voitures, et toute autre personne étrangère au service des postes, qui se charge du transport des lettres, paquets et papiers du poids d'un kilogramme, ou deux livres et au-dessous, est passible des poursuites prescrites par les arrêtés des 2 nivose et 7 fructidor an VI.

Poudres et Matières détonnantes et fulminantes. Une ordonnance du Roi, du 25 juin 1823 (Bulletin n° 616), a pour objet de prévenir les dangers qui peuvent résulter de la fabrication et du débit des différentes sortes de ces poudres et matières.

Poudres et salpêtres. L'exploitation, la fabrication et la vente sont réglées par la loi du 13 fructidor an V, par les décrets du 23 pluviôse an XIII et du 16 mars 1815, et par ordonnance du 25 mars 1818.

Une ordonnance royale règle tous les ans le prix des poudres de toute espèce. Celui établi pour l'année 1833 est fixé par l'ordonnance du 20 décembre 1832.

Presbytères (les) et jardins attenans, non aliénés, ont été rendus aux curés et desservans des succursales, conformément à l'article 72 de la loi du 18 germinal an X.

Prescription. Voyez à la quatrième partie, Livre Ier, titre III, la section 5 de *la Prescription.* Voyez le dernier titre du Code civil.

Prêts sur nantissement, voyez *Maisons de prêt sur nantissement.*

Primes d'encouragement accordées par le gouvernement pour l'ex-portation des marchandises de fabrique française. (Ordonnance du 11 août 1819.) — Pour la pêche de la morue et de la baleine (Loi du 21 avril 1833); — pour la chasse aux loups et les courses de chevaux, voyez *Courses* et *Loups.*

Prisons (les) sont divisées en cinq espèces, sous la dénomination de maisons de police municipale, maisons d'arrêt, maisons de justice, maisons de correction, et maisons de détention. L'administration et la police de ces différentes maisons sont réglées par un arrêté du ministre de l'intérieur, pour l'exécution des articles 612 et 613 du Code d'instruction criminelle, de l'article 120 du Code pénal, du décret du 16 juin 1808, et des ordonnances du 2 avril 1817 et du 6 février 1818.

Prison d'essai pour les jeunes gens au-dessous de vingt ans, con-damnés pour crimes. Le Roi a rendu, le 9 septembre 1814, une or-donnance insérée au Bulletin des Lois, n° 42, par laquelle il a institué cette prison, dans la vue d'établir, dans les prisons du royaume, un régime qui, propre à corriger les habitudes vicieuses des criminels condamnés aux fers par jugemens des tribunaux, les prépare par l'ordre, le travail et les instructions religieuses et mo-rales, à devenir des citoyens paisibles et utiles à la société, quand ils devront recouvrer leur liberté.

Procurations, voyez *Rentes et Pensions.*

Propriétaires, voyez *Indemnités aux propriétaires pour occupa-tions de terrains.*

Propriétaires riverains, voyez *Chemins de hallage.*

Publications de mariage par l'officier de l'état civil. Voyez les ar-ticles 63 et 64 du Code civil.

Puits. On en distingue deux espèces, savoir : les puits publics, dont l'autorité municipale doit surveiller le curement, l'entretien, la réparation et la sûreté; les puits particuliers, soumis également à la surveillance de l'autorité municipale, pour qu'ils soient tou-jours bien entretenus et garnis de cordes et de poulies, afin d'y avoir recours en cas d'incendie. (Ordonnance du 5 novembre 1781.)

Le gouvernement a fait publier, dans toute la France, une ins-truction sur les moyens curatifs de l'asphixie causée par le méphi-tisme des puits et des cavités profondes.

Q.

Quarts de réserve, voyez *Coupe de bois dans les quarts de réserve.*

Quêtes. Elles ont été autorisées dans les temples par arrêté du ministre de l'intérieur, en date du 5 prairial an XI.

Quincaillerie et coutellerie. Un décret du 5 septembre 1810 auto-rise la saisie des ouvrages dont la marque a été contrefaite, et règle le mode de poursuite des contrevenans.

Quittances. Les percepteurs des contributions donnent quittance aux contribuables des sommes qu'ils en reçoivent. (*Art.* 140 *de la loi du 3 frimaire an VII.*)

Le débiteur qui veut avoir quittance sur papier timbré, doit fournir le papier. En la recevant sur papier libre, il s'expose à l'amende de 30 francs dans le cas où il est obligé d'en faire usage en justice.

Les frais du paiement sont à la charge du débiteur, porte *l'article 1248 du Code civil.*

Un arrêt de la Cour de cassation (section civile), du 28 août 1809, affaire Ratier contre la régie de l'enregistrement, a jugé que le débiteur à qui une quittance est délivrée par le créancier, est tenu de payer les frais de cette quittance (car le créancier doit recevoir sa somme tout entière); — et particulièrement que, si une quittance a été écrite sur du papier libre, celui à la décharge de qui cette quittance a été consentie, est passible de l'amende de 30 francs.

R.

Rabais (adjudications au) Elles se font en présence des maire ou adjoints pour les travaux et fournitures à la charge de la commune. Voyez *Adjudications* et *Ventes.*

Ramonage des cheminées et des fours. Voyez *Cheminées.*

Ratelage (le) est autorisé dans les champs après la récolte : il est prohibé dans tout enclos rural. (*Loi du 6 octobre 1791.*).

Rébellion. Sur les peines qu'elle entraîne, voyez les art. 209 à 221 du Code pénal.

Recéleurs (les) sont punis comme complices. (*Art.* 61 *du même Code.*)

Recense, voyez *Poinçons de recense et decontre-marque.*

Recensement (opération du) pour la formation des états de population, et des listes des gardes nationaux. Voyez *Garde nationale* et *Population.*

Recettes communales. Leurs diverses espèces sont réglées par la loi du 11 frimaire an VII.

Receveurs en général. Leur disposition et leur insolubilité sont constatées par des certificats des maires. (*Arrêté du 6 messidor an X.*)

Receveurs des communes ou municipaux. Ils ont été établis par la loi du 11 frimaire an VII. Leur nomination, leur gestion, leur comptabilité sont réglées et déterminées par les arrêtés du 4 thermidor an X, du 17 germinal an XI, et du 17 vendémiaire an XII; par les décrets du 30 frimaire an XIII, du 11 janvier et du 27 février 1811, et du 24 août 1812; par la loi des finances du 28 avril 1816, et par les ordonnances royales du 10 décembre 1823, du 23 juillet et du 19 novembre 1826.

Receveurs de l'enregistrement. Il se font représenter, tous les trois mois, les répertoires des notaires, huissiers, greffiers, secrétaires des administrations centrales municipales (des préfectures et sous-préfectures), et les visent. (*Art.* 51 *de la loi du* 22 *frimaire an* VII.)

Receveurs des hôpitaux. Une ordonnance du Roi, du 21 mars 1816 (Bulletin, n° 76), porte que les comptes des receveurs des hôpitaux et établissemens de charité du royaume seront apurés par les préfets en conseil de préfecture.

Réclamations, en matière de contributions directes, voyez *Contributions directes* d'exercice des droits électoraux, voyez *Élections*; d'appel au service de la garde nationale, voyez *Garde nationale.*

Récoltes. La conservation de celles des absens, et la police des champs pour le glanage et le ratelage, sont dans les attributions de surveillance de l'autorité municipale. (*Loi du 6 octobre* 1791.)

Recrutement de l'armée. L'art. 11 de la charte constitutionnelle abolit la conscription, et dispose que le mode de recrutement de l'armée de terre et de mer sera déterminé par une loi.

En exécution de cette disposition et de l'article 69 de la même charte, une loi du 11 octobre 1830 porte que la force du contingent à appeler chaque année pour le recrutement sera déterminée par les chambres dans chaque session.

Le mode de recrutement est réglé par la loi du 21 mars 1832. Cette loi, qui abroge toutes les dispositions des lois et décrets antérieurs relatifs au recrutement, se compose de 50 articles, divisés en quatre titres.

*Titre I*er. Composition de l'armée.

Titre II. Des appels des jeunes gens qui ont leur domicile légal dans le canton, et qui auront atteint l'âge de vingt ans révolus dans le courant de l'année précédente. -- Des tableaux de recensement dressés par les maires. -- Du tirage au sort. -- Des exemptions et remplacemens. -- Des conseils de révision.

Titre III. Des engagemens volontaires contractés dans la forme prescrite par les art. 34 et 35 du Code civil, devant les maires des chefs-lieux de canton, et des rengagemens devant les intendans ou sous-intendans militaires.

Titre IV. Dispositions pénales contre les jeunes gens qui se seront soustraits au recrutement; qui ne seront point arrivés à leur destination au jour fixé par leur ordre de route; contre les recéleurs des jeunes gens insoumis; contre les jeunes gens qui se seront rendus impropres au service militaire; enfin contre les personnes qui auront concouru à la substitution ou au remplacement frauduleux d'un jeune homme soumis au tirage.

Registres et actes judiciaires. L'ordonnance du Roi, en huit articles, déterminant un mode pour la tenue et la vérification des registres et actes judiciaires dans les greffes des Cours royales et tribunaux du royaume, en date du 5 novembre 1823, est insérée au Bulletin des Lois, n° 635.

Registres de l'état civil. L'ordonnance du 26 novembre 1823, portant réglement sur la vérification des registres de l'état civil, est insérée au Bulletin des Lois, n° 640.

Réhabilitation légale. Un avis des comités réunis de législation, des finances et de la guerre, du Conseil d'état, a résolu affirmativement la question de savoir si les militaires retraités qui, condamnés à des peines afflictives ou infamantes, ont subi leur jugement ou ont été graciés, doivent justifier de leur réhabilitation légale pour être remis en jouissance de leurs pensions. (*Avis du 22 décembre 1822, approuvé par le Roi le 8 juillet 1823.* Bulletin, nᵒ 579.)

Relais de la mer, voyez *Lais et relais de la mer.*

Remèdes secrets (la distribution et vente des) est confiée à la surveillance de l'autorité municipale, chargé de poursuivre les individus qui les font sans autorisation. (*Décrets du 25 prairial an XIII, du 18 août et du 26 décembre 1810.*)

Remplacement militaire, voyez *Recrutement.*

Rengagement militaire, voyez *Recrutement.*

Rentes et pensions. Une ordonnance du roi du 1ᵉʳ mai 1816 (Bulletin, nᵒ 92), autorise le trésor royal à payer les rentes et pensions sur des procurations, quand les titulaires ne jugeront pas à propos de se dessaisir de leurs inscriptions.

Rentes de l'état (propriétaires de). Une autre ordonnance, du 9 janvier 1818, relative aux nouvelles facilités accordées à ces propriétaires pour en toucher les arrérages, porte que les procurations précédemment données pourront valoir pour toutes les inscriptions possédées par les propriétaires au moment du mandat. (Bulletin, nᵒ 192.) — Voyez *Certificats de vie des rentiers, etc.*

Rentes sur l'état. Voyez, dans le Bulletin des Lois, nᵒ 32, la loi et l'ordonnance du roi, du 1ᵉʳ mai 1825, relatives à leur conversion en rentes à trois pour cent et à quatre et demi pour cent.

Réparation des bâtimens menaçant ruine, voyez *Bâtimens.*

Répertoires, voyez *Receveurs de l'Enregistrement.*

Repos (le) des fonctionnaires publics est fixé au dimanche. (*Art. 57 de la loi du 18 germinal an X.*) — Voyez *Jours de repos.*

Réserve, voyez *Coupe de bois dans les quarts de réserve.*

Résidence. Les fonctionnaires publics sont tenus de résider, pendant toute la durée de leurs fonctions, dans les lieux où ils exercent, s'ils n'en sont dispensés pour causes approuvées. (*Loi du 12 septembre 1791, art. 1ᵉʳ.*)

Les causes ne peuvent être approuvées et les dispenses leur être accordées que par les corps dont ils sont membres, ou par leurs supérieurs s'ils ne tiennent pas à un corps, ou par les corps administratifs dans les cas spécifiés par la loi. (*Art. 2.*)

Les fonctionnaires, par le seul fait de leur contravention aux dispositions ci-dessus, sont censés avoir renoncé sans retour à leurs fonctions, et doivent être remplacés. (*Art. 3.*)

Les juges qui veulent s'absenter pour un mois, doivent obtenir un congé du ministre de la justice.

Révélation des secrets. L'art. 378 du Code pénal contient les peines contre ceux qui, tenus par état à garder des secrets, les révèlent.

Rivages (les) sont considérés comme des dépendances du domaine public. (*Art.* 538 *du Code civil.*)

Riverains, voyez *Pêche des rivières non navigables.*

Rivières navigables ou flottables (les) sont considérées comme des dépendances du domaine public. (*Art.* 538 *du Code civil.*)

Une ordonnance royale du 20 septembre 1830 , prescrit les formalités à remplir pour rendre navigables les rivières non navigables.

Roulage. Une ordonnance du roi , du 25 juin 1823 (Bulletin, n° 616), fixe à trois mois, à dater de la signification faite à la diligence du préfet, le délai pour former opposition aux jugemens non contradictoires (par défaut) des conseils de préfecture, en matière de roulage.

Route et navigation (travaux de) relatifs à l'exploitation des forêts et minières. Lorsqu'il y a lieu d'ouvrir et de perfectionner une route , ou des moyens de navigation dont l'objet est d'exploiter avec économie des forêts ou bois, des mines ou minières, ou de leur fournir un débouché , toutes les propriétés de cette espèce , générales, communales ou privées, qui doivent en profiter, sont appelées à contribuer pour la totalité de la dépense, dans les proportions variées des avantages qu'elles doivent en recueillir. — Le gouvernement peut néanmoins accorder sur les fonds publics les sommes qu'il croit nécessaires. (*Art.* 38 *de la loi du* 16 *septembre* 1807. Bulletin, n° 162.)

Rues Voyez à l'art. 471 n° 4 du Code pénal , la peine contre ceux qui embarrassent la voie publique.

Ruine (bâtimens et murs menaçant.) Voyez *Bâtimens.*

S.

Sable et Sablon de mer. L'enlèvement doit être autorisé par l'autorité locale pour l'amélioration des terres, (*ordonnance du* 29 *mars* 1817.)

Sacs. Dans les paiemens en espèces d'argent de sommes de 300 francs et au-dessus, le débiteur est tenu de fournir le sac et la ficelle. — Les sacs sont d'une dimension à contenir au moins 1,000 francs chacun. Ils sont en bon état, et faits avec la toile propre à cet usage. (*Décret du* 1er *juillet* 1809 , *art.* 2. Bulletin , n° 241.)

La valeur des sacs est payée par celui qui reçoit , ou la retenue en est exercée par celui qui paie , sur le pied de 15 centimes par sac. (*Art.* 3.)

Le mode de paiement en sacs et au poids ne prive pas celui qui reçoit , de la faculté d'ouvrir les sacs , de vérifier et de compter les espèces en présence du payeur. (*Art.* 4.)

Saillies sur la voie publique. Il est défendu de faire sans une autorisation de la police locale aucune construction qui ait plus de 22 centimètres (huit pouces de saillie.) (*Ordonnance du* 24 *décembre* 1823.)

Salubrité. L'autorité municipale a , dans ses attributions, la surveillance de tout ce qui concerne la salubrité de l'air, des eaux, des comestibles, des boissons, des médicamens (*Loïs du 24 août* 1790, *du 22 juillet et du 6 octobre* 1791.)

Sceau de l'état. Sa forme est réglée par l'ordonnance du 16 février 1831.

Sceaux et cachets des autorités publiques, leur forme est fixée par une ordonnance du 14 août 1830.

Scrutins (voie'des) prescrite pour les élections de la garde nationale. (*Loi du 22 mars* 1831 ; des corps municipaux (*Loi du 21 mars* 1831) ; des députés (*Loi du 19 avril* 1831.)

Secours publics. Ceux qui, pour en obtenir, auraient fait de fausses déclarations, avec la certitude de faits contraires et de dessein prémédité, seraient traduits devant les tribunaux, comme ayant volé les deniers de l'État. (*Loi du 21 pluviôse an* II, *article* 1er.)

Les erreurs qui seraient reconnues innocentes n'entraînent que la restitution des sommes qui pourraient avoir été perçues. (*Art.* 2.)

Secours publics d'aide et d'assistance en cas d'accidens. Le refus rend passible de poursuites et de peines. (*Loi du 22 juin* 1791, *et Code pénal art.* 475.)

Séditieux (attroupemens.) Voyez *attroupemens.*

Sépulture. Un décret du 23 prairial an XII, règle tout ce qui est relatif aux sépultures, aux lieux qui leur sont consacrés, à l'établissement des nouveaux cimetières, aux concessions de terrains dans les cimetières, à la police des lieux de sépulture, aux pompes funèbres.

Serment des fonctionnaires publics. La formule est prescrite et réglée par la loi du 30 août 1830.

Servitudes. La loi relative aux servitudes imposées à la propriété pour la défense de l'État, du 17 juillet 1819, est insérée au Bulletin des Lois, n° 296 ; et l'ordonnance du Roi fixant le mode d'exécution de cette loi, en date du 1er août 1821, est insérée au Bulletin des Lois, n° 475.

Sessions des conseils municipaux. Elles ont lieu quatre fois par an, aux mois de février, mai, août et novembre. Chaque session peut durer dix jours. Les sessions extraordinaires peuvent être autorisées par le préfet. (*Loi du 21 mars* 1831 *sur l'organisation municipale.*)

Signalemens. Ceux des brigands, voleurs, assassins, évadés de prison, etc., sont délivrés à la gendarmerie.

Soldats (jeunes). Une ordonnance du Roi, du 11 octobre 1820 (Bulletin, n° 409, porte que les jeunes soldats qui se seront mutilés pour se soustraire à la loi du recrutement, seront envoyés dans les compagnies de pionniers. -- Voyez *Recrutement.*

Soudes factices. Une ordonnance du Roi, du 8 juin 1822 (Bulletin n° 536), concernant la fabrication des soudes factices provenant du sel marin, ordonne le mélange des sels avec des matières qui en rendent l'usage impossible pour les besoins domestiques, et leur donnent une couleur propre à les faire distinguer et reconnaître à la vue.

Une ordonnance du Roi, du 26 juillet 1826 (insérée au Bulletin des Lois, n° 105), détermine le mode de surveillance auquel sont assujetties les fabriques de *sulfate de soude.* Elle porte notamment que tout fabricant de soude factice qui veut faire du sulfate destiné à être livré au commerce, doit avoir un magasin spécial, fermant à trois clefs, dont l'une est remise au fabricant, et les deux autres aux deux employés des douanes chargés de l'exercice ou inspection de la fabrique; que le sulfate destiné à être employé en nature dans le royaume, doit être, immédiatement après sa fabrication et jusqu'à la sortie de la fabrique, placé sous les yeux des employés à l'exercice, dans le magasin spécial dont il vient d'être question -- Voyez, dans le Bulletin des Lois indiqué, cette ordonnance, l'instruction relative aux règles à suivre pour la fabrication du sulfate, et au procédé pour la vérification du titre du sulfate.

pectacles. La loi du 7 frimaire an V a établi, au profit des hôpitaux, un droit d'un décime par franc en sus du prix de chaque billet d'entrée dans tous les spectacles où se donnent des pièces de théâtre, des bals, des feux d'artifice, des concerts, des exercices d'équitation, des danses de corde, etc.

Les établissemens connus sous la dénomination de *Panorama* et de *Théâtre pittoresque et mécanique* sont assimilés aux spectacles pour la quotité du droit à percevoir. (*Arrêté du gouvernement du 10 thermidor an XI.*)

Ces dispositions ont été prorogées chaque année par les lois sur le budget de l'Etat.

Statues , voyez *Monumens des sciences et arts.*

Stylets. Voyez à l'article 314 du Code pénal les peines contre ceux qui en fabriquent ou débitent

Suborneur de Témoins. L'art. 365 du Code pénal règle la peine qui lui est infligée.

Subsistances. Une ordonnance du 6 septembre 1815, portant création d'une commission de subsistances pour tout le royaume, sous la présidence du ministre de l'Intérieur, autorise cette commission à se concerter avec les préfets et les autorités locales pour la passation des marchés qu'elle jugera convenables pour assurer les subsistances des différentes localités.

Substitution d'un Enfant à un autre. Voyez à l'art. 345 du Code pénal la peine qui y est infligée.

Succursales. (fabrique des), voyez *Biens et rentes appartenant autrefois aux églises.* -- Voyez *Desservans des succursales.*

Suffrage (droit de). Quand les tribunaux peuvent interdire le droit de suffrage actif et passif, voyez les articles 42 et 43 du Code pénal. Voyez l'article 113, *ibid.*, relatif à celui qui, dans les élections, achète ou vend un suffrage, et à la peine qu'il encourt.

Supposition et suppression d'enfant. Même peine que pour la substitution d'un enfant à un autre.

Voyez ci-dessus cet article.

Suppression de lettres, voyez *Lettres.*

Surcharge des voitures , voyez *Passage des voitures.*

Surveillance de la haute police (la) est une peine commune aux matières criminelles et correctionnelles. (*Art. 11 du Code pénal.*)

Suspension de l'exercice des fonctions publiques. Les préfets peuvent la prononcer contre les maires. (*Loi du 21 mars* 1831.) contre les officiers de la garde nationale. (*Loi du 22 mars* 1831)

Système décimal (le) des poids et mesures a commencé à être mis à exécution à compter du 1er vendémiaire an x, conformément à la loi du 1er vendémiaire an IV, d'après l'*art.* 1er *de l'arrête du gouvernement du* 13 *brumaire an* IX. Voyez *Poids et Mesures*.

T.

Tabacs. La loi du 17 juin 1824 sur les tabacs (Bulletin , n° 675), dispose : Le titre V de la loi du 28 avril 1816, qui attribue exclusivement à la régie des contributions indirectes l'achat , la fabrication et la vente du tabac dans toute l'étendue du royaume, et dont l'effet avait été continué , par la loi du 28 avril 1819 , jusqu'au 1er janvier 1826, est de nouveau prorogé jusqu'au 1er janvier 1831

Tabagies. Les cafés, les cabarets, les estaminets, les tabagies, sont sous la surveillance et autorité des maires et adjoints et des commissaires de police Voyez *Cabarets*.

Tanneurs. Il leur est défendu, par l'ordonnance de police du 20 octobre 1702, de porter sur la rivière de Seine (et autres rivières) leurs bourres pour y être lavées, ni leurs cuirs avant qu'ils aient été écharnés, et il leur est enjoint de laisser reposer les eaux qui sont dans les morplains, afin que les morplains restent dans les fonds pour être vidés et exposés sur les berges, s'y égoutter, et ensuite être portés dans les tomberaux hors de la ville et au loin...

Tarif de la Poste aux Lettres. La loi y relative, réglant la taxe des lettres, à compter du 1er janvier 1828, celle des ports des journaux, des imprimés, avis , etc., est insérée au Bulletin des Lois, n° 147.

Taxe des subsistances (la) ne peut avoir lieu dans aucune ville ou commune que sur le pain et la viande de boucherie, sans qu'il soit permis en aucun cas de l'étendre sur le vin, sur le blé, les autres grains ni autres espèces de denrées , et ce, sous peine de destitution des officiers municipaux (des maires et adjoints). (*Loi du 22 juillet* 1791, *titre* 1er, *art.* 30.)

Sont punis des peines de simple police, 1°...; 2°...; 3° .. les boulangers et bouchers qui vendent le pain ou la viande au-delà du prix fixé par la taxe légalement faite et publiée. (*Art.* 605 *de la loi du 3 brumaire an* IV.)

Témoignage. Les tribunaux peuvent en interdire l'exercice Voyez les articles 42 et 43 du Code pénal.

Témoins. Les condamnés à la peine des travaux forcés à temps, du bannissement, de la réclusion ou du carcan, ne peuvent jamais être employés comme témoins dans les actes, ni déposer en justice autrement que pour y donner de simples renseignemens. (*Art.* 28 *du Code pénal*)

Terre ensemencée. Dans aucun cas, et dans aucun temps, le droit de parcours ni celui de vaine pâture ne peuvent s'exercer sur les prairies artificielles, et ne peuvent avoir lieu sur aucune terre ensemencée ou couverte de quelque production que ce soit , qu'après la récolte. (*Loi du 6 octobre 1791 , section 4 , art 9.*)

Terrains, voyez *Indemnités aux propriétaires pour occupation de terrains.*

Terres des monnaies (les) sont assimilées aux cendres d'orfèvres, et en conséquence la sortie (de France) en est prohibée. (*Arreté du gouvernement du 12 brumaire an 11.* Bulletin, n° 227.)

Territoire français (toutes les portions du) qui ne sont pas susceptibles d'une propriété privée, sont considérées comme des dépendances du domaine public (*Art 538 du Code civil.*)

Testamens. En temps de peste, dans les lieux où toute communication est interrompue, les maires peuvent recevoir des testamens en présence de deux témoins. ('art. 985 du code civil).

Théâtres, spectacles et jeux publics. Leur établissement , police et administration sont dans les attributions de surveillance de l'autorité municipale, en vertu des Lois du 24 août 1790 , des 19 janvier et 6 août 1791, et du 1er septembre 1793 : des arrêtés du 25 pluviôse an iv et du 1er germinal an vii, et du décret du 21 frimaire an xiv.

Un décret du 8 juin 1806 contient un réglement pour *les théâtres de la capitale et des départemens*, et pour les droits des auteurs dramatiques.

Une ordonnance du 8 décembre 1824 règle l'organisation des théâtres dans les départemens. — L'art. 1er porte qu'il y aura dans les départemens des troupes de comédiens *sédentaires* , des troupes de comédiens *d'arrondissement*, et des troupes de comédiens *ambulans*.

L'art. 16 détermine les villes où sont établies les troupes sédentaires.

L'art. 19 fixe à dix-huit le nombre des troupes d'arrondissement.

L'art. 24 en fait la répartition.

L'art. 25 règle les villes où pourront exploiter les directeurs des troupes ambulantes.

Timbré. Les lois du 13 brumaire an vii, du 28 avril 1816, du 16 juin 1824, sont les lois principales qui *régissent* la perception des droits de timbre.

Titre des matières d'or et d'argent (ceux qui trompent sur le) sont punis des peines portées en l'article 432 du Code pénal.

Titres ou Fonctions. Les art. 258 et 259 du même Code déterminent la peine contre l'usurpation de titres et fonctions.

Tortures corporelles. Voyez aux art. 303 et 304 du même Code pénal, les peines contre ceux qui s'en rendent coupables.

Traitemens des fonctionnaires publics et employés civils (les) sont saisissables jusqu'à concurrence du cinquième sur les premiers quatre mille francs , et toutes les sommes au-dessous; du quart sur les cinq mille francs suivant, et du tiers sur la portion excédant six mille francs, à quelque somme qu'elle s'élève, et ce , jusqu'à l'entier acquittement des créances. (*Loi du 21 ventose an ix.*)

Transports de pensions sur l'État. Il n'est reçu au trésor public aucune signification de transport, cession ou délégation de pensions à la charge de l'État — Les créanciers d'un pensionnaire ne peuvent exercer qu'après son décès, et sur le décompte de sa pension, les poursuites et diligences nécessaires pour la conservation de leurs droits. (*Arrêté du gouvernement du* 7 *thermidor an* x. -- Bulletin, n° 204.)

Travail, voyez *Coalition.*

Travail dans les rues, voyez *Rues.*

Travaux publics. On en distingue deux espèces. 1°. Ceux qui sont particuliers à une commune ou à un territoire, et dont les frais de construction, d'entretien et de réparation font partie des dépenses municipales classées par la loi du 11 frimaire an vii. 2° Ceux qui intéressent un arrondissement, un ou plusieurs départemens, tels que les chemins publics, les canaux, les ponts, les digues, les chaus-sées, les desséchemens. Voyez *tous ces mots en particulier.*

Tripes et Triperies, voyez *Égoûts.*

Troupeau atteint de maladie contagieuse, voyez *Animaux malades.*

Troupeau de mérinos, voyez *Moutons.*

Troupes, voyez *Logement des troupes chez les habitans.*

Tulle anglais (le tissu connu dans le commerce sous la dénomination de), de *gaze* ou de *tricot de Berlin*, est déclaré faire partie des marchandises dont la loi du 10 brumaire de l'an v prononce la prohibition ; en conséquence ce tissu ne pourra plus entrer en France. (*Décret du* 10 *mars* 1809. -- Bulletin, n° 228.)

Tutelle des enfans admis dans les hospices. Elle est réglée par la loi du 15 pluviôse an xiii.

Tuyaux de cheminées. Il est défendu de construire des cheminées dans des échoppes, de faire aucuns manteaux et tuyaux de chemi-nées adossés contre des cloisons de maçonnerie et charpenterie, de poser des âtres de cheminées sur des solives de planchers, et de placer des bois dans les tuyaux..., sous peine de 1,000 francs d'a-mende, de dommages-intérêts envers les propriétaires des maisons, etc. (*Ordonnance de police concernant les Incendies*, du 15 novem-bre 1781.)

U.

Uniforme. L'article 259 du Code pénal inflige une peine à celui qui porte un uniforme ou une décoration qui ne lui appartient pas ; et l'art. 381, à celui qui commet un vol s'étant revêtu de l'unifor-me d'un officier ou du costume d'un fonctionnaire.

Université Royale. Voyez *Bourses*, *Colléges et instruction publique.*

Usage (droit d'). Dans les bois et forêts. Il est réglé par les ar-ticles 61 et suivans du code forestier du 21 mai 1827, et par les art. 63, 111 et suivans, 118, 145 et 146 de l'ordonnance du 1er août même année.

Usines. L'art. 457 du code pénal prononce des peines contre les propriétaires, fermiers ou toute autre personne jouissant de mou-lins, usines ou étangs, qui, par l'élévation du déversoir de leurs eaux au-dessus de la hauteur déterminée par l'autorité compétente, inonderaient les chemins ou les propriétés d'autrui.

L'art. 471, n° 1er, du même Code fixe la peine contre ceux qui négligent d'entretenir, réparer ou nettoyer les usines ou l'on fait du feu, et l'article 474 la peine en cas de récidive.

Usines, fabriques, ateliers, dépots (établissement des), voyez *Établissemens dangereux, insalubres ou incommodes.*

Utilité publique (expropriation pour cause d'). Voyez *expropriation.*

— V.

Vaccine (la découverte de la) due au docteur Jenner, médecin anglais, d'un effet plus certain que l'inoculation, est regardée généralement aujourd'hui comme un moyen préservatif du fléau de la petite vérole qui enlevait, année commune, le sixième ou le septième des individus qui en étaient attaqués, et souvent le tiers dans les épidémies. Un comité général de vaccine, établi par le gouvernement sous la direction du ministre de l'intérieur, à l'époque du Consulat, après trois années de travaux et d'observations a publié le résultat de ses recherches et de ses travaux, qui a été l'objet d'une circulaire ministérielle en date du 6 prairial an XI, indiquant aux préfets les mesures à prendre pour la pratique générale, surtout parmi le peuple, de la vaccine.

Le succès de cette méthode qui parviendra à faire complétement disparaître la petite vérole, et à éteindre un des fléaux les plus cruels qui pèsent sur l'humanité, a déterminé le gouvernement à imposer pour une des conditions d'admission dans les écoles, dans les colléges, dans les établissemens aux frais de l'état, des certificats d'inoculation, ou de vaccine. Des prix annuels sont décernés aux vaccinateurs les plus distingués.

Vagabondage (le) est un délit. (Art. 269 *du Code pénal.*)

Vagabonds. La gendarmerie est chargée de les surveiller et de les arrêter. — Voyez aux art. 270 à 282 du Code pénal tout ce qui est relatif aux vagabonds et mendians, les cas où ils sont punis et les peines dont ils sont punis.

Vaine Pâture, voyez *Parcours*, etc., et *Terre ensemencée.*

Vendanges, voyez *Ban de vendanges.*

Vente de comestibles, voyez *Comestibles.*

Vente de grains en vert (toute) ou pendans par racines est prohibée, sous peine de confiscation des grains et fruits vendus. (*Loi du 3 messidor an XIII, art.* 1er.)

La confiscation encourue est supportée moitié par le vendeur, moitié par l'acheteur .. (*Art.* 2.)

Les maires et adjoints, les préfets et les sous-préfets, sont spécialement chargés de veiller à l'exécution de la présente loi. (*Article* 3.)

Voyez aux art. 449 et 450 du Code pénal les peines contre ceux qui coupent les grains qu'ils savent appartenir à autrui.

Ventes (les). L'art. 388 du même Code fixe les peines pour vol de bois dans les ventes.

Vétérinaire (art) l'enseignement de cet art est réglé par le décret du 15 janvier 1813 qui a établi des écoles pour la formation des maréchaux et des médecins vétérinaires civils et militaires.

Viande de boucherie, voyez *Taxe des subsistances*.

Vices rédhibitoires. La pousse ; la morve et la courbature passent pour vices rédhibitoires à l'égard des chevaux. — Des arrêts du Parlement de Paris ont mis au même rang le *cornage* et le *sifflage*.

La pommelière est un vice rédhibitoire à l'égard des vaches.

C'en est un pour une poutre, lorsqu'elle est pourrie; pour des tonneaux, lorsqu'ils sont futés; pour des étoffes neuves, lorsqu'elles sont tarées; pour des héritages, s'ils sont dans un air empesté; et pour des pâturages, s'ils produisent des herbes empoisonnées. (POTHIER, *Traité du Contrat de Vente* Nos 205 et 206.)

Vie (certificats de) pour rentes et pensions. Voyez *Certificats*, *Pensions* et *Rentes*.

Vignes. Voyez *Ban de vendanges*.

Vin (débit de) et droits auxquels il est soumis. Voyez *Boissons*.

Vinaigre (la falsification du) par des acides minéraux, et par mèches soufrées est poursuivie et punie en vertu du décret du 22 décembre 1809.

Une instruction publiée par le ministre de l'intérieur, en exécution de ce décret, indique le procédé pour connaître la falsification.

Visites domiciliaires. La loi du 22 juillet 1791 indique celles que les autorités locales sont autorisées à faire, et les formalités à remplir pour leur légalité.

Les lois sur les douanes et les boissons, le Code forestier, et celui de la pêche pluviale autorisent des visites domiciliaires, pour constater les contraventions, rechercher les objets de délit; mais elles prescrivent les mesures à prendre pour les rendre légales.

Voie publique. Par cette dénomination on entend les rues, les places, les chemins, le cours des fleuves et des rivières. Tout ce qui tient à la salubrité, à la sûreté et à la commodité, est mis dans les attributions spéciales de surveillance des autorités municipales, par les lois du 24 août 1790, des 22 juillet et 6 octobre 1791.

Voitures publiques de Roulage et de transport, et Messageries. Cette partie importante de l'administration générale, qui intéresse la conservation des routes, la sûreté des personnes, la prospérité du commerce et les revenus de l'état a été l'objet des lois, arrêtés, décrets et ordonnances dont suit l'état.

1°. La loi des finances du 9 vendémiaire an VI autorise l'établissement d'entreprises de voitures publiques, et fixe les droits à payer par les entrepreneurs.

2°. La loi du 29 floréal an X détermine provisoirement le poids du chargement des voitures, le moyen de constater ce poids par des ponts à bascule et la largeur des jantes à raison du poids.

3°. La loi des finances du 5 ventôse an XII établit un droit du dixième du prix payé aux entrepreneurs pour le transport des marchandises.

4°. La loi du 7 ventôse an XII détermine la largeur des jantes pour les roues des voitures attelées de plus d'un cheval.

5°. Le décret du 13 fructidor an XIII, prescrit la tenue des registres en papier timbré.

6°. Le décret du 23 juin 1806 contient de nouvelles dispositions sur le poids des voitures, leur vérification par le moyen des ponts à bascule, la largeur des jantes, et fixe le poids des différentes voitures à deux et à quatre roues, pendant les cinq mois d'hiver et pendant les sept autres mois.

7°. Le décret du 3 mai 1810 dispense de roues à jantes larges les voitures employées aux récoltes.

8°. L'ordonnance du 10 juillet 1816 déclare applicable à l'administration des messageries les articles 6 et 7 du décret du 23 juin 1806.

9°. L'ordonnance du 25 décembre 1816 est relative à l'établissement des barrières de dégel.

10°. La loi des finances du 25 mars 1817 prescrit l'apposition d'estampilles sur les voitures, et autorise les abonnemens.

11°. L'ordonnance du 15 août 1817 maintient l'exécution de la loi du 15 ventôse an XIII concernant le droit de 25 centimes alloué aux maîtres de postes.

12°. Les ordonnances du 20 novembre 1820 et du 30 mai 1821 règlent la compétence des autorités qui doivent connaître des contraventions concernant le poids des voitures et la police du roulage.

13°. L'ordonnance du 16 juillet 1828 qui soumet à de nouvelles déclarations devant les préfets les propriétaires ou entrepreneurs de voitures publiques, confirme ou modifie les dispositions des lois, arrêtés, décrets et ordonnances ci-dessus concernant la construction, le chargement et le poids des voitures, le mode de conduire les voitures attelées de plus de quatre chevaux, la police des relais, et et des postillons et des voitures sur les routes.

14°. Une loi du 28 juin 1829 règle la répression des contraventions aux ordonnances royales sur les voitures publiques.

Volailles, voyez *Dégâts*. Le propriétaire de volailles qui, les laissant à l'abandon, souffre qu'elles aillent à dommage dans les champs d'autrui, n'en est pas quitte pour avoir à supporter que le propriétaire de l'héritage endommagé tue ses volailles sur son héritage. Cet abandon, qui procure ou peut procurer du dommage, est, de plus, passible d'une amende. Il y a lieu conséquemment à action devant le Tribunal de police, soit de la part du propriétaire endommagé, soit de la part du ministère public. (Loi du 6 octobre 1791, titre II, art. 12.)

Voyageur (le) qui, par la rapidité de sa voiture ou de sa monture, tue ou blesse des bestiaux sur les chemins, est condamné à une amende égale à la somme du dédommagement dû au propriétaire des bestiaux. (*Loi du 7 octobre 1791, titre II, art. 2.*) — Voyez *Rapidité des chevaux ou voitures.*

Sur l'exemption de visite des voyageurs aux barrières, et sur la quantité de boissons qui leur est accordée, voyez *Boissons.*

Vues sur la propriété de son voisin. Les art. 675 a 680 du Code civil déterminent celles qui peuvent être droites, celles qui doivent être obliques, et les distances qui doivent y être observées. Voyez ces articles.

FIN.

TABLE

DES LIVRES, TITRES, CHAPITRES, SECTIONS, PARAGRAPHES, FORMULES, etc.

FIN DE LA TABLE.

IMPRIMERIE DE CARDON. — TROYES.

www.ingramcontent.com/pod-product-compliance
Lightning Source LLC
Chambersburg PA
CBHW031616210326
41599CB00021B/3204